本书获河海大学研究生精品教材建设项目、
教育部人文社会科学研究规划基金项目（编号：20YJAZH055）、江苏高校"青蓝工程"资助

Public Human Resource
MANAGEMENT
Theory and Practice

公共人力资源管理
理论与实践

李静 韩振燕 徐倩 / 编著

北京大学出版社
PEKING UNIVERSITY PRESS

图书在版编目(CIP)数据

公共人力资源管理:理论与实践/李静,韩振燕,徐倩编著.—北京:北京大学出版社,2021.9
ISBN 978-7-301-32427-1

Ⅰ.①公… Ⅱ.①李…②韩…③徐… Ⅲ.①人力资源管理—研究 Ⅳ.①F243

中国版本图书馆 CIP 数据核字(2021)第 170939 号

书　　　名	公共人力资源管理：理论与实践 GONGGONG RENLI ZIYUAN GUANLI：LILUN YU SHIJIAN
著作责任者	李　静　韩振燕　徐　倩　编著
责 任 编 辑	杨丽明
标 准 书 号	ISBN 978-7-301-32427-1
出 版 发 行	北京大学出版社
地　　　址	北京市海淀区成府路 205 号　100871
网　　　址	http://www.pup.cn　　新浪微博:@北京大学出版社
电 子 信 箱	sdyy_2005@126.com
电　　　话	邮购部 010-62752015　发行部 010-62750672　编辑部 021-62071998
印 刷 者	河北滦县鑫华书刊印刷厂
经 销 者	新华书店
	787 毫米×1092 毫米　16 开本　18.25 印张　400 千字 2021 年 9 月第 1 版　2021 年 9 月第 1 次印刷
定　　　价	58.00 元

未经许可，不得以任何方式复制或抄袭本书之部分或全部内容。
版权所有，侵权必究
举报电话：010-62752024　电子信箱：fd@pup.pku.edu.cn
图书如有印装质量问题，请与出版部联系，电话：010-62756370

前　言

千秋基业,人才为本。习近平总书记强调,要树立强烈的人才意识,做好团结、引领、服务工作,真诚关心人才、爱护人才、成就人才,激励广大人才为实现"两个一百年"奋斗目标、实现中华民族伟大复兴的中国梦贡献聪明才智。公共部门作为掌握公共权力的权威性机构,要想高效率地追求公共利益、彰显公共价值、实现公共目标,就必须建立一支精干高效的人才队伍,完善公共人力资源储备,并不断提升公共人力资源管理的科学化、规范化、现代化水平。唯有如此,方能为政府机构改革、政府职能转变、政府治理效能提升提供强大的人才支撑。本书正是围绕这一核心主旨开展撰写工作。

本书遵循"知识性＋方法性、基础性＋先进性、研究性＋探索性"原则,依据"理论＋实操、案例＋论文、普遍原理＋中国特色"的设计理念来进行改革,力求通过本书的编写,融合著者及同人们讲授本门课程的心得体会,融合学生学习本门课程过程中的意见反馈,融合近年来关于公共人力资源管理方面的最新方针政策,融合新时代中国公共人力资源的最新案例,真正体现中国特色公共人力资源课程的教学要求,真正回应新时代对于公共人力资源管理的现实需求,真正突显培养新时代合格管理人才的价值目标。

本书的编写充分吸收了国内外同类教材的先进科学之处,并结合编写者的教学实际,力争彰显教材的特色,从框架结构与内容体系上进行一定的创新。具体而言,本书具有以下特色:一是在编写过程中坚持理论性与实践性相结合,以科学理论为指引,以实际运用为依归,以培养读者扎实的学术功底与较高的实操能力为导向,以形塑学生综合素质为最终目标。二是在逻辑结构的编排过程中,坚持案例分析与知识拓展相结合。每章章后均插入与本章内容密切相关的最新的实际案例,以用于教学过程中的案例分析;同时,章后还会附上与教学内容相关的知识素材以拓展读者的视野。通过案例分析与知识拓展,从实操与理论两个维度加强对于学生问题意识、学术素养和科研能力的培养,加深其对于所学知识的认知。三是在内容体系的设计上坚持案例教学为主,在内容编写过程中加入大量的实际案例;并格外注意案例选材的多样性要求,充分体现案例的时效性、实效性、典型性,同时辅之以论文解析,做到理论上深入浅出、研究中一目了然、实操时得心应手。

本书一共九章,系统介绍了公共人力资源管理的定义、特征、实践发展、理论基础、时代背景等基础知识,同时对公共人力资源管理全流程中的分类管理、规划、选聘、素质测评、开发、绩效考评、激励等进行了具体介绍,最后还结合"新时代"特色介绍了"互联网＋"时代公共人力资源管理面临的新形势、新问题、新任务,梳理了国内外的一些创新做法。全书体系完整、逻辑严密、内容翔实,既可作为公共管理类专业本科生、研究生学习用书,亦可作为公共人力资源从业者开展具体工作的参考书,还可作为对公共人力资源管理抱持兴趣者的阅读书目。

本书主要由三位教师合作完成,具体分工如下:李静负责撰写第一章、第三章、第五章;韩振燕负责撰写第二章、第四章、第九章;徐倩负责撰写第六章、第七章、第八章。此外,我的研究生闫彩旭、童露露、赵爽爽为本书的"阅读资料"与"案例分析"的搜集整理、以及全书的统稿与校对做了大量工作,付出了辛勤劳动,在此表示衷心的感谢。

经过多年筹划以及一年多的撰写,本书即将付梓之际,我要特别感谢北京大学出版社姚文海编辑给予的大力支持,感谢出版社工作人员为本书出版所做的细致工作与所付出的辛勤劳动。我还要感谢这些年来在我讲授"公共人力资源管理"课程中,提出宝贵意见、进行精彩反馈的同学们以及同人们。在此对他们表示诚挚的谢意。

由于作者水平有限,书中难免存有纰漏不妥之处,敬请各位专家和广大读者批评指正。

李 静

2021 年 3 月 15 日

于南京颐和路

目录

第一章 导论

第一节 公共人力资源管理的基本概念 ······ 1
　一、人力资源管理的概念界定 ······ 1
　二、公共人力资源管理的概念 ······ 5
　三、公共人力资源管理的特征与功能 ······ 9

第二节 公共人力资源管理的理念嬗变 ······ 12
　一、人力资源管理理念的历史演变 ······ 12
　二、从传统人事管理到现代人力资源管理 ······ 16

第三节 公共人力资源管理的理论基础 ······ 19
　一、人性假设与管理理论 ······ 19
　二、人力资本理论 ······ 22
　三、人本管理理念 ······ 23

第四节 公共人力资源管理的基本原则与体系架构 ······ 24
　一、公共人力资源管理的基本原则 ······ 24
　二、公共人力资源管理的体系架构 ······ 25

　阅读资料：德国有期限公务员 ······ 27
　案例分析：四川省聘任制公务员 ······ 29
　本章关键术语 ······ 31
　复习思考题 ······ 31

第二章 公共人力资源分类管理

第一节 公共部门工作分析 ······ 32
　一、工作分析的基本内容 ······ 32

　　　　二、工作分析的原则　33
　　　　三、工作分析的流程　34
　　　　四、工作分析的方法　35
　　　　五、工作分析的实际运用　38
　第二节　公共部门职位评价　39
　　　　一、职位评价的内涵　40
　　　　二、职位评价的特点　40
　　　　三、职位评价的方法　40
　　　　四、职位评价的流程　46
　第三节　公共部门人员分类管理　48
　　　　一、公共部门人员分类管理的概念　48
　　　　二、公共部门人员分类管理的意义　48
　　　　三、品位分类管理　49
　　　　四、职位分类管理　51
　第四节　中国公务员分类管理制度与人员分类管理发展趋势　53
　　　　一、中国公务员分类管理制度概述　53
　　　　二、中国公务员分类管理制度的发展趋势　57
　　阅读资料：阅读资料一：激励视角下公务员职级晋升制度的发展脉络　59
　　　　　　阅读资料二：《公务员职务与职级并行规定》摘选　60
　　案例分析：深圳在全国率先实行公务员分类管理与聘任制改革　63
　　本章关键术语　64
　　复习思考题　64

第三章　公共人力资源规划

　第一节　公共人力资源战略与规划概述　65
　　　　一、公共人力资源战略定义与类型　65
　　　　二、公共人力资源规划的定义　67
　　　　三、公共人力资源规划的地位和意义　70
　　　　四、公共人力资源规划的程序　71
　第二节　公共人力资源供求预测与均衡分析　72
　　　　一、公共人力资源需求预测　72
　　　　二、公共人力资源供给预测　75
　　　　三、公共人力资源供求的均衡分析　78
　第三节　公共人力资源规划的编制　80

　　　　一、公共人力资源总体规划 · 80
　　　　二、公共人力资源具体规划 · 80
　第四节　中国人才强国战略与人才发展规划 · 82
　　　　一、中国人才强国战略 · 82
　　　　二、中国人才发展规划 · 84
　阅读资料：阅读资料一：如何建设世界一流人才强国 · 88
　　　　　　阅读资料二：新加坡人才建设的具体措施 · 89
　案例分析：人才发展规划的编制 · 91
　本章关键术语 · 92
　复习思考题 · 93

第四章　公共人力资源配置与流动

　第一节　公共人力资源配置 · 94
　　　　一、公共人力资源配置的内涵 · 94
　　　　二、公共人力资源配置的机关及权限 · 96
　第二节　公共人力资源配置的程序与方法 · 96
　　　　一、公共人力资源配置的程序 · 96
　　　　二、公共人力资源配置的方法 · 103
　第三节　公共人力资源流动 · 110
　　　　一、公共人力资源流动的内涵 · 110
　　　　二、公共人力资源的晋升管理 · 111
　　　　三、公共人力资源的降职管理 · 113
　　　　四、公共人力资源的交流调配 · 114
　　　　五、公共人力资源的辞职辞退 · 117
　阅读资料：阅读资料一：干部挂职制度的历史变迁及成效 · 120
　　　　　　阅读资料二：聘任制公务员的制度创新与内在价值 · 122
　案例分析：首次！四川公开选调公务员背后有啥深意？ · 124
　本章关键术语 · 125
　复习思考题 · 126

第五章　公共人力资源素质测评

　第一节　公共人力资源素质测评概述 · 127
　　　　一、公共人力资源素质测评理论与实践溯源及类型划分 · 127

二、公共部门胜任素质的结构与类型 ……………………………… 133
第二节 公共人力资源素质测评指标体系 …………………………………… 134
一、公共人力资源素质测评指标体系设计的一般原则 ………… 134
二、公共人力资源素质测评指标体系构建的程序与步骤 ……… 135
三、公共人力资源素质测评指标体系构建方法 ………………… 136
四、公共人力资源素质测评指标的量化 ………………………… 137
第三节 几种常见的心理素质测评方法 ……………………………………… 139
一、个体能力测验 ………………………………………………… 140
二、个体人格测验 ………………………………………………… 144
三、个体职业兴趣测验 …………………………………………… 146
阅读资料：高级公务员胜任素质模型的国际经验及借鉴 ……………… 147
案例分析：案例一：宁波干部选拔首次引入心理测试：当干部，要过心理关
　　　　　　………………………………………………………………… 150
　　　　　案例二：定向遴选　激励基层干部干事创业 …………………… 151
本章关键术语 ……………………………………………………………… 153
复习思考题 ………………………………………………………………… 153

第六章　公共人力资源开发

第一节 培训与开发概述 ……………………………………………………… 154
一、培训与开发的内涵 …………………………………………… 154
二、培训与开发的类型 …………………………………………… 155
三、培训与开发的意义 …………………………………………… 156
第二节 培训与开发的程序和方法 …………………………………………… 158
一、培训与开发的程序 …………………………………………… 158
二、培训与开发的方法 …………………………………………… 163
第三节 国内外公共部门培训与开发实践 …………………………………… 168
一、美国公共部门培训与开发 …………………………………… 168
二、英国公共部门培训与开发 …………………………………… 171
三、中国公共部门培训与开发 …………………………………… 173
阅读资料：阅读资料一：《公务员培训规定》选摘 ……………………… 177
　　　　　阅读资料二：《事业单位工作人员培训规定》选摘 …………… 179
案例分析：解锁外语技能，公务员准备好了吗？ ………………………… 181
本章关键术语 ……………………………………………………………… 183
复习思考题 ………………………………………………………………… 183

第七章　公共人力资源绩效管理

第一节　公共人力资源绩效管理概述 ··· 184
　　一、公共人力资源绩效管理的内涵 ··· 184
　　二、公共部门绩效管理系统模型 ·· 185
第二节　公共部门绩效管理流程 ·· 188
　　一、公共部门绩效计划 ·· 188
　　二、公共部门绩效监控 ·· 191
　　三、公共部门绩效评价 ·· 192
　　四、公共部门绩效反馈 ·· 199
第三节　公共部门绩效管理工具 ·· 201
　　一、公共部门目标管理 ·· 202
　　二、公共部门关键绩效指标 ··· 203
　　三、公共部门平衡计分卡 ··· 207
第四节　国内外公共部门绩效管理实践 ··· 212
　　一、国外公共部门绩效管理实践 ·· 212
　　二、国内公共部门绩效管理实践 ·· 218
　阅读资料：地方政府实施政务服务"好差评"制度的成效 ··············· 220
　案例分析：广西：绩效管理鼓励多干实干 市场监管出实效 ··········· 223
　本章关键术语 ·· 224
　复习思考题 ·· 224

第八章　公共人力资源激励

第一节　公共部门薪酬管理概述 ·· 225
　　一、薪酬的内涵 ··· 225
　　二、公共部门薪酬管理的内容及特点 ··· 226
第二节　公共部门薪酬管理关键决策 ··· 228
　　一、薪酬管理的导向及原则 ··· 228
　　二、薪酬体系 ··· 230
　　三、薪酬等级结构 ·· 232
　　四、薪酬水平 ··· 234
第三节　公共部门福利与保险 ··· 236
　　一、福利 ·· 236

二、保险 ……………………………………………………………… 239
第四节　国内外公共部门薪酬管理实践 …………………………………… 241
　　一、美国公共部门薪酬管理实践 ……………………………………… 241
　　二、英国公共部门薪酬管理实践 ……………………………………… 244
　　三、中国公共部门薪酬管理实践 ……………………………………… 247
阅读资料：中国公务员薪酬制度发展的历史叙事与国际经验借鉴 ……… 255
案例分析：陕西省推进薪酬制度改革的实践探索 ………………………… 260
本章关键术语 ………………………………………………………………… 260
复习思考题 …………………………………………………………………… 261

第九章　新时代公共人力资源的发展

第一节　公共人力资源管理的时代背景和挑战 …………………………… 262
　　一、新时代的新特征 …………………………………………………… 262
　　二、新时代公共人力资源管理面临的新挑战 ………………………… 263
第二节　新时代公共人力资源管理典型案例和先进经验 ………………… 265
　　一、新时代（"互联网＋"时代）公共人力资源管理典型案例 …… 265
　　二、新时代（"互联网＋"时代）公共人力资源管理先进经验 …… 267
第三节　新时代公共人力资源管理的新趋势 ……………………………… 271
　　一、公共人力资源管理的信息化、数字化 …………………………… 271
　　二、公共人力资源管理的市场化 ……………………………………… 272
　　三、公共人力资源管理的专业化、高效化 …………………………… 273
　　四、公共人力资源管理的法制化 ……………………………………… 273
　　五、公共人力资源管理的科学化 ……………………………………… 274
阅读资料：新《公务员法》：新时代公务员管理新思路 ………………… 275
案例分析：智慧管理严防公务员"为官不为" …………………………… 277
本章关键术语 ………………………………………………………………… 279
复习思考题 …………………………………………………………………… 279

参考文献 ……………………………………………………………………… 280

第一章

导　论

> ▶ **本章学习引导**　本章介绍公共人力资源管理的概念、特征与功能、理念嬗变、理论基础、基本原则、体系架构等基础知识，让学生对公共人力资源管理有一个初步的了解，以解决学生因本科专业不同而带来的专业基础差异问题。
>
> ▶ **本章学习重点**　公共人力资源管理的定义；公共人力资源管理的理念嬗变；公共人力资源管理的理论基础。

第一节　公共人力资源管理的基本概念

"公共人力资源管理"是一个合成词，是由"公共""人力资源""管理"三个词汇所组成，意味着它属于管理活动中的人力资源管理，且主要是研究公共部门和公共领域的。故此，要明确"公共人力资源管理"的定义，就必须清晰界定"人力资源"以及"公共"之含义。

一、人力资源管理的概念界定

（一）人力资源的含义

所谓"资源"，即"资财的来源"。在经济学中，资源是指为创造财富而投入生产活动中的一切要素。① 现代管理学认为，一个组织之所以能够有序运转就是得益于物质设备资源、人力资源、财政资本资源、信息资源四大要素，而人力资源又因其所具有的独特性质而成为组织资源最重要的部分。

"人力资源"最早由约翰·康芒斯（John Commons）在其 1919 年出版的《产业信誉》和 1921 年出版的《产业政府》中提出。我国最早使用"人力资源"这一概念的文献是毛泽东在 1955 年为《中国农村的社会主义高潮》所写的按语，"中国的妇女是一种伟大的人力资源。必须挖掘这种资源，为了建设一个伟大的社会主义国家而奋斗"。② 但一般认为，现代意义上的"人力资源"概念则是由管理学大师彼得·德鲁克（Peter F. Drucker）在其 1954 年出版的《管理的实践》（*The Practice of Manage-*

---

① 方振邦. 公共部门人力资源管理概论. 北京：中国人民大学出版社，2019：4.
② 同上.

ment）一书中正式提出并明确界定的。在德鲁克看来，人力资源是一种不同于其他资源的特殊资源，必须经过有效的激励机制方能开发利用，为组织带来可观的经济价值。20世纪60年代以后，西奥多·舒尔茨提出了人力资本理论，推动了人力资源研究，普及了人力资源概念。

对于"人力资源"的含义，学者基于不同的认识角度与研究范围形成了不同的界定。概括地讲，主要有几种颇具代表性的观点和认识：第一种观点认为，人力资源是在现有生产过程中投入的劳动力的总量，即现有组织内的劳动力人口存量。该观点注重的是组织现实的人力资源队伍构成状况。第二种观点则认为，人力资源是指在一定区域范围内所有具有劳动能力的人口的总和。它可分为现实的人力资源和潜在的人力资源两部分。现实的人力资源指一个国家或一个地区在一定时间内拥有的实际从事社会经济活动的全部人口，有时也被称为"劳动力资源"。潜在的人力资源则是指处于储备状态，正在培养成长，逐步具备劳动能力的人口，以及虽具有劳动能力，但由于各种原因不能或不愿从事社会劳动，并在一定条件下可以动员投入社会经济生活的人口的总和。① 第三种观点认为，人力资源是指一定范围内能够推动社会或组织发展的人所具有的劳动能力的总和。②

综合而论，本书对人力资源概念的理解更接近最后一种观点，将人力资源视为一种能力的总和。因为"人力资源"是由中心词"资源"与作定语的"人力"两词共同合成的，它所强调的是人力作为资源时的价值性和增值性，而"人力"在《辞源》中被解释为"人的能力"，具体地讲，是指人类所具有的体力和脑力，即劳动能力的总和。综合前人界定以及核心词汇内涵，"人力资源"应包含如下几方面含义：一是人力资源是一个内容丰富的总体，是人类具有的体力、智力、知识和技能的总和；二是作为一类资源，人力资源的主要特点在于它能给社会或组织的现在或未来带来新增价值，即它是资财之源，这就排除了将人口中那些根本不具有或已经失去劳动能力的纯消费人口作为人力资源的可能；三是既然是资源，就必然有开发、管理甚至利用问题，而且只有在利用中才能为社会或组织带来新增价值；四是人力资源这一概念，不仅具有时间、地域性，即我们谈论的人力资源往往是指一定时期（点）和一定空间范围（如一定地域、某一企业等）内的人力资源，这是人力资源量的特点，而且与其他资源一样，它还具有一定的质，即人力资源具有质的规定性，这是不同时期或同一时期不同区域内等量人力资源的区别所在。

人力资源的定义有广义和狭义之分。广义而言，人力资源是就根本不具有（指先天失去）和已经失去（指后天因疾病、自然灾害、重残和年老等而失去）劳动能力人口以外的人口而言的，它是指在一定时间和空间（如一个国家、一个地区、一个城市、一个组织等）范围内，某一人口群体所具有的现实和潜在的体力、智力、知识和技能的总和。狭义人力资源则是针对劳动力人口而言的，是指一定时间和空间范围内

---

① 孙柏瑛，祁凡骅. 公共部门人力资源开发与管理. 北京：中国人民大学出版社，2020：4.
② 陈维政，余凯成，程文文. 人力资源管理. 北京：高等教育出版社，2002：2.

劳动力人口所具有的现实和潜在的体力、智力、知识和技能的总和，亦即劳动力资源。应该说明的是，在现代经济中，人力资源与人口或者劳动力资源与劳动力人口均非同一概念，因为人力资源所考察的是一定时间和空间范围内的人口所具有的现实和潜在的劳动能力，人口只是人力资源的载体，而非人力资源本身；同样，劳动力人口只是劳动力资源的人口数量表现，是劳动力资源的载体，而劳动力资源则是一定时间和空间范围内的劳动力人口所具有的现实和潜在劳动能力的总和。

(二) 人力资源的特征

1. 生物性

生物性是包括人类在内的所有生物有机体共有的基本特征，同时也是人力资源与自然资源、金融资源和信息资源等的根本区别之一。正因如此，劳动力人口才能不断增殖和繁衍，也才得以世代更替与延续发展，并存在质的差别。同时，人力资源是蕴藏在人体内，以人为载体的劳动能力，是人的体力与智力的总合。从自然属性上看，人力资源与其载体是同一的，天然不可分离。所以，人力资源也具有属人性，它与作为其载体的人密不可分。[1]

2. 社会性

人作为一种高级动物，与其他生物尤其是动物的本质区别就在于人的社会性。人力资源所具有的量是人类长期增殖、繁衍，即人口生产与再生产的结果；人力资源所具有的质则是社会生产力不断进步、科学文化知识长期积累与更新的结晶。人总是生活在社会中的，人力资源只有通过组织有目的的活动投入社会生产过程中，才能不断发挥作用。对于人力资源的开发、利用等，都必须立足于社会情境，在社会环境中进行。

3. 主观能动性

人力作为一种独特的经济资源，与其他动物和资源的根本区别还在于，人力资源载体——人具有思维和创造能力，具有主观能动性。即与其他动物和资源不同，人力资源不是消极被动地适应自然环境，任自然力随意宰割，而是当人力资源作为生产要素的一部分进入生产过程后，他们就在一切生产经营和管理活动中居于中心位置，能积极主动地去认识、利用、改造特别是适应自然，使自然界为人类的生存、生活和生产服务。也正是人力资源特有的主观能动性使得人类社会不断前进。

4. 个体时效性

一般说来，自然资源和资金资源不受时间的限制，即无论何时、何种生产力和技术水平条件下，对它们进行开发利用都将是有效的，人力资源则不然。由于劳动力资源量的规定性表现为具体的劳动力人口，而劳动力人口则由许多具有不同质的有生命的个人组成，就每一个体而言，他要受到个体生长周期的限制，即每一个体都要经历婴幼儿期、儿童期、少年期、青年期、壮年期和老年期等几个阶段；人力资源的开发也有教育培训期、成长期、成熟期和老化衰竭期。人力资源的开发利用势必受到上述

---

[1] 姚先国，柴效武. 公共部门人力资源管理. 北京：科学出版社，2004：3.

周期的影响,即对每一个体来说,其生命中只有一段时期可供社会生产活动之用,可被视为劳动力资源的组成部分,人口个体的这段时期也就是其具有现实劳动能力的时期。

5. 群体性

在现代经济活动中,从事某一生产活动的劳动者通常是由若干个体组成的群体,如科室、班组、车间等,而且群体的凝聚力和士气将直接影响群体乃至组织的劳动效率。就每一群体而言,个体是其最基本的组成要素,群体劳动的数量和质量将受每一个体提供劳动的数量和质量的影响,当然,在群体规模较大时,单个个体对整个群体的影响也许不会很大,但其所具有的潜在效应却是不容忽视的,因为他完全有可能通过扩大影响而波及群体中的其他个体,即所谓"示范效应"。

6. 资本性

人力资源也具有资本的一般特征。首先,人力资源是投资的结果,其潜在性决定了只有通过开发才能为社会所用,而要对人力资源进行开发,就需要进行物质、资金和时间等的投入。事实证明,人力资源的开发程度与人力投资的多少及投资方向和利用效率是高度相关的,即在投向正确时,投入越多,投入物利用效率越高,则人力资源开发得越好,其创造产出的潜力也越大。其次,人力资源在一定时期内,能够为投资者带来货币形态或非货币形态的收益。再次,人力资源会因不断使用而出现有形或无形的磨损。最后,人力资源彰显了收益递增规律,其收益份额大大超过同期自然资源和资本资源产生的收益。

(三) 人力资源管理的界定

自 1954 年德鲁克提出"人力资源"这个概念之后,工业关系和社会学家怀特·巴克(E. Wight Balkke)在 1958 年出版的《人力资源功能》一书中,首次将人力资源管理作为管理的普通职能加以讨论,成为对"人力资源管理"的最早界定。① 随后,国内外学者从目的、制度、过程、主体等多个维度、以不同视角对人力资源管理概念进行界定。

现代人力资源管理是在 20 世纪七八十年代异军突起的相对于传统人事管理的一套新兴的管理理念、系统和方法,指国家和各种组织为开发和促进本国、本组织人力资本的发展,对本国或本组织人力资源的现状和未来进行的统计、规划、投资、成本收益核算、培训、使用、保障、研究和发展等一系列组织、决策活动。宏观的人力资源管理是国家对人力资源整体的管理,它立足于社会经济发展的总体规划,有计划地投资于人力资源管理领域,开拓人力资源培养、继续教育的路径和专业,保证人力资源整体结构的适应性与合理性。微观的人力资源管理指组织对其管辖范围内的人力资源进行的各种管理活动。② 其中作为人力资源培养投资的重要来源之一的家庭,同时

---

① 方振邦. 公共部门人力资源管理概论. 北京:中国人民大学出版社,2019:4.
② 孙柏瑛,祁凡骅. 公共部门人力资源开发与管理. 北京:中国人民大学出版社,2020:7—8.

也是微观人力资源管理和成本效益核算的一个方面,其通过家庭扶持与养育和其他组织共同构成了国家人力资源管理的体系。

也有学者从目的、过程等方面来综合界定,认为所谓"人力资源管理"即为组织通过各种政策、制度和管理实践,对人力资源进行合理配置、有效开发和科学管理,充分挖掘人力资源的潜力,调动人的积极性,提高工作效率,从而实现组织目标的管理活动,它具有作为前提的吸纳功能(选人)、作为核心的激励功能(用人)、作为手段的开发功能(育人)、作为保障的维持功能(留人)、作为关键的整合功能(全人)五大功能向度。

二、公共人力资源管理的概念

公共人力资源管理是针对公共领域的人力资源开展的管理活动,而公共部门则是公共领域最主要的组织存在形式,也是公共人力资源最重要的现实载体,所以,本书所研究的公共人力资源管理主要是就公共部门而言,在某种程度上和公共部门人力资源管理具有很强的一致性。

(一)公共部门的含义

所有社会经济活动的主体都可分为公共部门、私人部门及介于二者之间的"第三部门"。公共部门俗称"第一部门",是指拥有公共权力,执行国家法律法规和政策,对公共资源进行权威性分配,并依靠公共财政来维持自身运行及管理社会公共事务的组织体系。它旨在提供公共产品与公共服务,以谋求公共利益最大化与社会共同福利增进为主要目标。最典型的公共部门是政府组织。私人部门俗称"第二部门",主要指依靠自身资源从事经济活动、以谋求经济利益最大化为目标的个人和组织。最常见的私人部门包括私有企业等。对于第三部门,不同学者有着不同的认识和看法,有的将第三部门视作除政府部门和私营企业以外的社会组织,有的将它界定为服务于公众目的的私人组织,即主要从事社会公益活动的民间组织,也有的把第三部门看作准公共部门,即公共部门的一部分。因此,第三部门有多种称谓,如有的把它称作非政府组织(non-governmental organization,简称"NGO"),有的则把它称为非营利组织(non-profit organization,简称"NPO")等。二战后,西方国家纷纷热衷于建设"福利国家",为国民提供高福利待遇的同时也极大增加了政府的公共财政压力,福利国家危机随之显现。新一波行政改革运动推动之下,政府职能削减与分权化成为各国不得不遵守的规则,民营化浪潮与新治理运动兴起,第三部门迅速崛起与发展,"公共部门"与"私人部门"之间的界限逐渐模糊,政府通过契约外包与分包,和私人部门通力合作,"PPP模式"使得私人部门越来越多地介入公共服务领域。与之相适应的,公共部门的范畴也随之扩大,主要可分为以下几类:

一是政府部门。这是公共部门体系中具有最突出特征的一类组织,它拥有公共权力,制定和执行国家法律,依托国家公共财政资金,维持社会秩序,管理社会公共事务,提供公共产品与公共服务,实现公共价值与公共利益最大化,主要包括国家各级行政机关、立法机关、司法机关和检察机关。这类部门是公共组织体系中最重要的组成部分,是"公域"的中心与主体。

二是事业单位。这是极具中国特色的一类公共组织,它由国家政权组织委托和授权,从事公共服务,提供教科文卫体等领域的公共产品,运营费用由国家公共财政划拨的费用和向服务受众收取的服务费用组成,但并不以盈利为目的,仍坚持公共价值与公共利益取向。具体而言,包括公立学校、教学科研机构、文化馆、图书馆、美术馆、博物馆、公立医院、疗养院、公立养老院、公立体育馆、社区公益服务组织、社会工作志愿组织等。有些学者也认为其属于"第三部门",是非营利组织的重要组成部分。随着市场经济的发展,这些组织逐渐采用企业化经营模式,但由于主要是提供公共产品与公共服务,坚守公共价值取向而不以盈利为主要目的,即便有收益也不进行分红,而是继续扩大公益事业,故而也是公共部门的一部分。在某种意义上,这类以企业化方式运作追求社会价值实现的组织与社会企业非常类似。

三是国有企业。这是具有一定经济色彩的公共组织,它由政府出资组建,生产社会需要的物质产品,以盈利和国有资产增值为目的,以企业化方式运营,主要是指各种国有企业和公共公司。① 在运营方式方面,这类组织与私营企业并无二致,但是由于其产权具有鲜明的国有特质,运营资源也属于公共资源,且所有权、监督权、管理权均由政府主管部门或授权主管部门所有,故也可被视为公共部门。

(二)公共部门的特征

作为一种组织类型,公共部门具有其独特的性质:

一是公共部门是一种拥有公共权力的组织。作为一种负责提供公共产品(public goods)或从事公共管理(public management)的组织,公共部门所依靠的是公民赋予的公共权力,这种权力产生于社会,并凌驾于社会或公民之上,具有明显的强制性。

二是公共部门的基本职能是进行社会公共事务管理。如进行人口控制和管理,建设和维护社会公共设施,保障公民的基本生活,管理社会治安,治理大江大河,提供公共教育、公共医疗和公共卫生服务等。

三是公共部门所掌握和运用的资源是一种公共资源。公共部门要通过行使其权力来实现其职能,必须以掌握一定资源为前提。没有一定的人、财、物作为基础,整个政府组织就无法运转起来。而在人、财、物等资源中,从政府控制的角度讲,对财源的控制又是最基本的。公共组织的财政来源于全体公民的税收,因而其财政实质上是一种公共财政。此外,公共部门所控制的国土、矿山、水利等重要资源,也是一种公共资源。作为一种公共资源,就其本质而言,是为全民所共享的。

四是公共部门所追求的是公共利益或社会利益最大化。作为一种公共组织,公共部门应该把全体公民当作自己的服务对象,而不应有自己的特殊利益,也就是说,公共部门应该是一种"公益人"而不应是"自利人",公共利益或社会利益最大化是它的唯一追求。当然,在一个存在多个团体和阶层的社会里,由于不同团体或阶层间的利益是相互冲突的,而且这些不同团体或阶层的利益与全体公民的共同利益也可能发

---

① 孙柏瑛,祁凡骅. 公共部门人力资源开发与管理. 北京:中国人民大学出版社,2020:9.

生冲突,因此,在政府组织如何对待公共利益问题上也有以哪个团体或哪个阶层的利益为先的问题,但并不能由此否定政府组织以公共利益为基本目标的事实。

五是公共部门向社会提供的是公共产品。这种产品具有如下特征:(1)非排他性。即一个个人、家庭或组织享用这种产品,不能排除其他个人、家庭或组织也享用这种产品。(2)非竞争性。对于公共产品,一定范围内任何人对某一公共产品的消费均不会影响其他人对这一产品的消费,而且新增他人消费的边际成本为零。比如,对一条高速公路来讲,在其合理容量范围内,其消费具有非竞争性。(3)非可分割性。即公共产品无法进行再次分割,只能是整体享受,而且是向整个社会共同提供的,整个社会的成员共同享用公共物品的效用,而不能将其分割为若干部分,分别归属于某些个人、家庭或企业,国防、外交、治安等最为典型。

除了以上五个特征以外,公共部门的独特性质还体现在其与私人部门的比较之中,如表1-1所示。

表1-1 公共部门与私人部门之比较①

因素	部门	
	公共部门	私人部门
环境		
市场	1. 市场由监督机构构成 2. 提供同一服务的组织相互合作 3. 资金来源依赖预算拨款(免费服务) 4. 缺乏可供参考的数据 5. 对市场信号反应弱	1. 人们的购买行为决定了市场 2. 为提供某项服务相互竞争 3. 资金来源依赖收费 4. 数据充分可靠 5. 对市场信号反应强烈,清晰明确
制约	指令和义务限制了自主权和灵活性	自主权和灵活性只受法律和内部多数人意见限制
政治影响	1. 需要缓冲装置以应对外部影响和帮助谈判 2. 政治影响源于权威网络和用户	1. 政治影响被当作例外处理,没有特别安排 2. 政治影响是间接的
交易		
强制力	人们必须资助和消费组织的服务	消费是自愿的,依据使用情况付费
影响范围	具有较大社会影响的大范围的问题	具有较小社会影响的窄范围的关注
公众审查	不能将计划保密或暗地里制订计划	可以隐蔽地制订计划并计划保密
所有权	1. 公民经常以所有者的身份向组织活动及其执行提出期望和要求 2. 无所不在的利益相关者	1. 所有权属于股东,他们的利益可以用财务指标来衡量 2. 除股东外,没有明确的利益相关者
组织程序		
目标	1. 长期和短期目标不断变化、复杂、相互冲突且难以界定 2. 最关注公平	1. 清楚的、大家认同的目标 2. 最关注效率

---

① 〔美〕保罗·C. 纳特,罗伯特·W. 巴可夫. 公共和第三部门组织的战略管理:领导手册. 陈振明,等译校. 北京:中国人民大学出版社,2002:25.

(续表)

因　素	部　门	
环境	公共部门	私人部门
权力限制	1. 执行依不受权威领导控制的利益相关者而定 2. 政府控制下的机构管理 3. 公共行动所带来的限制	1. 执行被授权给有权力行动的权威人物 2. 基本不受外界影响的机构管理 3. 没有限制
绩效期望	模糊并处于不断变化中，随选举和政治任命的变化而变化，鼓励无所事事	清楚，在长时间内稳定不变，因而使人产生紧迫感
激励	稳定的工作、赞同、任务和角色	金钱

（三）公共人力资源管理的含义

关于公共人力资源管理的定义，学界大多是从公共部门人力资源管理的维度来进行界定的，且众说纷纭。孙柏瑛认为，公共部门人力资源管理就是公共部门中的各类公共组织依据人力资源开发和管理的目标，对其所属的人力资源开展的战略规划、甄选录用、职业发展、开发培训、绩效评估、薪酬设计管理、法定权利保障等多项管理活动和过程。①

方振邦从宏观和微观两个维度来界定，认为宏观的公共部门人力资源管理主要是指政府组织对整个国家各类人力资源供求状况进行宏观和中长期统计、预测、规划，并制定人力资源管理的基本制度、政策和标准，维持公共部门人力资源管理的基本秩序，以支撑并推动整个社会及经济发展。微观的公共部门人力资源管理主要是指各个具体公共部门组织依法对本组织内部的人力资源进行合理配置、有效开发和科学管理，充分挖掘人力资源的潜力，调动人的积极性，提高工作效率，从而实现组织目标的管理活动。② 这两个维度的公共部门人力资源管理并非截然分离的体系，而是有机地融合在一起，两者互为条件、相互渗透、相互保障，共同形成公共部门人力资源管理系统。

本书认为，所谓公共人力资源管理是指公共部门通过建立政策和制度体系、运用激励机制来管理公共部门内部人力资源的一系列实践活动。此含义可以从以下三个向度来解读：

其一，公共人力资源管理是一种实践活动。即就人力资源管理而言，它不仅强调人力资源管理的理论和方法性研究，而且更强调人力资源管理实践。一般来讲，公共人力资源管理所涉及的实践活动包括公共部门的人力资源战略及规划制订、员工招聘及甄选、员工培训与人力资源开发、绩效考评与绩效管理、薪酬设计与薪酬管理以及员工关系管理等实践活动。

---

① 孙柏瑛，祁凡骅. 公共部门人力资源开发与管理. 北京：中国人民大学出版社，2020：14.
② 方振邦. 公共部门人力资源管理概论. 北京：中国人民大学出版社，2019：16.

其二，公共人力资源管理是依据事先制定和建立起来的法律法规、政策以及规章制度等展开的，它区别于传统人事管理的"人治"做法，体现了公共人力资源管理的规范化、法制化以及公平公正性。

其三，公共人力资源管理强调对员工的激励而不是惩罚。与传统人事管理不同，现代人力资源管理特别强调对员工的激励性管理，通过开发员工的需求，发掘员工兴趣和特点，运用物质的和精神的办法来激发员工的积极性、主动性和创造性，而不是像以往那样，动辄就采用惩罚性工具和措施来惩罚员工，从而使员工产生强烈的畏惧感和恐慌感。这一点恰恰体现了现代人力资源管理的人性化管理理念，同时也是知识经济时代管理科学发展的趋势。

三、公共人力资源管理的特征与功能

（一）公共人力资源管理的特征

公共部门和人力资源管理特征，决定了公共人力资源管理的独特性。与一般企业人力资源管理相比，公共人力资源管理具有如下几方面特征：

1. 公益性

从人力资源管理的目的性来看，公共人力资源管理不像企业等其他社会组织那样是为本部门谋取利益的。也就是说，企业等其他社会组织提高人力资源价值，是为了给本组织带来更多、更大的利益回报，而公共部门对其人力资源进行管理则是为了在提高公共部门人力资源质量及人力资源价值的基础上谋取公共利益或社会利益的最大化。因为公共人力资源是一种公共资源，从本质上讲，公共资源是属于全体公民的。此外，公共部门的权力也是公民赋予的，因此，其行为必须代表全体公民的利益，公共部门无权也不允许有自身利益的存在，而是必须以公共利益为基本价值取向。

2. 复杂性

公共部门特别是纯公共部门即政府组织是一个纵横交错、层层节制的组织结构体系，它是按照完整统一原则建立起来的，要求目标统一、事权统一和功能配置统一。因此，合理划分各级行政组织特别是中央与地方的人事管理权，建立完整统一的人事管理制度，明确职责范围，是遵循统一原则、高效管理公共人力资源的基础。而公共人力资源管理权的划分又是一项复杂的系统工程，这种复杂性是任何其他组织都无法比拟的。另外，第三部门（即所谓的准公共部门）人力资源的特殊性也增加了其管理的复杂性，第三部门人力资源管理既受纯粹公共部门的影响，也受私人部门的影响，这就进一步加大了第三部门人力资源管理的难度。

3. 法制性

公共部门依法对人力资源进行管理，具有很强的法制性，这是公共部门不同于企业等其他社会组织人力资源管理的鲜明特点之一。主要表现在如下几方面：一是公共部门设置的管理人力资源的组织机构及其宗旨和目标、人员编制、行为规范、财政预算等都必须由有关法律决定；二是公共部门必须依据法律法规来行使人事管理权。

4. 稳定性

正因为公共人力资源管理受到诸多法律法规约束，且公共部门的组织结构很少发生变化，管理模式也难以发生根本性变革，所以，公共人力资源管理具有较强的稳定性，主要表现为管理理念、管理职能、管理过程、管理工具和管理方法等相对于企业而言更为稳定和僵化，缺乏灵活性。

5. 综合性

公共人力资源的考核指标具有较强的综合性，且非常注重德、才测评，绩效考评指标可定量性相对较差。公共部门本身的特点，决定了公共部门在选人、育人和用人方面比较注重人员的政治觉悟、思想品德及才干能力，因为它决定着公共部门的阶级性，关系着公共部门能否真正代表全体公民的利益，关系着公共部门的社会形象和权威性，因此，在选人、用人甚至绩效考评时，公共部门应始终把员工的思想品德和才干能力放在重要位置。另外，公共部门自身及其管理目标的特殊性也决定了公共部门产出的非量化性特征，从而使得绩效考评指标的可定量性较差。

（二）公共人力资源管理的功能

作为公共组织管理活动的一部分，公共人力资源管理承载着重要职能。有学者认为，从公共人力资源管理流程或一个员工职业生涯发展历程来看，人力资源管理可划分为三大阶段：员工"入口"管理、员工在职管理、员工"出口"管理。"入口"管理是根据组织的需要进行员工的选用和招募，包括人力资源规划、工作分析和岗位评价、职位分类、招募甄选、公开考试测评等。在职管理是对组织内在职员工开展的各项管理活动的总称，包括员工职业生涯发展规划、绩效评估、职务晋升、工作再设计、培训开发、薪酬福利、工作轮换、交流调配、纪律惩戒、工作场所安全、劳动关系等。"出口"管理为员工离开组织，与组织解除工作关系以及身份权的各项管理环节，包括退休、退职、调离、辞职、辞退、开除等。①

从人力资源管理主导机制和功能上讲，其活动涉及一些与关键机制配套的管理环节。克林格勒和纳尔班迪认为，针对人事管理的主要机制，公共人力资源管理包括四方面主要职能，见表1-2。而从人力资源管理反映的机制看，包括组织人力资源战略管理、人力资源规划（人力资源计划、工作分析、职位分类、岗位评估等）、人力资源获取（招募、甄选、任用、人事测评等）、人力资源开发与发展（职业管理、管理人员开发、教育培训、工作轮换等）、人力资源激励（绩效评估、职务升降、纪律惩戒、薪酬策划等）、人力资源维持和保障（薪酬福利政策、工作场所健康安全、劳动关系、权益保障等）。

---

① 孙柏瑛，祁凡骅. 公共部门人力资源开发与管理. 北京：中国人民大学出版社，2020：16.

表 1-2 克林格勒和纳尔班迪关于公共人力资源管理职能的划分

职　能	目　标
人力资源规划	预算准备和人力资源计划；在员工之间划分与分配工作任务（工作分析、职位分类、岗位评估）；决定工作的价值是多少（工作或薪酬）
人力资源获取	招募、选录、增补员工
人力资源开发	适应、培训、激励及评估员工，提高其知识、技能与能力水平
纪律与惩戒	确立、保证员工与雇主之间的期望、权利与义务关系，建立惩戒途径与雇员申诉程序；保障员工健康、安全以及宪法权利等

具体而言，公共人力资源管理在组织管理与运作过程中发挥着重要的作用。孙柏瑛以及姚先国等学者认为，公共人力资源管理的功能主要体现在识才、选才、用才、育才、留才五个方面。

1. 识才

识才即管理者识别和洞察人才基本的心理特征和发展规律，了解和认识员工的个性差异和能力优势，从而为公共组织得到优秀的人才提供认知标准，并开发人才甄选的技术手段。为此，管理者需要掌握员工心理学和职业生涯发展行为取向的相关知识，能够辨别员工的职业需求、动机、兴趣、个性等特征。识才是人力资源管理的基础和出发点，只有在此基础上，组织才能很好地发展选才、求才、用才、育才等管理措施，并保证这些管理措施落到实处。

2. 选才

识才的目的是有效地选拔、任用组织需要的人才。选才就是组织通过一系列制度安排和技术手段，有目的地从各类人员中选择、任用、晋升优秀人才的过程。为实现公平、公正、竞争、择优的人才选用目标，公共组织一方面设计、建立了重要制度，包括以公开考录制为特征的人才选拔制度、开放性的绩效评估制度，开辟了功绩考核、晋升唯功、适才适用的人才发展路线等，以保证选才过程的公正性；另一方面大力发展了以"客观性""信度""效度"为目标的人事测评技术、测评中心等，借助多种技术手段，发现并筛选出综合素质优秀的人才。

3. 用才

公共部门对已经获得和选用的人才，按照同素异构、能级匹配等原则，通过一定的管理措施充分、合理地对人才加以使用，努力做到用人不疑，尽量发挥公职人员的潜能，做到人尽其才。只有用好人才，让人才施展才华，实现才尽其用，组织方能求得人才并留住人才。为此，组织应设计职位分类、职位评价、人事任用、绩效评估、职务升降、奖励惩戒等管理环节和措施。

4. 育才

随着社会经济发展和科技进步，一方面，公共部门的工作方向、工作目标和工作内容在变；另一方面，公共部门的工作方法、岗位职责及其对劳动者的素质和能力要求也在变，这就需要人力资源管理部门及时适应这种变化，通过建立健全员工教育培训和人力资源开发制度、完善员工培训和人力资源开发体系，不断开发并调动员工的潜能，使其在适应社会、组织和部门发展需要的同时，通过有效的职业生涯管理来实现自身的价值，达成自身发展目标。所以，公共部门在使用人力资源的同时，还要对人力资源进行不断的开发和培养，使人力资源适应社会发展与公共部门发展的需要，为组织的战略管理提供可持续发展的资源支持。公共部门育才的主要途径就是人力资源的职业生涯发展管理、员工的培训和终身继续教育。

5. 留才

人才是公共部门兴盛和发展之本，留住优秀人才是公共人力资源管理的重要功能。80/20定律指出，组织中80%的绩效通常是由组织中20%的员工提供的，而组织中80%的员工实际上仅提供了组织20%的绩效，创造组织80%绩效的那20%的员工即是组织的核心员工或骨干员工，是组织得以发展壮大的根本力量。通过建立健全的政策和制度体系留住组织的核心员工，是公共人力资源管理的重要职责。通过有效的管理措施，将优秀人才留在公共部门，防止出现人才大量外流给公共组织带来人才短缺的状况。通常来讲，留人的关键是在深入研究员工需求的基础上尽可能地满足其需求，否则只能事倍功半。为了实现留才的目标，人力资源管理需要建立、完善公职人员的保障、激励、发展机制，给优秀人才以成长、发展的空间和动力。留才是上述四项人事管理机制和管理活动取得成效的综合评价和目标追求。

第二节 公共人力资源管理的理念嬗变

一、人力资源管理理念的历史演变

人力资源管理最早始于20世纪60年代的西方工业国家，在我国则是于20世纪80年代才兴起的新学科，但其理论渊源可追溯到古代的文明发展时期。梳理这些理念渊源，厘清人力资源管理理念的历史演进，有助于对公共人力资源管理的理念嬗变形成整体把握，从而更好地理解其历史发展路径。

（一）从经验管理到科学管理

人类社会早期，由于生产力水平极其低下，当时的管理水平也与之相适应，处于极低水平。随着人类社会不断进步，管理思想也有了很大发展。18世纪中叶，产业革命开始后，社会生产力有了较大发展，管理思想也发生了一次深刻革命，计划、组织、控制等职能相继产生。随着工业革命的深入推进，社会分工、社会分层及人们之间的社会关系与社会活动日趋复杂，资本主义国家中劳资矛盾日益突显，生产力水平日益提高，急需一套系统而科学的管理理论与之相适应。

为了改进工厂和车间的管理，解决劳资双方矛盾，美国机械工程师弗雷德里克·泰罗（Frederick Winslow Taylor）通过对铁块搬运工、铲掘工和金属切削过程进行实验研究发现，劳动对象（如铁块、铁砂或煤炭、被切削的金属等）的性质、劳动工具（如铲子、车床）的适应条件、工人的工作程序和肢体动作等直接影响着工人的劳动效率。为此，他一方面精心挑选与工作要求相适应的工人，另一方面为工人们制定相应的工作程序和方法，并为他们提供专门的工具，让他们经培训后上岗工作。在工作中，他采用了具有刺激性的计件工资制。结果，工人的劳动效率成倍增长。泰罗认为，通过消除不必要的或重复的步骤可以达到工作效率的最大化，同时也可以减少懒惰和劳工冗员。泰罗以追求经济利益最大化为人类基本需要的"经济人"假设，重点研究了企业内部具体工作的作业效率，建立了一套企业管理理论——科学管理理论。科学管理理论的基本设想是：存在一种最合理的方法来完成一项工作，这种方法不仅最有效率，而且速度最快，成本也最低。为此，就需要将工作分解为最基本的机械元素予以分析，然后再将它们以最有效的方式重新组合起来。

如果对泰罗的科学管理理论予以总结的话，其有关人力资源开发与管理的思想可归纳为如下几个主要方面：

其一，科学确定劳动定额。他主张劳动定额既非雇主说了算，也非由工人决定，而是成立由专门人员组成的机构，通过"时间和动作研究"予以科学确定。

其二，人事相符，员工与工作相匹配。泰罗主张将过去的工人挑选工作改变成工作挑选工人，每一工作均需挑选最合适的一流工人。工人的挑选工作应由组织内专门的机构实施，这一部门也就是此后的人事管理部门或人力资源管理部门。

其三，对员工进行科学培训。泰罗认为合适的一流工人不是天生的，造就合适的一流工人的途径一是进行严格挑选，二是进行科学培训。他认为培训工作应由组织通过建立专门机构、配备专门人员予以专门负责。

20世纪初期开始，泰罗的科学管理理论在美国企业界得到普遍推广，并对世界各国企业的人事管理产生了巨大影响，由此，泰罗被誉为"科学管理之父"。与泰罗同一时期的古典管理理论的主要代表人物之一、管理过程学派创始人法约尔将企业作为一个整体加以研究，系统提出了十四项原则和五种管理职能，创立了组织管理理论。泰罗的科学管理理论与法约尔的组织管理理论具有很强的系统性与理论性，使得管理学体系初见雏形。

（二）从科学管理到人际关系管理

科学管理自20世纪初得到广泛推广以来，也面临着许多新的问题和挑战。比如，科学管理由于没有顾及员工的感受，从而使员工对工作开始产生不满情绪，并由此影响劳动效率；此外，科学管理理论中关于金钱是激励员工和提高员工生产效率的唯一因素的观点，在实践中也未得到有力证实；而且尽管许多企业采用了泰罗的科学管理方法，但劳资纠纷和罢工依然不断。对此，美国机械工程师亨利·甘特（Henry Laurence Gantt）指出："不论我们做什么，都必须与人性相符合。我们不能驱使人们。我们要指导他们的发展"。甘特主张以利益分享来回报学习，指出独裁管理威胁民主。[①] 被德鲁克誉为管理学先知的玛丽·帕克·芙丽特（Mary Parker Follett）也指出："（发号施令的）第一个缺点就是，如果我们不邀请真正从事这项工作的人来参与

---

① 〔美〕肯尼思·克洛克，琼·戈德史密斯. 管理的终结. 王宏伟，译. 北京：中信出版社，2004：26.

决策，决定职责的规则应当是什么样子，那么，我们会失去我们本来可以从他那里学到的东西……专断的命令忽视了人类天性之中最基本的因素之一，明白地说，那就是主宰自己生活的愿望……即使命令是完善地制定的，并且，也不是以'盛气凌人'的态度发出的，仍然有很多人对他们感觉是命令的任何事物作出狂暴的反应。人们反感的往往是'命令'，而不是命令的'内容'……如果一个工人被要求按照他认为并非最佳的方式工作，他通常会对工作的结果全然失去兴趣。他可以事先就断定自己的工作注定不会有好结果……绝不要影响工人对自己工作的自豪感，这是我们最应当注意的事情之一。"① 这些问题和挑战促使管理学者们努力去研究决定工人劳动效率的因素。

1924年，美国科学院组织了一个包括各方面专家在内的研究小组，对芝加哥城郊外的西方电器公司霍桑工厂的工作条件和生产效率进行全面考察和多种实验，其中一个主要的实验就是照明实验。该实验前后花了两年多时间，由此拉开了著名的霍桑实验的序幕。霍桑实验是一项以科学管理的逻辑为基础的实验，从1924年开始到1932年结束，历经了8年时间。霍桑实验前后共进行了两个回合：第一个回合是从1924年11月至1927年5月，在美国国家科学委员会赞助下进行；第二回合从1927年至1932年，由美国哈佛大学教授梅奥（E. Mayo）主持进行。整个实验前后共分四个阶段：

(1) 车间照明变化对生产效率影响的各种实验；
(2) 工作时间和其他条件对生产效率影响的各种实验；
(3) 了解职工工作态度的会见与交谈实验；
(4) 影响职工积极性的群体实验。

后面三个阶段的实验是在梅奥的主持下进行的，主要是为了解决第一阶段所发现的问题。通过"照明实验"发现：工作场所中的灯光只是影响生产的一种要素，而且是一种不太重要的要素；由于实验中涉及的因素太多，且其中任何一种要素变化都会影响实验结果，因此，照明对产量的影响实际上无法确定。总体上讲，"照明实验"虽未得到满意的结果，但却为接下来的梅奥等人的实验提供了借鉴。承继"照明实验"的初步结果，梅奥等人进一步设计并进行了"福利实验""访谈实验"和"群体实验"。实验结果表明：

(1) 管理方式的改变（由严格的命令和控制方法改变为对工人来讲自由而宽松的管理方法）有助于员工士气的提高和人际关系的改善，从而改变工人的工作态度，促进产量的提高。

(2) 管理者与工人友好相处，注意倾听并理解工人，热情对待工人，关心工人，有利于融洽的人际关系的达成及员工士气的提高。

(3) 企业中存在非正式组织（群体），这种非正式组织（群体）的职能在于控制其

---

① 〔英〕葆琳·格雷汉姆．玛丽·帕克·芙丽特——管理学的先知．向桢，译．北京：经济日报出版社，波士顿：哈佛商学院出版社，1998：111—113．

成员的行为，对外保护其成员，使之不受来自管理层的干预，这种非正式组织一般都有自然形成的领袖人物。这种非正式组织的形成是与更大的社会组织相联系的。

基于霍桑实验结果，梅奥于1933年正式出版了《工业文明中的人的问题》一书，与蒙特斯伯格共同建立了人际关系学说。霍桑实验所得出的重要结论，是人类管理思想的一次伟大的历史性转折，同时也标志着行为科学管理阶段的到来。[1]

(三) 从人际关系管理到人力资源管理

尽管人际关系学说对科学管理理论进行了补充和矫正，但也有学者认为，人际关系管理方法在提高员工产出和增加员工满意度上没有太大作为，原因在于，行为科学模式下的人际关系管理方法有其自身的缺陷：一是人际关系管理方法是建立在简单组织中人的行为分析基础上的，然而，"快乐的员工是一个好的员工"的论点却并未得到事实的证明。二是人际关系管理方法未考虑到个体的差异性。每个员工都是具有不同需求和价值观的复杂个体，对某一员工有激励作用的方法对另一员工却未必有激励效果；"快乐"和"感觉好"对某一员工的生产率来讲可能没有影响。三是人际关系管理方法也未认识到对于工作结构和员工行为控制的需要。在很大程度上，它忽视了生产过程、标准和指导员工朝组织目标努力的规章制度的重要性。四是人际关系管理方法没有看到人际关系只是保持高水平员工激励的必要条件之一，因为员工生产效率的提高还可通过绩效考评与管理、职业生涯开发以及工作的丰富化和挑战性等来加以实现。

20世纪50年代以后，行为科学的产生和发展进一步矫正、补充并扩展了人际关系理论的内容。行为科学运用心理学、社会学和人类学等多学科的理论和方法，通过对一般意义上组织中个体和群体行为的研究，认为员工的行为是多种多样、复杂多变的，员工需求影响和决定着员工的动机和行为，分析和把握员工需求，采取有效的激励措施，是管理员工、提高员工工作效率的有效方法。行为科学的最大进步在于它认识到了员工不是机器，而是有需求、有动机、有个性、有感情的组织成员，员工的需求、动机、个性和组织因素，均会影响员工行为，因此，在管理实践中，应从员工需求出发，运用恰当的激励手段来激发员工的积极行为，克服其消极行为，以提高企业的生产效率。这一时期最具代表性的理论有亚伯拉罕·马斯洛 (A. H. Maslow) 的需要层次理论，克莱顿·阿尔德佛 (C. Alderfer) 的生存、关系及发展 (existence, relatedness and growth, 简称 "ERG") 理论，弗雷德里克·赫茨伯格 (Frederick Herzberg) 的双因素理论，维克多·弗洛姆 (Victor Vroom) 的期望理论，莱曼·波特 (Lyman W. Porter) 和爱德华·劳勒 (Edward E. Lawler) 的综合激励模型，戴维·麦克利兰 (David C. McClelland) 的成就动机理论，道格拉斯·麦格雷戈 (Donglas M. McGregor) 的Y理论，埃德加·沙因 (Edgar Schein) 的复杂人假设，以美国著名行为主义学家斯金纳 (B. F. Skinner) 为主要代表所提出的强化理论以及亚当斯 (J. Stacey Adams) 的公平理论等。这些理论主要从个体角度来研究人的行

---

[1] 郭咸纲. 西方管理学说史. 北京：中国经济出版社，2003：211.

为，强调从人的需求出发来激励人，以提高员工的工作效率，在组织目标与个人目标相统一的基础上实现组织发展。

此外，还有学者从组织和领导行为角度展开研究，如卡特·勒温（Kurt Lewin）的群体动力学理论、亨利（W. Henly）和鲍莫尔（W. J. Banmal）等人的领导特质理论、坦南鲍姆（R. Tannenbau）和施密特（W. H. Schmidt）的领导行为连续体理论、布莱克（Robert R. Blake）和莫顿（Jane S. Mouton）提出的管理方格理论以及威廉·大内（William G. Ouchi）的Z理论等。这些理论特别强调组织和领导者对员工的关心，认为这是获得组织高绩效的根本所在。尽管上述理论分别从不同角度来研究和探讨人的行为，但总的来看，它们都是从人本主义立场出发来看待管理问题的，体现了浓厚的人本管理思想，从而为现代人力资源管理提供了坚实的理论基础。

二、从传统人事管理到现代人力资源管理

（一）传统人事管理阶段

一般来讲，"人事"通常是指在用人治事过程中发生的人与人、人与组织以及人与事（工作）之间的相互关系。"人事管理"则指对人事关系的管理，目的在于达到人与人、人与事之间的最佳配合，从而有效地实现组织目标。因此，人事管理的全部内容通常围绕人与事（工作）的关系特别是以事为中心而展开和进行的，它所追求的是事得其人、人事相宜。

现代企业是随着工业革命产生的，在几百年的发展过程中，人事管理作为企业管理中的重要一环逐渐发展和完善。最早，在手工作坊式的工厂中，资本家集财产所有者和经营管理者于一身。作为管理者，许多具体的企业管理职能，如生产、财务、人事、营销等，都由资本家本人负责。随着企业规模的扩大，管理幅度越来越宽，资本家直接管理一切企业活动，已是心有余而力不足，于是出现了资本家雇用管理助手来协助资本家对员工进行控制的管理形式。随着企业活动的进一步复杂化，组织机构也越来越复杂，出现了财务、技术等专业性的职能管理部门。与其他部门一样，人事部门作为专业职能部门之一也产生了。招聘工人由具有专门技能的人事管理者通过一系列的方式，如笔试、面试等进行测评和筛选。但在开始时，由于用人办事的权力主要掌握在各部门的直接主管手中，人事部门作为职能部门，只是一线主管的助手，人事部门和人事管理工作者在企业中的地位不高，对企业的战略及重大决策很少或根本没有发言权。

在人事管理近半个世纪的发展进程中，人事管理的研究对象及其管理活动的实施对象都是建立在这样的基础上的，即把组织的员工作为"经济人"而不是"社会人"来看待。随着科学技术的发展，人类社会开始向知识经济时代迈进。而在知识经济社会中，组织的员工素质和需求也在发生变化，知识型或技能型员工大量出现，这些员工与传统的体力劳动者在个人需求上有着很大不同，他们不仅有着较高的物质需求，而且还有着很高的精神需要，他们有着强烈的参与管理和自我管理的愿望，有着强烈的自我实现需求，对于这些人来讲，如果仍然采用传统的人事管理方式，很难收到良

好的管理效果，因此就需要对传统的人事管理理念和方法进行变革。

(二) 人力资源管理阶段

在《管理的实践》中，德鲁克提出了管理的三个更广泛的职能：管理企业、管理经理人员和管理员工及他们的工作。在讨论管理员工及其工作时，德鲁克引入"人力资源"这一概念。他指出：人力资源与其他所有资源比较，唯一区别就是人力资源的载体是人，并且是经理们必须考虑的具有"特殊资产"的资源。德鲁克认为，人力资源拥有其他资源所没有的素质，即"协调能力、融合能力、判断力和想象力"。经理们可以利用其他资源，但是人力资源只能自我利用。

德鲁克要求管理人员在设计工作时考虑人的精神和社会需求，采取积极的行动来激励员工，为员工创造具有挑战性的工作以及对员工进行开发。他指出了当时人事管理三个最基本的错误：(1) 认为员工不想工作的假设；(2) 忽视对员工及其工作的管理，把人事管理作为专业人员的工作而不是经理的工作；(3) 把人事管理活动看成"救火队的工作"，是"消除麻烦的工作"，而不是积极的和建设性的活动。总之，德鲁克在《管理的实践》一书中表达了对改进员工管理的迫切希望。按照德鲁克的观点，当时的人事管理已经不能适应组织对员工有效管理的要求，它必须具有所需的专门知识，要意识到什么是正确的方法并加以应用。

从 20 世纪 70 年代开始，一方面"人事管理"开始被"人力资源管理"所取代，由此，人们也开始注意提高员工的生活质量；另一方面，管理的东西方交流开始展开，美国公司开始学习日本企业的一些成功做法，如无工会的人力资源管理活动、全面质量管理等。1984 年，亨特设想了人事管理重点的转移，并引起了从事人事管理的有关人员的注意，最终导致了人事管理向人力资源管理的转变。

(三) 战略性人力资源管理阶段

20 世纪 80 年代以来，人力资源管理理论不断成熟，并在实践中得到进一步发展，学者们努力将其与战略规划整合在一起，进而提出了战略性人力资源管理理论，标志着现代人力资源管理发展到了一个新阶段。1978 年，美国人沃克 (Walker) 发表了《将人力资源规划与战略规划联系起来》一文，初步提出将战略规划与人力资源规划联系起来的思想，这是战略性人力资源管理思想的萌芽。1981 年，戴瓦纳等人 (Devanna, Fombrum & Tichy) 发表了《人力资源管理：一个战略观》一文，正式提出了战略人力资源管理的概念，并深刻分析了组织战略与人力资源的关系，标志着战略性人力资源管理思想的诞生。1984 年，比尔 (Beer) 等人的《管理人力资本》一书的出版，标志着人力资源管理向战略性人力资源管理的飞跃。在这一阶段，人力资源成为组织的战略性资源，人力资源管理上升到组织发展的战略性地位；人力资源管理部门的角色开始向组织管理的战略合作伙伴转变，人力资源管理者的角色向战略规划者转变。

从传统人事管理到人力资源管理，再到战略性人力资源管理的转变，实际上体现了组织中对于人的认识的转变。随着理论的发展，组织越来越重视人对组织的贡献，越来越将人力资源视为组织实现其战略目标的重要因素，越来越重视人力资源管理与战略的匹配性。从某种意义上说,组织最终依赖的是人而非机器等技术要素来获取竞争优势。如表 1-3 所示,传统人事管理、人力资源管理、战略性人力资源管理呈现出不同的特质。

表 1-3　传统人事管理、人力资源管理、战略性人力资源管理之比较①

关于人的管理维度	传统人事管理	人力资源管理	战略性人力资源管理
管理理念	人是一种工具性资源,服务于其他资源	人力资源是组织的一种重要资源	人力资源是组织最重要的资源,是一种战略资产
与战略决策的关系	很少涉及组织战略决策,与战略规划的联系是一种行政联系或单向执行联系,即扮演执行者的单一角色	是组织战略决策的重要辅助者、信息提供者,与战略规划的联系是一种双向联系,即扮演辅助者和战略执行者的双重角色	是组织战略决策的关键参与者、制定者,与战略规划的联系是一体化联系,即扮演决策制定者、变革推动者和战略执行者的多重角色
职能	参谋职能、行政事务性工作、被动的工作方式	直线职能、辅助决策、战略执行、行政事务性工作、灵活的工作方式	直线职能、决策制度、战略执行、几乎没有行政事务性工作、主动的工作方式
绩效关注点	部门绩效导向、短期绩效导向	部门绩效与组织绩效兼顾导向、较长期绩效导向	部门绩效与组织绩效一体化导向、长期绩效导向、竞争优势导向

(四) 新公共管理阶段

近年来,随着私人部门在人力资源管理之组织绩效提高方面所取得的巨大成功,以及公民对高绩效政府和服务型政府的呼声日甚一日,公共部门特别是政府部门中基于官僚制的传统政府管理模式的根基开始发生动摇。20 世纪 70 年代末、80 年代初,随着撒切尔夫人上台,一场以提高政府绩效、强化民主参与管理及提高政府服务水平和质量的政府治理和"政府再造"运动首先从英国轰轰烈烈地展开,不久即迅速扩展到美国、新西兰、澳大利亚以及斯堪的纳维亚半岛和欧洲大陆,并不同程度地影响到了所有国家。②

对于"新公共管理"(new public management,简称"NPM")模式,澳大利亚学者休斯(Owen E. Hughes)概括了其六大特点或特征:(1) 该模式意味着传统行政管理模式的重大改变,引人注目的变化是注重结果的实现和管理者负个人责任;(2) 具有一种脱离官僚制的趋势,目的是使组织、人事、任期等更具灵活性;(3) 明确规定组织和人事目标,以便用明确的绩效指标衡量工作业绩,以及对项目进行系统评估,其背后的推动力是经济、效率和效能的"三 E 标准"(economy, efficiency and effectiveness);(4) 公共管理人员更具政治色彩,而不是政治中立或无党派立场的;

---

① 方振邦. 公共部门人力资源管理概论. 北京:中国人民大学出版社,2019:7.
② 〔英〕简·莱恩. 新公共管理. 赵成根,等译. 北京:中国青年出版社,2004:3.

(5) 政府职能更有可能受市场检验（如合同外包），或休斯本人所说的"将掌舵与划桨分开"，政府介入并不一定指政府非得通过官僚制手段实施管理不可；(6) 具有通过民营化或市场检验以及合同外包等方式减少政府职能的趋势。① 对于"新公共管理"模式的主要内容，OECD 组织将其概括为：(1) 提高政府人力资源管理水平；(2) 员工参与决策与管理过程；(3) 放松管制并推进绩效目标管理；(4) 信息技术的利用；(5) 顾客服务；(6) 使用者付费；(7) 合同外包；(8) 取消垄断性管制规定。②

总体来看，"新公共管理运动"是一场涉及政府管理目标、管理理念、管理体制、管理机制和管理模式的改革，这其中，对传统人事管理理念和管理模式的改革无疑占有至关重要的地位，是"政府再造"和"政府治理"的核心内容之一。"新公共管理运动"中人事管理改革的基本思路，一是改革管理中长期以事为中心的管理理念，二是用现代企业成功的人力资源管理理论和方法改革传统的人事管理模式，从而形成既符合公共部门特点又具有效率的新型的人本化人力资源管理模式，以适应社会对高效、民主和服务性政府的要求。

第三节 公共人力资源管理的理论基础

一、人性假设与管理理论

人力资源管理的对象是人和人的行为，不同的人性假设往往对应着不同的管理理念和管理方法。人性假设是人力资源管理的理论基础，人力资源管理理论的构建及其管理方法的设计，都是以对人性的一定认识为基础的。从人类对人性的认识来看，目前比较有代表性和影响力的人性假设主要有四种，即"经济人"假设、"社会人"假设、"自我实现人"假设和"复杂人"假设。

（一）"经济人"假设与 X 理论

"经济人"（economic man）假设也称"理性—经济人"（rational-economic man）或"唯利人"假说，这种假设起源于享乐主义的哲学观点和亚当·斯密（Adam Smith）关于劳动交换的经济理论，是一种与"人性恶"相对应的哲学理念，同时也是西方经济学和传统组织管理理论构建和方法设计的基础。"经济人"假设的主要观点是：人的一切行为都是为了谋取个人利益，最大限度地满足自身的经济利益，劳动者工作的动机是为了获取经济报酬。持这种观点的学者主张集权和控制，在机构上突出监工，在制度上强调重赏重罚。前面所述的"泰罗制"就是"经济人"假设的具体体现。泰罗以"时间—动作"分析为出发点，只考虑提高劳动生产率，无视工人的情感需求，主张管理者与生产工人严格分开，反对工人参与管理。麦格雷戈在其 1960 年出版的《企业的人性面》（*The Human Side of the Enterprises*）一书中，结合 X 理

---

① 陈振明. 政府再造——西方"新公共管理运动"述评. 北京：中国人民大学出版社，2003：30.
② 陈振明. 政府再造——西方"新公共管理运动"述评. 北京：中国人民大学出版社，2003：31.

论对"经济人"假设的基本观点进行了概述。X 理论认为：

（1）人性懒惰，不求上进，不愿负责任，宁愿听命于人。

（2）人是经济人，把自己的利益看得高于一切，追求个人经济利益最大化是其本能。

（3）人生来以我为中心，漠视组织需要。

（4）人缺乏理性，易受他人影响，随时会被煽动者当作挑拨是非的对象，从而作出一些不适宜的行为，因此，组织应对其行为进行约束和管制。

基于以上假设，以 X 理论为指导思想的管理方式可概括为：

（1）管理者应以利润为出发点来考虑对人、财、物诸生产要素的运用。

（2）管理者的角色是家长，是指挥者和督导者，管理者对员工的工作要加以指导、控制并纠正其不适当的行为，使之符合组织要求。

（3）管理者把人视为物，忽视人的自身特点和精神需求，把经济手段当作激励人们工作的最主要手段。

（4）严格管理制度和法规，运用领导的权威和严密的控制来保证组织目标的实现。

（5）采用"胡萝卜加大棒"的管理方法来实施管理。

（二）"社会人"假设

"社会人"又称"社交人"，这种假设起源于著名的霍桑实验。通过霍桑实验，梅奥得出的结论是：工人不是机械的、被动的机器，而是活生生的社会人；影响人的劳动积极性的因素，除了物质因素外，还有社会的、心理的因素；每个工人都有自己的特点，个体的特点和个性都会影响个人对上级命令的反应和工作表现。人们工作的动机不只在于经济利益，更看重工作中的社会关系；而且人具有社会性需求，人与人之间的关系和组织的归属感比经济报酬更能激励人的行为。因此，应把工人当作不同的个体、当作社会人来看待。在霍桑实验所得出结论的基础上，埃德加·沙因归纳出了"社会人"假设。"社会人"假设的基本观点是：

（1）社会需要激发人的工作积极性。物质激励虽对人的积极性有影响，但责任感、成就感、尊重感和认同感等社会性因素对人的积极性影响更大。

（2）影响员工工作效率的最主要因素是人际关系。工作效率主要取决于组织成员在家庭和各个社会群体中人际关系的协调程度。

（3）非正式组织是影响组织成员行为的潜在力量。

（4）人们最期望领导能承认并满足他们的社会需要。

基于"社会人"假设，在管理实践中，组织和管理者应帮助员工建立并保持融洽的人际关系，注意员工的心理感受，激励员工的工作士气。

（三）"自我实现人"假设与 Y 理论

"自我实现人"（self-actualizing man）假设源于马斯洛的需求层次论。"自我实现人"假设认为，人的需要有低级和高级之分，人们工作的目的是达到自我实现的需要；人们力求在工作上有所成就，实现自我管理和独立，发展自己的能力和技术，以便富有弹性和适应环境；人们能够自我刺激和自我控制，外来的激励和控制会对人产生一种威胁,并造成不良后果;个人目标与组织目标并不存在冲突,而是一致的,在适当条件下,个人应自己调整自己的目标使之与组织目标配合。"自我实现人"假设比"社会人"假设又进了一步,更为关心员工的高层次需要和个人发展,这是人本理论的一大进步。从某种程度上讲,Y 理论是一种与"自我实现人"假设在看法上非常相近的理论,Y 理论的基本观点是:

(1) 人并非生性懒惰,也并非天生不喜欢工作,人是愿意为他人和社会做贡献的。

(2) 没有人喜欢外来控制和惩罚,人更希望自我管理和自我控制,外力的控制和处罚并不是使人朝着组织目标努力的方法。人的追求是满足欲望的需要,与组织需要没有矛盾,只要管理得当,人们就会把个人目标与组织目标统一起来。

(3) 一般人在适当的激励下,不但能接受而且愿意承担责任,逃避责任并非人的天性,而是经验的结果。

(4) 个人目标和组织目标可以融合为一。

(5) 一般人都有相当高的解决问题的能力和想象力。只是人的智力潜能往往得不到充分利用而已。

以 Y 理论为指导思想的管理方式可归纳为:

(1) 人的行为管理的任务在于创造使人能充分发挥个人才能的工作环境,使员工在实现组织目标的同时达成自己的个人目标,以实现组织目标与个人目标的统一。

(2) 应给员工更多的信任、责任和自主权,鼓励人们参与自身目标和组织目标的制定,相信他们能自觉完成任务。

(3) 外部的控制、操纵、说服、奖罚,绝不是促进人们努力做的唯一方法,管理者的角色是辅助者、训练者和提供帮助的人。在管理实践中,应该用启发式代替命令式,用信任代替监督,促使人们既为了组织目标也为了自己的目标而努力工作。

(四)"复杂人"假设与 Z 理论

"复杂人"(complex man)假设是史克思等人在 20 世纪 60 年代提出来的,在 1965 年出版的《组织心理学》(*organizational psychology*)一书中,沙因对其作了进一步归纳。"复杂人"假设认为,人是具有个性差异的复杂人,普遍的人性是不存在的,人的需求、能力和动机是存在差异的;一个人在组织中可以学到新的需求和动机,一个人在组织中表现的动机模式是其原来动机模式与组织经验交互的结果;人在不同组织和部门中可能具有不同的动机模式,在正式组织中不合群的人,在非正式组织中可能达到自我实现的需要;一个人能否感到心满意足,是否愿意为组织出力,决定于他本身的动机构造及其与组织的关系、工作的性质、个人的工作能力和技术水平、个人动机的强弱以及与同事的关系都有可能影响其工作状况、工作效果及其对组织和工作的满意度;人可以依自己的动机、能力和工作性质而对不同的管理方式作出反应。

在"复杂人"假设基础上,威廉·大内(William Ouchi)在对日本企业进行专门研究后,提出了 Z 理论。Z 理论的基本观点是:

(1) 实行稳定的雇佣制度,使员工与企业同甘苦、共命运。

(2)建立并实施员工长期考核和晋升制度。

(3)培养员工正直、善良的品行,实行岗位轮换制度,培养适应各种工作环境的多专多能的人才。

(4)领导者和管理者共同制定新的管理战略,明确共同的经营管理宗旨。

(5)采取集体研究与个人负责相结合的决策方式,即吸收有关人员共同讨论、协商、集思广益,最后由领导者作决策并承担责任。

(6)通过高效协作、弹性激励措施来贯彻执行组织目标。

(7)培养管理人员的沟通技巧。

(8)鼓励员工参与组织管理,建立员工与组织的全面整体关系。

Z理论是一种强调民主参与的理论,代表着组织管理发展的方向,因此,目前这种理论正引起人们越来越多的关注,很多企业通过推行Z理论的管理方法,收到了良好的管理效果。

二、人力资本理论

人力资本理论产生于20世纪60年代,它是应理论研究和社会实践的需要而产生的,产生之后越来越显现出强大的生命力,成为指导人类社会经济发展和管理实践的基本理论。该理论的主要奠基者有:美国著名经济学家西奥多·舒尔茨(Theodore W. Schultz)、加理·贝克尔(Gary S. Becker)以及雅柯布·明塞尔(Jacob Mincer)。人力资本(human capital)是指经过投资形成的、凝结于劳动者身上的知识、技能和健康等,是对劳动者投入企业中的知识、技术、创新概念和管理方法的资源总称。与人力资源一样,人力资本的载体也是人。人力资本是人力资源的质的表现,同时也是人力资源管理学科的重要理论基础。

人力资本理论的主要内容包括:

(1)人力资本是一种具有增殖能力的无形资本,这种资本表现为人所具有的知识、技能和健康等劳动能力,是一种比物质资本重要得多的资本。

(2)人力资本投资不仅能够为其拥有者带来直接的经济收益,而且还能带来心理或精神收益。

(3)人力资本的形成和积累是在先天基础上进行后天人力资本投资的结果,人力资本的投资形式主要包括:正规教育、职业和技术培训、医疗与卫生保健、劳动者的迁移与流动、就业信息的获取等。

(4)劳动者所拥有的人力资本与其劳动力的价值存在正比关系,在现代社会中,劳动者的价值主要体现在其所拥有的能够为社会和组织带来新增价值的人力资本存量上。

(5)组织人力资源管理的根本目的在于管理劳动者的人力资本,使劳动者的人力资本为组织和社会带来尽可能多的收益。

(6)人力资本是一个国家或地区经济发展的强力引擎,是推动社会进步的主要力量。

三、人本管理理念

人本管理源于人本主义思想，是在现代行为科学理论基础上发展起来的一种管理模式。所谓人本主义，泛指任何以人为中心的学说，它是一个区别于"神本"和"物本"的概念。现代人本管理理念虽然源自传统人本主义，但却与传统人本主义在认识、关注点和内容上均有很大不同。现代意义上的以人为本是在充分认识人的需求和动机基础上，从爱惜人、尊重人和发展人的层面上提出的一种与社会进步相适应的理念，是对以个体形式存在的人的个性的充分肯定和弘扬。现代人本管理运用心理学、社会学、经济学、管理学、人类学等多学科的理论和方法，在把人视为自然人、经济人、社会人和自我实现人的有机统一体的基础上，从张扬人的个性、充分发挥人的能力、尽可能满足人的自我发展需要的角度，来对人进行激励、引导和管理，它所强调的是组织目标和个人目标统一基础上的员工自治或自我管理。

人本思想在中国虽早已有之，如中国传统流行的"人为五行之尊""节用爱人""万事民为本""得人者得天下"以及"唯才是举""得人、育人"等，即为人本主义在中国社会的现实体现，并深刻影响着中国历朝历代的统治者们，但长期以来，这种人本主义思想更多地停留在思想层面，在管理实践中实际上并未得到深入而广泛的应用和弘扬。在西方，20世纪五六十年代以来行为科学的兴起，极大地推动了人本管理由思想向理论和实践的转变，70年代后很多欧美企业纷纷将人本管理理念、理论和方法引入各自企业的管理中，通过改革企业人事管理制度和管理方法，更多地关注员工的需求和发展，积极地推进民主参与管理方法，将组织目标与员工目标相统一，不仅大大提高了企业的核心竞争力和企业绩效，而且极大地改善了劳资关系，提高了员工和客户的满意度，收到了优良的管理效果。可以说，现代人本管理模式是在迎合社会发展潮流、适应利益相关者共赢的要求下正在迅速发展的理念和理论。

综合上述对人本管理的讨论，可以归纳出人本管理的如下基本特征：

（1）人本管理是以人为中心的管理。这种管理区别于以物为中心的管理模式，视员工为组织发展的"第一资源"，而不是把员工当作实现组织目标的工具，充分体现了组织管理的人性化特征，同时也是对人的地位和价值的充分肯定，是管理之于人性的复归。

（2）人本管理的目的为了人。在这里，"人本管理的目的为了人"有两层含义：其一，组织管理必须以员工为核心，爱惜员工，关心员工，尊重员工，注意把组织目标与员工目标协调统一起来，为员工提供尽可能多的发展机会，只有如此，才能切实提高员工对组织的认同感和满意度，也才能获得员工对组织的忠诚及其对工作的高度热忱，进而提高组织绩效和客户满意度；其二，组织管理必须以客户为本，为客户提供热情、周到、及时快捷、高质量的服务和产品，以提高客户对组织及其产品的信任感和满意度，实现组织和客户的共赢。

（3）人本管理的主体是组织的全体员工。人本管理把全体员工看成组织管理的主体，强调员工参与式管理和民主自治，鼓励员工为组织和部门的发展献计献策，全面实施激励措施以充分激发员工对工作的积极性、主动性，有利于员工个性的张扬及其能力的充分发挥，也有利于增强员工爱岗敬业的主人翁精神。

第四节　公共人力资源管理的基本原则与体系架构

作为一门具有较强理念性和实践性的学科，现代公共人力资源管理应遵循一定的原则，方能科学有序发展。

一、公共人力资源管理的基本原则

（一）系统优化原则

在这里，系统优化是指通过人力资源管理使公共部门在组织结构、人员构成与配置以及员工能力及其发挥上尽可能达到简约、快捷、精干、高效的水平，降低组织运行成本，提高组织效率和效益。

（二）以人为本原则

以人为本是指公共部门应把人作为人力资源管理的核心，把人看成组织管理的出发点和归宿，把组织目标与员工发展目标统一起来，为员工提供优良的人际环境、工作环境和发展环境，切实做到爱惜人、关心人、尊重人、发展人，充分体现组织管理的人性化特征。

（三）德才并举原则

如前文所述，公共权力是公共部门存在的根基，这就要求公共部门始终把全体公民的公共利益放在第一位，权为民所用，利为民所谋，情为民所系，因此要求公共部门在人力资源管理过程中必须始终坚持德才并举的原则，努力选拔并培养德才兼备的高素质人才，这是公共部门发展的根本所在。

（四）适才适用原则

适才适用是人力资源优化配置的具体体现。在人力资源管理过程中，如果不注意适才适用，而是大材小用、小材大用、此材彼用，必然会造成人力资源的巨大浪费，轻则影响公共部门绩效，重则会给公共部门带来严重的不良后果，不仅会影响公共部门形象，而且还会降低广大公民对公共部门的信任感，不利于社会管理。

（五）使用与开发并重原则

这一原则要求在人力资源管理过程中根据科技进步、社会经济发展及组织和社会管理的需要，将人力资源的使用及其潜能的开发密切联系起来，在为员工发展提供更大可能性的同时，充分提高组织的人力资源能力及其绩效。

（六）激励、竞争原则

人是一种有着强烈进取心和无尽需求的社会性动物，按照马斯洛需求层次论，在人的生存需求得到满足后，人的安全需求、社交需求和尊重需求就会随之出现，与此同时，人的自我实现需求也会跃跃欲试地逐渐膨胀。一般来讲，人的自我需求是一种无止境的需求，随着人所初定的一级目标的实现，二级目标、三级目标甚至四级目标、五级目标往往会随即出现，由此人会产生更高层次的自我实现的需求……因此，从满足人的不同需求来讲，就可以采取不同层次、不同程度的激励措施和方法，来激发员工的积极性、主动性和创造力，使员工全面施展自己的才能，达到服务社会、促进经济社会发展的目的。竞争原则所关注的是人的好斗性和进取心，对此，只要采取适当的激励措施并加以正面引导，就可以诱发员工积极向上的行为。当然，竞争也可能导致产生矛盾，因此要求管理者必须通观全局，运筹帷幄，始终一贯地坚持公开、公正、公平的原则，强调竞争手段的合法性，在鼓励员工积极参与竞争过程的同时，提倡、支持并引导员工向竞争对手学习，通过共同进步实现后进员工的转化，并及时发现问题，有效解决竞争中产生的矛盾和冲突，促进组织的良好运行。

二、公共人力资源管理的体系架构

公共人力资源管理架构是就人力资源管理实践所涉及的方面和主要内容而言的。按照美国人力资源管理协会的说法，人力资源管理主要涉及六大领域，即人力资源规划、甄选和任用、人力资源发展、报偿与福利、安全与健康、员工与劳工关系及人力资源研究。而美国培训与发展协会则通过人力资源管理轮盘（human resource wheel）给出了人力资源管理的结构框架及其涉及的九大领域，如图1-1所示。还有的将人力

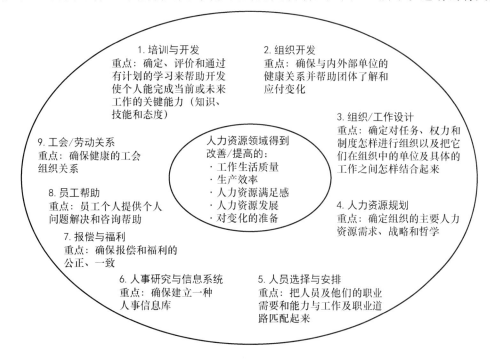

图1-1 人力资源管理轮盘

资料来源：Lioyd L. Byars and Leslie W. Rue, *Human Resource Management* (6th ed.), The McGraw-Hill Companies, Inc., 2000.

资源管理部门所承担的管理活动归结为雇用与招聘、培训与开发、报酬与福利、雇员服务、员工关系与社区关系、人事记录、健康与安全以及战略规划八个方面。

那么，到底应如何确定人力资源管理的框架和研究领域呢？首先应该明确的是，人力资源管理的根本目的在于提高组织绩效，并借此促进组织和员工个人的发展。围绕上述目标，我们认为人力资源管理的领域及其研究框架主要包括：

（1）工作分析与工作设计。工作分析与工作设计是公共人力资源管理的基础性环节，是一个结合组织目标来确定岗位设置及岗位职责和规范的过程。工作设计决定着基于组织目标的组织任务的岗位设置和工作安排，精简、高效是工作设计过程中应一贯坚持的原则。工作分析则是结合工作的特点及要承担的任务来研究和界定每一工作岗位应承担的职责以及员工要成功地完成该工作应具备的基本素质和能力，工作分析的成果——工作说明书和工作规范是组织招聘、培训、绩效考评以及薪酬管理的重要依据。

（2）人力资源规划。人力资源规划是人力资源管理部门结合组织目标及社会和组织劳动生产率发展趋势，对组织未来发展中所需要的人力资源数量、质量和结构进行确定，并付诸相应的实施程序与实现措施，提供政策和时间保障。人力资源规划是组织人力资源战略的重要组成部分，也是保证组织在发展壮大过程中获得合适数量、质量和结构的人力资源的前提条件。

（3）招聘、测试和录用。满足人力资源需求的前提是从组织内或组织外招聘、甄选和录用合格的人员，这就要求按照组织目标和岗位要求对应招人员进行考查和测试，这是公共部门获取合格员工的重要步骤和关键环节。

（4）培训与开发。培训与开发是提升组织中员工能力、改善员工知识和能力结构、使员工适应组织和社会发展需要的关键环节，同时也是组织可持续发展的根本保证。

（5）绩效考评与管理。员工绩效是组织绩效改进和提高的基本保证，没有员工的高绩效一定不会有组织的高绩效，而为了改进并提高员工绩效，就必须将员工绩效与相应的激励措施有效结合起来，这就需要对员工一定时期的绩效进行公平、公正的考评，以确定员工的绩效水平，并以此作为薪酬分配和员工职务晋升的依据。

（6）薪酬与福利管理。薪酬和福利管理是人力资源管理的重要内容。员工为组织工作的基本目的是获取自身生存和发展所需要的物质报酬，而薪酬和福利制度就是组织为满足员工个人需求，激励员工的主动性、积极性和创造性而设计的一种制度；同时，它也是吸引和留住员工的最有效方法。

（7）劳动关系管理。劳动关系管理直接关系着组织的人力资源能力能否得到正常发挥，劳动关系是否融洽。根据行为科学理论，融洽、和谐的劳动关系有利于员工满意度的提高及其积极性、主动性和创造力的充分发挥。同时，劳动关系管理还有利于优良的组织文化的形成。

(8) 人力资源研究。人力资源研究是组织人力资源管理的重要部分，目前，人力资源研究正受到私人部门甚至非私人部门越来越多的关注。每一个组织所面临的人力资源管理问题都是具体的、特殊的，研究并开发适合不同组织发展目标、愿景、文化和特点的有效的人力资源管理系统，是现代人力资源研究面临的艰巨任务。

德国有期限公务员

自《国家公务员暂行条例》（1993年）第45条首次提出"聘任制"概念以来，公务员聘任制改革持续推进。2017年9月29日，中共中央办公厅、国务院办公厅印发《聘任制公务员管理规定（试行）》，迈出了公务员聘任制改革法治化的重要步伐。

与中国的聘任制公务员相似，德国公职法中有一种公务员类型为"有期限公务员"（Beamter auf Zeit），在德国法中，公职法改革与《基本法》（GG）第33条密切相关。与中国《宪法》第27条第1款仅规定了绩效原则不同，德国《基本法》第33条不仅规定了绩效原则，即"根据其资格、能力和专业能力，每个德国人都享有担任公职的平等权利"（第3款），还规定了"职业公务员制度的传统原则"（第5款）。

一、德国有期限公务员的内涵与类型

德国有期限公务员的具体内涵：第一，有期限公务员也属于公务员，和终身制公务员最大的不同之处在于，其履行公职的时间是固定的。第二，有期限公务员的规定应该符合法律保留原则，同时受到宪法制度性保障的制约。第三，有期限公务员成立的条件不是恣意的，立法者不能随意扩大有期限公务员的类型。第四，通常在法律没有例外规定的情况下，有期限公务员适用终身制公务员的法律规定。第五，法律规定了终身制公务员可以向有期限公务员转化，但是没有规定有期限公务员可以向终身制公务员转化。

有期限公务员的类型包括地方选任公务员、政务类公务员、州数据保护和信息自由专员、青年教授。

二、有期限公务员在德国公职法上的历史变迁

德国现代职业公务员制度起源于19世纪早期，成型于1873年的《帝国公务员法》。一战后，《魏玛宪法》（1919年）在其第128条至131条，将公务员制度的若干原则确立下来。其中第129条规定：公务员终身任职，除非法律作出例外规定。由此，终身制成为德国公务员制度的一个重要特征。

尝试打破终身制的做法也在悄然发生。首先是在汉堡州，汉堡于1919年制定法律规定中小学校长可以被任命为有期限公务员；其后，图林根州1920年的《夜校临时调整法》第14条、1923年的《公共学校监督和行政法》第8条、1926年的《学校行政法》第1条，吕贝克市自治市1926年的《学校行政法》第8条，以及不来梅州1919年的《校长选举法》等都有了类似的规定。在这种背景下，1937年的德国《公务员法》（Deutsches Beamtengesetz）借鉴了这种做法。二战后，该法被原联邦德国1953年制定的《联邦公务员法》（Bundesbeamtengesetz）取代。

《联邦公务员法》在其第5条的"公务员关系"中并没有规定有期限公务员。但是在1957年，联邦议会依据德国《基本法》（1949年）第75条第1款规定的"框架立法权"（Rahmengesetzgebung），制定了《公务员法框架法》（Beamtenrichtsrahmengesetz）。其第3条第1款第2项规定：当公务员在确定的时间内承担相应的工作时，可以成立有期限公务员关系。从此，有期限公务员成为公职法的一部分。

从20世纪70年代开始，德国进行公职法改革。改革过程并不是很顺利，一度陷入僵局，直到1997年才基本完成。改革的主要目标是：强化绩效原则，保障人事投入的灵活性和减少养老保险支出。据此，《公务员法框架法》在1999年经过了重大修正。按照这次改革，这里的终身制是在退休前提下的终身制，即在公务员退休之前，没有法定事由，非经正当程序，国家不得辞退。它引入了第12b条，即：（1）法律可以规定，领导职务可以首先由有期限公务员承担。（2）法律可以规定，有期限公务员的任期为两届；两届任期最长不超过10年；两届任期届满，其不得再被任命为有期限公务员。（3）第一届任期届满，有期限公务员可以被任命为终身制公务员；第二届任期届满，有期限公务员也可以被任命为终身制公务员；有期限公务员关系结束，其不得再主张该职位的工资，也不得再主张其他工资法上的请求。（4）第12a条第2款和第3款即得适用。在其他情况下，即可适用终身制公务员关系或者终身制法官关系的法律规定。（5）第1款规定的"领导职位"指工资等级为B级的职位，以及工资等级最低为A16级的职位。由于《公务员法框架法》第12b条的革新性规定，很多州依据此条的授权，在州公务员法中扩大了有期限公务员的类型。

2006年，德国的联邦制经历了二战以来的最大一次变革，《基本法》的诸多条款被修正。其第75条被完全废除，即联邦的框架立法权不复存在。于是乎，1999年《公务员法框架法》的大部分条款都被联邦议会删除，包括第12b条。为此，联邦议院在2008年制定了《联邦公务员身份法》，在2009年制定了新的《联邦公务员法》、新的《联邦公务员工资法》以及《联邦公务员升迁条例》。

（资料来源：叶强. 德国公职法中有期限公务员的实践与启示. 中国行政管理，2018，(6)）

案例分析 四川省聘任制公务员

2020年，四川省委组织部发文部署全省首次联动开展聘任制公务员招聘，宣布将在公务员编制内以聘任制方式招聘70名左右优秀紧缺专业技术人才，部分职位年薪达45万元。消息发布后，引起社会各界广泛关注。

早在2010年和2014年，四川省就分别在达州市宣汉县和遂宁市启动聘任制公务员试点，两地在试点过程中共招录6名聘任制公务员。聘任制公务员的薪酬依据什么制定？何为紧缺专业技术人才？聘任制公务员能给用人单位和地方带去什么？带着这些问题，四川日报记者到达州市宣汉县和遂宁市进行调查采访。

一、调查采访

1. 网友提问：已有大量委任制公务员，为何还要招聘任制公务员？

记者调查：现有的公务员考试，来者多是应届大学毕业生和基层工作人员，很难招到专业技术很强且经验丰富的人才，不能满足市县对急需、紧缺的专业技术人才的渴求。

2. 网友提问：工作了好多年的公务员年薪才10多万元，聘任制公务员的年薪是不是高太多了？

记者调查：对于紧缺的专业技术人才，这样的薪酬与市场价比并不高；要拿到最高年薪，必须高标准完成工作目标。

3. 网友提问：聘期结束后，能否转为正式编制的公务员？

记者调查：已有政策明确指出："表现突出、符合条件者经批准可转委任制公务员"。

二、薪酬设置

薪酬设置参考了专业技术人才的行业标准，2010年，省委组织部、省人社厅、省公务员局确定宣汉作为全省首个聘任制公务员试点县后，该县拿出总规划师、总畜牧师等5个专业技术性较强职位和乡镇科技专员、档案员、网管员等4个辅助性职位，进行聘任制公务员招聘。

"当时全县行业部门'总师'类职位空缺，相关专业技术人才极度缺乏。这种情况下，我们在进行薪酬设置时，参考了成都、重庆等西部发达城市相关专业技术人才所属行业的薪酬标准，对'总师''副总师'等专业性较强的职位实行年薪制。"时任宣汉县委组织部副部长罗怀安介绍。为吸引优秀紧缺专业技术人才，5个专业技术性较强职位的最高年薪为15万元至17万元。

2014年，四川省在遂宁市开展市级层面聘任制公务员试点。遂宁市公务员主管部门会同用人单位与应聘者面对面，就工作职责、工资福利和社会保险等深入沟通，确定聘任制公务员职位年薪最高为41万元，最低为21万元。

"对于紧缺的专业技术人才来说,这样的薪酬并不算高。"调查采访中,相关人士一致认为,聘任制公务员是专业性较强领域的人才,他们拥有的专业技术可替代性较低,市场化就业的薪资待遇都较高,聘任单位能提供的"高薪"与市场标准相比,并不算高。

记者了解到,2017年,中共中央办公厅、国务院办公厅印发的《聘任制公务员管理规定(试行)》规定,聘任制公务员实行协议工资,聘任机关要综合考虑市场同类人员和本单位其他公务员工资水平等因素,提出聘任职位所需的工资额度,并报有关部门核定。

对签约的聘任制公务员而言,数十万元的最高年薪并不是"躺赚"。无论是宣汉县还是遂宁市的试点,聘任制公务员的最高年薪都是由基本年薪、年度业绩奖励、年度考核奖金等构成。按照合同约定,聘任制公务员高标准完成年度工作目标和聘期工作目标,在每年考核中拿到合格或优秀,才能最终拿到最高年薪。

以市场化高薪增强职位的吸引力,同样体现在此次联动招聘聘任制公务员工作中。"这次联动招聘人员的薪资,根据同类人才的市场化薪酬水平确定,一般采取年薪制,也可配套当地人才引进政策,以增强职位吸引力。"省委组织部相关人士说。

三、弥补缺口

紧缺人才助力地方和行业发展,有大量的委任制公务员,为什么还要高薪招聘聘任制公务员?四川省省委组织部关于聘任制公务员招聘的消息发布后,不少网友这样追问。

"我们的聘任制公务员,主要面向专业性较强的职位。"遂宁、宣汉两地有关负责人表示,现有的公务员招录考试,来考的主要是应届大学毕业生和基层工作人员,很难招到专业技术很强且经验丰富的人才。因此,通过录用聘任制公务员的方式招揽专业性人才,能较好满足市县在发展过程中对急需、紧缺的专业技术人才的渴求。

市县发展过程中对紧缺人才的需求有多迫切?

以规划师为例,"在没有招聘到总规划师刘文宣之前,宣汉没有注册规划师。"宣汉县住建局机关党委书记李海青说。如今,热闹繁华的宣汉新城背后,凝聚着规划师刘文宣的心血。

遂宁市自然资源和规划局局长李斌则介绍,截至目前,遂宁全市机关事业单位的注册规划师只有6名,并且还不完全从事规划工作。2013年1月,遂宁市提出枢纽拓展、产业壮大、城镇优化等"六大兴市计划",但当时遂宁高端规划人才奇缺。"2015年3月,规划师金欣应聘到城乡规划局高级规划主管职位工作后,不负众望,助力遂宁多项规划走在全国全省前列。"

辅助性职位上,聘任制公务员也给大家留下深刻印象。宣汉县就业局副局长汤继军介绍,在单位曾经当过聘任制公务员的王昇,一上岗就接手了全县"金保工程"网络建设,是当地人社部门办公网络正常运行的关键人物。"曾在宣汉县档案局担任聘任制公务员的张文茜,利用专业知识,为宣汉抢救修复了一大批濒临遗失、有重大价值的档案,解决了档案部门一直想解决但又无力解决的问题。"罗怀安说。

参加此次全省联动招聘聘任制公务员的地方正密切配合。如达州正在设置相应条件,与聘任制公务员转委任制公务员需"聘期满5年"这一政策相衔接,从而将表现优秀的聘任制公务员转为委任制公务员,最大可能留住高端紧缺专业技术人才。

(资料来源:根据人民网2020年8月4日资料整理)

问题

1. 聘任制公务员与传统公务员有什么不同?
2. 推进聘任制公务员具有什么重要意义?
3. 聘任制公务员对公共人力资源管理有什么启示?

本章关键术语

人力资源	人力资源管理	公共人力资源管理
科学管理	人际关系管理	战略性人力资源管理
新公共管理	X理论	Y理论
Z理论	人力资本	公共部门人力资本
人力资本理论	人本管理	工作分析

复习思考题

1. 公共人力资源管理的概念是什么?
2. 公共人力资源管理的特征与功能是什么?
3. 公共部门与私人部门有何区别?
4. 传统人事管理、人力资源管理、战略性人力资源管理三者之间有何区别?
5. 公共人力资源管理的基本原则是什么?

第二章

公共人力资源分类管理

> ▶**本章学习引导** 职位分析与人员分类管理是公共人力资管理活动的起点,也是其他人力资源管理活动客观性和有效性的保证,在公共人力资源管理中占有重要地位。本章重点介绍工作分析的原则、流程、方法及实际运用;阐述职位评价的特点、方法、流程等内容;并在此基础上分析公共部门人员分类管理的意义,品位分类与职位分类的特征与优缺点;最后重点介绍中国公务员分类管理的演进历程、现实特征及发展趋势。
>
> ▶**本章学习重点** 工作分析的具体流程、方法及实际运用;职位评价的方法、流程;公共部门人员分类管理;中国公务员分类管理的演进历程与发展趋势。

第一节 公共部门工作分析

工作分析是公共人力资源管理的基础。没有周密而细致的工作分析,公共人力资源的招聘、录用、配置、考评、薪酬和培训等工作都会流于主观随性。1923年,美国政府部门建立了职位分类制度,标志着工作分析在公共人力资源管理中广泛应用的开始。

一、工作分析的基本内容

工作分析是现代人力资源管理的重要基石之一,是人力资源获取、整合、保持与激励、控制与调整、开发等职能工作的基础和前提,只有做好工作分析,才能为有效完成公共组织的机构设计、人力资源规划的制订、人员招聘、组织成员的培训和开发、绩效管理、薪酬管理等工作提供依据。

工作分析,又称"职位分析",是指根据组织的目标,设置实现组织目标所需的岗位(职位),对各岗位特定工作的性质、内容、任务和责任作出明确规定,同时对承担该类工作的人员所应具备的素质与能力作出明确规定的系统过程。它是公共部门人力资源管理的基础工作,是公共部门实行科学管理的重要手段之一。

工作分析的对象为职位,而不是个人。通常一个人可能担任一个以上的职位,每一个职位都有其职责,即其工作的内容。一个职位可能有多项工作的内容,称为任务,每一项任务都需要许多活动来达成。例如,李四任职于某大学,担任某系教授的同时兼任系主任的职位，他便有系主任与专任教授两个职位。就教授这个职位而言，他的工作内容包括教学、科研两大任务。其中教学的任务包括课程规划与设计、准备教案与教材、上课、课后辅导、考试与评分等许多活动。（见图 2-1）工作分析的目的，在于了解每一个职位的工作内容（任务）、执行这些任务的活动、活动的方法以及所需要的知识与技能等，作为人事工作的参考。

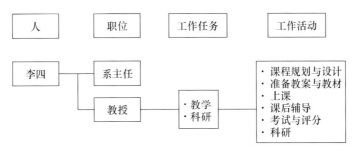

图 2-1 人、职位、工作与任务

二、工作分析的原则

工作分析在人力资源管理乃至组织整个管理体系中占有重要地位，因此在工作分析进行的过程中，必须遵循一定的原则，以确保其成果具有良好的效率和效果，这些原则包括：

（一）系统原则

该原则强调在对某一工作进行分析时，注意该工作与其他工作之间的关系以及该工作在整个组织中所处的地位，从总体上把握该工作的特征以及对人员的要求。

（二）动态原则

工作分析的结果不是一成不变的，需要根据战略意图、环境的变化、业务的调整，经常性地对工作分析的结果进行调整。工作分析作为一项常规性的工作，必须定期予以修订。

（三）目的原则

在工作分析中，首先要明确工作分析的目的，工作分析的目的不同，其侧重点也不尽相同。例如，工作分析如果是为了明确工作职责，那么其分析的重点就在于工作范围、工作职能、工作任务的划分；如果工作分析的目的在于选聘人才，那么工作分析的重点在于任职资格的界定；如果目的在于决定薪酬的标准，那么重点则在于对工作责任、工作量、工作环境、工作条件的界定等。

（四）经济原则

工作分析是一项费时、费力、费钱的事情，涉及组织的各个方面，进行工作分析时应注意用较少的人力、物力、财力、时间、空间，根据工作分析的目的，采用合理的方法获取较大的成果或收益。

（五）职位原则

工作分析的出发点是职位，分析职位的内容、性质、关系、环境以及人员胜任特征，即完成这个职位工作的从业人员需具备什么样的资格与条件，而不是分析在岗人员如何，否则，会产生社会赞许行为与防御心理等不利于工作分析结果的问题。

（六）应用原则

应用原则是指工作分析的结果，即职位描述与工作规范，要用于企业管理的相关方面。工作分析一旦形成工作说明书后，管理者就应该把它应用于组织管理的各个方面。无论是人员招聘、选拔培训，还是考核、激励，都需要严格按照工作说明书的要求来做。

三、工作分析的流程

工作分析既是有组织、有领导地进行的一项政策性很强的工作，又是一个全面的技术性很强的评价过程。因此，在进行工作分析时，必须遵守一定的流程，以避免因资料收集错误而影响整个人力资源管理的运作效果。一般来讲，工作分析的流程分以下六个步骤：

（一）成立工作分析的工作组

工作组一般包括数名人力资源专家、管理层人员和多名工作人员，这是进行工作分析的组织保证。首先，工作组需要对工作人员进行工作分析技术培训，制订工作计划，明确工作分析的范围和主要任务。同时，配合组织做好员工的思想工作，说明分析的目的和意义，建立友好的合作关系，使员工对工作分析有良好的心理准备。其次，工作组需要确定工作分析的目标和设计职位调查方案。一开始就必须先确定工作分析所获取信息的使用目的，因为信息的用途直接决定了需要收集哪些类型的信息，以及使用哪些方法来收集信息。最后，在收集信息的基础上，工作组对信息调查方案进行设计，不同的组织有其特定的具体情况，可以采用不同的调查方案和方法。如果工作分析的任务和程序能够分解为若干工作单元和环节，那就更有利于工作分析的完成。

（二）选择有代表性的职位来进行分析

一般而言，相类似的工作有很多，假若对每个职位都一一进行分析，从时间和成本上来看是不可行的，也不切实际，因此，需要选择其中若干个具有代表性的工作进行分析，然后进行类推。

（三）收集与工作相关的背景信息

工作分析一般应获取的资料包括：劳动组织和生产组织的状况、企业组织机构和管理系统图、各部门工作流程图、各个岗位办事细则、岗位经济责任制度等。

（四）收集工作分析的信息

职位调查是调查、收集和工作相关的资料，为正确编写职位说明书提供依据。这个阶段的任务是根据调查方案，对组织的各个职位进行全方面的了解，收集有关工作活动、职责、工作特征、环境和任职要求等方面的信息。在信息收集过程中，可灵活地运用面谈、问卷调查、实地观察等方法来得到有关职位工作的各种数据和资料。职位调查是工作分析中十分必要的准备工作，其真实程度以及准确性直接关系到工作分析的质量。

（五）分析所收集的资料

对于通过上述步骤所收集的资料，应该同实际执行该项工作的人员以及直接领导一起讨论，必要时最好有人力资源专家参与，以确定这些资料的正确性、完整性以及是否容易了解。让组织成员直接参与工作分析的过程，可以促使他们对工作本身有更完整的了解，同时他们也会更容易接受工作分析的结果。

（六）编写工作说明书和工作规范

在资料整理和分析的基础上，编写工作说明书和工作规范，这是工作分析成果的体现。工作说明书以书面的形式描述工作中的活动、职责以及与工作有关的重要因素及信息；工作规范则着重指出任职者所需的资格条件。

工作分析并不是简单机械地积累工作信息，而是对各职位的特征和要求作出全面说明，在深入分析和认真总结的基础上，创造性地揭示出各职位的主要内容和关键因素。

四、工作分析的方法

工作分析的方法有很多，常见的有工作实践法、观察法、面谈法、问卷调查法、关键事件法、工作日志法、主管人员分析法、实验法等。

（一）工作实践法

工作实践法是指工作分析者亲自从事所需要研究的工作，从而获取有关工作信息的第一手材料。这种方法的优点是：可以准确了解工作的实际任务和体力、环境、社会方面的要求。其缺点是：工作分析者由于自身拥有知识和技能的局限性，运用范围极为有限，因此，这种方法只适用于那些短期内可以掌握的工作，不适用于需要进行大量训练才能掌握和有危险的工作。

（二）观察法

观察法是指由有经验的人通过直接观察的方法记录某一时期内工作的内容、形式和方法，并在此基础上分析有关工作因素，达到分析目的的一种活动。这种观察通常是一种隐蔽性的观察。为了提高观察分析的效率，所有重要的工作内容与形式都要记录下来，而且应选择几个对象在不同时间内进行观察。因为同样的工作任务，不同的工作者会表现出不同的行为方式。这种不同时间内进行的观察有助于消除工作情景与时间上的偏差。

这种方法的优点是：(1) 全面性。观察法要求工作分析人员对各种工作条件下的有代表性的工作活动进行普遍观察，因此，通过观察，工作分析人员能够比较全面地了解工作要求，观察法特别适用于那些主要运用体力活动来完成的工作。(2) 手段多样,效率较高。在观察分析过程中,工作分析人员可以深入工作现场,借助感官对某些特定对象的作业活动进行直接观察,观察人员还可以借助各种测量仪器和记录设备,比如照相机、录音机、摄像机等,以提高观察的精确度和效率。

其缺点是:(1)适用范围具有一定的局限性。它适合于以外显动作为主的职务,对于脑力劳动成分比较高的职务,效用不大;适合于活动范围不大的职务,对于职务活动范围很大的职务,由于分析工作所消耗的人力、物力和时间较大,难度也较大;对于在一些特设环境中活动的职务,难以运用观察法进行分析。(2)难以获得任职者的合作。对于一些任职者来说,会产生心理抗拒,他们会觉得自己受到监视或威胁,同时,也可能造成动作变形。

(三) 面谈法

面谈法是与担任有关工作职务的人员一起讨论工作的特点和要求,从而获取有关信息的调查研究方法。它有三种重要形式:个别员工面谈法、集体面谈法、主管领导面谈法。面谈前要准备好详细的结构化提纲,要向面谈对象说明面谈的目的,争取他们的理解和支持。

这种方法的优点是:(1)具有可控性,按照提问单系统地了解有关问题。当对方回答不清楚时,可继续提问,直到把问题搞清楚。如果对方采取不合作态度,可进行劝导或换人。(2)面谈法可提供观察者无法取得的信息,如工作经验、任职资格等,同时特别适用于对文字理解有困难的人。

其缺点是:(1)问题回答者出于自身利益的考虑而不合作,或有意无意夸大自己所从事工作的重要性、复杂性,导致工作信息失真。(2)打断被访者的正常工作,有可能造成工作损失。(3)分析者的提问会带有主观倾向性,对被访者的回答有一定影响。

(四) 问卷调查法

问卷调查法是指根据工作分析的目的、内容,事先设计好工作问卷,由被调查者填写,然后分析人员根据回答来确定工作的重要性、执行的难易程度,从而形成对工作分析的描述信息的一种工作分析方法。问卷调查法在工作分析中适用面较为广泛,目前使用较多的是一种比较实用的问卷发放方式,即电脑问卷的发放。

运用问卷法,首先要确定问卷的结构性程度,结构性程度是指问卷内容的细化程度。在结构性程度高的问卷里,工作职责被细化为上百个细小的职责,连完成每项职责所需的时间都要填上。与此相反,结构性程度低的问卷所涉及的问题大都比较笼统开放,由公职人员根据自己的判断来填写。这是两种极端化的问卷形式,最好的问卷应该介于两者之间,既有结构化问题,又有开放式问题。

按照调查重点的不同,问卷可分为工作定向问卷和人员定向问卷,前者强调工作本身的条件和结果,后者则强调公职人员的工作行为。例如,要了解交通警察的交通管理职责,可以采取两种不同形式的问卷。在工作定向问卷中,调查项目可以写成:在交通高峰时期,维持市中心十字路口的正常交通。在人员定向问卷中,调查项目可以写成:在交通高峰时期,注意车流的变化,并在问题发生之前预见交通阻塞情况。

同样是交通管理职责，前者强调的是行为的结果，而后者强调的则是行为本身。

这种方法的优点是：（1）费用低、速度快、调查范围广，尤其适合对大量员工进行调查。（2）调查结果可实现数量化，整理资料工作也比较容易，适合用计算机对结果进行统计分析。

其缺点是：（1）对问卷设计要求较高，也不像访谈那样可以面对面地交流信息，因此，不容易理解被调查对象的态度和动机等较深层次的信息。（2）不易唤起被调查对象的兴趣。（3）除非问卷很长，否则就不能获得足够详细的信息。（4）不同的任职者对问卷中同样的问题可能理解得不一致，这样所收集到的资料信息就可能偏离工作分析的主旨。

（五）关键事件法

关键事件法，也称"典型事例法"，要求管理人员和工作人员回忆、报告对他们的工作绩效来说比较关键的工作特征和事件，从而获得工作分析的信息的方法。关键事件记录的内容一般包括：（1）导致事件发生的原因和背景；（2）公职人员特别有效或无效的行为；（3）关键行为的后果；（4）公职人员自己能否支配或控制以上后果等。

这种方法的优点是：能直接描述人们在工作中的具体活动，可以揭示工作的动态性，所以，这种方法所收集的资料适用于大多数工作分析。其缺点是：（1）收集、归纳、分类要耗费大量的时间。（2）关键事件所描述的是特别有效或无效的行为，很难对一般的工作行为形成总的概念，而这一点对于工作分析来说十分重要，因为它是工作分析的主要目的。

（六）工作日志法

工作日志法是由任职者按时间顺序详细记录自己在一段时间内的工作内容与工作过程，经过归纳、分析，达到工作分析的目的的一种工作分析法。日志的形式可以是不固定的，也可以由组织提供统一的格式。该方法的基本依据是从事某项工作的人员了解该项工作的情况和要求。所以，这又称为"工作日写实法""工作者自我分析记录法"。

这种方法的优点是：（1）所收集的信息一般较真实可靠，同时可以检测面谈法所收集的信息的真实程度。如果这种记录记得很详细，那么经常会揭示一些其他方法无法获得或者观察不到的细节。（2）对于高水平与复杂工作的分析而言，显得比较经济和有实效。

其缺点是：（1）可使用范围较小，只适用于工作循环周期较短、工作状态稳定的职位。（2）信息整理量大，归纳工作烦琐，使用起来不太容易坚持。（3）由工作任职者自行填写，工作者也许不能真实记录工作活动，信息失真的可能性较大。因此，必须由该上级主管对记录的内容进行必要的检查和矫正。

（七）主管人员分析法

主管人员分析法就是由主管人员通过日常的管理活动，记录和分析所管辖的人员的工作任务、责任与要求等因素，达到工作分析的目的。这种方法对主管人员的能力要求很高，主管人员必须对部下的工作比较了解，而且也曾做过这些工作，对职位所要求的工作技能的鉴别与确定非常内行。一般来说，主管人员往往偏重于他所做过的那部分工作，对工作的了解并不全面，分析可能存在某些偏见。如果与公职人员的工作日志法相结合，就可以消除这种偏差。

（八）实验法

实验法是指工作分析者控制一些变量，用由此引起的其他变量的变化来收集工作信息的方法。实验分为两种，即实验室实验法和现场实验法，二者的区别在于实验场地的不同。实验法在运用过程中要注意的是，实验必须尽可能获得被测试者的配合，实验中要严格控制各种变量，实验设计要严密，变量变化要符合实际情况。

上述工作分析的方法各有千秋，没有一种方法是万能的，只有根据实际情况，将各种方法结合起来使用，才能对任职者的要求有一个详细、全面、准确的了解。当然，这些方法对于一个已运行多年的组织而言是有效的，但对于一个新建的组织而言，则需要先选择一些主要部门、关键岗位来进行工作分析，做出一些"雏形"、取得一些经验后再逐渐发展。

五、工作分析的实际运用

对于工作分析的实际运用，主要从人力资源规划、人员招聘、人员培训、绩效考核、薪酬管理等方面进行详细论述。

（一）工作分析在人力资源规划中的应用

人力资源规划可以提供事前人力资源预测，预测的结果包括所需人员的数量、知识、能力、经验和成本等多元化的综合结构，人员岗位晋升与调配以及人员自然流失、伤残、退休和死亡等。工作说明书是工作分析的结果，一份完整的工作说明书不仅包括岗位名称、工作环境、工作职责，同时对岗位中的上下级关系、所需要的培训也进行了规定，通过这些信息资料的整理可以进行相应的人员供给预测分析。

（二）工作分析在人员招聘中的应用

招聘是人力资源管理中一项经常性的工作，要想让招聘有效发挥招纳人才的作用，就必须有一个基础平台支持其运转，而这个平台就是工作分析。通过工作分析可以知晓人力资源规划中人员配置是否合理，了解招聘需求是否恰当，分析需要招聘职位的工作职责、工作规范，同时准备需要发布的招聘信息。根据工作规范的素质特征要求及招聘的难易程度选择招聘信息的发布渠道，并按照工作规范的要求对应聘者进行面试，从而对应聘者初步资格进行筛选，以节约交易成本。根据招聘职位的工作要求，选用适当的方式对应聘者进行面试。通过工作分析掌握面试中需要向应聘者了解的信息，验证应聘者的工作能力是否符合工作职位的各项要求，录用最适合的应聘者。

（三）工作分析在人员培训中的应用

工作分析与培训的关系主要体现为帮助培训管理人员确定培训需求的内容。工作分析可以提供有关培训岗位的工作内容和任职人员条件的信息。为确保培训有效，一般可以从三个层面展开分析：

1. 组织分析

培训需求的组织分析涵盖众多因素，包括组织发展战略目标、组织效率、内外环境等，通过这些确定培训的总体需求。工作分析对组织层面培训需求的贡献主要体现在两方面：一是帮助组织构建内部人力资源信息系统，使组织能够准确地对人力资源现状进行度量；二是提供关于工作的信息，明晰组织中需要改进的地方，从而为组织层面的培训需求提供依据。

2. 任务分析

任务分析是对具体工作岗位的分析，参照岗位的工作说明书，确认岗位的工作职责、任务，以及岗位承担者完成岗位工作职责、任务所需要具备的知识、技能和能力。

3. 个人分析

个人分析是从培训对象的角度出发，对培训需求作出分析。个人分析可以帮助管理者了解受训者是否有意愿参加培训，培训环境如何，能否保证培训效果，在课程设计时加强他们欠缺的方面的培训。

（四）工作分析在绩效考核中的应用

绩效管理必须先确定清晰的工作描述信息，而这来源于工作分析的结果。工作分析对于绩效考核的价值在于通过工作分析确定工作职责、工作岗位考评的类型及范围、评价的标准和岗位的工作关系，然后选择合适的人参与考核，不仅有助于获得全面信息，还能促进绩效的改善。此外，考核结果的应用需要按照工作说明书中的工作职责与员工完成情况进行对比，分析绩效的好坏，其中结果应用的一个主要目的就是发现员工绩效不达标的原因所在，在后续工作中有针对性地进行开发，但这一切取决于工作分析的完善程度。

（五）工作分析在薪酬管理中的应用

组织的薪酬体系设计必须建立在科学的工作评价基础之上，而工作评价的依据来自工作分析所形成的工作说明书，以工作分析为基础的工作评价是薪酬设计的客观依据。根据工作分析的结果对工作进行评价，对组织内部的各工作岗位进行等级或量值衡量，以确定各职位的相对价值，同时对所有岗位划分一定的工资等级，建立薪酬结构。然后进行薪酬调查，通过与市场同等劳动力价格的绝对值比较，将组织内工作岗位的相对价值用薪酬的绝对值水平表示，从而确定薪酬水平。

第二节 公共部门职位评价

完成工作分析之后，下一步工作就是职位评价。在人力资源管理领域，工作分析和职位评价经常被看作两种独立的活动。类似寻求解决工作的职责是什么、权限是什么、工作者任职资格是什么等问题的活动，一般被看作工作分析；而类似寻求解决工作职责大小、工作的重要程度如何等问题的活动，一般被看作职位评价。显然，这两种活动的目的与要求都不尽相同,可以进行独立研究和操作。然而从整个过程来看,它们又是紧密相连的。工作分析是在一定的价值观指引下进行分析活动的,而职位评价是针对一定事实的评价,离不开工作分析这一基础。因此,职位评价必然有自己的一些特点,有自身必须遵守的操作程序以及相应的评价方法。

一、职位评价的内涵

职位评价也称"工作评价",是指在工作分析的基础上,通过专门的技术和程序,根据同一客观标准,对职位进行系统的比较,从而确定职位在组织中的相对价值或次序的过程。它是以工作分析的结果为依据,在对所有职位进行科学分析之后,按一定的客观标准,采用科学的评价手段,对岗位工作任务的重要程度、责任范围及大小、繁简程度、环境条件、沟通技巧、监督管理及任职资格等进行系统评比与估价的过程。很显然,职位评价的对象是职位,而非任职者,即所谓的"对岗不对人"。同时,职位评价反映的只是职位的相对价值,而不是职位的绝对价值。职位评价的结果将直接应用于薪酬体系的建立,作为划分薪酬等级的依据,是建立内部公平合理的薪酬结构的基础和关键环节。

二、职位评价的特点

(1) 职位评价针对的是工作职位,是客观存在的"事",而不是目前在这个职位上工作的人。以"人"为对象的评比、衡量、评估,属于评估、测评的范畴,而职位评价虽然也会涉及任职者,但它是以工作职位为对象,即以工作者所负担的工作任务为对象进行的客观评价。

(2) 所有的职位必须通过同一套评价标准进行评价,不可实行双重或多重标准,否则就无法进行比较。

(3) 职位评价是衡量组织内各类工作岗位的相对价值的过程。在职位评价过程中,根据预先确定的评价标准,对工作的主要因素进行逐一评比、估价,由此得出各个岗位的量值。

(4) 评分因素都需结合组织实际,项目组与专家根据该组织的实际情况,选择与相关职位关联紧密的因素进行有针对性的评价。

(5) 由于薪酬设计的极度敏感性,职位评价的工作程序及评价结果在一定的时间内应该处于保密状态。当然,在完成整个薪酬制度的设计之后,职位的分布应该公开,使全体员工都了解到自己职位在公司所处的位置。

(6) 职位评价是对工作性质基本相同的工作岗位进行评判,最后按照评定结果划分出不同的等级。

三、职位评价的方法

职位评价的方法很多,较常用的有四种:排列法、分等法、评分法、因素比较法。人们通常将排序法和分等法归为非量化分析方法或非解析法,将评分法和因素比较法归为量化分析方法或解析法。

（一）排列法

排列法是将组织内所有职位按责任轻重、复杂程度等因素由高到低进行排列，各职位的薪酬水平按照排列次序来确定的一种方法，又称"排序法""序列法"。因为排列法对职位的评估主要依靠分析人员的主观判断，所以运用该方法一个很重要的前提就是十分熟悉被评估的职位，了解每个职位所要求的技术和技能且训练有素的评估人员。排列法的主要程序为：

1. 确定标杆职位

在工作分析的资料收集齐备后，一般要选择若干标杆职位作为参照系，这是排列法的关键，因为其他职位都要依据标杆职位进行排列。标杆职位的选择需满足两个条件：一是必须要有代表性，能够涵盖该组织职位的主要职能和特性；二是标杆职位需要处在职位之间的恰当位置，并合理地分散在现有的职位结构中。至于标杆职位的多寡，没有通行的标准，一般选取职位总数的 10%—15%。

在全面调查分析之后，首先由基层科（处）室排列标杆职位，然后再由分析人员进行全盘考虑，确定最后的标杆职位。选择和排列标杆职位是为了形成一个用以辨别其他职位的结构框架，组织内的其他职位可以通过与一个或两个标杆职位的比较进行排列。

2. 排列其余职位

分析每一职位对组织而言与某个标杆职位重要性的比较程度，并依此进行排列。在具体排列过程中，某一职位也可以与已经排好的职位相比较来确定其恰当的位置，最后形成职位由高到低的重要性序列。

3. 职位分组

形成职位重要性序列之后，就需要将这些职位划分出等级，以适应薪酬体系的要求。排列法实际上无法为这种等级划分提供精确客观的依据。这种等级的区分往往是从管理的角度出发，将职位分为若干个小组，对不同的小组确定出不同的工资等级，在每个等级内再制定出由低到高的工资序列。

排列法的优点在于操作简单、省时；缺点是缺乏测量尺度，无法提供等级之间差别的客观依据，并过分依赖分析人员的素质及其对职位的熟悉程度，缺乏严格的、详细的评价标准，从而严重影响评价结果的准确性。因此，排列法只适用于规模较小的组织，对拥有成百上千个职位的大规模组织就很难奏效。

（二）分等法

分等法也称为"分类法"，是将职位分成若干等级，然后在每一等级内选出一个至两个关键职位，并附上工作说明和职位规范，接着评估每一职位，逐一与各等级的关键职位进行比较，相似的编为同一等级，最后排列出各等级的高低，确定各等级的薪酬比率。分等法的具体程序为：

1. 按职位内容进行分类

在工作分析的基础上，对组织内的职位进行分析、分类，如可将职位分为专业技术类、管理类等。这样，职位的分等就可在同类职位内进行，分等工作就变得简单易行。

2. 确定等级数量及等级定义

第一，依据组织规模、工作性质、人力资源管理策略确定等级的数量。第二，确定用来评价职位重要程度的基本因素。不同性质的组织，影响其职位重要程度的因素也不同。第三，明确等级定义，即对所分的等级进行概念性的明确描述。第四，评价和分等。这是分等法的最后阶段，即分析人员根据工作分析对每个职位的内容进行说明，与等级定义相比较，得出每一职位的评价结果，将职位归入相应等级。在归等过程中，一般依据每个等级的特定要求，在每一等级中确定一个标杆职位作为参照物，然后再进行分别归等。

分等法实际上是排列法的改进，需要比排列法多一份等级说明。此外，分等法在进行等级定义时，参考了指定的工作因素，因此，分等法比排列法更准确、更客观。由于分等法相对简单，所需费用也相对较少，比较适用于职位内容变化不大的组织，特别流行于公共部门。但分等法的操作程序中等级定义是一项高难度的工作，对职位内容变化较大的经济实体而言，使用时会遇到诸多困难。

（三）评分法

评分法是一种量化的评价方法，依据工作内容的特点确定所有职位共同的评价因素，然后度量每个因素对被评价职位的重要程度和价值，并以分数形式记录下来，以便计算总值和相互比较。对影响工作的主要因素进行排列和评分，采用一定点数（分值）表示每一因素，经过加权求和，最后得到各项工作的总点数。每一职位的总分数就是该职位的价值指标，以此作为核定薪酬的标准。评分法的主要程序如下：

1. 职位群的确定

因为公共组织中每个部门的工作各异，不可能对整个组织的所有职位都进行评估，所以，第一步需要将相似职位归入同一职位群，如文书性职位群、采购性职位群等，然后，评价委员再为每一职位群分别拟订评分计划。

2. 评价因素的选择和界定

第一，确定影响职位评价的主要因素，如工作复杂程度、创新性、决策、受教育程度、经验、工作独立程度、技术、人际交往、工作环境等。评价因素的选择根据本单位职位内容的需要而确定。第二，在评价因素确定之后，需要对这些因素进行明确的界定，以避免不同因素之间的内容重复。所选择的因素数量越多，评价所需的时间就越长，难度也越大，因此，一般以4—12个为宜。

3. 因素分等

将每一个评价因素再分成等级，通常每个因素的等级不超过6个，以能区别职位为原则。等级过多，评价工作会很烦琐，过少则不能清楚区分职位。例如，工作复杂性这个因素就可分为四个评价等级：

（1）一等：低度复杂性的标准化的工作职位。

（2）二等：偏低度复杂性的工作职位。

(3) 三等：中等且有一定复杂性的工作职位。

(4) 四等：高度复杂性的工作职位。

4. 权衡因素之间的相对价值

不同的评价因素对职位来讲，重要性不同。在不同的职位群中，涉及的同一因素的重要性也不相同，甚至相反。比如智力条件和生理条件两个因素，对管理类职位群和体力劳动较多的操作性职位群而言，其重要程度就正好相反。因此，工作评价委员需要仔细研究因素定义，确定因素的相对价值权数。目前，权衡因素一般采用百分比的方法，步骤如下：

第一步，将评价因素按重要程度由高到低排列，将最重要的因素价值设定为100%，然后对其他因素进行评价。如决策能力100%、受教育程度60%、人际关系35%。

第二步，将评价因素百分率相加（100%+60%+35%=195%）并加以转换。

决策能力：100%÷195%=51%

受教育程度：60%÷195%=31%

人际关系：35%÷195%=18%

5. 确定每个因素等级的分数

评价因素的价值权数明确之后，就要确定每个因素等级的分数，也就是给等级打分。

第一，确定分数的总值，总值的大小要考虑到方便与否，最好用大数字，可以正好是整数500或5000，以避免出现小数点，并能更好地表现等级之间的差别。

第二，根据评价因素的权数即百分比换算出该因素的分数。假定总值，换算出该因素的分数。例如，假定总值为500分，该因素的权数为51%，得出该因素的分数为500×51%，即255分。

第三，依据因素的总分值，评出该因素各个等级的分数。等级分数的评定可运用算术级数、几何级数或不规则级数中的任何一种规则。运用算术级数，容易被职员接受，等级间差别不大，适合体力劳动占主要成分的职位，而几何级数的等级差别较大，适合脑力劳动占主要成分的职位。下面的例子是按算术级数给等级打分的结果，见表2-1。

表2-1 总分为500分，按等比算术级算出的等级分

	一级	二级	三级	四级	五级
决策能力	51	102	153	204	255
受教育程度	31	62	93	124	155
人际关系	18	36	54	72	90

6. 编写职位评价手册

在编写职位评价手册之前，需要先对因素评价方案进行验证，发现问题及时修正，直至得到满意结果。职位评价手册主要是说明职位评价的程序，阐述评价因素，诠释因素及因素等级分数，并要求分发到职位评价所涉及的所有人员手中。

7. 实施评价

职位评价委员会要按照职位评价手册的要求进行评价工作，每个职位均须依据工作说明书和工作规范来确定各个因素的得分，然后相加，即得到该职位的总分。最后按分数的高低排列，形成一个职位等级结构。若需要得出工资结构，可以用货币数直接代替分数，即形成薪酬的等级系列。

评分法是一种应用很广泛的职位评价方法，其优点在于：一是通过清楚明确的因素界定来进行系统的比较，减少了主观决定的成分，评价结果更加客观，易被员工接受；二是评分法具有广泛的适应性，适用于任何职位。其缺点在于：评分方案的制订费时、费力，而且定义和权衡因素的技术要求很高。因此，对规模较小的组织而言，评分法不一定是最佳的选择方案。

（四）因素比较法

因素比较法是在排列法基础上改良而成的一种量化评价方法。排列法是以某一个因素来比较各个职位的，而因素比较法是以多个因素为参照系，依次以每个因素为基础进行多次比较，形成职位评价结果，然后将评价结果数值化，得出每一职位的总分。因素比较法常用的因素有智力条件、生理条件、技能条件、职责、工作环境五种。具体评价程序如下：

1. 选择标杆职位

标杆职位的选择在所有职位评价方法中都是一件细致而重要的工作，在因素比较法中尤其如此。因为评价结果的好坏，在很大程度上取决于标杆职位选择的恰当与否。因此，必须清楚描述、分析标杆职位所要确定的因素。同时，标杆职位本身要能代表不同的等级，并充分显示出每个因素的不同重要程度。在实际操作中，所选择的标杆职位数量一般为15—30个，数量过多会导致排列因素所需时间过长，过少则易产生误差。

2. 按因素排列标杆职位

标杆职位的排列，首先由评价委员会的成员各自单独排列，然后再集中、统一意见，得出标杆的最后排列，如表2-2所示。

表2-2 按因素排列的标杆职位

职位	智力条件	生理条件	技能条件	职责	工作环境
部门主管	1	3	1	1	4
秘书	2	2	3	2	3
打字员	3	4	2	4	2
门卫	4	1	4	3	1

注："1"表示高，"4"表示低。

3. 为各因素分配薪资待遇

标杆职位排列完成之后，就需要将标杆职位的工资率按比例分配给各因素。这是因素比较法与其他方法相比较为复杂之处。

假设目前部门主管的工资标准是1000个货币单位,那么,各因素在其工资标准中所占的比例可能为:智力条件占30%、生理条件占10%、技能条件占20%、职责占25%、工作环境占5%。按此方法,将所有标杆职位的工资标准都按因素进行分配,这样,标杆职位就可按每个因素所分配到的工资比例重新排列,如表2-3所示。

表2-3 按薪资待遇排列的标杆职位

职位	工资标准	智力条件	生理条件	技能条件	职责	工作环境
部门主管	1000	300(1)	100(3)	200(1)	350(1)	50(4)
秘书	830	200(2)	120(2)	150(3)	300(2)	60(3)
打字员	550	150(3)	50(4)	180(2)	100(4)	70(2)
门卫	530	50(4)	150(1)	100(4)	150(3)	80(1)

注:"1"表示高,"4"表示低。

需要注意的是,不同的评价委员可能会对每个因素在职位中的价值作出不一致的评价,这就需要评价委员进行协调,以达成共识。

4. 比较并调整标杆职位各因素的排序

比较上面两次排列的结果,删掉不理想的标杆职位,将按因素排列的结果与按国家薪资待遇排列的结果进行比较,得出表2-4。

表2-4 比较两次排列结果

职位	智力条件		生理条件		技能条件		职责		工作环境	
	A	Y	A	Y	A	Y	A	Y	A	Y
部门主管	1	1	3	3	1	1	1	1	4	4
秘书	2	2	2	2	3	3	2	2	3	3
打字员	3	3	4	4	2	2	4	4	2	2
门卫	4	4	1	1	4	4	3	3	1	1

注:"A"表示按因素排列的高低,"Y"表示按国家薪资待遇排列的高低;"1"表示高,"4"表示低。

在两次排列结果的比较中,查看有无两次结果不一致的职位(上表中的结果是一致的),若有,就需通过调整不同因素的薪资的比例来消除差异。若无法消除,就必须将这一职位从标杆职位中删除。

5. 排列其他职位

在所有标杆职位排列确定之后,组织内其他职位就可以通过与标杆职位相比较确定自己的位置和工资水平。例如,财务人员对技术的要求可能介于打字员和部门主管之间,因此财务职位技术因素对应的工资也应为180—200个货币单位,其他因素依此类推。

在最后进行职位排列时,因素比较法还常常使用工作比较尺度表,也就是将职位评价因素分为0—100个不同等级度,然后确定每个职位各个因素得分的总和,并换算为工资。

因素比较法是一种比较准确、系统的量化职位评价方法,因为其大部分职位的排列是通过同标杆职位相比较得出,所以也被广泛使用。此外,因素比较法赋予各因素货币值,薪酬结构可以在评价中自然形成,减少了工作量。但运作程序的复杂性是因素比较法的主要缺点,且各评价因素的相对价值在总价值中所占的百分比完全依靠评价人员的判断确定,必然会影响评价工作的精确度。

以上介绍的排列法、分等法、评分法、因素比较法是职位评价的四种基本方法。随着职位评价技术的发展和计算机技术的广泛应用,一些专业的人力资源管理顾问公司设计出了一系列更精确的评价方法,大都为这四种方法的结合与演变。

四、职位评价的流程

职位评价的进行大体要经历四个阶段,其中四个阶段的进程及各个子阶段的具体流程如图 2-2 所示。

关于图 2-2 职位评价的流程具体阐述如下:

(1) 按工作性质对组织的职位进行划分,职位类别层次的多少应视组织的具体情况而定。

(2) 收集有关职位的各种信息,包括职位过去的和现在的信息和文字资料。

(3) 建立专门的组织机构,培训专门人员系统掌握职位评价的基本理论,以及具体的实施办法。组建的职位评价委员会的成员虽然很了解各个职位,但所有委员都没有职位评价的相关知识与经验。因此,在打分前,需要对所有评价委员会成员进行一次职位评价培训,并在培训后进行试打分以发现问题,进行前馈控制。职位评价培训主要介绍职位评价的必要性、职位评价的方法、职位评价的流程、职位评价常出现的问题及解决方法和职位评价的结果与薪资结构的关系。在培训时,培训者要反复强调职位评价针对的是职位而不是人,其目的是破除专家头脑中的思维定式:一是在给某一职位打分时,依据对这个职位上某个人的印象,而不是根据职位本身的客观情况来打分;二是专家认为职位评价的分数就是职位的收入,从而在打分时倾向于某些职位。这两种思维定式都会影响职位评价的客观性。培训结束后,通过对样本职位进行试打分,使评价委员会成员掌握职位评价的流程与方法。

(4) 制订具体的工作计划,确定详细的实施方案。

(5) 在收集资料的基础上,找出与职位有直接联系、密切相关的各种主要因素。需要挑选并仔细定义影响职位价值的共同因素,比如该职位对组织的影响、责任范围、工作难度(包括解决问题的复杂性、创造性)、对任职人的要求(包括专业技术要求、能力要求、生理要求等)、工作条件等。在国内,组织职位测评常用的四大评价因素是职位责任、职位技能要求、劳动强度、劳动条件。在国外,则主要偏重于组织的影响力、责任范围、沟通技巧、任职资格、解决问题的难度、工作条件等因素。对每个评价因素给予不同的分数(点值),分数的大小视这个因素在全部的付酬因素中所占的重要性而定,换句话说,每个因素的权重是不同的。然后,对每一因素进行分级(比如分成 5 档),给出每级所对应的分数。当然,对每个等级还要给出具体的定义。注意,每一相邻等级必须是清晰可辨的。

第二章 公共人力资源分类管理

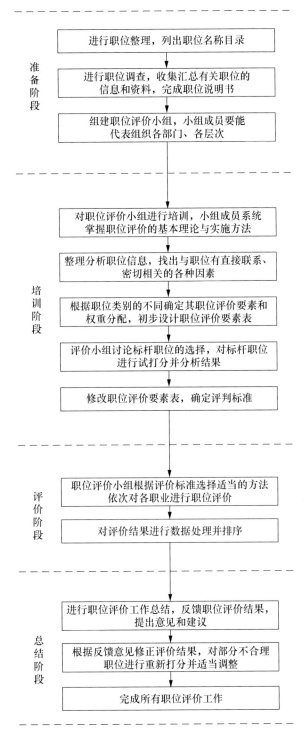

图 2-2 职位评价的流程

(6) 制定统一的评价标准，设计相关的问卷和表格。

(7) 先对几个重要的岗位进行试点评价，以便总结经验，发现问题，采取对策，及时纠正。在职位评价过程中，人们对各个职位的各项指标的理解肯定是不同的，差异的存在是必然。为了确保职位评价的科学性和一致性，需要制定一个标准，符合这个标准的数据被认为可以通过，不符合的则需要重新打分。重新打分的对象是总分排序明显不合理的职位和专家们意见明显不一致的职位。每一阶段结束后，评价小组将需要重新打分的职位反馈给评价委员会，评价委员会在充分讨论的基础上对这些职位进行重新评估。

(8) 全面实施职位评价的各项具体操作。将经过试点评价并最终确定下来的职位评价方案推广到组织的所有职位，对所有职位进行评价。

(9) 撰写各个职位的评价报告书。

(10) 对职位评价工作进行全面总结。

第三节 公共部门人员分类管理

公共部门人员分类管理是公共人力资源管理的一项基础性工作。公共部门公职人员是一支庞大的队伍，只有按照一定的标准将其划分为不同的类别，构建起一个科学的人员分类框架，才能为公共部门人员的各个管理环节提供良好的基础和条件。

一、公共部门人员分类管理的概念

公共部门人员分类管理是指根据公共部门公职人员的主体性质（如资历和学历），或根据工作职位的相关因素（如工作性质、责任轻重、资历条件及工作环境等因素），将人员或职位分门别类，设定等级，形成具有一定官职序列的基本管理制度，其目的是为人力资源管理的其他环节提供相应管理依据。

公共部门人员分类管理是建立在工作分析和职位评价的前提和基础之上的。根据上述公共部门人员分类管理的定义可知，人员分类依据的是工作性质、责任轻重、资历条件及工作环境等因素，而这些因素的确定是建立在工作分析、工作说明书、工作规范基础上的。没有科学的工作分析和职位评价，公共部门人员分类管理将成为空中楼阁。公共部门人员分类的对象是公共部门中的公务人员或职位，由此形成了两种典型的公职人员分类制度，一是以公职人员的官阶为中心的品位分类；二是以职位为中心的职位分类。

二、公共部门人员分类管理的意义

随着经济社会的发展，公共部门承担的公共事务管理和公共服务职责呈扩张趋势，公共部门职位日趋增多，公职人员队伍日趋庞大。实践证明，人员分类管理是公共部门人力资源管理现代化的基础，为保障公共部门有序、高效运行，对公共部门人员实行科学的分类管理具有十分重要的现实意义。

(一) 公职人员分类管理有助于公共部门人力资源管理的规范化

实行分类管理，无论是品位分类、职位分类，还是品位和职位的混合分类，都有相应的分类标准、工作分析和职位评价。每个职等和职级都建立在客观的评价基础之上，这就为公共部门人力资源管理的录用、选拔、考核、奖惩、升降及薪酬等管理工作提供了客观依据，使得公共部门人力资源管理有章可循，从而实现公务员管理的规范化与制度化。

(二) 公职人员分类管理有助于公共部门人力资源管理的人本化

我国公务员队伍规模庞大，根据不同职位类别的公务员群体，实行不同的管理制度，充分体现了"以人为本"的理念，有利于满足公共部门人员职业发展的个性化、多样化需求，建设高素质、专业化的公务员队伍。

(三) 公职人员分类管理有助于公共部门人力资源管理的高效化

公共部门人员繁多，工作庞杂，没有一定的分类就无法实现管理的目标。从某种意义上说，没有科学的分类管理，就没有科学有效的公共管理。对公职人员按照一定的标准进行分类管理，能够提高管理的针对性和有效性，实现公共部门人力资源管理的高效化。

(四) 公职人员分类管理有助于公共部门人力资源的自我激励

人员分类管理明确划分了公务员的职位和职级，能够使其了解到自己所处的等级，从而明确个人的目标和方向。这样既可以激励公职人员积极有效完成工作，又可以激励其为日后升迁做好知识、技能方面的提升，实现自身的不断完善。

三、品位分类管理

(一) 公共部门品位管理的发展历程

在我国，品位分类有着悠久的历史。事实上，品位分类在封建社会就已存在。自魏晋以来，官阶就称品，朝廷官吏分为"九品十八级"，以后各代逐步完善，品级也逐步增多，且品级同俸禄挂钩。在西方有些国家，特别是英国，也存在着对官员进行分类管理的品位制度。只不过当时的品位分类制度，主要是封建官员的特权与身份的象征，同现代意义上的品位分类有着本质上的区别。

1870年，随着公务员制度的建立，英国对封建社会的品位分类制度进行了修正和改革，使品位分类制度不断完善和成熟，具备了现代意义，这主要表现在：由封建社会的注重特权和身份转变为现代社会的注重任职资历条件；由封建社会的注重人治转变为现代社会的注重法治。1971年，英国又对品位分类制度进行了完善，在品位分类中引进了职位分类的因素，把所有部门公务员的职务分为十大类，即综合类、科学类、警察类、资料处理类、调查研究类、法律类、秘书类、社会保险类、专业技术类、培训类。其中，每一大类又分为若干职级。另外，其他实行品位分类的国家还有法国、意大利、德国等。

(二) 品位分类的内涵与特征

品位分类是指以国家公共部门工作人员的职务或等级高低为依据的人员分类管理

制度。其中,"品"指官阶,"品位"指按官阶高低、职务大小排列成的等级。品位分类是以人为中心的分类方法,公职人员的个人资历是其分类的标准与依据。文官既有官阶又有品位,官阶标志品位等级,即级别,这种级别代表了地位的高低、资格的深浅、报酬的多寡。品位标志着权力等级,即职务,它代表着职责的轻重、任务的繁简。品位等级与担任职务可以不相一致,既可以官阶高而职务低,也可以职务高而官阶低,甚至还可以有官阶而无职务。

品位分类作为人员分类的两大制度之一,具有鲜明的特征:

1. 品位分类是以"人"为中心的分类体系

品位分类的对象是人,以及人格化的职务等级。具体而言,在人员运用方面十分重视公职人员的学历、资历、经验和能力,个人的背景条件在公职人员的招募、录用和升迁中起着至关重要的作用,其中,任职年限、德才表现尤为重要。由此可见,品位分类是人在事前。

2. 品位分类强调人员的综合管理能力

品位分类注重"通才",而不注重人员某一方面的特殊知识和技能。在公职人员的晋升、交流、调动方面重视他们自身具备的德才表现、所做贡献、能力水平、任职年限等通用的资格条件,一般不受所学专业和以往工作性质的限制。

3. 品位分类中分类与分等相互交织

在品位分类中,分类实际上同职务、级别的分等同时进行。品位分类通常采用先纵后横的实施办法,也就是先确定等级,然后再划分类别。

4. 官位等级与职位可以分离

这具体表现为官等随人走,官等成为任职者固有的身份资格。而薪酬取决于官等的高低,而不是取决于所从事的工作。

(三)品位分类制度的评价

1. 品位分类制度的优点

(1)人员分类线条粗犷,方法简单易行,结构富有弹性,在应付特殊情况和紧急需要时具有优势。

(2)强调通才原则,公职人员流动范围广,有利于全面培养与提高公职人员的素质,有利于高级公职人员的成长与选拔。

(3)强调年资,官职相对分离,使公职人员不致因职位调动而引起地位、待遇的变化,有利于公职人员队伍的稳定。

(4)强调教育水平,有利于吸收高学历的优秀人才,提高公职人员队伍的整体素质,也有利于全社会对教育的重视。

2. 品位分类制度的缺点

(1)人在事先,易出现因人设岗、机构臃肿的现象。

(2)分类不系统、不规范,不利于严格的科学管理。

(3)过于注重公务员的学历、资历、身份、地位等条件,限制了学历虽低但能力较强的人的晋升机会,不利于人尽其才与充分合理地使用人才。

（4）轻视专业人才，不利于业务的专业化发展，不利于工作效率的提高。

（5）强调年资，加剧了公职人员的保守性，并易形成官本位。

四、职位分类管理

（一）公共部门职位管理的发展历程

职位对公共部门来说是一种重要而稀缺的资源，随着政治体制和公共部门人力资源管理价值的变迁，其管理和分配方式也经历了一个发展过程。

1. 政治恩赐制度下的职位管理

在政治恩赐制度下，公共职位是统治权争夺中胜利者的战利品，对工作职位从未进行过分析与分类。任何人都可以胜任所有职位，政治上的忠诚是任职资格的首要内容。雇员之所以被委任到某一公共职位上，仅仅是因为他们曾经给予某一竞选成功的候选人政治支持，而不管其资历和能力是否符合这一职位的要求。因此，公共职位主要是作为它们"政治分赃"的需要，而不是为了完成公共福利。

2. 公务员制度下的职位管理

政治恩赐制度下的职位管理，仅仅是为满足统治者争夺权力斗争需要的产物，带有太多统治者的主观意图，而不是为公共利益着想。随着社会的发展和公众民权意识的增强，政治领袖们越来越意识到，要想长期掌握统治权力，就必须为社会的公共利益着想，为民众服务。在这种形势下，显然，占据公共职位的人员必须要有为公众服务的能力。因此，一部分公共职位就必须强调对任职者资历和能力的要求，也就有了最初的关于工作分析和职位分类的需求。

由此，在工作分析和职位分类基础上，现代意义上的公务员制度在西方开始形成和发展。通过工作分析，确定每个公共机构的职位数量，并以法律的形式确立下来，同时通过工作分析，明确各个公共职位的任职者应具备的能力与资格，这也在一定程度上消解了政治恩赐制度下公共人员招聘的主观随意性。这一时期的主要做法是将公共部门的职位分为文职类官员和政治类官员两大类。文职类官员的录用严格按照职位规范操作，通常是职务常任，地位不随政党的更迭而发生变动，以保障公务员队伍的稳定，而政治类官员的任用仍是"政治分赃"的结果。

3. 现代人力资源管理制度下的职位管理

公务员制度是对公共系统职位法治化管理的体现，在一定程度上淡化了公共组织的政治色彩。但这一制度，如同其所依附的官僚体制一般，随着其过度发展，慢慢显现出负面效应。日益精细的法律条文不仅束缚了公务员的工作热情和创新精神，更让公务员习惯于对法律条文的依赖，效率低下。而原先预设的优良制度，随着实践的发展也产生了意想不到的结果，如公务员的职位常任制，原先是为了维护公务员队伍的稳定，限制政治类官员对文官职位的干涉，以保持文官的"政治中立"，然而现在却成了滋生腐败的土壤，包庇懒惰、不称职官员的代名词，显然违背了此项制度建立的初衷。

事实上，无论是恩赐制度还是公务员制度下的法治，两者都秉承同一个目的，即为了实现对公共部门的控制。因此，从二者的运行模式可以看出，它们都忽视了对人的价值的关注和对人的发展的考虑，由此，所谓的控制必然是低成效的，只有发展才能更好地控制。现代人力资源管理从人的价值出发，强调从人的发展角度实现对人的科学管理，从而极大提升管理效能，形成公共部门人员管理的新模式。因此，从现代人力资源管理的角度对职位进行管理成为当前公共部门职位管理的发展趋势，它体现为：对职位的分类相对宽泛、在不影响公职人员职业能力条件下合理流动、对公职人员雇佣关系的灵活性的强调、增加公职人员雇佣过程中的竞争、对公职人员进行绩效激励、提高其工作效率等。这些都要求工作分析、职位分类的指导理念向人本化管理方向转变。

（二）职位分类管理的内涵与特征

所谓职位分类，指的是在工作分析的基础上，将职位依据工作性质、繁简程度、责任轻重和所需资格条件，区分为若干具有共同特色的职位，加以分类。职位分类管理相对于品位分类管理，是公共部门人力资源分类中另一种重要的管理制度。这种分类管理方法有两种基本形式：一是纵向分类，根据不同的工作性质划分为若干职门、职组、职系；二是横向分类，根据职位的责任轻重、工作繁简难易程度、任职资格条件等因素划分为若干职级、职等。

职位分类的特征如下：

（1）职位分类是以"事"为中心的分类体系。职位分类首先重视职位的工作性质、责任大小、繁简难易程度，其次才是人所具备的资格条件。职位分类是事在人先。

（2）职位的划分规范化。职位分类有一套严格的程序。职位的数量和名称严格按照工作任务、工作性质来确定，职位的横向、纵向划分严格按照职位的工作性质、繁简难易程度、责任轻重及所需资格条件四项分类标准进行。

（3）注重"专才"，即注重人员的专业知识和技能，人员的任职调动、交流与晋升，一般在同一职组范围内进行，跨职系、跨行业的流动和升迁极少。

（4）官等和职能相重合。在职位分类中，官位与职位相连，不随人走，严格实行以职位定薪酬的规则，追求同工同酬。职位变了，官等、薪酬均取决于新职位的工作性质。

（5）实行严格的功绩制。在职位分类制度中，功绩是人员升迁和薪酬增加的唯一标准。如美国一般职务类（GS）人员，薪酬的增加有两种方式：一是随着工作年限增长自动提升等级，表现突出奖励提升一级；二是职务提升，薪酬相应提高，并且规定，一个人每年只能提一级，且必须有几个人同时竞争，才能最终选出一人提升。

（三）职位分类的评价

1. 职位分类的优点

（1）系统的分类为人才的选拔提供了客观和具体的标准。公职人员的考试录用可以根据不同职位的特点和要求，有针对性地进行，从而达到因事择人、人事两宜的目标。

（2）职位分类为人力资源管理的各环节奠定科学的基础。如考核、职位说明书和职级规范对每一职位的工作范围、性质、权限、责任等均作了详细的规定，这就为考核工作提供了一个具体明确的标准，可以避免考核工作中的主观偏见、笼统含糊等弊端，为合理的奖惩、升降与培训提供了客观依据。

（3）有利于贯彻因事求才特别是专业化原则。职位分类划分了职门、职组和职系的界限，使公职人员的升降、调转有确定的方向和范围，可以避免学非所用、用非所长的现象，有利于合理地使用人才。

（4）有利于合理定编人员，完善机构建设。职位分类本身是对现有职位的分类整理，并不能直接帮助机构定编。但职位分类通过对职位工作的分析，有助于明确机构所担负的功能与实际职位数目设置之间的关系，从而为机构改革提供合理的方案。

（5）容易做到同工同酬，体现了按劳分配的原则。不同工作种类的职位，由于职等的设定，也能相互比较，处在同一职等上的职位，享受同样的待遇，因此，可在一定程度上消除分配上的平均主义与不公的现象。

2. 职位分类的缺点

（1）操作烦琐，不易推行。职位分类是一项浩大而烦琐的工程，从计划、组织筹办，到具体实施、完成工作，花费的时间相当长，人力、物力、财力的耗费也非常大，后续管理也相当复杂。

（2）职责的划分过于规范，许多硬性规定虽然适应了行政工作量化和专业化的要求，但忽视了人对职位的影响，使个人积极性和创造性的发挥受到限制。

（3）职位分类强调专才原则，录用、考核、晋升、培训等环节都贯彻专业化的精神，使公职人员调转、流动受到的限制较大，不利于人才的全面发展。

第四节　中国公务员分类管理制度与人员分类管理发展趋势

一、中国公务员分类管理制度概述

（一）中国公务员分类管理制度的演进历程

1. 品位分类制度阶段（1949—1978年）

中华人民共和国成立后，我国人力资源管理体制实行与计划经济相适应的统一集中管理体制，致使当时计划经济体制下的干部人事管理制度也基本沿用以"人"为中心的品位分类管理方式，主要表现为党政不分、政企不分、政事不分，无论是党政机关、权力机关、司法机关的公职人员，还是事业单位、企业单位、群众组织的工作人员都统称为"干部"。人员的等级划分主要依据职务职级、资力深浅、学历高低和工资多寡，并对所有公务员按党政机关干部的单一模式进行集中管理，这种分类管理制度所导致的直接后果就是官本位思想以及效率低下。

2. 职位分类制度起步试点阶段（1979—1992年）

随着改革开放和市场经济的发展，原来的分类体制已不能适应现代管理的需要。党的十一届三中全会开启了我国公务员制度探索的序幕，党中央废除公务员职务终身制，建立离退休制度；改革限额推荐、考试录用方式，明确实行"公开招收、自愿报名、坚持考试、德智体全面衡量、择优录用"的办法；改变单一的任用制，实行委任、聘任、选任、考任等多样化任用形式。1987年，党的十三大正式确定，在我国建立和推行国家公务员制度。而公务员职位分类是推行国家公务员制度的重要基础工作，是公务员管理的根本，所以我国的职位分类制度与公务员制度同时起步。这一阶段，国家人事部内部专设"职位职称司"，主要负责公务员职位分类制度的研究和设计工作。在借鉴国外实施职位分类经验的基础上，充分比较职位分类与品位分类的利弊，论证职位分类在我国实施的必要性与可行性，最终设计出相对系统的公务员职位分类体系。1990年5月，我国制定《国家公务员职位分类暂行规定》。1989年开始，国家审计署、统计局、环保局、建材局、税务局、海关总署六个国务院部门和哈尔滨市、深圳市二个地方政府陆续开展职位分类的试点工作。

3. 职位分类制度完善成熟阶段（1993—2005年）

1993年8月，我国颁布实施《国家公务员暂行条例》，规定国家行政机关实行职位分类制度。在确定职能、机构编制的基础上，进行职位设置，制定职位说明书，确定每个职位的职责和任职资格条件，以作为国家公务员录用、考核、培训、晋升等的依据，公务员职位分类制度逐步完善成熟。在政府机关实行职位分类后，我国党的机关也参照政府公务员的分类办法实行职位分类制度，检察、审判机关和公安系统也实施了各具特色的分类方案。我国人员分类的宏观结构大致形成，原来的国家干部被分为：（1）行政机关工作人员（公务员）；（2）党务机关工作人员；（3）国家权力机关工作人员；（4）国家审判机关工作人员；（5）国家检察机关工作人员；（6）企业单位管理人员；（7）人民团体工作人员；（8）事业单位工作人员等。此外，我国还进一步完善了专业技术职称系列，使得公职人员分类管理制度更加全面。

4. 职位分类制度改革发展阶段（2006年至今）

2005年4月27日，第十届全国人大常委会第十五次会议审议通过了《中华人民共和国公务员法》（以下简称《公务员法》），并于2006年1月1日施行。该法指出，我国公务员实行职位分类管理制度，公务员职位类别按照公务员职位性质、特点和管理需要，划分为综合管理类、专业技术类和行政执法类等类别。2006年，深圳作为改革开放的窗口率先在公安系统实施职位分类改革，走在公务员分类改革前列。2008年，深圳被国家公务员局确定为全国公务员分类管理唯一改革试点城市；2010年，全面启动行政机关公务员分类管理；2010—2012年，又出台了一系列分类改革措施，改革一直持续至今。2012年，广东、江苏、湖北、河南、四川等地也开始展开聘任制公务员制度试点工作，聘任制公务员试点范围逐步扩大。2014年年初，山东、河北、广西开始推行公务员分类管理及职务与职级并行制度。

2017年9月1日，《公务员法》根据第十二届全国人民代表大会常务委员会第二十九次会议《关于修改〈中华人民共和国法官法〉等八部法律的决定》进行了修订；2018年12月29日，第十三届全国人民代表大会常务委员会第七次会议再次对其进行修订，于2019年6月1日正式实施。最新修订的《公务员法》明确规定我国实行公务员职务与职级并行制度，根据公务员职位类别和职责设置公务员领导职务、职级序列。其中，公务员领导职务根据宪法、有关法律和机构规格设置。领导职务层次分为：国家级正职、国家级副职、省部级正职、省部级副职、厅局级正职、厅局级副职、县处级正职、县处级副职、乡科级正职、乡科级副职。公务员职级在厅局级以下设置。综合管理类公务员职级序列分为：一级巡视员、二级巡视员、一级调研员、二级调研员、三级调研员、四级调研员、一级主任科员、二级主任科员、三级主任科员、四级主任科员、一级科员、二级科员。综合管理类以外其他职位类别公务员的职级序列，根据本法由国家另行规定。

我国公务员的级别根据所任职务及其德才表现、工作实绩和资历确定。公务员在同一职务上，可以按照国家规定晋升级别。职务越高，对应的级别越少；职务越低，对应的级别越多。公务员职务层次与级别的对应关系如下：国家级正职：1级；国家级副职：2—4级；省部级正职：4—8级；省部级副职：6—10级；厅局级正职：8—13级；厅局级副职：10—15级；县处级正职：12—18级；县处级副职：14—20级；乡科级正职：16—22级；乡科级副职：17—24级；科员级：18—26级；办事员级：19—27级。

（二）中国公务员分类管理制度的基本原则

我国公务员分类管理制度是在吸收和借鉴国外品位分类和职位分类制度基础上建立起来的，但我国的公务员分类又必须结合我国人事分类的传统和现实国情。所以，我国公务员分类管理制度应遵循以下基本原则：

1. 兼顾原则

该原则强调我国公务员分类管理制度以职位分类为主，兼顾品位分类，有机结合两者的长处。职位分类以事为中心，因事设职，因职择人，具有突出优势，但同时我们也要认识到这种分类忽视了"人"的主观能动性，与以人为本的现代管理理念不相符。因此，我国的分类管理制度在强调以事为中心的基础上，兼顾品位分类中强调以人为中心的合理成分。具体而言，兼顾原则主要体现为"人事结合，分步评价"，即对职位分类中仅根据职位的工作性质、繁简难易程度、责任大小来决定每一职位任职人员的归级列等的做法加以改进。除了重点评价职位分类所强调的因素外，还要对任职人员的品位因素（如资历、经历、经验等）进行评价，综合以上两种评价结果，确定最终每一职位任职人员的职务职级。这既顺应国际上公务员分类的趋势，也符合我国品位分类的传统及人员分类的现实需要。

2. 可行性原则

建设具有中国特色的公务员分类管理制度，必须从实际出发，做到既坚持原则，又简便易行、方便操作。在由传统人力资源管理制度向新人力资源管理制度转变的过程中，既要正确处理历史遗留问题，又要及时、恰当地解决新矛盾、新问题。这就要求我国的公务员分类管理制度不仅要科学、不降低标准，而且必须考虑我国公务员制度实施的外部环境条件，具备一定的可行性。

3. 渐进原则

我国的国情特点决定了我国的公务员分类管理制度不能完全照搬国外经验。公务员分类管理制度的建立和推行是一个复杂的系统工程，加之我国各地区间社会经济发展不协调，干部队伍素质参差不齐，因此，我国公务员分类管理制度的建立和实施必须循序渐进，逐步完善。

4. 最低职位数量原则

公共部门追求的是高效低成本的管理，为了使机构能以最少的经费获取最大的公共利益，其职位的设置必须遵循"最低职位数量原则"，即在进行职位分类时，各个职位的数量根据职位的工作繁简程度、责任大小、所需资格条件设置最高值，任何机关都不得突破，并鼓励各政府部门把机构的职位数量限制在为高效完成工作所需职位的最低数。

5. 法制原则

有关公务员分类的规范性文件应逐步形成法律法规，由国家统一颁布实施，从而对我国公务员分类进行法制化管理，提供可靠的法律保障。我国《公务员法》的颁布、施行正是这一原则的现实要求。

（三）中国公务员职位分类制度的特征

我国《公务员法》第16条明确规定：国家实行公务员职位分类制度。因此根据该规定可知，我国公务员分类管理制度实行的是职位分类制度。这里对我国公务员职位分类制度的特征将从职位类别与职位设置两方面分别进行阐述。

1. 职位类别的特征

《公务员法》根据公务员分类制度设计的立法思想，划分类别的标准和职位的性质、特点把公务员分为以下三个主要类别：

（1）综合管理类职位

该类职位指机关中除行政执法类职位、专业技术类职位以外的履行综合管理以及机关内部管理等职责的职位，具体从事规划、咨询、决策、组织、指挥、协调、监督及机关内部管理工作，其特征为职位数量最大，是公务员职位的主体。

（2）专门技术类职位

该类职位指机关中从事专业技术工作，履行专业技术职责，为实施公共管理提供专业技术支持和技术手段保障的职位，其特征为纯技术性，与其他职位相比具有不可替代性、权威性。这种权威性体现在技术层面上，为行政领导决策提供参考和支持，但最终行政决策权仍取决于行政领导。

（3）行政执法类职位

该类职位指行政机关中直接履行监管、处罚、稽查等现场执法职责的职位，主要集中在公安、海关、税务、工商、质检、药监、环保等政府部门的基层单位，其特征为纯粹的执行性。具体而言，行政执法类职位只有对法律法规的执行权，而无解释权，不具有研究、制定法律法规以及政策制度的职责。其与综合管理类职位的主要区别就在于现场强制性，即依照法律、法规现场直接对具体的管理对象进行监管、处罚、强制和稽查。

2. 职位设置的基本特征

(1) 职位以事（工作）为中心设置，不因人而转移。

(2) 职位不随人走。

(3) 职位数量有限。

(4) 职位具有专业性和层次性，绝大多数职位可以按照一定的标准和方法进行分类分级设定。

二、中国公务员分类管理制度的发展趋势

总体来看，公务员分类制度的发展趋势是走向"合流"，而不是"分流"。我国公务员实行分类管理是一项庞大的系统工程，涉及领域宽、触及问题多、协调难度大，因此，在推进公务员分类管理的过程中，需汲取品位分类与职位分类的优势，按照系统性、整体性、协同性的发展要求分步推进，确立具有中国特色的公务员分类制度。

（一）分类管理差异化的趋势

公务员分类管理目的是通过分化体现区别，按照各类公职人员、所在机关的性质和职业特点实行差异化管理。当前，社会分工不断细化，政府部门所管理的公共事务日趋精细化、复杂化，因此，从本质上说，分类管理差异化是公务员分类管理制度的内在要求。我国《公务员法》将公务员划分为综合管理、行政执法、专业技术三大类别，相对于《国家公务员暂行条例》单一的职务序列而言，是一个历史性的进步。但近十年来各试点地区的实践经验表明，目前这三大职类的职位分类方式仍比较抽象、笼统粗略，相对局限，不能完全满足公共管理精细化、专业化的实际工作需求。因此，必须加快细化公务员分类，推进公务员分类管理进入按领域设计、更细致划分、实际具体操作的阶段。

（二）分类管理突破限制的趋势

坚持问题导向，是推进公务员分类管理的基本要求，有助于正视公务员的分布特点以及职业发展、待遇保障、激发活力等方面存在的现实问题。坚持问题导向，必然会引发对原有分类管理制度及其固有逻辑的突破，而突破的目的是更好地解决现实问题、化解矛盾和冲突。因此，推进公务员分类管理突破原有制度限制是今后一个时期的发展趋势。

1. 突破机构规格的限制

机构规格是行政层级在机关或内设机构上的具体化。例如，在司法机关人员分类改革中，法官等级与行政职级脱钩，法官之间不再有上下级关系，中、基层法院法官职务等级设置空间放大、晋升台阶增加，实质上就是突破了机构规格的限制。另外，在县级以下机关公务员职务与职级的并行制度中，职级实质上是职务层次、级别之外的位阶，其设置将不再受机构规格的严格限制。

2. 突破职务类型的限制

长期以来，在公务员分类管理制度中，虽然只有综合管理类公务员按照职务类型

划分建立了非领导职务序列,但在具体实践过程中各职位的公务员均按照综合管理类管理。专业技术类、行政执法类职务序列是整个职位类别的职务序列,非领导职务无须作为职务类型存在,也就没有必要再区分领导职务与非领导职务。因此,在推进公务员分类管理改革中,可以改变乡镇机关非领导职务设置办法,突破非领导职务的设置逻辑和规则。

3. 突破职务职数的限制

推进公务员分类管理的创新发展,一方面可以突破机构规格对某一机构内部职务层次或职务等级数量幅度的严格限制,另一方面能够突破原有的职数核定方法。例如,专业技术类、行政执法类职务职数就可以直接按照本类别职位数量的一定比例核定,不再需要按其他职位类别或职务类型的比例核定。

(三)分类管理注重资历的趋势

在公职人员任职条件上,既要注重职位职责的要求,同时也要注重个人资历。职位职责即通常所说的"职位"因素,个人资历即"品位"因素。其中,个人资历包括素质能力、学历、任职经历、任职年限以及级别等因素。根据我国《公务员法》及其具体实施方案来看,一定程度上会更加注重职务。虽然公务员在职务不变的情况下仍可以晋升级别,但是职务与级别之间有着相对严格的对应关系。所以,职务上不去,级别的上升空间也就非常有限,最终导致的结果是公务员提高待遇主要靠晋升职务,级别的激励作用未能有效发挥。因此,在公务员分类管理的发展进程中应更加注重个人资历在职务晋升中的作用。

(四)打通跨职类交流障碍的趋势

当前,公务员分类管理改革发展的出发点在于打破以往"大一统"的管理模式,在领导职数相对紧缺的现实条件下,通过探索建立三种职类分途发展的格局,能够避免行政级别决定公务员一切薪酬待遇的现象,确保各职类的基层公务员专心做好本职工作,有效杜绝无序的交流。因此,在制度层面对公务员跨职类交流作出限制有其合理性。但对于那些虽被划分为行政执法或专业技术职类,但有志于或更适合做综合管理类工作的公务员来说,无疑是限制了他们的职业发展空间。另外,对于政府机关而言,过度僵化的人员交流制度会妨碍组织内人才资源的高效配置,降低政府机关的整体运行效率。如果将过度严格的跨职类转任制度推广至全国,很容易再次僵化公务员管理制度,违背改革的初衷。

因此,建立公平合理的公务员跨职类交流制度,促进政府机关人力资源的科学流动,可以充分调动各职类公务员的工作热情,优化组织内部人力资源配置,在提高政府管理效率的基础上,突出决策的全面性、科学性、系统性,从而最大限度释放公务员分类管理改革的红利。

阅读资料

一 激励视角下公务员职级晋升制度的发展脉络

激励理论的基本逻辑是针对激励客体的激励条件采取相应的激励手段,以激发动机、鼓励行为、形成动力、达成激励效果。公务员职级晋升制度无疑遵循这一逻辑并经历了两个发展阶段。由于我国绝大多数公务员分布在县以下机关,而县以下机关规格比较低,基层公务员晋升难、待遇低的矛盾比较突出,公平性问题比较严重。2015年9月,中央颁布《关于县以下机关建立公务员职务与职级并行制度的意见》,决定在全国县以下机关实行公务员职务与职级并行制度。县以下机关公务员晋升职级主要依据任职年限和级别,保持了科员级、副科级、正科级、副处级和正处级依次递进的进阶关系,明确了职级晋升的激励目标、激励条件和激励方式。

为进一步拓展公务员职级晋升通道,调动广大公务员的积极性,2018年新修订的《公务员法》明确提出实行公务员职务与职级并行制度,设置公务员职级序列。2019年,中央出台《公务员职务与职级并行规定》,决定全面推行公务员职务与职级并行制度,旨在建立职级晋升序列,将职级序列调整为科员、主任科员、调研员和巡视员四个等级12个职级依次递进的进阶关系,公务员可通过职级获得晋升。公务员职级晋升制度规定了职级晋升的基本资格条件,公务员职级晋升后的待遇标准、资格条件均发生了较大变化,职级晋升的激励目标、激励条件和激励方式也进行了相应调整,但公务员晋升职级后依然不改变工作职位关系,不享受相应职务层次的工作待遇和政治待遇。

实行公务员职级晋升制度是我国干部人事制度改革的重要举措,是公务员管理制度的创新和完善。我国推行公务员职级制度,旨在开辟职级晋升通道,统一职级晋升条件,拓展公务员职业发展空间,健全公务员激励保障机制,调动基层公务员工作积极性。

(资料来源:李学明. 激励视角下的公务员职级晋升制度研究. 中国行政管理,2019,(10))

附:职位说明书

(机关名称)职位说明书

职位名称:

职位代码:

工作项目:

工作描述:

工作标准:

所需知识能力：

转任和升迁方向：

注："机关名称"处国务院各部门和省级政府机关分别填写部门名称和省名称，市、县级政府机关填写省及市、县名称。

《公务员职务与职级并行规定》摘选

本规定所称职级，是公务员的等级序列，是与领导职务并行的晋升通道，体现公务员政治素质、业务能力、资历贡献，是确定工资、住房、医疗等待遇的重要依据，不具有领导职责。

公务员可以通过领导职务或者职级晋升。担任领导职务的公务员履行领导职责，不担任领导职务的职级公务员依据隶属关系接受领导指挥，履行职责。

第二章　职务与职级序列

第六条　领导职务根据宪法、有关法律和机构规格设置。

领导职务层次分为：国家级正职、国家级副职、省部级正职、省部级副职、厅局级正职、厅局级副职、县处级正职、县处级副职、乡科级正职、乡科级副职。

第七条　职级序列按照综合管理类、专业技术类、行政执法类等公务员职位类别分别设置。

综合管理类公务员职级序列分为：一级巡视员、二级巡视员、一级调研员、二级调研员、三级调研员、四级调研员、一级主任科员、二级主任科员、三级主任科员、四级主任科员、一级科员、二级科员。

综合管理类以外其他职位类别公务员职级序列另行规定。

第八条　公务员领导职务、职级对应相应的级别。

领导职务对应的级别，按照国家有关规定执行。

综合管理类公务员职级对应的级别是：

（一）一级巡视员：十三级至八级；

（二）二级巡视员：十五级至十级；

（三）一级调研员：十七级至十一级；

（四）二级调研员：十八级至十二级；

（五）三级调研员：十九级至十三级；

（六）四级调研员：二十级至十四级；

（七）一级主任科员：二十一级至十五级；

（八）二级主任科员：二十二级至十六级；

（九）三级主任科员：二十三级至十七级；

（十）四级主任科员：二十四级至十八级；

(十一) 一级科员：二十六级至十八级；

(十二) 二级科员：二十七级至十九级。

第九条　厅局级以下领导职务对应的综合管理类公务员最低职级是：

(一) 厅局级正职：一级巡视员；

(二) 厅局级副职：二级巡视员；

(三) 县处级正职：二级调研员；

(四) 县处级副职：四级调研员；

(五) 乡科级正职：二级主任科员；

(六) 乡科级副职：四级主任科员。

第三章　职级设置与职数比例

第十条　综合管理类公务员职级按照下列规格设置：

(一) 中央机关，省、自治区、直辖市机关设置一级巡视员以下职级；

(二) 副省级城市机关设置一级巡视员以下职级，副省级城市的区领导班子设置一级、二级巡视员；

(三) 市（地、州、盟）、直辖市的区领导班子设置一级巡视员，市（地、州、盟）、直辖市的区机关设置二级巡视员以下职级，副省级城市的区机关设置一级调研员以下职级；

(四) 县（市、区、旗）领导班子设置二级巡视员、一级调研员、二级调研员、三级调研员，县（市、区、旗）、乡镇机关设置二级调研员以下职级。

第十一条　职级职数按照各类别公务员行政编制数量的一定比例核定。综合管理类公务员职级职数按照下列比例核定：

(一) 中央机关一级、二级巡视员不超过机关综合管理类职位数量的12％，其中，正部级单位一级巡视员不超过一级、二级巡视员总数的40％，副部级单位一级巡视员不超过一级、二级巡视员总数的20％；一级至四级调研员不超过机关综合管理类职位数量的65％。

(二) 省、自治区、直辖市机关一级、二级巡视员不超过机关综合管理类职位数量的5％，其中一级巡视员不超过一级、二级巡视员总数的30％；一级至四级调研员不超过机关综合管理类职位数量的45％。

(三) 副省级城市机关一级、二级巡视员不超过机关综合管理类职位数量的2％，其中一级巡视员不超过一级、二级巡视员总数的30％；一级至四级调研员不超过机关综合管理类职位数量的43％，其中一级调研员不超过一级至四级调研员总数的20％。

(四) 市（地、州、盟）、直辖市的区领导班子一级巡视员不超过领导班子职数的15％。市（地、州、盟）、直辖市的区机关二级巡视员不超过机关综合管理类职位数量的1％；一级至四级调研员不超过机关综合管理类职位数量的20％，其中一级、二级调研员不超过一级至四级调研员总数的40％，一级调研员不超过一级、二级调研员总数的50％；一级至四级主任科员不超过机关综合管理类职位数量的60％，其中一级、二级主任科员不超过一级至四级主任科员总数的50%。

（五）副省级城市的区领导班子一级、二级巡视员不超过领导班子职数的15%，其中一级巡视员不超过一级、二级巡视员总数的40%；副省级城市的区机关一级调研员以下职级职数，按照第四项规定执行。

（六）县（市、区、旗）领导班子二级巡视员不超过领导班子职数的10%，一级、二级调研员不超过领导班子职数的20%。县（市、区、旗）、乡镇机关二级调研员不超过机关综合管理类职位数量的2%；三级、四级调研员不超过机关综合管理类职位数量的10%，其中三级调研员不超过三级、四级调研员总数的40%；一级至四级主任科员不超过机关综合管理类职位数量的60%，其中一级、二级主任科员不超过一级至四级主任科员总数的50%。

中央和地方各级机关中个别情况特殊需要调整职级比例的，应当报中央公务员主管部门审批。中央机关和省级公务员主管部门根据工作需要和实际，可以对前款规定中未作区分的各职级层次的比例予以细化。

第十二条　中央和省级机关垂直管理的机构、市地级以上机关的直属单位或者派出机构，根据机构规格，参照第十条、第十一条规定，设置职级和核定职数。

直辖市的县领导班子和县、乡镇机关，副省级城市的乡镇机关，根据机构规格，由省级公务员主管部门参照第十条、第十一条规定，研究确定职级设置和比例。

第十三条　职级职数一般按照各机关分别核定。职数较少或者难以按照各机关分别核定的职级，由县级以上地方党委及其公务员主管部门根据实际情况和职级晋升审批权限，分级统筹核定和使用。市（地、州、盟）、直辖市的区、县（市、区、旗）的领导班子与所属部门职级职数分开统筹核定和使用。

省、自治区、直辖市党委可以统筹使用若干名一级巡视员职数，用于激励少数特别优秀的县（市、区、旗）党委书记。

第十四条　中央机关及其直属机构职级设置方案，报中央公务员主管部门备案；省级以下机关及其直属机构职级设置方案的审批或者备案程序，由省级公务员主管部门规定。

第四章　职级确定与升降

第十八条　公务员晋升职级，应当具备下列基本资格：

（一）晋升一级巡视员，应当任厅局级副职或者二级巡视员4年以上；

（二）晋升二级巡视员，应当任一级调研员4年以上；

（三）晋升一级调研员，应当任县处级正职或者二级调研员3年以上；

（四）晋升二级调研员，应当任三级调研员2年以上；

（五）晋升三级调研员，应当任县处级副职或者四级调研员2年以上；

（六）晋升四级调研员，应当任一级主任科员2年以上；

（七）晋升一级主任科员，应当任乡科级正职或者二级主任科员2年以上；

（八）晋升二级主任科员，应当任三级主任科员2年以上；

（九）晋升三级主任科员，应当任乡科级副职或者四级主任科员2年以上；

（十）晋升四级主任科员，应当任一级科员2年以上；

（十一）晋升一级科员，应当任二级科员2年以上。

公务员晋升职级应当根据工作需要、德才表现、职责轻重、工作实绩和资历等因素综合考虑，不是达到最低任职年限就必须晋升，也不能简单按照任职年限论资排辈，体现正确的用人导向。

第十九条 公务员晋升职级所要求任职年限的年度考核结果均应为称职以上等次，其间每有1个年度考核结果为优秀等次的，任职年限缩短半年；每有1个年度考核结果为基本称职等次或者不定等次的，该年度不计算为晋升职级的任职年限。

案例分析　深圳在全国率先实行公务员分类管理与聘任制改革

深圳是全国最早建立公务员制度的城市之一，20多年来，一直致力于对公务员制度的探索、完善。特别是近年来，为适应经济社会发展和政府管理转型升级的需要，深圳继续发挥"试验田"作用，积极为国家公务员制度的完善探路先行。2008年8月，国家公务员局批复同意深圳开展公务员分类管理改革试点工作。

2006年1月1日正式实施的《公务员法》明确将"分类管理"确定为公务员管理的基本原则，划分了综合管理、行政执法、专业技术等类别，同时要求在适当范围内实施公务员聘任制。据此要求，深圳向人事部（即现在的"人力资源和社会保障部"）申请进行改革试点。2007年1月11日，人事部正式批复决定将深圳作为全国两个聘任制公务员制度试点城市之一。2007年10月，《深圳市行政机关聘任制公务员制度试点方案》经广东省人事厅审核并报请人事部同意后，以深圳市政府规范性文件印发，明确了深圳市聘任制公务员制度实施的总体思路和方向。2008年3月，在向人事部汇报聘任制公务员制度试点进展情况的同时，深圳申请开展公务员职位分类城市试点工作。2008年8月6日，深圳获批同意开展公务员分类管理改革试点工作。2010年2月，深圳市政府印发《深圳市行政机关公务员分类管理改革实施方案》，全面启动行政机关公务员分类管理改革，对公务员管理的各个环节和养老保障制度进行系统性改造，取得了较好效果。

在行政机关公务员分类管理改革方面，深圳主要作了四个方面的探索：一是划分全新职位类别。在《公务员法》规定的框架下，将行政机关公务员划分为综合管理、行政执法、专业技术三类。从现行的综合管理类公务员职位类别中，逐步划分出行政执法和专业技术两类职位。二是建立全新职务序列。为行政执法类和专业技术类公务员建立与行政级别脱钩的相对独立的职务序列（均为非领导职务），拓宽其职业发展空间,各职类公务员分途发展。三是实施全新管理模式。根据各类别公务员的职业特点,探索开展分类招考、分类培训、分类考核,努力推进公务员管理的科学化、精细化。四是试行薪级工资制度。深圳按照"职务与职级并行"的思路,探索建立薪级工资制度。根据与公务员职级工资水平的一定比照关系,将工资总额"打包"为薪级工资,简化工资构成,形成薪级表。薪级表中设有若干职级,每个职级对应若干个薪级。根据年功积累和现实表现情况,每年年度考核称职以上等次的公务员,可在其职级对应的薪级范围内晋升一个薪级;每三年至五年,满足条件可晋升一个职级。薪级工资具有"一职多薪、小步快跑"的特点,同时,它与公务员的住房、医疗、保健等福利待遇挂钩,不仅淡化了公务员的"官本位"色彩,也进一步强化了工资的激励和保障作用。

深圳市作为全国第一个同时承担公务员职位分类与聘任制试点工作的城市,为全国公务员分类管理和聘任制改革探路先行,为全国提供了改革经验。

(资料来源:根据《深圳特区报》2019年11月19日相关资料整理)

问题

1. 公务员分类改革的关键在何处?
2. 如何认识和评价此次深圳公务员分类改革?

本章关键术语

工作分析　　公共部门工作分析　　职位评价　　排列法
分等法　　评分法　　因素比较法　　公共部门人员分类管理
品位分类　　职位分类

复习思考题

1. 工作分析的具体流程是什么?
2. 常见的工作分析方法有哪些?对其作简要评价。
3. 试简述工作分析的实际运用。
4. 职位评价的方法有哪些?
5. 职位评价如何进行?
6. 试比较分析品位分类与职位分类管理各自的特点与优缺点。
7. 阐述我国公务员分类管理制度的演进历程。
8. 我国公务员职位分类制度的特征是什么?
9. 阐述我国公务员分类管理制度的发展趋势。

第三章

公共人力资源规划

> **▶本章学习引导** 本章介绍公共人力资源规划的概念、类型、影响因素及其作用和基本程序,讨论公共人力资源需求和供给预测的定性和定量方法,并探讨公共人力资源规划报告的内容及其编制方法,最后介绍我国的人才强国战略与人才发展规划。本章是公共人力资源管理活动前瞻性、计划性的体现。
>
> **▶本章学习重点** 公共人力资源规划及其影响因素、基本程序;公共人力资源需求和供给预测方法;公共人力资源规划报告的编制;我国人才发展规划。

第一节 公共人力资源战略与规划概述

一、公共人力资源战略定义与类型

(一) 公共人力资源战略的概念

所谓规划,一般是围绕战略进行系统谋划以服务战略的。故此,在开展公共人力资源规划研究之前,必须厘清公共人力资源战略。"战略"(strategy)一词源自希腊语中的军事术语strategos,指的是在一场战争或者战斗背后所隐含的筹划、谋略与构想。《韦氏新英语大辞典》将"战略"一词定义为"谋略的巧妙运用和协调"以及"艺术性的规划和管理"。① 随着世事变幻,"战略"这一军事术语逐渐被移植到社会、政治、经济活动等各个方面。

方振邦教授认为,公共人力资源战略是指公共部门为适应外部环境的变化和内部管理的需要,根据组织的战略目标,制定出人力资源管理目标,进而通过各种人力资源管理职能活动实现组织目标和人力资源目标的过程。它强调人力资源对组织战略目标的支撑作用,从战略层面考虑人力资源的内容和作用。公共人力资源不仅要契合战略环境的变化,而且要服务于公共部门的整体战略,促使传统人事管理发生范式性变革,由专注内部、专注过程的事务性工作转变为考虑环境、考虑长远目标、考虑资源优化配置的战略性工作。

随着现代科技的迅猛发展,人才在国家之间竞争中的地位越来越重要,逐渐成为

---

① 方振邦. 公共部门人力资源管理概论. 北京:中国人民大学出版社,2019:32.

一个国家的战略资源,关于人才的发展战略逐渐上升为各国的重大战略而受到前所未有的重视,而公共人力资源管理也成为公共管理的重要组成部分,其发展战略亦逐渐与整个国家公共管理的目标实现融合,紧紧围绕服务经济与社会发展的战略目标。有学者认为,公共人力资源战略目标应定位于以下两个方面:一是开发政府行政管理和发展科技、教育、文化、卫生等各项事业所需的各类人才,建立政府组织与公职人员之间的和谐关系,以满足经济社会发展的需要,满足公职人员成长、发展以及自我实现的需要;二是促使公共人力资源管理与公共管理发展战略紧密联系起来,以此改进公共人力资源管理方式,改善公共组织文化,提高管理绩效,激发公职人员积极性、主动性、能动性与创造性,致力于公共管理及教科文卫体等事业发展和新型公共产品的开发,以适应经济社会发展对公共管理、公共服务不断提高的要求,满足人民群众对美好生活的向往,切实推进共建共治共享。

(二) 公共人力资源战略的类型

依据不同标准,公共人力资源战略可以分为不同类型。第一种分类法是按照适用对象之不同分为诱引战略、投资战略及参与战略。(1) 所谓诱引战略,是指组织自己不培养员工,而是凭借丰厚报酬去诱引人才以形成高素质的员工队伍,这种战略信奉"经济人"假设,主要是依靠高薪酬、高福利吸引高素质人才,以致组织人工成本较高。但由于组织与员工之间主要是经济利益关系,因此人员流动率较高。这种战略被处于激烈竞争环境与危机状态的公共部门采用较多。(2) 所谓投资战略,是指组织强调通过自身培养以获取高素质人员,注重对于员工的支持、培训与开发,信奉"社会人"假设,注重员工归属感与认同感的培养,努力营造和谐的组织文化与良好的上下级关系,员工稳定性较高。这种战略被处于发展中的组织采用较多。(3) 所谓参与战略,是指组织强调人员配备、工作监督与报酬,为员工提供具有挑战性的工作,鼓励积极参与,将报酬与成果密切联系在一起以实现战略目标,管理人员的工作主要是为员工提供咨询和帮助,组织注重团队建设和授权,强调对员工人际技能的培养。这种战略被扁平化、分权化组织采用较多,能够在复杂情境中迅速作出反应以有效降低成本。

第二种分类法是按照组织变革程度之不同分为家长式战略、发展式战略、任务式战略、转型式战略。(1) 家长式战略主要运用于基本稳定、微小调整的组织,集中控制人事的管理,强调秩序和一致性,注重硬性的内部任免制度,重视操作和监督,人力资源管理的基础是奖惩与协议,注重规范的组织架构与方法。其人力资源管理方式以指令式管理为主。(2) 发展式战略主要适用于循序渐进、不断变革的组织,注重发展个人和团队,尽量从内部招募人才,推行大规模的发展和培训计划,运用内在激励多于外在激励,优先考虑组织的总体发展,强调组织的整体文化,重视绩效管理。其人力资源管理方式以咨询式管理为主、指令式管理为辅。(3) 任务式战略主要适用于局部变革的组织,战略的制定采取自上而下的指令方式。它非常注重业绩和绩效管理,强调人力资源规划、工作再设计和工作常规检查,注重物质奖励,同时进行组织内部和外部招募,开展正规的技能培训,且重视组织文化建设。其人力资源管理方式以指令式管理为主、咨询式管理为辅。(4) 转型式战略主要适用于面临整体变革的组织，其主要特点包括组织架构进行重大变革，职位进行全面调整；进行裁员，调整员工队伍的结构，缩减开支；从外部招聘骨干人员；对管理人员进行团队训练，建立新的理念和文化；打破传统习惯，摒弃旧的组织文化；建立适应经营环境的新的人力资源系统和机制。其人力资源管理方式为指令式管理与高压式管理并用。[1]

二、公共人力资源规划的定义

(一) 公共人力资源规划的概念

在汉语中，规划是指"比较长的分阶段实现的计划"。规划与计划和战略既有联系，又有区别。一般来讲，计划是指在一段时间内所进行的预先拟定的工作办法和工作步骤，是对"规划"的进一步具体化和现实化；而战略则指一定时期内指导全局工作的总方针和总计划，它是一种具有长期预见性的目标导向，指明了组织未来努力的方向和目标。

姚先国教授认为，公共人力资源预测与规划是紧密联系、不可分割的。所谓公共人力资源规划，是指国家人事行政主管机构以及各级国家行政机关、企事业组织，在对本部门人力资源未来状况作出科学预测的基础上，根据一定时期内部门的发展战略和目标，制定出适合本部门发展的人力资源获取、利用、保持和开发策略，确保部门对人力资源在数量和质量上的需求。[2]

方振邦教授认为，公共部门人力资源规划是公共部门战略性人力资源管理整体框架的一部分，也是人力资源管理的一项重要职能。所谓公共部门人力资源规划，就是根据公共部门组织发展战略、目标以及内外环境的变化，科学地预测、分析公共部门的人力资源需求和供给状况，制定必要的管理政策和措施，以确保公共部门在需要的时间和职位上获得所需的人力资源的过程，简单地讲，公共部门人力资源规划就是对公共部门在某个时期内的人员供给和人员需求进行预测，并根据预测结果采取相应的措施，以实现人力资源的供求平衡。[3]

所谓公共人力资源规划，是指根据公共组织在一定时期内的战略目标进行科学预测，以确定组织对人力资源的需求，并确保组织在恰当时间里在恰当工作岗位上有恰当数量和合格质量的人力资源的过程。人力资源规划所说明的是：要完成什么、如何完成或怎么做、需要多少人力、在何时何处做等一系列问题。人力资源规划实质上是公共组织在既定发展方向和目标下所进行的人力资源计划管理。它确定公共组织需要什么样的人力资源来实现组织目标，并采取相应措施保障这种需求。从总体上讲，公共人力资源规划的任务是确保组织在适当时间获得适当数量以及合格质量的工作人员，以实现公共组织资源的合理配置和有效利用。

---

[1] 方振邦. 公共部门人力资源管理概论. 北京：中国人民大学出版社，2019：38—39.
[2] 姚先国，柴效武. 公共部门人力资源管理. 北京：科学出版社，2004：170.
[3] 方振邦. 公共部门人力资源管理概论. 北京：中国人民大学出版社，2019：41.

(二) 公共人力资源规划的类型

从不同角度分析,按照不同的分类标准,公共人力资源规划可以划分为不同的类型。

从宏观和微观层次上看,公共人力资源规划可分为宏观人力资源规划和微观人力资源规划两种。所谓宏观人力资源规划,是指从整个公共组织系统及其人员队伍角度,在分析公共组织结构和预算走势基础上,分析并确定一定时期内对人员的总体需求情况,并由此制定出相应的获取、利用、保持和开发策略,以寻求组织职位与其人员数量、质量和结构从总体上达到均衡的过程。宏观人力资源规划不仅具有战略性,而且具有一定的计划性。而微观人力资源规划则指各公共部门根据本部门发展目标和预算走势,在工作分析基础上,确定本部门在一定时期内对人力资源的需求情况,进而制定出相应的人员获取、利用、保持和开发策略,以谋求本部门职位与人员数量、质量和结构等基本均衡的过程。微观人力资源规划是宏观人力资源规划的基础和有机组成部分。从程序上讲,先有微观人力资源规划后有宏观人力资源规划;从结果上看,微观人力资源规划必须服从宏观人力资源规划的战略要求,反过来,微观人力资源规划的精度又决定着宏观人力资源规划的准确性。

从时间长度上看,公共人力资源规划可分为长期、中期和短期三种。长期规划的时间一般在五年以上,有的甚至长达 20 年以上,中期规划则为一年至五年,短期规划一般为六个月至一年。通常,规划期的长短与环境不确定性存在如表 3-1 所示的关系。

表 3-1　规划期长短与环境不确定性之关系①

短期计划:不确定/不稳定	长期计划:确定/稳定
组织面临诸多竞争者 飞速变化的社会、经济环境 不稳定的产品/劳务需求 政治法律环境经常变化 组织规模小 管理水平低	组织居于强有力的市场竞争地位 社会、政治、技术等环境变化是渐进的 强大的管理信息系统 稳定的产品/服务需求 管理水平先进

另外,如果从规划的性质上区分,公共人力资源规划还可分为战略性人力资源规划和战术性人力资源规划。前者具有全局性和长远性,通常是人力资源战略的表现形式;后者则是具体的、短期的,具有较强的针对性。

(三) 公共人力资源规划的影响因素

影响公共人力资源规划的因素复杂多样,概括地讲,主要包括如下几方面:

1. 政治环境

公共人力资源规划首先受政治环境影响。一般说来,政治环境不外乎政治制度、

---

① Terry L. Leap and Michael D. Crino. *Personnel/Human Resource Management* [M]. Macmillan,1989.

政治体制、政党制度以及法律法规和政策规定等。我国实行的是具有鲜明制度优势的社会主义制度，是共产党领导下的多党合作和政治协商制度，党管干部是我国公务员制度所坚持的基本原则。而西方国家大多实行多党制，文官管理不受政党干预，与党派政治脱钩。政治制度、政治体制、政党制度的差异，必然会带来公共部门特别是政府公务员人事管理制度的不同。政府行政管理体制及其改革同样会影响公共人力资源规划，20 世纪 80 年代以来，随着我国行政体制改革的不断深入，各级党委及政府的管理权限也在不断变化之中。在政府和事业单位追求精简效能的大趋势下，人力资源规划首当其冲地要受到政府人事管理制度改革的影响；而管理权限放开及其下移，同样给各级人事部门的管理活动带来较大影响。另外，与公共人力资源管理活动有关的一系列法律法规和政策规定的出台及其修改，也必然会给公共人力资源规划带来不同程度的影响。

2. 经济和社会环境

随着社会主义市场经济体制的发育和发展，劳动力市场化配置程度不断加强。随着干部终身制的解体及人员聘任制的逐步形成，不仅公共部门人员流动的速度在加快，而且人力资源管理的内外部环境也处于持续变化之中，从而使公共人力资源规划的工作量增大、难度增强、变数增多。而整个社会文化环境及教育、培训等人才成长环境的变化，一方面为公共部门提供了极为有利的人才基础，另一方面也对公共部门及其人力资源管理工作提出了更高要求，与其他部门一样，我国公共部门也正受到来自人口老龄化、经济全球化、文化和需求多样化的强力挑战。

3. 技术环境

20 世纪 90 年代以来计算机技术和互联网技术的发展，不仅使公共人力资源管理活动变得更加高效、便捷，大大提高了人力资源规划的效率，而且对公共部门及其人员素质和技能提出了更高要求。公共人力资源需求正随着办公技术的自动化和高效化而成为一个越来越难以准确把握的变数。随着技术日新月异发展，尤其是"互联网＋"时代的到来，公共部门的人才需求也在不断更新，人力资源规划的重要性也日益突显。

4. 文化环境

制定公共人力资源规划应该考虑国家或地区文化这一大文化环境，还要考虑组织文化这一小文化环境。从大文化环境来看，不同地区的文化内涵不一样，其对事物的看法、思考问题的角度、价值观、行为方式等都会有很大差异，甚至有时是相互冲突的。政治学家亨廷顿在其《文明的冲突》一书中认为，当今世界的冲突主要是由文化冲突造成的。就管理而言，不同国家的文化是不同的，那么与各种文化相适应的管理制度也千差万别。处于中国现实情境中的公共人力资源规划就需要辩证吸收中国传统文化中的精髓，如"兼听则明""广开言路""先天下之忧而忧，后天下之乐而乐"以及顺"道"、重人、人和、守信、利器、求实等。同时，在制定人力资源规划时，还必须对每个组织的文化因素进行分析，充分利用组织文化中的优势，改变组织文化中的劣势。

除以上四方面外部环境外，公共部门与公共组织的内部环境，如人员素质、工作效率、组织文化等也往往对人力资源规划有着或大或小、或轻或重的影响。

三、公共人力资源规划的地位和意义

"凡事预则立，不预则废"，这句中国古训充分说明了人力资源规划在组织人力资源管理及组织发展中的重要性。图 3-1 展现了人力资源规划在公共人力资源管理中承上启下的重要地位。

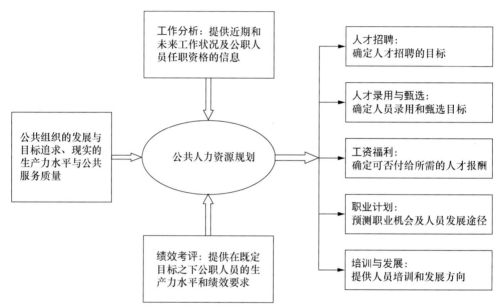

图 3-1　人力资源规划在公共人力资源管理中的地位

由图 3-1 可见，人力资源规划在公共部门及其人力资源管理中的地位是十分重要的，作用也是十分突出的，具体地讲，其作用主要表现为：

（1）人力资源规划是保证实现公共组织目标和任务的关键环节。任何公共组织的最高管理层，在制定组织目标、战略和任务时，首先都要考虑人力资源的需求和供给情况。公共人力资源管理部门引进人力资源规划实际上就是对组织战略和组织发展需求的回应。

（2）发挥着公共人力资源管理活动的纽带作用。在公共人力资源管理活动中，人力资源规划不仅具有战略性，而且能在公共部门总体战略和目标实施过程中，通过影响人力资源管理政策和措施来指导人力资源管理活动。它既是进行岗位定员、员工素质测评和设计人力资源信息系统（HRIS）等人力资源管理活动的基础，又是人员招聘、选拔、调动、升降、薪酬和福利管理以及员工培训等人力资源管理活动的方向和目标，连接组织目标、战略与公共部门的人力资源管理活动。

（3）有利于人力资源的合理开发及有效配置和利用。公共部门是由许多不同种类、不同层次的人所组成的复杂综合体。通过人力资源规划，不仅可以明确公共部门对各

类人员的数量需求及知识和技能要求,而且可以为人力资源管理部门进行有针对性的员工培训和人力资源开发以及人员引进提供依据,同时也可使员工及时了解自己对组织现在和未来工作的适用性,明确自身素质与组织要求的差距,从而及时作出个人发展规划和素质调整。

四、公共人力资源规划的程序

公共人力资源规划的程序主要包括如下几个阶段:目标确定与调查分析阶段、人力资源供求预测阶段、分析和制定人力资源规划阶段以及实施、评估和反馈阶段,如图 3-2 所示。

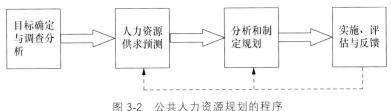

图 3-2 公共人力资源规划的程序

公共人力资源规划过程中各阶段的主要任务如下:

(一) 目标确定与调查分析阶段

这一阶段主要是搜集和调查规划编制所需的相关信息资料,为后续阶段做准备。这一阶段的主要任务:一是结合组织目标来确定人力资源规划目标,涉及人员年龄结构、学历、层次、流动、成本、各类员工比例、人事政策、价值观等;二是对内外部环境的调查和分析,包括组织外部环境的 PEST 分析,如政治和政策、经济、社会、科学技术环境及劳动力市场变化等方面的情况,以及组织内部的 SWOT 分析,即公共部门的自身优势(superior)和劣势(weakness),所面临的机遇(opportunity)和挑战(threaten)。

(二) 人力资源供求预测阶段

这是人力资源规划的关键环节,也是难度最大的一个阶段。在这一阶段,要求在前一阶段资料搜集和分析基础上,运用现代相关的技术和方法来预测分析未来一定时期组织对人力资源的需求及供给。预测的目的是掌握公共部门对各类人力资源在数量和质量上的需求,以及能满足需求的组织内外部人力资源供给情况,得出人力资源的净需求数据。在进行供给预测时,内部供给预测是重点,外部供给预测应侧重于关键人员。

(三) 分析和制定规划阶段

在这一阶段,要结合人力资源供求预测结果及组织目标、环境调查分析等,制订相应的业务计划及有关的人事政策和对策,包括员工补充和获取计划、人员使用计划、培训和开发计划以及绩效考评和员工激励计划等。人力资源的供求达到平衡是人力资源规划的最终目标,进行供给和需求的预测就是为了实现这一目标。在编制规划时要注意，应使人力资源的总体规划和业务规划与公共部门的其他计划相协调，以保证规划的科学合理性。

（四）实施、评估与反馈阶段

这是公共人力资源规划的最后一个阶段。人力资源规划制定完成后，就要付诸实施，并根据实施结果对整个规划进行评估、反馈和修正。现实中，人们往往比较重视人力资源规划的制定和实施，而忽略了人力资源规划的评估和反馈工作，使人力资源规划这一子系统成为一个没有反馈回路的开环体系。实际上，有效的人力资源规划是与对它的评估及对实施结果的及时反馈分不开的，否则，我们就很难知道规划的错误和缺陷，也就不能有效指导整个人力资源管理工作。

第二节 公共人力资源供求预测与均衡分析

公共人力资源供求预测是公共人力资源规划的重要内容，通常意义上讲，人力资源规划主要包括公共人力资源需求预测、供给预测及供求的均衡分析三个方面。

一、公共人力资源需求预测

公共人力资源需求预测就是结合公共部门未来发展目标及过去人力资源配置和劳动产出等情况对公共部门在未来某一特定时期内所需的人力资源数量、质量以及结构进行预估和测算。其主要任务是预先确定组织在什么时候需要人、需要多少人、需要什么样的人。影响公共人力资源需求的因素很多，使得人力资源需求预测非常复杂，故而需要综合运用定性方法和定量方法来进行人力资源需求预测。

（一）定性方法

在公共人力资源需求预测中，常见的定性方法主要有主观判断法和德尔菲法。

1. 主观判断法

主观判断法也称"经验估测法"或"经验判断法"（managerial judgment），即由有经验的专家或者管理人员根据以往经验，通过直觉、实践经验、逻辑思维推理办法，利用现有的信息和资料，对人力资源影响因素的未来变化趋势进行主观判断，并结合本组织和本部门情况和特点，来估测未来所需员工的一种方法。

主观判断法可分为"自上而下"和"自下而上"两种方法。"自上而下"是指由领导层和管理层拟订出本组织和本部门的用人计划，然后传达到每个部门执行。"自下而上"是指基层管理部门根据本部门工作要求和员工需求状况，层层向上级提出申请或建议。两种方法应结合使用，即先由公共组织上层制定指导性建议，再由各下级部门根据指导性建议提出具体用人需求，这样就能确定组织总的用人需求。这种方法的优点是简单易行，且实施成本较低。缺点是主观性较强，估测结果相对粗糙，准确性较差。这是一种最为简单的预测方法，主要适用于短期预测。如果组织规模小、运营稳定、发展较均衡，一般采用这种方法。

2. 德尔菲法

德尔菲法①（Delphi technique），也称"专家打分法"，是通过专家组织会议或函询的方式，来广泛征询专家对影响组织某一领域的发展情况（如组织将来对劳动力的需求）的看法，最终达成一致性意见的结构化方法。德尔菲法是 1946 年由美国兰德公司首次使用的。专家的来源一是组织内部员工，二是组织外请专家。组织内专家的选择标准是对组织及部门的基本情况有深入了解。这种方法的特征是：专家们互不见面，而是通过人力资源管理部门或人员来进行协调。具体地讲：首先，人力资源管理部门将咨询内容制定成若干意义明确的问题，而后发给或寄送给有关专家，请专家结合自身看法以书面形式予以回答；然后，人力资源管理部门集中各位专家的意见，并加以反馈；接着，专家对反馈回来的归纳结果重新考虑，并在此基础上修改自己的估测或保留原有意见，并说明修正或保留的原因，再次将结果发给或寄送给相应的人力资源管理部门；如此反复多次。经过多次修改反馈后，专家的意见趋于一致，而后通过处理即可得出符合大多数专家意见的结果。

运用德尔菲法时应注意以下问题：

(1) 被调查专家必须有一定数量，一般不少于 10 人，且问卷回收率不低于 60%。

(2) 应给专家提供充分的信息，以使其能够作出准确预测。

(3) 问题质量必须有一定高度，且要尽量简单以避免造成误解和歧义。

(4) 实施前首先要取得参加者的支持，以提高回答问题的质量和有效性。

(5) 只需专家作粗略的数字估计，无须精确。

德尔菲法具有如下特点：一是专家参与。所谓专家，是指对所研究问题有深入了解的人员，既包括组织内部的，也包括组织外部的；既可以是基层管理人员，也可以是高层经理。二是匿名进行，即专家互不见面，独立作出判断。三是多次重复，即预测过程须历经多轮反馈，使专家意见互相启发、互为补充，并渐趋一致。四是统计运算，即对每一轮反馈的预测结果均使用统计方法来处理以作出定量判断。五是中介调节，即在专家之间安排一名中间人作为中介，以收集、传递、归纳、反馈信息。一般而言，德尔菲法主要运用于人力资源需求的中长期预测。

（二）定量方法

公共人力资源需求预测的定量方法主要有比率分析法、趋势预测法和回归分析法。

1. 比率分析法

比率分析法（the ratio analysis method）是根据一定时期的人员投入与劳动产出的比率关系来推算未来人员需求情况的一种方法。例如，某公共组织过去一年的劳动

---

① 德尔菲是阿波罗神殿所在地的希腊古城，传说阿波罗是太阳神和预言神，众神每年均会到德尔菲集合来预言未来，故后人将征询专家意见的预测方法称作德尔菲法，即指邀请在某一领域的一些专家或有经验的管理人员对某一问题进行预测并最终达成一致意见的结构化方法，有时也称为"专家预测法"。1946 年，兰德公司首次使用这种方法进行预测，后来这种方法迅速被广泛采用。

产出量为 100 个单位,当时该组织的人员数量为 10 人,即去年每个工作人员的劳动产出率为 10 单位/人·年。如果该组织今年的工作量增加到 200 单位,员工劳动产出率保持不变的话,那么,今年所需要的人数应为 20 人,即需要比去年增加（200－100）/10＝10 人。

2. 趋势预测法

趋势预测法（trend forecasting method）是在确定组织中哪一种因素与人员数量和结构关系最大的前提下,通过找出这一因素随员工人数的变化趋势,来推算出其将来发展趋势,进而得出将来人员需求情况的一种方法。这种方法的计算公式如下:

$$NHR = a \cdot [1+(b-c) \cdot T]$$

其中,NHR 代表未来一段时间内需要的人力资源;a 表示目前已有的人力资源;b 代表每年组织计划的平均发展百分比;c 表示组织人力资源发展计划与组织发展的百分比差异,主要体现组织在未来发展中提高人力资源效率的水平;T 为未来的时间长度。

这种方法适用于一个时间段内,人力资源的时间序列数表现出规则变化的公共部门。运用趋势预测法时需要注意以下两点:

（1）选择与人员数量有关的组织因素应至少满足两个条件:一是所选因素应该与组织的基本特性直接相关;二是所选因素的变化必须与所需员工人数的变化成比例。

（2）在运用这种方法时,可以完全根据经验进行估计,也可以利用计算机进行回归分析来预测。

3. 回归预测法

回归预测法（regression forecast method）就是利用历史数据找出组织中某一个或某几个因素与人力资源需求量之间的关系,并将这一关系用一个数学模型表示出来。借助这个数学模型,即可以推测公共组织在未来一定时期内的人力资源需求情况。回归分析方法有一元线性回归分析和多元线性回归分析两种,一元线性回归表示与人力资源需求高度相关的因素只有一个;多元线性回归表示有两个或两个以上的因素与人力资源需求高度相关。

（1）一元线性回归分析

当公共组织历年人力资源需求量与组织某一产出呈规律性趋势分布时,可用最小二乘法求出一元线性回归方程,进而预测人力资源需求量。

一元线性回归方程的一般形式为:

$$y = a + bx$$

其中,$a = \dfrac{\sum y}{n} - b \dfrac{\sum x}{n}$;$b = \dfrac{n(\sum xy) - (\sum x)(\sum y)}{n(\sum x^2) - (\sum x)^2}$。

（2）多元线性回归分析

运用多元线性回归分析进行人力资源需求预测,采用的通常是两个或两个以上的自变量,根据多个自变量的变化来推测与之有关的因变量的变化。多元线性回归方程的一般公式为：
$$y = a_0 + a_1 x_1 + a_2 x_2 + \cdots + a_n x_n$$

其中，y 表示待估的人力资源需求量；n 表示自变量个数；a_0，a_1，a_2，$\cdots$，a_n 为待估的回归系数；x_0，x_1，x_2，$\cdots$，x_n 为自变量。

多元回归预测法通常分五步进行：

第一步，确定与人力资源需求量有关的组织因素。组织因素应与组织的基本特征直接相关，它的变化必须与所需的人力资源需求量变化成比例。

第二步，找出历史上组织因素与员工数量之间的关系。例如，医院中病人与护士数量的比例关系，学校中学生与教师数量的比例关系等。

第三步，计算劳动生产率。

第四步，确立劳动生产率的变化趋势及其对趋势的调整方式。要确定过去一段时期劳动生产率的变化趋势必须收集该时期的产量和劳动者数量的数据，依此算出平均每年生产率的变化和组织因素的变化，这样就可预测下一年的变化。

第五步，预测未来某一年的人员需求量。[①]

这种方法的预测结果虽然相对准确，但方法比较复杂。

二、公共人力资源供给预测

（一）公共人力资源供给预测的定义与步骤

公共人力资源供给预测，是对未来一定时期内组织内部和外部人力资源供给的数量、质量以及结构情况所进行的预测。通过供给预测，组织可以了解规划的合理程度，并有效地配备各种资源，降低成本，提高资源的利用效率。通常，公共人力资源供给预测包括内部人员供给量预测和外部人员供给量预测两部分，重点是前者，且侧重于对关键员工或核心员工的预测。

公共人力资源供给预测的步骤通常如下：

（1）人力资源盘点，以了解公共部门的人员现状。

（2）分析公共部门的职位调整政策及历史上工作人员的调整数据，统计调整比例。

（3）向各部门的人事决策者了解可能出现的人事调整情况。

（4）汇总（2）和（3）的情况，得出公共部门内部人力资源供给预测。

（5）分析影响外部人力资源供给的地域性因素，主要指该公共部门所在地的人力资源整体现状，包括教育水平、年龄结构、有效人力资源的供求现状，以及该公共部门所在地的经济和社会发展水平及对人才的吸引力等。

（6）分析公共部门能够提供的薪酬和福利待遇情况及其对当地人才的吸引力。

（7）分析影响外部人力资源供给的全国性因素，包括全国相关专业的大学毕业生人数及分配情况；国家在就业方面的法规和政策；全国范围内公职人员的人才供求状况；全国范围内从业人员的薪酬水平和差异。

---

① 方振邦. 公共部门人力资源管理概论. 北京：中国人民大学出版社，2019：48.

(8) 根据对（5）和（6）的分析，得出公共部门外部人力资源供给预测。

(9) 将公共部门内部人力资源和外部人力资源的供给预测汇总，得出公共部门人力资源总体供给预测。①

（二）公共人力资源供给预测的方法

公共人力资源供给预测的主要方法有：人员替代法、技能清单法和转换矩阵法。其中前两种为定性方法，后一种为定量方法。

1. 人员替代法

人员替代法，也称"管理人员转换图"或"职位转换卡"，它是通过一张人员转换图来预测组织内的人力资源供给。在人员转换图中注明了部门、职位名称、在职员工姓名、每位职工的职位、绩效与潜力以及工作年限等信息。人员转换图是对现有员工的状况作出评价，然后对其晋升或调动的可能性作出判断，能够清楚地体现公共部门内部人力资源供给与需求情况。人员转换图的一般形式如图3-3所示。

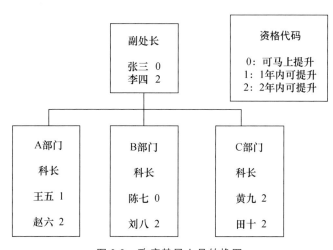

图3-3 政府某局人员转换图

人员替代法是预测公共部门内部管理人员供给的一种简单有效的方法。实施该方法的步骤如下：第一步，确定计划范围，即确定管理人员晋升计划包括的管理职位。第二步，确定各个管理职位上的可能的接替人选。第三步，评价各接替人选的当前绩效和提升潜力。根据评价结果，当前绩效可分为突出、优秀、一般和较差四个级别；提升潜力可分为可以提升、需要培训和现任职位不合适三个级别。第四步，确定接替人选。

2. 技能清单法

技能清单法又称为"人员核查法"，技能清单（skill inventory）是用来反映公共部门人员姓名、特定特征和技能的一张列表。这张列表所包括的员工工作能力特征有：(1) 个人数据，如年龄、性别、婚姻状况等；(2) 工作技能，包括教育经历、工

---

① 姚先国，柴效武. 公共部门人力资源管理. 北京：科学出版社，2004：182—183.

作经历、培训情况;(3)特殊资格,如专业团体成员、特殊成就;(4)个人薪酬和工作历史,包括现在和过去的薪酬、加薪日期、承担的各种工作;(5)组织和部门数据,如福利计划数据、退休信息和资历等;(6)个人能力,包括在心理或其他测试中的测试成绩、健康信息等;(7)个人特殊爱好,包括地理位置、工作类型等。

技能清单是对公共部门工作人员竞争力的清晰反映,可用来帮助人力资源规划人员确定现有人员调换工作岗位的可能性大小以及决定哪些人员可填补留下的人员空缺。表3-2为政府某部门人员技能清单列表。

表 3-2 政府某部门人员技能清单列表

姓名:		部门:	科室:	工作地点:	填表日期:	
到职日期:		出生年月:		婚姻状况:	工作职称:	
教育背景	类别	学科种类	毕业日期	学校	主修科目或专业	
	高中					
	大学					
	硕士					
	博士					
训练背景		训练主题	训练科目		训练时间	
技能		技能种类		证书		
志向	你是否愿意承担其他工作?				是	否
	你是否愿意调至其他部门工作?				是	否
	你是否愿意接受工作轮调以丰富自身工作经验?				是	否
	如果可能,你愿意承担哪种工作?					
你认为自己需要接受何种训练?		改善目前的技能和绩效:				
		提高晋升所需要的经验和能力:				

由于计算机的广泛利用,目前技能清单法在人力资源管理中正在得到越来越广泛的应用。它具有显著优点,即提供了一种迅速和准确地估计组织内可利用技能的工具。除了帮助作出晋升和调动决策外,这种信息通常对作其他决定也是必要的。技能清单可以用于所有员工,也可以仅用于部分员工,当然不同员工类型的技能清单的具体项目可以根据需求进行修改和调整,以反映该员工类型的主要特征。

3. 马尔科夫转换矩阵法

马尔科夫转换矩阵法也称"马尔科夫模型",是一种用来进行组织内部人力资源供给预测的方法。该方法的基本思想是:通过寻找人力资源变动的规律,可推测出人力资源的变动趋势。转移矩阵所描述的是组织中员工流入、流出和内部流动的整体情况。我们可以将其作为预测内部劳动力供给的基础。这种方法的基本假定是：组织内部员工的流动模式与流动比率会在未来呈现出大致重复倾向，由此可根据过去的流入与流出比率大体上预测出未来的人员数目。这一方法实际上利用了马尔科夫链，即所谓移动转移概率矩阵来预测。该方法用于预测具有等时间间隔的时刻点上各类人员的分布状况。

三、公共人力资源供求的均衡分析

公共人力资源供求的均衡分析也就是在公共人力资源需求预测和供给预测基础上，结合需求和供给预测结果来分析和探讨未来一定时期公共组织人力资源的供求情况，即供大于求或供不应求，抑或供求均衡，从而为公共人力资源发展计划的制订提供依据。一般来讲，如果未来组织内部人员将出现供大于求的情况，那么，人力资源管理部门就应该尽快制订人员转移和转岗计划，以保证公共部门绩效不因人员过多而下降；反过来讲，如果将出现供不应求的情况，那么，人力资源管理部门就应该预先做好人员引进、员工培养和培训计划，以保证公共部门未来的人员需求。表 3-3 和表 3-4 展示了在预期人员供给过剩和供给不足两种情况下，人力资源管理部门通常采取的相应措施及其给员工带来的影响。

表 3-3　预期人员供给过剩时人力资源部门应采取的方法及其对员工的影响

方　法	速　度	员工受伤害程度
1. 裁员	快	高
2. 减薪	快	高
3. 降级	快	高
4. 工作轮换	快	中等
5. 工作分享	快	中等
6. 退休	慢	低
7. 自然减员	慢	低
8. 再培训	慢	低

表 3-4　预期人员供给不足时人力资源部门应采取的方法及其对员工的影响

方　法	速　度	可回撤程度
1. 加班	快	高
2. 临时雇用	快	高
3. 外包	快	高
4. 再培训后换岗	慢	高
5. 减少流动数量	慢	中等
6. 外部雇用新人	慢	低
7. 技术创新	慢	低

具体而言，公共人力资源供求平衡可以采取如下措施：

（一）公共人力资源结构不平衡的调整措施

公共人力资源结构不平衡即公共组织内某些职位人员过剩，而另一些职位人员短缺。对于公共人力资源结构不平衡的调整，可以采取如下措施：

（1）通过内部人员晋升与调任等，满足空缺职位对人力资源的需求。

（2）对于供过于求的普通人力资源，可以有针对性地对其进行培训，在提高其知识和技能的基础上，将其补充到空缺的职位上。

（3）招聘与裁员并举，一方面要从外部招聘急需的人员，另一方面对公共部门内部的冗员进行必要裁减。

（二）公共人力资源供大于求的调整措施

当预测的供给大于需求时，组织可以采用下列措施来进行调整：

（1）扩大组织规模或开拓新的增长点，以增加对人力资源的需求。

（2）永久性的裁员或辞退员工，这种方法虽然比较直接，但由于可能给社会带来不安定因素，因此往往受到限制。

（3）鼓励员工提前退休，给那些接近退休年龄的员工以优惠政策，让其提前离开组织。

（4）冻结招聘，即停止从外部招聘人员，通过自然减员来减少供给。

（5）缩短员工工作时间，实行工作分享或者降低员工工资，通过这种方式也可以减少供给。

（6）对富余员工实施培训，相当于进行人员的储备，为将来发展做好准备。

（三）公共人力资源供不应求的调整政策

当预测的供给小于需求时，组织可以采取以下措施进行调整：

（1）从外部雇用人员，包括返聘退休人员，这是最直接的一种方法。如果需求是长期的，则需要雇用全职的；如果是短期需求增加，则可以雇用兼职的或临时的。

（2）通过改进生产技术、增加工资、进行技能培训等方式提高现有员工工作效率，这也是增加供给的一种有效方法。

（3）延长工作时间，让员工加班加点。

（4）降低员工离职率，减少员工流失，同时进行内部调整，促进内部的流动以增加对某些职位的供给。

（5）将某些业务外包出去，相当于减少对人力资源的需求。

可见，公共人力资源供求的均衡分析是公共部门制定切实有效的人力资源供求政策和对策的必要前提，而且在大多数情况下，公共人力资源供给和需求的不平衡不可能是单一的供给大于需求或者供给小于需求，二者往往会相互交织在一起，出现某些部门或某些职位的供给大于需求，而其他部门或职位的供给小于需求。因此，公共部门在制定平衡供求的措施时，应当从实际出发，综合运用这些方法，努力使人力资源的供给和需求在数量、质量以及结构上达到平衡状态。①

第三节　公共人力资源规划的编制

在公共人力资源供求预测和均衡分析工作完成后，公共人力资源规划的编制就具有了现实基础。通常来讲，一份完整的公共人力资源规划通常包括两项基本内容，即总体规划和各项具体规划。其中，具体规划主要包括组织所需人员的补充规划、人员的使用规划、人员的教育和培训规划、员工职业生涯规划以及员工绩效考评和激励规划。

一、公共人力资源总体规划

总体规划是为实现规划期内人力资源开发利用的总目标——工作绩效、员工总数、员工素质、员工满意度等而制定的总政策和总方针以及实施步骤与总预算安排。它涉及公共人力资源的基本政策，如扩大、收缩改革等。总体规划所安排的步骤是指导性的，通常按年度进行安排。如在某年内完善人力资源信息系统就是一个典型的总体规划，它并不涉及具体的完善步骤，以及由哪些具体的人来完善。

总体规划主要包括以下几项内容：

（1）分析与评价公共人力资源的供求现状，采取有效措施来保证公共人力资源供求均衡。

（2）根据公共部门发展战略和环境变化趋势，对公共部门未来人力资源会出现的供求形势进行预测，进行公共人力资源的动态均衡工作。

（3）规划公共人力资源管理程序，内容包括新员工招聘、使用、培训等活动的具体目标、任务、政策、步骤和预算。

（4）确保公共人力资源总体规划与其他专项规划相互衔接，同时保证专项规划的内在平衡。

（5）有关人力资源规划效益的内容，如降低成本、创造最佳绩效；改变员工数量、质量结构；辅助招聘、培训等一系列人力资源政策的实施等内容。

二、公共人力资源具体规划

（一）人员补充规划

因为种种原因，如组织规模的扩大，原有人员的退休、离职等，组织中经常会出现新的岗位或空缺职位。这就需要组织制定必要的政策和措施，以保证在出现职位空缺时能及时地获得所需数量和质量的人员，这就是人员补充规划。补充规划与晋升规划密切相关。晋升也是一种补充，表现为人员在组织内部由低级职位向高级职位的补充，其结果是使职位空缺逐级向下推移，直至最低职位产生空缺。这时，内部补充就

---

① 方振邦. 公共部门人力资源管理概论. 北京：中国人民大学出版社，2019：51—52.

转化为外部补充。

(二) 人员的使用规划

人员使用规划是人力资源管理部门结合公共部门对人员的预期需求,合理地分配、安置人员,使人尽其才、才尽其能的过程。人力资源使用规划是优化组织和部门编制、结构,进行人员职位轮换,从而发挥人员特长,使人力资源得到最优配置和有效使用。

(三) 人员的教育和培训规划

人员的教育和培训是现代公共组织获取合格员工的重要途径,是传播公共组织文化、传达组织法律规定和政策规章、提高公共组织凝聚力、战斗力及其核心竞争力的重要手段。组织通过教育和培训一方面可以使组织成员更好地适应其正在从事的工作,提高员工的认知水平及其业务能力,另一方面也可为公共组织的未来发展提供后备人才。培训规划与晋升规划、配备规划以及个人发展规划之间有着密切联系。培训的相当一部分工作应在晋升之前完成,目的是提高职务晋升者对新岗位的适应能力。

(四) 员工职业生涯规划

员工职业生涯规划包括两个层次,即个人层次的职业规划和组织层次的职业规划。所谓职业生涯,就是一个人从首次参加工作开始的一生中所有的工作活动与工作经历按编年的顺序串接组成的整个工作过程。[①] 人们对自己的职业生涯的设计一般都是经过慎重分析和考虑的,个人层次的职业规划就是个人为自己设计的成长、发展和不断追求满意的计划。而组织层次的职业规划则是组织为了不断增强其成员的满意感并使其能与组织的发展和需要统一起来所制定的协调有关组织成员个人成长、发展与组织需求的计划。对于素质较好、对组织较重要的人才,组织更是要设法留住他们。为了防止这部分人流失,组织应设法使他们在工作中得到成长和发展,满足其实现自我价值的需要。显然,个人成长需要的满足必须与组织的发展目标相一致。脱离组织需求的个人职业发展,必然导致人员的流失。因此,公共组织也要关心员工个人职业生涯规划。

(五) 员工绩效考评和激励规划

员工绩效考评和激励规划是获取员工满意度、忠诚度,培养员工爱岗敬业精神的关键步骤。没有公平公正且以能力和业绩为导向的绩效考评及管理系统,不从员工需求角度来构造和实施激励计划,就很难培养出高忠诚度、高满意度的员工,也很难形成以组织目标和组织发展为核心的向心力,员工就会出现离心离岗或消极怠工等现象。因此,建立一套公平公正且能体现现代公共部门目标导向的有效的绩效考评体系及与之配套的薪酬激励体系,对提高公共部门员工的决策力和执行力、改善员工乃至整个公共部门绩效是十分必要且有益的,是公共人力资源规划的重要组成部分。

公共人力资源规划要求人力资源规划程序中的所有环节都应站在战略高度,充分

---

① 姚先国,柴效武. 公共部门人力资源管理. 北京:科学出版社,2004:190.

审视公共组织自身的资源条件和组织外部环境，在组织愿景、目标及其战略的导引下制定出公共部门未来人力资源需求清单以及相应的人力资源供给计划，从而支持战略规划的实施，促进公共部门目标的实现。

在制定公共人力资源规划时，需要特别注意以下三方面问题：

其一，要充分考虑公共部门内外部环境的变化。人力资源规划只有在充分考虑组织内外部环境变化基础上，才能适应公共部门及社会发展的需要，也才能发挥规划工作的作用。

其二，要尽可能确保公共组织的人力资源均衡。公共人力资源均衡是人力资源规划中的核心问题，它包括人员的变动趋势预测、社会人力资源供给状况分析、人员流动的损益分析等。若无法有效地保证公共部门的人力资源供给，那么就很难使人力资源管理与开发进入更深层次的领域。

其三，确保公共组织及其员工都得到长期的利益。人力资源规划不仅是公共组织的规划，也是员工个人生涯规划。公共部门发展与员工发展是相互依赖、相互促进的关系。在人力资源规划及管理中，如果忽视员工个人生涯规划，必然会给公共部门目标的实现带来影响。

第四节　中国人才强国战略与人才发展规划

随着科学技术的迅猛发展，国家之间的竞争越来越聚焦于人才竞争，人才资源已然成为当今世界最重要、最关键的战略资源。党和国家历来高度重视人才工作，中华人民共和国成立以来特别是改革开放以来，通过确立国家战略、编制规划纲要，提出了一系列加强人才工作的政策措施，培养造就了各个领域的大批人才。

一、中国人才强国战略

（一）人才强国战略的含义

何为人才？2003年，中共中央、国务院出台的《关于进一步加强人才工作的决定》指出：只要具有一定的知识或技能，能够进行创造性劳动，为推进社会主义物质文明、政治文明、精神文明建设，在建设中国特色社会主义伟大事业中做出积极贡献，都是党和国家需要的人才。这一界定虽非理论意义上的定义，但却提出了一个较为系统、全面、辩证和鲜活的新的人才概念。随着实践的发展，对于人才的认知也在发生变化。2010年6月，中共中央、国务院印发的《国家中长期人才发展规划纲要（2010—2020年）》对人才的界定略有变化，认为人才是指具有一定的专业知识或专门技能，进行创造性劳动并对社会做出贡献的人，是人力资源中能力和素质较高的劳动者。这一定义指明了素质和能力这两个最为关键的人才内涵，进一步拓展了人才概念。

所谓"人才强国"，方振邦教授认为包括两个层面：一是"人才的强国"，即我国的人才在总量、结构和素质上能够有效支撑整个社会经济的发展；二是"通过人才来强国",即我国将人力资源作为一种战略性资源,通过加大对人力资本的投资力度,积极开展人力资源的能力建设以及深化人力资源开发与管理体制的变革和机制的创新,推动中国社会经济可持续发展,提升国家的竞争力。可见,国家竞争力的提升是目标,而人才强国则是实现这一目标的手段。而"人才强国战略"也有两层含义:一是着眼于加大人才资源开发力度,全面提高人才的基本素质,使我国人才资源数量得到大幅增加,人才资源质量得到大幅提高,通过提高人才的竞争能力,增强国家的综合国力和国际竞争力。二是着眼于创新人才体制机制,深化人才管理制度改革,优化人才资源配置,提高人才资源使用效益,营造尊重人才、鼓励创业的社会环境,形成人才脱颖而出、人尽其才的机制。人才强国战略作为一个国家层面的宏观战略,应该包括一系列相互关联的子战略。人才强国战略的科学内涵可以用五句话来概括:加大人力资本投资、实现人才资本价值、调整人才资源结构、推进人事制度改革、优化人才成长环境。

综上所述,人才强国战略的核心要义就是大力提升国家核心竞争力和综合国力。具体包括两个方面的含义:一是加大人才资源的开发力度,全面提高人才素质,从而将人口大国转变为人才强国,通过提高人才的竞争能力,增强国家的综合国力和国际竞争力。二是创新体制机制,做到广纳人才,为我所用,通过提高政策制度对人才的吸引力和凝聚力增强国家的综合国力和国际竞争力。

(二) 中国人才强国战略的历史演进

我国的人才强国战略是在坚持党管人才的领导体制下由人才战略、人才发展体制机制、人才管理以及人才管理基础设施等共同构成的一个有机系统。[①] 我国于1986年通过了《中华人民共和国义务教育法》(简称《义务教育法》),明确了教育在国家发展中的地位;1995年5月6日,中共中央、国务院发布了《关于加速科学技术进步的决定》,明确提出了"科教兴国"战略,并在随后召开的全国科学技术大会上进行了总动员和总部署;2002年5月制定了《2002—2005年全国人才队伍建设规划纲要》,明确提出实施人才强国战略,指出:"抓住机遇,迎接挑战,走人才强国之路,是增强我国综合国力和国际竞争力,实现中华民族伟大复兴的战略选择"。2003年12月,中共中央、国务院在北京召开了中华人民共和国第一次全国人才工作会议,对人才强国战略的实施进行全面部署,会议通过《关于进一步加强人才工作的决定》,指出人才问题是关系党和国家事业发展的关键问题,新世纪新阶段人才工作的根本任务是实施人才强国战略。

2010年6月,中共中央、国务院批准颁布了《国家中长期人才发展规划纲要(2010—2020年)》,这是我国第一个中长期人才发展规划,是今后一个时期全国人才工作的指导性文件,也是我国实施人才强国战略的重要指针。随后出台的《国家中长期教育改革和发展规划纲要(2010—2020年)》进一步提出,中国未来发展、中华民族伟大复兴关键靠人才,基础在教育,要把人才与教育紧密联系在一起加以考虑。

---

① 杨伟国. 构建人才强国战略的人才管理基础设施. 中国行政管理,2018,(2).

党的十八大以来，以习近平同志为核心的党中央高度重视人才工作，多次强调要坚定实施人才强国战略，强调"人才资源作为经济社会第一资源的特征和作用更加明显，人才竞争已经成为综合国力竞争的核心，谁能培养和吸引更多优秀人才，谁就能在竞争中占据优势"。应对世界新一轮科技革命和产业变革的最重要战略资源和战略手段就是人才，特别是能够紧跟和引领世界潮流的创新型人才。同时，关于如何识才、爱才、育才、用才，以及人才工作体制机制改革等问题，习近平同志也提出了一系列新思想、新要求，强调要"以识才的慧眼、爱才的诚意、用才的胆识、容才的雅量、聚才的良方，把党内和党外、国内和国外各方面优秀人才集聚到党和人民的伟大奋斗中来"。

党的十九大报告强调"人才是实现民族振兴、赢得国际竞争主动的战略资源"，明确提出要"实施人才强国战略"，"建设人才强国"，明确要求"加快建设人才强国，努力形成人人渴望成才、人人努力成才、人人皆可成才、人人尽展其才的良好局面，让各类人才的创造活力竞相迸发、聪明才智充分涌流"，对进一步实施人才强国战略作出了新的部署。党的十九届五中全会进一步提出，要深入实施科教兴国战略、人才强国战略、创新驱动发展战略，完善人才工作体系，深化人才发展体制机制改革。

需要强调的是，在中国推进人才强国战略必须坚持党管人才原则，聚天下英才而用之，加快建设人才强国。实行更加积极、更加开放、更加有效的人才政策，遵循习近平同志的重要指示要求，鼓励引导人才向边远贫困地区、边疆民族地区、革命老区和基层一线流动。

二、中国人才发展规划

（一）《国家中长期人才发展规划纲要（2010—2020 年）》

中华人民共和国成立以来的第一个中长期人才发展规划就是 2010 年 6 月 6 日中共中央向全社会公开颁布的《国家中长期人才发展规划纲要（2010—2020 年）》（以下简称《规划纲要》），这一规划立足中国实际、着眼发展全局，提出了"十二五""十三五"时期我国人才发展的指导方针、战略目标、重大举措，成为引领我国昂首迈进世界人才强国行列的行动纲领，为实现中华民族伟大复兴提供人才支撑指明了方向。

《规划纲要》确定了我国人才发展的指导方针是服务发展、人才优先、以用为本、创新机制、高端引领、整体开发。

（1）服务发展。即把服务科学发展作为人才工作的根本出发点和落脚点，围绕科学发展目标确定人才队伍建设任务，根据科学发展需要制定人才政策措施，用科学发展成果检验人才工作成效。

（2）人才优先。即确立在经济社会发展中人才优先发展的战略布局，充分发挥人才的基础性、战略性作用，做到人才资源优先开发、人才结构优先调整、人才投资优先保证、人才制度优先创新，促进经济发展方式向主要依靠科技进步、劳动者素质提高、管理创新转变。

(3) 以用为本。即把充分发挥各类人才的作用作为人才工作的根本任务，围绕用好用活人才来培养人才、引进人才，积极为各类人才干事创业和实现价值提供机会和条件，使全社会创新智慧竞相迸发。

(4) 创新机制。即把深化改革作为推动人才发展的根本动力，坚决破除束缚人才发展的思想观念和制度障碍，构建与社会主义市场经济体制相适应、有利于科学发展的人才发展体制机制，最大限度地激发人才的创造活力。

(5) 高端引领。即培养造就一批善于治国理政的领导人才，一批经营管理水平高、市场开拓能力强的优秀企业家，一批世界水平的科学家、科技领军人才、工程师和高水平的哲学社会科学专家、文学家、艺术家、教育家，一大批技艺精湛的高技能人才，一大批社会主义新农村建设带头人，一大批职业化、专业化的高级社会工作人才，充分发挥高层次人才在经济社会发展和人才队伍建设中的引领作用。

(6) 整体开发。即加强人才培养，注重理想信念教育和职业道德建设，培育拼搏奉献、艰苦创业、诚实守信、团结协作精神，促进人的全面发展；关心人才成长，鼓励和支持人人都做贡献、人人都能成才、行行出状元；统筹国内国际两个市场，推进城乡、区域、产业、行业和不同所有制人才资源开发，实现各类人才队伍协调发展。

《规划纲要》确立了12项重大人才工程，涉及科技、文化教育、农业技术及边远贫困地区、边疆民族地区的人才培养支持等各方面，详见表3-5。人才培养与队伍建设是一个需要循序渐进、久久为功的系统工程，作为中华人民共和国第一个中长期人才发展规划，这12项工程在今后一段时期内仍然具有很强的指导意义。

表3-5　12项重大人才工程计划

人才工程	目标
创新人才推进计划	设立100个科学家工作室；每年重点扶持1000名优秀创业人才；建设300个创新人才培养示范基地
青年英才开发计划	每年重点培养扶持一批青年拔尖人才；建设一批国家青年英才培养基地
企业经营管理人才素质提升工程	到2020年，培养1万名精通专业知识的企业经营管理人才
高素质教育人才培养工程	每年重点培养和支持2万名教育教学骨干、"双师型"教师、学术带头人和校长
文化名家工程	到2020年，由国家资助的宣传思想文化领域文化名家达到2000名
全民健康卫生人才保障工程	到2020年，支持培养5万名住院医师，培训30万名全科医师
海外高层次人才引进工程	中央层面实施"千人计划"，用5~10年时间引进一批海外高层次人才回国（来华）创新创业
专业技术人才知识更新工程	到2020年，每年培训100万名高层次、紧缺和骨干专业技术人才
国家高技能人才振兴计划	到2020年，建成1200个高技能人才培训基地，培养100万名高级技师

(续表)

人才工程	目标
现代农业人才支撑计划	到2020年,支持1万名有突出贡献的农业技术推广人才开展技术交流等活动,选拔3万名农业产业化龙头企业负责人和专业合作组织负责人、10万名农村生产能手和农村经纪人等优秀生产经营人才,给予重点扶持
边远贫困地区、边疆民族地区和革命老区人才支持计划	到2020年,每年引导10万名优秀教师、医生、科技人员、社会工作者、文化工作者到边远贫困地区、边疆民族地区和革命老区工作或提供服务
高校毕业生基层培养计划	用5年时间,先期选派10万名高校毕业生到村任职,到2020年,实现一村一名大学生目标

总体而言,《规划纲要》具有三个显著特点:一是突出培养造就创新型科技人才。我国是科技人力资源大国,但还不是科技人才强国,因此《规划纲要》将培养造就创新型科技人才特别是高层次创新型科技人才放在第一位,这是前所未有的。二是大力开发国民经济和社会发展重点领域急需紧缺人才。三是统筹推进各类人才队伍建设。在2003年的全国人才工作会议上,中央提出以"三支队伍"(党政人才、企业经营管理人才、专业技术人才)为主体;后来提出建设"三支队伍""两类人才"(技能人才、农村实用人才)。《规划纲要》进一步提出建设"六支队伍",即党政人才、企业经营管理人才、专业技术人才、高技能人才、农村实用人才、社会工作人才,说明我国的人才队伍在不断发展壮大。

(二)"十四五"人才发展规划

习近平同志指出:"'十四五'时期是我国全面建成小康社会、实现第一个百年奋斗目标之后,乘势而上开启全面建设社会主义现代化国家新征程、向第二个百年奋斗目标进军的第一个五年,我国将进入新发展阶段。"这是以习近平同志为核心的党中央对"十四五"时期我国所处历史方位作出的新的重大论断,体现了习近平总书记和党中央对深刻变化的国内外环境的清醒认识和科学把握,为我们党和我们国家在新阶段谋划新发展提供了根本遵循。

"十四五"时期,我国已转向高质量发展阶段,将由全面建成小康社会转向全面建设社会主义现代化国家,处于转变发展方式、优化经济结构、转换增长动力的攻坚期。综合判断,我国经济潜力足、发展韧性强、回旋空间大、社会大局稳定,推动发展具有多方面优势,尤其是人力资源丰富。我国拥有庞大的人力资本和人才资源,人口红利仍然存在,人才红利日益显现。一方面,截至2019年年底,我国16岁到59岁劳动年龄人口为89640万人,占总人口的64%。另一方面,我国劳动年龄人口平均受教育年限达到10.5年,新增劳动力中接受过高等教育的比重超过48%,平均受教育年限达到13.6年以上,高于世界平均水平。

尽管我国发展仍然处于重要战略机遇期,但机遇和挑战都有新的发展变化。面对世界"百年未有之大变局",以习近平总书记为核心的党中央提出了加快确立人才引领发展战略地位、深化人才发展体制机制改革、构建具有全球竞争力的人才制度体系，聚天下英才而用之的总体战略部署，其中体现了对大国竞争下人才工作逻辑和路径的深刻把握，也为"十四五"乃至今后很长一段时期内的人才发展规划指明了方向。

具体而言，"十四五"时期推动我国人才事业创新发展，在人才发展规划设计布局中需要强调以下几方面的原则和导向：

（1）突出党管人才。要健全完善党委统一领导，组织部门牵头抓总，有关部门各司其职、密切配合，社会力量广泛参与的人才工作格局，形成上下贯通、配套联动的人才工作体系。以市场化手段推动"党管人才"工作创新，进一步发挥政府人才管理部门职能作用，建立健全经济产业部门人才开发职责，持续改进完善人才工作和人才服务的方式方法。

（2）突出市场导向。要遵循社会主义市场经济规律和人才成长规律，加快政府工作职能转变，突出市场驱动、市场标准和市场激励的人才配置作用，充分发挥市场作用，促进人才顺畅有序流动。进一步强化市场需求、市场发现、市场评价、市场认可的人才引进培育机制，依靠社会力量和市场机制支持人才、评价人才和发展人才。

（3）突出产业聚焦。要回应行业产业发展需求，聚焦解决"卡脖子"问题，培育集聚一大批支撑科技创新和产业升级的高层次人才、青年创新创业人才，尤其是优秀产业骨干人才。进一步强化产业创新人才、实用人才、一线人才开发，推动行业人才队伍结构转型、优化，推动产业劳动者知识技能更新、升级，畅通从人才强、科技强、产业强到国家强的传导渠道和链条。

（4）突出战略服务。要以实施创新驱动发展战略、推动动能转换、实现高质量发展为引领，围绕支撑"一带一路"倡议、京津冀协同发展和长江经济带等国家发展战略，加强由领军人才、创新人才、专业人才和实用技术技能人才构成的人才生态体系建设，抢抓高精尖人才红利、研发人员红利、企业家红利、工程师红利、高技能人才红利，全面提升人才发展服务支撑国家战略的水平。

（5）突出改革创新。要坚持在改革中释放制度新红利，在开放中激发改革新动力，在创新中打造发展新引擎。围绕"放权""搞活"，聚焦人才集聚、培养、流动、评价、激励等关键环节，进一步破除深层次人才发展体制机制障碍，建立人才、科技、产业、经济协同发展优势，加快推进产业行业人才发展法治化进程。

（6）突出国际发展。要放眼全球、对标国际，主动置身国际产业竞争、科技竞争和人才发展竞争，动态谋划和分析人才发展问题，深化国际人才开放和竞争合作，不断增强人才工作开放水平。积极借鉴运用国际通行、灵活有效的办法努力提升全球智力资源配置利用能力，为世界顶尖人才和优秀人才提供更多发展机会，大力提升对国际一流人才的吸引力、感召力和凝聚力。[①]

---

① 孙锐. "十四五"时期人才发展规划的新思维. 人民论坛，2020，(32).

阅读资料

一 如何建设世界一流人才强国

进入新时代,为顺利推进社会主义现代化强国建设,迫切需要加快建设世界一流人才强国。世界一流人才强国的主要标志是:拥有一大批世界一流人才;具有持续培养造就世界一流人才的能力;具有吸引和凝聚世界一流人才的能力。为加快建设世界一流人才强国,迫切需要研究制定《新时代国家人才发展战略(2021—2050)》(以下简称《战略》),多措并举切实提高人才培养质量,打造吸引和凝聚世界一流人才的强磁场。

一、研究制定《战略》

战略在任何领域都具有指明方向、明确目标、确定重点、划分阶段、配置资源、整合力量、促进战略发展、维护和增进战略利益的作用。历史一再证明,战略对则事业兴,战略错则事业衰、事业亡。研究制定《战略》,是贯彻落实党的十九大关于加快建设人才强国、到本世纪中叶把我国建设成为富强民主文明和谐美丽的社会主义现代化强国的迫切需要,是积极推进创新驱动发展战略、实现经济社会高质量发展的迫切需要,也是有效应对世界新一轮科技革命和产业变革的迫切需要。

《战略》应包括以下主要内容:(1)新时代国家人才发展的战略目标。(2)新时代国家人才发展的战略重点。(3)构建具有全球竞争力的人才制度体系。(4)继续推进重大人才政策创新。(5)继续实施重大人才工程。

二、为科学制定《战略》,迫切需要组织专家和智库对以下问题进行深入研究

(1)《国家中长期人才发展规划纲要(2010—2020年)》的实施情况。在21世纪的第二个十年,中央制定了《国家中长期人才发展规划纲要(2010—2020年)》,明确提出到2020年我国人才发展的战略目标及相关领域人才发展的指标和具体举措。十年过去了,这一规划纲要执行得如何?取得了哪些成就和经验?还存在什么问题和短板?对此,需要进行实事求是的研究和评估。这是研究制定《战略》的基础性工作。

(2)未来30年我国人才发展的战略预测。未来30年,我国要实现建成社会主义现代化强国的宏伟目标,迫切需要培养造就和吸引凝聚一大批高端创新型人才,其中包括世界一流人才。十年树木,百年树人。为了使人才强国建设更加符合建设社会主义现代化强国的要求,提高人才培养和吸引的科学性、针对性、有效性,迫切需要对未来发展所需人才进行科学的战略预测,包括未来发展所需人才总量、人才质量、人才结构、高端人才的种类、世界一流人才的数量,等等。有了这一科学的战略预测,才能使《战略》建立在科学的基础之上。

(3)实现新时代人才高质量发展的主要对策。在新时代,为实现人才高质量发展,特别是要培养造就和吸引凝聚一批世界一流人才,需要采取哪些主要对策?对此,同

样需要组织专家和智库进行深入系统的研究。这既是研究制定《战略》的迫切需要,也是推进和落实《战略》的迫切需要。

(4) 研究制定阶段性的《国家人才发展战略规划》。需要研究制定 2021 年到 2035 年的《国家人才发展战略规划》,以便在此规划的指导下,为到 2035 年基本实现社会主义现代化提供高质量的人才支撑。

(5) 研究制定地区、行业系统以及重点领域人才发展战略规划。同其他战略规划一样,人才发展战略规划在科学制定的前提下,另一重点就是落实。为积极有效落实《国家人才发展战略规划》,迫切需要依据和围绕这一战略规划,研究制定地区、行业系统以及重点领域人才发展战略规划。为此,同样需要组织专家和智库对相关重大问题进行深入系统的研究。

(资料来源:薄贵利,郝琳. 论加快建设世界一流人才强国. 中国行政管理,2020,(12))

新加坡人才建设的具体措施

一、人才引进:吸引优秀人才,建设人才高地

人才引进作为新加坡人才建设的核心,其战略规划由来已久。1999 年,《人力 21》(Manpower 21)战略规划出台,提出要将新加坡打造成为一个"人才首都"。在具体实施中,新加坡针对五类人群,实施有针对性的人才引进项目。

(1) 针对世界顶尖人才,新加坡政府实施了"A﹡STAR 世界顶尖科学家"战略。新加坡将"A﹡STAR 研究局"(Agency for Science,Technology and Research)作为新加坡生物、医学、物理、化学等高新技术人才建设的专门机构,成功吸引了大批世界顶尖科学家,如诺贝尔生理学或医学奖得主、原加州大学圣地亚哥分校副校长等。

(2) 针对专业技术人员,新加坡政府推行"专业技术人员和技能人才计划"(profession,technical personneland skilled workers scheme,PTS),为获得 P 或 Q 级就业准证(employment pass,EP)且有稳定工作的专业技术人员提供永久居留权。

(3) 针对博士后研究人员、青年科学家,新加坡政府通过"A﹡STAR 研究局",推行包括"A﹡STAR Investigatorship 计划""A﹡STAR 国际奖学金"和"A﹡STAR 博士后奖学金"等项目,吸引具有研究潜力的青年人才作为新加坡的储备人才。

(4) 针对留学人员回归、海外华裔专家,新加坡政府推行"重建新加坡"(remaking singapore)和"联系新加坡"(contact singapore)项目。一方面,培育海外移民与新加坡的情感联系;另一方面,为海外新加坡人提供一站式回归服务,旨在为新加坡创造一个更加民主多元、国际化的社会。

(5) 针对外国留学生,新加坡政府提出"全球校园计划"和"新人才战略计划"。前者通过留学生资助、合作办学、人才签证"绿色通道"等措施,而后者通过海外宣讲、扩大招生、提供便利等措施,共同为新加坡建立教育服务枢纽,增强高等教育和职业教育对海外人才的吸引力而努力。

二、人才培养：重视本国教育，全力塑造精英

新加坡的高等教育，主要分为预科大学、综合性大学和专科学校，其中综合性大学是为新加坡国家发展和建设输送人才的重要力量，以南洋理工大学为例，该校自2006年正式实践"5C"人才计划。"5C"是指品格（character）、创新（creativity）、能力（competence）、交流（communication）、公民意识（civil-mindedness），培养了大量具有全球竞争力的高素质人才，使得该校的人才培养理念得到全世界的效仿。在质量保障方面，新加坡高等教育主要以年终大考为主，并在2005年专门成立了"考试与评价委员会"负责开发和指导全国考试工作，运用最先进的评价手段把控人才质量。

新加坡的职业教育主要模仿德国"双轨制"，并由刚开始注重多样化的技能培训的外延式发展向注重研发和创新的内涵式发展转变。同时，政府通过对跨国企业提供政策红利，吸引企业办学，提升了专业技术人员的专业水平。在质量保证方面，新加坡教育部于2014年成立了"理工学院及工艺教育学院应用学习教育检讨委员会"（简称"ASPIRE委员会"）专门研究应用教学问题，推广专业技能精准掌握的重要性。

此外，为了本国人才更好地应对海外市场，新加坡企业发展局实施了"全球人才准备项目"（global ready talent program），包括本地和海外实习项目以及管理和助理项目。该项目资助具有新加坡大学文凭的年轻人获得国内和海外工作机会，向提供实习的企业给予项目资金支持，加深年轻人的市场知识，提高其就业综合实力。

三、保障措施：加强制度建设，营造舒适环境

针对外来人才，新加坡政府建立了就业准许证制度，按照就业技能的多寡和月工资与学历的不同，划分五类就业准许，给予不同的居留期限，还针对全职卓越人才设立个人化就业准许（PEP），享有更大程度的自主性。新加坡为了规范在新加坡的海外被雇佣者和雇主的权利和义务，于2007年审议通过了《外国人力雇佣法》，并在2009年和2012年进行了修订，加强了对外国被雇佣者的保护，增强了就业监察部门的执行力度，促进了新加坡的劳资关系和经济的稳定运行。

针对本国人才，新加坡在职前教育阶段，依托"新加坡—剑桥普通水平教育证书考试"（GCE），针对中学四年级普通课程学生、中学毕业生和预科学校毕业生分别进行GCE"N"水平测试、GCE"O"水平测试和GCE"A"水平测试，完成三次分流，决定学生就业与深造的资格，实现筛选精英的功能。在职后阶段，实施"新加坡劳动力技能资格"（WSQ）证书认证体系，设立六个从低到高的等级以及通用技能和技术能力两个维度，用于劳动力技能和能力的培训、开发与评估，促进职业继续教育和培训的有机组成，实现专业人才与企业需求的合理配置。

针对环境建设，新加坡在自然环境建设方面，联合国家发展部下属的三个机构进行体系化的管理，从严执法，共同打造和维护新加坡生态宜居的"花园城市"，吸引了大批海外移民；在社会环境建设方面，新加坡政府通过政策的拟定和执行，为海外人才留新就业审核提供制度层面的合法性；各大综合性大学也努力提升自身科研水

平，与国际顶尖高校开展战略联盟，为人才吸引提供可靠的学术资源；各大企业也纷纷在政府主导下，吸引海外资源，带动海外优秀学生前往新加坡进行工作和进修，间接吸引外籍专业人才，同时为本地大学生提供就业岗位，为人才建设提供支持和服务。

（资料来源：郭成. 新加坡人才建设经验及对我国的启示. 北京教育（高教），2021，（2））

案例分析　人才发展规划的编制

材料一：宣城市科学编制未来五年人才发展规划

宣城市撤地建市20年来，从一个"六无城市"，发展成为全国文明城市、国家园林城市、生态模范示范市，财政收入从不足10亿元增长到2019年的254亿元，人民的生活越来越幸福美满。

宣城作为安徽长三角一体化的桥头堡，如何当好排头兵，如何在发展落差中孕育发展空间、汇聚发展新动能，实现宣城跨越式发展，关键是要走创新驱动之路，更要走人才兴市之路。该市紧扣"一体化"和"高质量"，突出人才引领发展这个战略定位，大力实施人才兴市战略，创新人才工作体制机制，搭建创新孵化平台，完善政策支持激励体系，优化人才服务保障，激发各类人才干事创业热情，为宣城人民的美好生活提供强有力的人才和智力支撑。

宣城市紧紧围绕"十四五"经济社会发展规划和产业发展需求，科学编制未来五年人才发展规划，重点围绕新能源、新材料、节能环保、智能装备制造、电子信息、生物医药、绿色食品加工、健康产业等引才、聚才、用才，整体系统推进人才工作。实施"宣城籍人才回归工程"等，集聚各类优秀人才，努力造就一支以高层次人才为引领、高技能人才为支撑、乡土人才为骨干的高素质人才队伍，夯实宣城经济社会发展的人才基石。

（资料来源：根据新浪安徽2020年9月8日相关资料整理）

材料二：陵水发布技能人才发展中长期规划及技能人才培养实施细则

陵水黎族自治县人社局印发实施《陵水黎族自治县技能人才发展中长期规划（2020—2025年）》（以下简称《规划》）。《规划》分六个部分，明确到2025年年底，全县新增技能劳动者5000人以上，其中新增高技能人才500人以上，形成一支与陵水特色产业结构相协调、素质优良的技能人才队伍。

《规划》明确了未来五年陵水技能人才工作的指导思想、发展目标、总体要求、主要任务和重点举措，进一步细化和延伸了《海南省职业技能提升行动实施方案（2019—2021年）》有关技能人才队伍建设的目标任务。

《规划》围绕该县医疗、科技、海洋、文化等重点领域及互联网产业、热带特色高效农业、健康产业、旅游产业、高新技术产业、教育产业、文化体育产业等，突出抓好技能人才队伍建设的"实招""新招"。主要从加大职业技能提升培训和创业培训力度、健全培养培训体系、完善评价选拔机制、完善激励保障机制等方面推动技能人才队伍建设。

为推动该县本土技能人才队伍科学发展，陵水还结合实际印发实施《陵水黎族自治县技能人才培养实施细则（暂行）》，就进一步加快全县技能人才的集聚、提升及发挥作用，推出系列具体措施；并围绕技能人才引进、培养、平台建设、资金保障等方面抓好落实，对在生产、服务等领域岗位，掌握专门知识和技术，具备一定操作技能，在工作实践中能够运用自己的技术和能力进行实际操作的技能人才进行有效激励和培养。

近年来，为加强各类人才队伍建设，助推各行业高质量发展，陵水先后启动教育、医疗、旅游、文化、体育、海洋等行业领域人才队伍中长期发展规划及本土行业人才培养实施细则编制工作。通过多次召开研讨会等方式部署人才规划编制工作，加快推动落地实施。下一步，陵水将结合实际，着眼长远，把海南自贸港建设改革创新精神贯穿于人才规划编制工作全过程，科学规划各领域人才队伍中长期发展规划和本土人才队伍培养工作，努力为陵水经济社会又好又快发展切实扛起人才工作责任担当。

（资料来源：根据《海南日报》客户端2020年12月9日相关资料整理）

1. 宣城市与陵水县人才规划分别具有哪些特点？
2. 宣城市与陵水县编制人才发展规划需要考虑哪些因素？会对该地产生怎样的影响？

 本章关键术语

公共人力资源战略	公共人力资源规划	公共人力资源需求预测
公共人力资源供给预测	德尔菲法	比率分析法
趋势预测法	回归预测法	人员替代法
技能清单法	转换矩阵法	公共人力资源供求均衡
员工绩效考评	人才强国战略	人才发展规划

复习思考题

1. 公共人力资源规划的意义是什么？
2. 公共人力资源规划的种类有哪些？
3. 公共人力资源规划的基本程序是什么？
4. 公共人力资源规划需求与供给预测的方法有哪些？
5. 公共人力资源需求与供给预测的基本步骤是什么？
6. 影响人才发展规划编制的因素有哪些？
7. 人才发展规划编制的特点与原则是什么？

第四章

公共人力资源配置与流动

> **本章学习引导** 人力资源的合理配置与流动是公共人力资源管理的重要环节之一，直接关系到公共人力资源的使用效率与公共部门的运转效率、切身利益与工作积极性。本章学习重点是了解公共人力资源配置、流动的重要作用；掌握公共人力资源的配置形式、程序与方法、流动类型等，并在经济社会不断变革的新形势下，对公共人力资源配置、流动等方面的改革与创新作出一些思考和探索。
>
> **本章学习重点** 公共人力资源配置、流动的重要作用；公共人力资源配置的程序、方法；交流调配的概念、形式；公共人力资源辞职、辞退的程序、意义。

第一节 公共人力资源配置

一、公共人力资源配置的内涵

（一）公共人力资源配置的含义

公共人力资源配置是指公共部门组织根据工作要求和人员情况，依照法定的程序和方法，把合适的人员安置到合适的岗位上去的过程。

（二）公共人力资源配置的原则

公共部门的职位是一种稀缺资源，在其人力资源配置过程中存在着各种影响因素。要对公共人力资源进行合理、有效的配置，必须遵循以下原则：

1. 德才兼备与任人唯贤原则

德才兼备是考察任用公共人力资源的重要标准，工作实绩和道德表现是衡量德才的重要尺度。被考察任用的公职人员不能有德无才或者有才无德，它是一个完整的统一体，不能分割。要坚持德才兼备的用人标准，还必须做到任人唯贤，唯以真才实学、有德有才来用人。

2. 能级应对与动态调节原则

合理的人力资源配置应使人的能力与岗位要求相对应。公共部门的岗位有层次和种类之分，它们有不同能级水平的岗位资格要求。不同的人具有不同水平的能力，具有不同的优势和特点，在纵向上处于不同的能级位置。所谓能级对应，是指岗位人员的配置应按照每个人所具有的专业特长、爱好和能级水平与所处的岗位层次以及能力要求相对应的原则，将人员安置到最有利于发挥其优势的岗位上，充分发挥其长处和优势，做到以事定职、以职定人、适才适所。

同时，还要贯彻动态调节的原则，根据岗位要求和个人能力水平的变化及时调整。只有这样，才能充分发挥人力资源优势，提高工作效率。

3. 严格程序与依法配置原则

公共部门的职务是与一定的权力和责任密切联系的，各种职务都有严格的任职资格要求，必须按照有关法律和法规的要求严格程序、依法配置，才能保证配置质量，防止不正之风。

（三）公共人力资源配置的形式

配置形式是确定选拔任用对象的方式。我国公共人力资源配置的形式根据有关规定，主要有选任制、考任制、委任制和聘任制四种。

1. 选任制

选任制即按照一定的规则，通过一定的选举程序经由民主选举确定人选的形式。当选人有明确的任期，在任职期间要对选举人负责，选举人也有权对当选人实施监督，乃至罢休，体现了民主管理的原则。选任制公务员在选举结果生效时即任当选职务；任期届满不再连任或者任期内辞职、被罢免、被撤职的，其所任职务即终止。

2. 考任制

考任制即通过公开竞争考试，择优录取的方式予以任用的制度。它是现代公共部门职位任用的主要方式之一。但考试方式不一定适用于所有职位的人员配置，如一些关键部门的领导岗位。另外，如果考试内容设计得不科学合理，也有可能会出现考试成绩与实际工作能力脱节等问题，会考不一定好用。

3. 委任制

委任制即有任命权限的管理部门直接按照权限决定人选和委派任职的方式。此种任职形式程序简单，有利于人员的统一调配。在委任之前，相关管理部门必须对拟委任人选有较为全面的调查了解，并有相应的监督机制来保证客观、公正。

4. 聘任制

聘任制即用人单位通过劳务合同聘任工作人员的任用形式，这是我国公共部门人力资源任用制度的改革方向之一。《公务员法》明确规定：机关根据工作需要，经省级以上公务员主管部门批准，可以在规定的编制限额和工资经费限额内，对专业性较强的职位和辅助性职位实行聘任制。但所列职位涉及国家机密的，不实行聘任制。机关聘任公务员可以参照公务员考试录用的程序进行公开招聘，也可以从符合条件的人员中直接选聘。在聘任之前，应当按照平等自愿、协商一致的原则，签订书面聘任合同，确定双方的权利、义务。聘任合同应当具备合同期限，职位及职责要求，工资、福利、保险待遇，违约责任等条款。聘任合同期限为一年至五年，可以约定试用期，试用期为一个月至十二个月，经双方协商一致可以变更或者解除。与选任制、委任制相比，聘任制用人更灵活，不但可以满足用人需求，还可以降低用人成本，增强公共人力资源队伍的生机和活力，提高整体素质。

二、公共人力资源配置的机关及权限

公共人力资源配置的机关及权限是指人事任免权限的主体划分与归属，表明在人员任免管理中权力与责任的范围。配置机关只有在其任免权限范围内实施任免才是有效的任免。这里需要注意把握以下三点：

（一）各类机关任免权专有

任何一类机关对他类机关的委任制职务不拥有任免权。例如，行政机关不能任免审判、检察机关的职务。

（二）任免权分级享有

根据职务层次不同，任免也不相同。一般职务的任免权由所在机关行使，关键岗位则由上级机关任免。例如，各级党委、政府工作部门的领导成员，所在部门无权任免其职务，均由上级机关行使任免权。

（三）任免权法定

鉴于公共人力资源职务任免的重要性，为了保证任免行为的严肃性和规范化，任免权必须依照法律法规的规定。例如，根据我国有关法律规定，各级政府组成人员和其他重要职务，由同级人民代表大会及其常务委员会任免；政府工作部门及其派出机构中，非政府组成人员的领导职务，由本级政府任免；其他人员的职务，由各工作部门自行任免。

第二节　公共人力资源配置的程序与方法

一、公共人力资源配置的程序

公共人力资源配置是一个复杂的过程，为了能够使优秀的人员合理配置到公共部门，并使得公共人力资源配置按计划和原则进行，遵循一定的程序是必要的。一般意义上，它包括以下几个阶段：

（一）人力资源预测

人力资源预测是指满足组织未来需要所应配备的人员数量，及其所应具备的技能条件的组合。公共部门对人力资源需求的大小，受内部和外部许多因素影响。公共部门应在组织人员需求预测的基础上确定招聘的职位和数量。人员需求预测应考虑的因素有以下几个方面：

1. 组织内部状况

（1）预计的员工流动率。这不仅关系到组织内部的人员供给和职务空缺状况，还关系到组织内部的管理是否合理的问题。计算人员流动率通常使用鲍文（Bowen）的稳定性指数（stability index）。公式如下：

$$稳定性百分比 = (现有人员在 N 时段的服务月份数之和 / 人员齐备时在 N 时段的可能服务月份数之和) \times 100\%$$

若稳定性过低，则流动率较高，这时组织内部就会出现职位空缺，那么就要进行人员的补充，同时还要分析造成问题的原因，以便提高管理水平。

(2) 员工的素质和技能。可通过人事档案来获取员工的年龄、级别、学历、经历、技能、绩效等信息。了解内部人员的这些特征，就可推算出未来人员的自然退职数目，进而了解职位空缺数。同时，还可以建立职位置换卡，也就是将每个职位都编成一张卡片，标明哪些人可能来担任这项职位，并指出这些人目前的绩效水准、晋升的可能性，以及所需的训练。在组织出现职位空缺时，就可以通过职位置换卡找出合适的人选，若无合适人选再考虑从外部招录。

(3) 组织变化。它包括组织结构调整、组织职能目标的转变等，也会对人员的需求产生重要影响。如公共部门在进行扁平化改革过程中，对中间管理层的需求减少；我国政府职能由微观管理到宏观调控、由全面干预到全面服务的转变，造成国家机关的大幅度减员。

2. 组织外部状况

(1) 经济因素。在经济蓬勃发展时期，对人员的需求增加，而在经济衰退甚至经济危机期间，对人员的需求大大减少，社会的失业率大大增加。另外，地区间经济发展的差异，也会影响人员的外部供给。例如，在我国东部沿海经济发达地区，劳动力供给相对紧缺，而在西部经济落后地区，劳动力供给相对过剩。

(2) 技术进步。技术进步使得公共部门分工越来越细，需要更多专业化的人才，要求公共部门人力资源的甄选和录用按专业、分领域进行，提高选录人员的质量。同时，技术革新直接影响组织的人员需求结构和需求数量的变化，如计算机技术的普遍应用和推广，就导致公共部门增加对管理技术型人才的需求，减少对可以被计算机替代的人力的需求。

(3) 政策因素。一个国家和地区的政府人员管理政策、法规，对外部人员的供给有着重要影响，如我国的户籍管理政策对人口的跨地区流动有一定的限制，这样就影响地区间的人员供给。另外，如平等就业法规、妇女儿童权益保护法、工作时间规定等都会对人员的外部供给产生一定的影响。

总之，影响人力资源预测的因素很多，如人口因素、教育水平等。而准确的人力资源预测是公共部门人力资源配置计划中的重要环节，它涉及对外部环境的前瞻性分析和现有人员的潜能开发。

(二) 编制甄选与录用计划

甄选与录用计划是在用人部门提出或由人力资源部门预测出的招聘需求，获得上级主管部门批准的基础上，由人力资源部门根据组织的战略目标与实施规划，分析与预测组织内部岗位空缺及合格职员获得的可能性，进而制定的关于实现职员补充的一系列工作安排。

1. 招聘数量与结构

这具体包括拟录用新员工的人数、年龄结构、专业结构、部门结构以及性别结构等。

2. 录用标准与招聘质量

组织在进行人员招聘时，应对每一个岗位的任职资格进行量化和规范，尽量用专业术语描述并在招聘计划书中公开。同时，由于在对招聘质量进行评估时，招聘与录用的标准是一个基本的参照系，因此，招聘标准不宜过高或过低，例如，专科生能做的工作由研究生来做，或者研究生才能担任的岗位由本科生来担任，这对组织或个人来说都是一种损失。此外，招聘与录用标准的制定除了要以工作说明书为基本依据外，一定要注意具体用人部门对录用标准的新的建议和意见，如有基层工作经验或中共党员等附加要求。

3. 招聘对象、范围和地点

不同公共职位的招聘对象、范围和地点是有区别的，组织应根据不同的职位要求，以及应聘者可能的供给状况和范围来决定相应的招聘方式和招聘地点。一般来说，公务员职位倾向于在全国范围内招聘；主任科员以上领导职位、中级管理和专业技术职位通常在跨地区的人才市场上招聘；操作人员和办事人员常常在组织所在地的劳动力市场上招聘。

4. 招聘渠道

应聘者来源渠道主要有组织内部和组织外部。前者又有内部提升、职业转换和内部竞聘三种渠道；后者则有自荐、员工介绍、广告征召、就业机构征召、专职猎头机构征召、大学校园征召和计算机网络征召等多种方式。

5. 甄选的程序与方法

组织中不同的岗位对应聘者的素质和能力有着不同的要求，而不同的素质和能力往往也存在着不同的测评方式。对于一般公务员，心理测验和结构化面试就可以达到甄选的目标；而对于主任科员以上的领导职位的应聘者则应以文件筐、管理游戏、情景模拟等评价中心技术为主。同时，甄选与录用计划还必须涉及以下方面的问题：甄选与录用程序需要持续多长时间、在一定的时间内甄选与录用程序可以评价应聘者的数量、甄选的可靠性和有效性如何、甄选与录用程序是否公平、该计划和程序下人员招募的收益与成本的比例是多少等一系列问题。

（三）人力资源的招募

所谓招募（recruitment），是指公共部门为了吸引更多的应聘者所组织的一系列活动，如发布招聘信息、接待应聘者咨询和登记、接收应聘者的工作申请书等。招募是公共部门人力资源配置过程的重要组成部分。这一阶段主要包括两项主要活动，即信息发布和接受应聘者申请。

1. 发布招聘信息

（1）信息内容。有效的招聘信息通常包括组织的简单介绍，工作或岗位名称，简单清晰的工作职责描述，工作所需的能力、技能、知识和经验的说明，工作地点，工作时间，薪酬福利待遇及申请方式。招聘信息应客观实际，简单易懂，没有歧义。

（2）信息发布方式。招聘信息的发布应结合公共组织及岗位情况，选择合适的发布传播渠道，如报刊、网络、电视、电台、板报、招聘会和新闻发布会等，除此之外,还有随意传播的形式。不过,总体而言,在发布招聘信息时,应尽可能扩大宣传范围,同时还要做到及时且有层次性和针对性,否则就会降低招聘信息的影响力和效果。

(3) 信息发布原则。第一,面广原则。鉴于公共部门人员需求的公众属性,组织人员需求信息发布的面应尽可能广泛,并接受社会公众监督。这样,应聘的比例就会越大,组织招聘到合适人选的概率也就越大。但发布信息的面越广,费用可能就会越高,组织必须在甄选与录用预算的范围内实现二者的均衡。第二,及早原则。一般情况下,公共部门人员甄选与录用信息应该尽量早地向有关人群发布,以给潜在的应聘者提供足够的准备和学习时间,不仅有利于提高应聘者的素质和技能,而且有利于使更多潜在的公共职位候选人加入应聘行列中来。第三,最佳形式原则。发布招录信息要选择最佳的形式,信息发布的主要形式有网络、报纸、杂志、电视、就业机构推荐、猎头公司推荐、新闻发布会和随机传播等。

2. 接受应聘者申请

在应聘者咨询和登记报名后,公共组织还要让应聘者填写并提交工作申请表。一般来讲,公共部门的工作申请表主要包括如下内容:个人情况(如姓名、性别、年龄、民族、政治面貌、家庭地址、婚姻状况等)、文化程度及培训情况(如学历、学位、接受过的培训)、工作经历(如目前任职单位、地址和联系方式、现任职务、以往工作简历、离职原因等)、家庭背景及个人健康状况、曾受过的奖惩、个人兴趣及特长爱好、服役记录、办公设备使用情况和联系方式等。

(四) 人力资源的甄选

人力资源的甄选,是指组织为了从求职者中选拔出最有可能胜任某一工作岗位者,采用某些特定方法,通过各种信息途径来确认合格人选的过程。人力资源甄选是人力资源配置活动的关键环节,也是技术性最强的环节,难度最大,它在很大程度上关系着整个过程能否成功。

人力资源甄选通常包括资格审查、初选、测试(包括笔试、面试、心理测试等)、体检、个人资料核实等几个阶段,每经过一个阶段就会有一些求职者被淘汰。

1. 资格审查阶段

招聘部门的主要工作是结合求职者所提交的个人简历、求职信和工作申请表,并参考组织及其空缺岗位的要求,挑选出那些符合要求的人员。

2. 初选阶段

招聘部门的主要任务是从合格的求职者中选出参加雇用性测试的人员。由于决策人员往往只凭个人主观臆断来决定参加下一步测试的人选,带有一定的盲目性,因此,在招聘费用和时间允许的情况下,应尽量让足够多的求职者参加雇用性测试。

3. 雇用性测试阶段

招聘部门或人事部门组织求职者进行笔试和心理测试。笔试的内容通常涉及综合知识、专业知识及岗位所需要的特定知识,通常采用闭卷或开卷的形式。心理测试的内容主要涉及求职者的智力、个性特征、能力倾向、个人价值观和职业兴趣等。通过雇用性测试，不仅可以深入了解求职者的专业素养及知识能力水平，而且可以了解员工的个性特征、职业兴趣及发展潜力，有利于提高人岗匹配的成功率及效率。

4. 诊断性面试阶段

诊断性面试通常是在雇用性测试基础上进行的，当然，有时也可将诊断性面试置于心理测试之前进行。诊断性面试阶段的工作主要是通过面试直观地观察、检验和审视求职者的仪表风度、言谈举止、语言表达能力、求职动机、专业知识的深度和广度、反应能力、兴趣爱好、自控能力、人际交往能力，以及工作经验和工作期望等，从而确定求职者与组织及其空缺岗位的匹配程度。

5. 体检和材料核实阶段

为了减少甚至避免因招聘环节所带来的不必要麻烦，需要公共部门在作出录用决策前对求职者的身体健康状况进行体检，并对其个人资料的真实性进行认真核查。在体检与材料核实阶段结束后，甄选阶段的工作也就基本完成了。

在上述各阶段招聘人员的选择都是非常关键的，招聘人员的性格、品德，以及对结构化面试、评价中心等人员甄选与测评技术运用的水平将最终决定组织人员甄选与录用的效率和质量。招聘人员的标准判断贯穿于甄选的全过程，招聘人员对应聘者的评价是资格审查是否通过、确定录用与否的重要参考指标。如果招聘人员以个人的好恶和不公正的标准来评判应聘者，就会给甄选工作带来损失。合格的招聘人员应具有以下基本条件：① 良好的个性品质和修养；② 相关的专业知识；③ 丰富的社会工作经验；④ 良好的自我认识能力；⑤ 善于把握人际关系；⑥ 熟练应用各种面试技巧；⑦ 能有效地面对各种应聘者，控制招聘进程；⑧ 能公正、客观地评价应聘者；⑨ 熟练掌握相关的人员测评技术。

（五）人力资源的录用

甄选过程结束后就是对基本合格的人选进行录用，公共部门人员录用是一项计划性、程序性较强的工作。录用通常包括录用决策、公示、备案或审批、试用安置、正式录用等环节。

1. 录用决策

录用决策是指对通过甄选测试的合格人员进行进一步甄别挑选及确定哪一位或哪几位应聘者被最终录用为公共部门及其空缺岗位任职人员的过程。常见的录用决策模式有两种，即单一决策模式和复合决策模式。

单一决策模式是指从多个应聘者中为某一职位或某类性质相似的职位选出一个或若干个任职者的模式。这种决策模式要求决策者在较短时间内从若干合格的应聘者中选出最合适的人员，而应聘者的品行、素质、能力、技能等方面各有所长，决策有一定难度。决策中常用的方法是对考核因素进行加权平均，然后再根据得分从高到低排序，如图4-1所示。

复合决策模式是指分别测定众多应聘者，然后从基本合格的人选中确定立项人员，并安排到多种不同性质的职位中去的模式。复合决策模式是职位与人之间进行匹配的过程，既包括对人员的选择，同时也包括对岗位的合理配置，适用于同时招聘多人的情况。但是这种模式既涉及人的差异比较，又要区分职位的差异，难以做到"岗—人匹配"与"人—岗匹配"的有机统一，如图4-2所示。

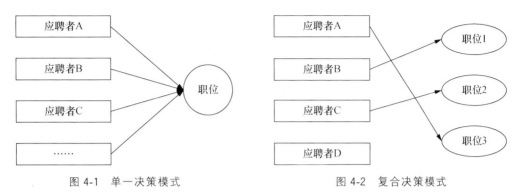

图4-1　单一决策模式　　　　图4-2　复合决策模式

2. 公示

根据拟任职位的要求，综合报考者的考试、考察和体检结果，经招录机关领导研究讨论同意，确定拟录用人员名单。拟录用人员名单由公务员主管部门或招录机关通过网络等适当形式，按照规定予以公示（公示期不少于五个工作日）。报考者和其他知情者对拟录用人员名单的确定有异议，或者发现拟录用人员存在不符合资格条件要求等情形的，可以按照规定向招录机关或录用主管部门举报。招录机关和录用主管部门接到举报材料后，要认真调查核实，确有问题的，应当取消录用。

3. 备案或审批

公示期满不影响录用的，由招录机关将拟录用人员名单按照规定报录用主管部门审批或备案。中央一级招录机关应当将拟录用人员名单报中央公务员主管部门备案；地方各级招录机关应当将拟录用人员名单报省级或者设区的市级公务员主管部门审批。根据我国目前的实际情况，县级以下公务员主管部门无权审批录用人员名单。这主要是出于对确保录用工作质量，充分体现公开、平等、竞争、择优原则的考虑。备案或审批同意后，由公务员主管部门印发录用通知，招录机关给报考者办理录用手续。

4. 试用

试用就是根据所录用人员的知识和能力特征，将所录用人员安置到合适的岗位上进行试用考核。实行试用期制度的主要目的是在考试考核的基础上，在较长时间的实际工作中，更全面、更客观地了解新录用公务员的政治思想、道德品质、业务水平和工作能力等情况，进一步把好公务员素质"关"。我国《公务员法》规定，被录用为政府公务员的人员，试用期为1年。我国规定的新录用事业单位职员的试用期最短为3个月，最长不超过6个月；对新招聘的应届大中专毕业生，试用期最长不超过1年。试用期包括在聘用合同期限之内。

5. 正式录用

正式录用是指对试用合格的人员，在事先约定的试用期满之后，正式确定为公共部门员工。在进行试用期考核鉴定，并作出正式录用决策后，用人部门及其人力资源管理部门应与正式录用人员签订正式的聘用合同，对正式录用人员进行正式任命或聘任，并办理其他相关手续。

（六）人力资源的评估

公共部门进行人员甄选与录用工作的最后一个环节是进行人员甄选与录用评估，它是公共部门对人员甄选与录用的整个过程的评价和总结，主要目的是分析和了解本次人员甄选与录用的成本及效益，以及通过甄选与录用获得的经验和教训，进而为今后的甄选与录用提供信息支持。评估的方法和指标主要包括成本评估、数量评估、质量评估。

1. 甄选与录用成本评估

甄选与录用成本是指对甄选与录用中的费用进行调查、核实，并对照预算进行评价的过程。如果成本低，录用人员质量高，就意味着甄选与录用效率高；反之，则意味着甄选与录用效率低。甄选与录用的成本主要包括以下内容：

（1）招募成本。招募成本包括招募阶段的直接支出和间接支出两部分。其中，直接支出主要包括宣传广告费、招募人员差旅费、招聘会费用支出、招聘代理和职业中介机构收费、人才推荐奖金、人员接待费及其他相关费用支出；间接支出包括公共部门招聘人员的工资、福利及职位空缺损失等。

（2）甄选成本。甄选成本包括进行考试、心理测试、面试及体检等支出的所有费用。

（3）录用成本。录用成本是指录用阶段的所有费用支出，包括直接费用和间接费用。直接费用主要包括被录用人员的家庭安置费和生活安置费；间接费用主要包括负责录用的人员的工资福利即职位空缺所带来的机会成本。

评估指标主要是总成本效用，即从公共部门招聘的单位支出角度来评价招聘的实际效用，总成本效用可以用如下公式表示：总成本效用＝录用人数/招聘总成本。

2. 甄选与录用数量评估

录用人员评估是根据甄选与录用计划对录用人员的数量进行评价的过程。只有录用到的人员全部合格才能说全面完成了甄选与录用工作。为此要计算评价甄选与录用效果量化的有关数据。具体量化指标的计算如下：

（1）录用比

$$录用比＝录用人数/应聘人数×100\%$$

录用比越小，相对来说录用者的素质可能就越高；反之，录用者的素质则可能越低。

（2）招聘完成比

$$招聘完成比＝录用人数/计划招聘人数×100\%$$

招聘完成比等于或大于100%，则说明在数量上全面或超额完成了招聘计划。

（3）应聘比

$$应聘比＝应聘人数/计划招聘人数×100\%$$

应聘比越大，说明发布招聘信息的效果越好，同时说明录用人员的素质较高。

3. 甄选与录用质量评估

评估甄选与录用工作质量一般有两种指标。一是评估最终选聘人员的学历、进修与培训层次、工作经验等具体指标；另一种是建立在组织职位分析以及在选聘过程中进行的素质测评和结构化面试等基础上的能力轮廓指标。某部门人事主管职位能力轮廓图如图4-3所示。

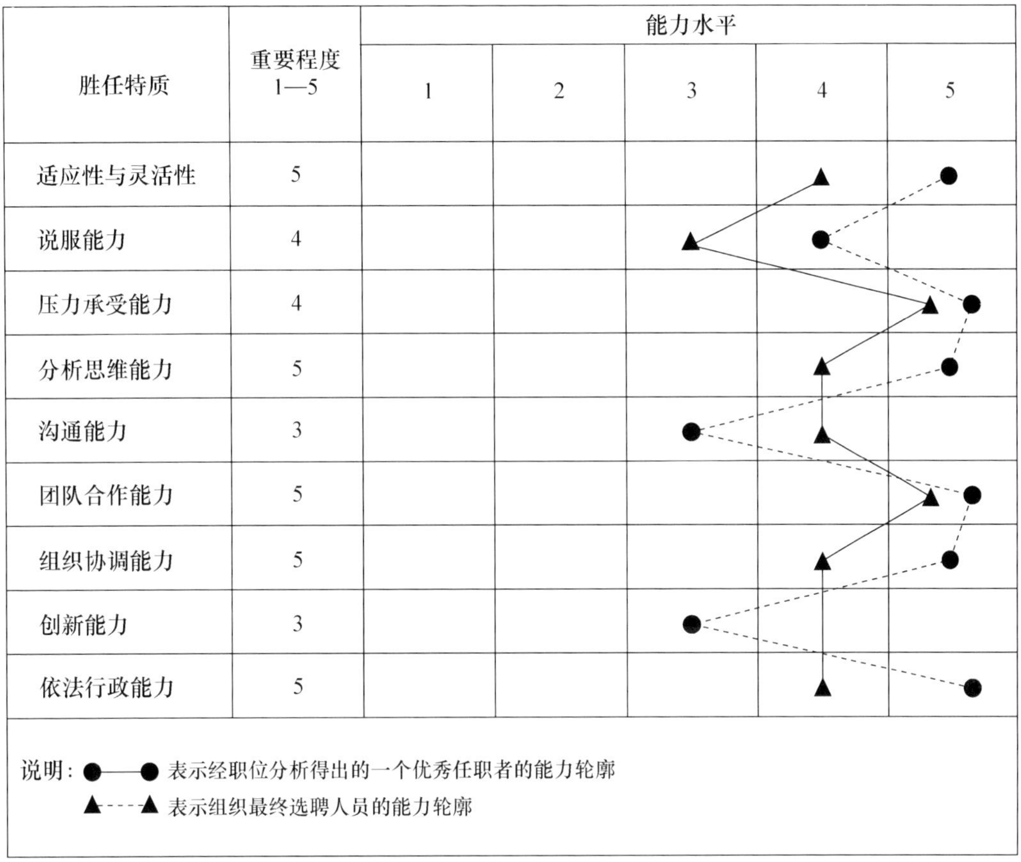

胜任特质	重要程度 1—5	能力水平				
		1	2	3	4	5
适应性与灵活性	5				▲	●
说服能力	4			▲	●	
压力承受能力	4				▲	●
分析思维能力	5				▲	●
沟通能力	3			●	▲	
团队合作能力	5				▲	●
组织协调能力	5				▲	●
创新能力	3			●		▲
依法行政能力	5				▲	●

说明：●——● 表示经职位分析得出的一个优秀任职者的能力轮廓
　　　▲----▲ 表示组织最终选聘人员的能力轮廓

图 4-3　某部门人事主管职位能力轮廓图

公共部门招聘单位或人力资源管理部门可以通过职位能力轮廓图来分析、对照选聘过程中实际选聘人员与职位分析所得出的职位任职标准之间的差距，进而判定组织选聘工作质量的高低。

二、公共人力资源配置的方法

公共部门要想实现有效的人力资源配置，除了应该从多方面挖掘人力资源来源的渠道，并严格遵循人力资源配置程序外，更重要的是在人力资源配置的过程中采取科学的方法，主要有心理测试、笔试、面试和评价中心等。

（一）心理测试

心理测试是通过观察个体的少数有代表性的行为，对贯穿于个体行为活动中的心理特征，依据确定的原则进行数量化分析的一种科学手段。心理测试一般分为认知测试和人格测试两大类。认知测试是测评人的认知行为，它又可以按具体的测评对象，分为成就测试、智力测试与能力倾向测试；人格测试是测评人的社会行为，按具体的对象，可以分成态度、兴趣、品德和性格测试。心理测试无论从测试的编制、测试的实施，还是测试结果的解释而言，都是所有测试中最具难度的。

人格测试和职业能力倾向测试是公共部门人员素质测评中最主要的两种心理测试。

1. 人格测试

个人的工作能否做好，不仅仅取决于一个人的能力高低，个性品质也会对工作绩效的好坏产生很大的影响。因此，把对应聘者的个性测试纳入招募、甄选过程中就十分必要。个性品质主要包括人的态度、情绪、价值观、性格等方面的特性。对个性品质的测试主要有投射法和问卷测试法等。

（1）投射法

投射技术（projective technique）是人格测试中一种常见的方法。投射法是指通过向受测者提供一些未经组织的刺激环境，让受测者在不受限制的情境下自然反应，主测者通过分析受测者反应的结果来推断其人格特征。常见的刺激情境包括墨迹、图片、语句、数码等。因为刺激物相当模糊，所以应聘者所作的诠释，事实上是他们内心状态的一种影射，他们会将自己的情感态度及对于生活的理想要求融入诠释中，由此可以测试出应聘者的个性品质。

（2）问卷测试法

问卷测试法所使用的工具是各种量表（scale），这些量表一般均经过标准化处理。量表结构明确，编制严谨，通常由许多具体问题组成，通过这些问题可以从不同角度了解受测者的情况，依据得分统计来判断应聘者的个性品质倾向。调查表中的问题一般包含与行为、态度、感觉、信仰等有关的陈述式问题。典型的调查表有明尼苏达多项个性调查表、爱德华兹个人偏爱顺序表、卡特尔16因素测评等。

总之，人格测试的根本目的是通过对应聘者个性品质的考查，判断应聘者工作动机、工作态度、情绪的稳定性、气质、性格等素质是否与空缺职位的要求相近或相同，若是，就是合适的人选。

2. 职业能力倾向测试

能力倾向是指一个人能学会做什么，即一个人获得新的知识、技能和能力的潜力如何。能力倾向与才能不同，能力倾向是未接受教育训练所存在的潜能；职业能力倾向是指一个人所具有的有利于其在某一个职业方面成功的潜力素质的总和。

（1）一般能力测试

一般能力测试主要是测试应聘者的思维能力、想象力、记忆力、推理能力、分析能力、数学能力、空间关系能力及语言能力等。一般通过词汇、相似、相反、计算、推理等类型的问题进行评价。在这种测试中得高分者，被认为具有较强的能力，善于找出问题症结，能取得优良工作业绩。需注意的是，某种特定的测试也许只对某类特定的工作有效。

（2）特殊能力倾向测试

特殊能力倾向测试用于对特定能力或才能的测试，如空间感、动手灵活性、协调性等，另外还包括一些专业的基础知识，常用的方法有斯特龙伯格灵敏度测验（Stromberg dexterity test）、明尼苏达操作速度测验（Minnesota rate of manipulation test）、普度钉板测验（Purdue pegboard test）等。

公共部门人员招聘选拔中使用的能力测试多为能力倾向测试。通过能力倾向测试可以了解受测者的哪些能力较强，哪些能力较弱，从而清楚地了解一个人在岗位所需要的关键能力上的水平。目前，我国公务员录用考试中的行政职业能力倾向测试是标准化的能力倾向测试，主要测试的能力有语言理解能力、数量关系能力、逻辑推理能力、综合分析能力、知觉速度与准确性等。例如，语言理解能力是指人们运用语言文字进行表达、交流和思考的能力，包括理解字词、句子、段落的含义，正确运用语法等方面。公共部门的人员需要快速、准确地阅读和理解领会文字材料的内容，从中提取重要信息，运用语言文字进行沟通和交流。

（二）面试

1. 面试的特点

面试是一种经过精心设计、在特定场景下以面对面的交谈与观察为主要手段，由表及里测评应聘者有关素质的一种方式。通过面试，可以判断出应聘者运用知识分析问题的熟练程度、思维的敏捷性、语言的表达能力。同时，通过观察应聘者面试过程中的行为举止，可以了解应聘者的外表、气质、风度、情绪的稳定性等特质。此外，通过面试还可以核对应聘者个人材料的真实性。

（1）面试是一个双向沟通的过程

在面试过程中，应聘者并不是完全处于被动状态。主考官可以通过观察和谈话来评价应聘者，应聘者也可以通过主考官的行为来判断主考官的价值判断标准、态度偏好、对自己面试表现的满意度等，从而调节自己在面试中的行为表现。同时，应聘者也可借此机会了解自己应聘的单位、职位情况等，以此决定自己是否可以接受这一工作等。所以，面试不仅是主考官对应聘者的一种考察，也是主客体之间的一种沟通、情感交流和能力的较量。主考官应通过面试，从应聘者身上获取尽可能多的有价值信息。应聘者也应抓住面试机会，获取那些关于应聘单位及职位的信息以及自己关心的信息。

（2）面试对象的单一性

面试的形式有单独面试和集体面试。在集体面试中多位应聘者可以同时位于考场之中，但主考官不是同时向所有的应聘者发问，而是逐个提问、逐个测评，即使在面试中引入辩论、讨论，评委们也是逐个观察应聘者表现的。面试的问题一般应因人而异，测评的内容应侧重个别特征，同时进行会相互干扰。

（3）面试内容的灵活性

面试内容因应聘者的个人经历、背景等情况的不同而无法固定。首先，面试是因人而异的，主考官提出问题，应聘者针对提问进行回答，考察内容不像笔试那么单一，既要考察应聘者的专业知识、工作能力和实践经验，又要考察其仪表、反应力、应变力等，因此只能因人而异、逐个进行。其次，面试一般由用人部门主持，各部门、各岗位的工作性质、工作内容和任职资格条件等不同，面试差异大。

（4）面试交流的直接互动性

面试中应聘者的语言及行为表现，与主考官的评判是直接相连的，中间没有任何中介形式。面试中主考官与应聘者的接触、交谈、观察也是相互的，是面对面进行的。主客体之间的信息交流与反馈也是相互作用的。而笔试、心理测试中，一般对命题人、评分人严加保密，不让应聘者知道。面试的这种直接性提高了主考官与应聘者相互沟通的效果与面试的真实性。

2. 面试的分类

（1）按面试的实施方式及内容分类

按面试的实施方式及内容，可将面试划分为情境面试、系列式面试和压力面试等。

情境面试，即在工作分析基础上制定问题，然后根据应聘者的回答来判断在所描述的情况下应聘者可能采取什么样的行为。情境面试中所提出的问题可划分为两种类型，即"经验型"和"未来导向型"。"经验型"问题一般要求应聘者回答在过去的工作中遇到此种情形问题时是如何处理的；"未来导向型"问题则要询问将来一旦遇到这种假设情形时应聘者将会采取何种处理措施。

系列式面试，则是由组织不同层次的人员先后同应聘者进行面谈的面试方法，各个面试人员依个人观点提出不同问题并作出评价，最后进行综合。

压力面试，是由专业的面试人员依据工作的重要特征，向应聘者施加压力，测试应聘者如何应付工作压力。典型的压力面试是以穷追不舍的方式向应聘者发问，逐步深入，直至应聘者无法回答，以考查其机智程度和应变能力。

（2）按面试的组成人员分类

按面试的组成人员，可将面试分为单独面试和小组面试。

单独面试指主考官个别地与应聘者单独面谈，是一种最普遍、最基本的面试方式。单独面试有两种类型：一是只有一个主考官负责整个面试过程；二是由多位主考官参加整个面试过程，但每次均只与一位应聘者交谈，公务员面试大多属于这种形式。

小组面试是当应聘者较多时，可将其分为若干小组，就一些问题展开讨论。主考官可在一旁就应聘者的领导能力、逻辑思维能力、口才、人际关系处理能力和环境控制能力等进行观察评价，加以甄选。

（3）按面试的标准化程度

按面试的标准化程度，可将面试分为非结构化面试、结构化面试与半结构化面试。

非结构化面试是指应聘者在面试中所提出的问题完全是随意性的，既无事先准备好的问题，也无现成的答案。这种面试的优点是针对性强，对应聘者应变能力的要求高。缺点是缺乏统一标准，容易带来偏差，在应聘者缺乏必要训练时往往难以达到预期效果。

结构化面试中，应事先准备好一份问题的清单，这些问题系统全面地概括了所要了解的情况，主考官严格按该清单上所列的问题按部就班地发问，然后按标准格式记下应聘者的回答。与一般面试相比，结构化面试对面试的考官构成、考察要素、面试题目、评分标准、具体操作步骤等进一步规范化、结构化和精细化，并且统一培训面试考官，提高评价的公平性，从而使面试结果更为客观、可靠。结构化面试的主要特点有：面试问题多样化、面试要素结构化、评分标准结构化、考官结构化（一般考官为5—9名，依据用人岗位需要，根据专业、职务、年龄及性别按一定比例科学化配置，其中设主考官1名）、面试程序及时间安排结构化。

结构化面试的测评要素一般有：逻辑思维能力、语言表达能力、计划能力、决策能力、组织协调能力、人际沟通能力、创新能力、应变能力及个性特征（气质风度、情绪稳定性、自我认知等）。结构化面试的测试要素和标准如表4-1所示。

表4-1 结构化面试的测试要素和标准

要素	评价标准	提问举例
背景	生活经历、工作经历、学习经历与应聘工作的相关性	请简要谈谈你的经历 你认为你以前的工作经历或所学专业与应聘工作有何关系
成就	成就和专长与应聘工作的相关性；工作的创造性、进取心、事业心	你以前在学习或工作中作出过哪些突出成就；你更喜欢做熟悉的事情还是不熟悉的事情
技能	潜在和现有的技能及其与应聘工作的相关性	你的优势和弱势是什么 你的计算机和外语水平如何
知识	专业理论知识深度与广度；知识面与学习知识的欲望	询问专业术语及专业理论知识 询问专业领域的新发展和新知识
品质	人生价值观、行为准则、职业道德观、诚信度符合社会美德的程度	你认为人生最值得追求的应该是什么 对当前某一社会现象的看法
性格	性格特征、志趣方向与应聘工作的一致程度	你认为自己的个性是否适合应聘工作 你有哪些兴趣爱好
求职动机与意愿	择业的价值取向、应聘动机对工作行为的影响；要求的合理性	你为什么选择这个职位 你对薪酬等有什么要求
职业生涯设想	应聘者的职业生涯设想在单位的可容纳性及互动、互赢性	你如何规划自己的职业生涯 你认为在本组织中是否能够实现你的职业规划
思维与表达	思维的合逻辑性、解释问题的明了性、语言表达能力	在应聘者回答各种提问过程中加以判断
仪态	精神及气质状态，行为举止合礼仪性，衣着打扮合宜性	在面试过程中直接评价

半结构化面试介于结构化面试与非结构面试两者之间，事先只是大致规定面试的内容、方式、程序等，允许主考官在具体操作过程中根据实际情况作些调整。

（三）评价中心

评价中心（assessment center）是以测评被测人员素质为中心、标准化的一组评价活动，它是一种程序，而不是一种具体的方法。它通过创设一种逼真的模拟管理系统或工作场景，将被测人员纳入该环境系统中，使其完成系统环境下对应的各种工作，如主持会议、处理公文、进行决策、处理各种日常事务和突发事件等。

从活动的内容来看，评价中心主要有公文处理、无角色小组讨论、有角色小组讨论、管理游戏、演讲、案例分析、事实判断等形式。

1. 文件筐测试（in-basket）

预先设计一个管理者熟悉且具有代表性的工作环境，将各类有关信息和待处理的文件材料，包括信函、备忘录、报表、账单、投诉性文章、电话记录、命令、请示、汇报、通知等放在应聘者办公桌的文件筐内，要求应聘者在限定时间（通常为2—3小时）内将上述文件处理完毕。处理完后，还要求应聘者对问题的处理方式作出解释。主考官根据应聘者处理公文的质量、效率、轻重缓急的判断，以及文件处理中的表现，对应聘者的分析判断能力、组织与计划能力、决策能力、心理承受能力和自控力等进行评价。

文件筐测验情境与评价中心的其他形式相比，便于操作，且信度和效度较高，其使用频率高达81%，是评价中心中使用最多的一种测评方式。表4-2提供了一份用于选拔办公室秘书的文件筐测试指导语范例。

表 4-2　文件筐测试指导语范例

<pre>
                          指　导　语
    这是一些办公室工作的模拟练习。目的是了解您在办公室事务处理方面的经验与能力。以下
是有关的背景情况，请您务必仔细阅读并牢记于心。
    您是局办公室秘书之一，大家都称您小 A。此办公室是直接协助几位局领导工作的职能部
门，目前由田主任一人负责。
    今天是 2016 年 3 月 22 日，星期三，局里在远郊举办一个重要会议，田主任和办公室所有其
他同事都去办理会务，只有您一人留守，所有局领导都在出席重要会议，您不能找他们请示，局
里其他同事也都因种种原因不能帮忙，最不巧的是，由于那里电信线路出现故障，您无法与在郊
区开会的田主任及其他同事联系。
    田主任昨晚辗转托人给您一张便条。

小 A：
    明天（22 日）有这么几件事情要烦劳你。
    （1）主管分房的李局长要了解职工对分房办法第五稿的意见。请你看一下职工的意见材料，
代我起草一份 500 字左右的报告。
    （2）实习生郑兰说她写了一份信息，你看一下，最近局里上报信息比较少，被采用的也少。
看这份信息能否上报或经修改后上报。
    （3）请你给杨雨写封信，告诉她我们已经录取了新秘书。
    （4）请你根据李局长给马副局长来信的批示，把马副局长的信处理一下。
    以上几件事情都不能再拖了，明天上午无论如何都要完成。下午 1：00 局里有车来会场，你
搭车来会场，这里实在忙不过来。
    明天上午办公室若有什么事，你相机处理。办公室不要因为我不在就影响了正常运转。
    谢谢！
                                                                              田
                                                                          2016.3.21
</pre>

(续表)

> 现在是上午8:30，您一上班就得到上述指示和有关材料。您的任务是遵照指示完成所有工作。以下是您在完成工作过程中必守的程序和规定。
> （1）请您完成《指导语自测题》，回答结果构成评分的重要内容。
> （2）请在《日程计划表》上拟定一份今天的日程安排，若情况有变，日程安排可以更改，但必须在《日程计划表》上予以注明。
> （3）一切任务请按您本人对秘书工作的理解和相应的指示独立完成，并一定要说明这么处理的理由，否则要倒扣分。

2. 小组讨论（group discussion）

小组讨论分为无领导小组讨论和有领导小组讨论两种形式，无领导小组讨论是评价中心常用的一种测评方法。这种方法把应聘者分为不同的小组，每组5—7人不等，不确定讨论主持人，主考官指定一个具有争议性的题目。应聘者以小组的形式进行自由讨论，并形成一致意见。主考官通过观察各应聘者的表现，考察应聘者的思维敏捷性、应变和适应能力、心理承受能力、组织能力、决策能力、控制能力、分析判断能力等素质。研究表明，无领导小组讨论对管理者集体领导技能的评价非常有效，尤其适用于测评分析问题、解决问题及决策等具体领导者的素质。无领导小组讨论具有人际互动性强、考察维度独特、评价客观准确、效率高等优点。其缺点是：对讨论题目的要求高；对主考官的要求高；应聘者受同组成员影响较大。

有领导小组讨论是主考官指定某个应聘者为小组中的领导，被指定的领导主持整个讨论并形成决议。这种方式与实际情形较为接近，能够测评应聘者的各种技能。但是，有领导小组讨论要求每位应聘者都做一次领导，时间花费过多。

3. 管理游戏（management games）

管理游戏是一种以完成某项既定的"实际工作任务"为基础的标准化模拟活动。它通常要求应聘者共同完成一项具体的管理活动，这些活动必须在合作条件下才能较好地完成，主考官根据每个应聘者在完成任务过程中的表现来测评其素质和能力。其优点在于：能够突破实际工作情境时间与空间的限制；具有趣味性。其缺点在于：应聘者专心于战胜对方，从而忽略了对所应掌握的一些管理原理的学习；压抑了应聘者的开创性；不便于观察操作，花费时间等。

4. 角色扮演（individual presentations）

在一个模拟的人际关系环境中，涉及一系列尖锐的人际矛盾与人际冲突，要求应聘者扮演某一角色并进入角色情境去处理各种问题和矛盾。主考官通过对应聘者在不同角色情境中表现出来的行为进行观察和记录，评价应聘者是否具备所需的素质潜能。主考官对角色扮演中各种角色的评价要素有：角色的把握性；角色的行为表现；角色的衣着、仪表与言谈举止是否符合角色及当时的情境要求；缓和气氛、化解矛盾的技巧；情绪控制能力；人际关系技能等。

总之，公共人力资源配置过程中的甄选方法很多，甄选方法的选择要考虑组织的目标、招募的规模和时间、招募岗位和级别等影响因素。但有一个问题是所有甄选方法都需注意的,那就是测试的效度和信度。效度是指测试的结果和工作相关的程度,也就是测试的结果能否预测出应聘者任职后的工作绩效。信度是指测试的稳定性和一致性,也就是对同一应聘者用内容相似的测验再去测试,所得到的分数也应相似。没有效度和信度的测试是不能在招募甄选人员的过程中采用的。

第三节 公共人力资源流动

公共人力资源流动是经常发生、不可避免的。这是使个人得以发展、组织富有活力,并达成人事相宜、人力资源有效配置目的的必备条件。为此,公共部门应把组织好人力资源流动作为人力资源开发和管理的一项重要任务。

一、公共人力资源流动的内涵

(一)公共人力资源流动的含义

公共人力资源流动是指公共人力资源因为某种原因,依照一定的程序,调整其工作岗位的一种活动和过程。它既包括人员隶属关系的调整改变,也包括各种不改变隶属关系的交流活动,具体可以通过职位升降、调换岗位、职务轮换、评级调动、跳槽辞职、免职辞退等多种方式实现。

(二)公共人力资源流动的类型

公共人力资源流动按照方向,大致可以分为三种不同的类型:

1. 向上流动

向上流动即流动者的职务、身份以及社会地位向更高层级的流动与变化,主要表现为职务晋升。

2. 向下流动

向下流动即个人职务、社会地位、身份、收入等向更低层级的流动与变化,主要表现为降职。

3. 水平流动

水平流动即流动者虽然改变其职务、身份,但并不改变其地位和所属层级,既无升也无降,主要表现为地区之间、部门单位之间的工作轮换、借调交流、平级调动等。

(三)公共人力资源流动的意义

公共人力资源流动的实质是促进人力资源的合理配置和有效利用。其积极作用主要表现为:

第一,有利于提高公共部门的工作效率。通过公共人力资源的合理流动,可以减少公共部门内部人员之间的矛盾、降低内耗、淘汰不适应人员、及时弥补空缺,减少用非所长的现象,把有关的人力资源配置到最重要、最能发挥其作用的岗位中去,实现人岗最佳配置,提高工作效率。

第二,有利于增强公共部门的活力。通过合理流动、竞争上岗,为公共人力资源带来竞争的压力,使其潜力得以挖掘,在部门内部形成进取、创新和向上的良好风气,避免了思想和能力的僵化,增强了部门的活力;同时,也为人力资源在工作中找到最符合自己兴趣、最合适的岗位提供自我选择的机会,有助于促进公共人力资源主动努力提高个人能力和自身综合素质。

第三,有利于加强公共部门之间的相互合作。公共人力资源的水平流动,如挂职锻炼、借调等形式可以密切各交流部门、单位之间的联系,增进相互间的了解,加强相互间的合作。

第四,有利于杜绝和防止公共部门的不正之风。通过公共人力资源的流动,特别是异地交流制度,可以在客观上防止各种"关系网""人情网"的形成,为公共部门开展各项工作、廉洁奉公创造条件,从而有利于加强我国公共部门的廉政建设。

二、公共人力资源的晋升管理

公共人力资源的晋升管理是指组织、人事管理部门依据国家有关法律、法规和本单位、本部门的有关规定,根据工作需要以及人力资源的工作业绩和德才表现等情况,提高其原有的职务和级别的管理活动。

(一)晋升的条件

公共人力资源的晋升必须符合一定的条件,如思想政治素质、工作能力水平、学历文化程度和工作任职经历等方面的条件和资格。具体来说,通常主要包括前提条件、必备条件、业务条件、资格条件和拟任职务的具体要求等内容。

1. 前提条件

这是指晋升职务必须在国家核定的职数限额内进行,即要有职位空缺,然后才能按照空缺职位的要求,选拔合适的人员,不得随意突破提拔。如果晋升职务随便超出国家核定的职数限额,就会造成机构臃肿,人浮于事,降低行政效率。因此,凡是突破职数限额的晋升,都应被视为无效。

2. 必备条件

这是指晋升最起码的、必须具备的基本条件,主要包括政治思想觉悟、工作能力和身体条件等方面,缺一不可。晋升领导职务的,必须具有胜任领导工作的理论政策水平和组织实施能力,并符合领导集体在年龄结构、性别结构等方面的基本要求。

3. 资格条件

这主要是指晋升者必须具有拟担任职务所要求的学历、资历等方面的条件。前者指文化程度,后者指工作经历和服务年限。

4. 拟任职务的具体要求

不同的职务有着不同的工作内容,有着不同的具体专业要求。特别是对于专业性较强的职务,必须具备相应的专业知识和经验。

(二)晋升的原则

为了保证公共人力资源晋升的公正、有效,还必须遵循一定的原则。

1. 公正公开与平等竞争的原则

职务晋升的前提是能够发现优秀人才,并使其得以任用,这依赖于组织一种有效的人才选拔机制。这种机制在本质上要求对所有公职人员实行公正公开和平等竞争原则。所谓公开,主要指标准、程序和结果等要公开,增加透明度,接受群众的参与和监督。所谓平等,一是在标准条件面前人人平等,一视同仁,没有偏袒与偏私,准确客观地评估应聘者的真实业绩与能力;二是晋升的机遇要相对平等。所谓竞争,是在确定人选时,在程序的设计上要坚持在众多的对象中通过笔试、面试等比较鉴别、层层筛选、优胜劣汰,从而最终确定人选。

2. 注重实绩与德才兼备的原则

工作实绩是德、能、勤、绩的综合体现,客观反映了各方面素质,工作实绩应成为职务晋升的主要依据。但要防止把实绩与德才兼备二者简单画等号,避免简单地把实绩作为升降的唯一标准。同时,还必须坚持德才兼备、任人唯贤。德才兼备,主要指"德"与"才"的统一性和不可分割性,即在晋升时,必须坚持既要重视工作业务能力水平,又要重视政治思想道德素质;任人唯贤,就是唯德才是举。

3. 依法进行与逐级晋升的原则

晋升管理必须依法进行,遵循法定的晋升资格条件和晋升程序,以维护晋升过程的公平性与公正性。同时,晋升还必须遵循逐级晋升的原则。其原因在于个人的工作能力和经验都需要一定的时间和过程,才能得以提高和积累。逐级晋升能够一步步为胜任高一级的职务锻炼能力,打好基础。但在某些特殊情况下,对工作能力很强、成绩显著的人员,经考察和批准后,也可以越级晋升,但一般是以越一级晋升为宜。

(三)晋升的种类

根据不同的标准,晋升可以划分为不同的种类。按照晋升考核的依据,可以分为功绩晋升、年资晋升、技能资格晋升和综合晋升等;按照晋升的选拔方式,又可以分为委任晋升制、考试晋升制、招聘晋升制和自荐晋升制等。

1. 委任晋升制

委任晋升制是指由有关领导或有人事任命权限的机关,直接任命而获得晋升的方式。这种方式由于缺乏规范性,容易受到有关领导的主观影响,出现任人唯亲的现象。

2. 考试晋升制

考试晋升制是指通过参加统一的竞争性考试,以考试成绩作为晋升依据的方式。这种方式标准统一、客观公开,有助于保证公平晋升,但考试成绩不一定能够完全反映出一个人的真实情况。因此,这种方式还需要考察、民主评议等方式的配合使用。

3. 招聘晋升制

招聘晋升制是指通过公开招聘而获得职务晋升机会的晋升方式。竞岗竞聘有助于吸收社会上的优秀人才和新鲜血液,保证公共部门的活力。

4. 自荐晋升制

自荐晋升制是指当某些职位出现空缺时,本人向有关部门提出申请,毛遂自荐,并在有关部门调查、审议和批准后得到晋升的方式。

5. 推荐晋升制

推荐晋升制是指通过领导提名、群众推荐等途径获得晋升的方式。

(四) 晋升的程序

公职人员晋升职务，应当逐级晋升，特别优秀的或者工作特殊需要的，可以按照规定破格或者越一级晋升职务。一般来说主要按照以下步骤进行：

1. 民主推荐，确定考察对象

此即根据拟任职务所要求的思想政治素质、工作能力、文化程度和任职经历等方面的条件和资格，民主推荐合适人选。机关内设机构厅局级正职以下领导职务出现空缺时，可以在本机关或者本系统内通过竞争上岗的方式，产生任职人选。

2. 组织考察，研究提出任职建议方案，并根据需要在一定范围内进行酝酿

此即按照拟任职位所要求的条件，根据有关的档案资料，采用个别谈话、民主评议、实地调查，以及笔试、面试等多种方式对拟晋升人员进行全面考查审核，并根据晋升的基本标准和平时掌握的情况作全面考核，适当取舍。

3. 按照管理权限讨论决定

在全面考核的基础上，按照管理权限，由有关部门领导集体讨论，最终决定晋升人选。这是职务晋升的决定和决策环节，要按照有关规定贯彻民主集中制原则，坚持民主讨论、集体决策。

4. 按照规定履行任职手续

履行任职手续是职务晋升的必要环节。对决定任用的人员由任免机关下达任职通知；需要公示、试用的，实行任职前公示、任职试用；如有必要，还需要先培训再任职。

三、公共人力资源的降职管理

(一) 降职的含义

公共人力资源的降职管理是指公共人力资源管理机关按照国家有关法律、法规的规定，对由于各种原因不能胜任现任职务的人力资源，依照一定程序，降低其原有的职务和级别，改任较低职务的管理活动。目的是促进人力资源的适才适用，保证组织的有效运转，营造能上能下的风气，增强公共部门的生机与活力。

目前，我国公共人力资源的降职有职务降低和薪金降低两种基本方式。在具体实施中，可以降职、降薪同时进行，也可以只实行其中的一种。比如，根据有关规定，由于工作人员自身条件不符合职位要求而导致的降职，通常是职务和薪金同时降低；由于机构调整或机构撤销，并非由于工作人员自身条件不符合职位需要而引起的降职一般只降低职务，不降低薪金。同时，一次一般只降低一个职务层次。

(二) 降职的原因

引起降职的原因有很多。一般来说，具体表现在以下几个方面：

1. 机构撤并精简

对于因组织机构被撤并，需要精简职位而导致此类人员的降职，一般都要确认在本地区、本部门无同级合适职务安排时，或某一较低职务确实需要其担任时方可实施。

2. 考核不称职

由于本人工作不努力、思想作风差、业务能力低，以及工作成绩不佳等原因，导致在年度考核中被定为不称职等次的，要降职使用。

3. 不胜任现职

如果不胜任现职是由于安排使用不当、专业不对口等因素造成的，应采取转任同级职务的办法解决。如果确属本人身体不健康、德才欠佳、缺乏相关的专业知识和技能，无法从事现任工作，执行现职困难，就要坚决降职。

4. 违法违纪

有违法违纪行为的公职人员按照奖惩条例的有关规定也需要降职使用。

（三）降职的程序

虽然降职不是行政处分，但由于它关系到当事人的切身利益，必须认真、慎重，依据法定条件，遵从法定降职程序。

1. 所在单位提出意见

意见主要包括两个方面：一是降职的理由；二是降职后的安排去向。提出的降职理由必须具体、充分，必须经单位领导集体讨论决定。

2. 征求本人意见

征求本人意见，有利于保障降职人员的民主权利。

3. 任免机关审批

任免机关审批前，应进行复查了解，既要向呈报单位领导和组织人事部门了解，也要向周围群众和被降职的本人了解，全面听取各种意见后综合分析，提出审核意见，然后由任免机关领导集体研究决定。

4. 本人申诉

任免机关作出降职决定后，若本人不服，还可以按照有关规定，提出申诉。受理机关接到申诉后，必须按照有关规定处理，但在复核和申诉期间，不停止降职决定的执行。

四、公共人力资源的交流调配

（一）公共人力资源交流调配的含义

公共人力资源的交流调配是指公共部门由于工作或培养人才的需要、人力资源的个人愿望，以及其他法定的原因，依据法定的程序和方法，将所属人员调入调出公共部门，或在部门内部转换工作岗位的一系列活动和过程的总称。如公务员可以在公务员队伍内部交流，也可以与国有企事业单位、人民团体和群众团体中从事公务的人员交流。

(二) 公共人力资源交流调配的特点

1. 形式的多样性

我国公共人力资源的交流调配有着多种形式,其中的法定形式主要有三种,即调任、转任和挂职锻炼。

2. 对象的特定性

每一种交流调配都有特定的对象,目的在于区分和明确管理对象的性质和层次,并根据不同的人员性质,有计划地采取行之有效的措施。

3. 管理的计划性

各种交流调配管理活动都要在有关部门的统一调控下,有计划、有组织、有步骤地进行。

4. 范围的广泛性

公共人力资源既有公共部门系统内部跨地区、跨单位和跨职位的流动,又有公共部门系统内部与系统外部之间的人员交流调配。前者一般不涉及身份问题,只是行政隶属关系发生了变化;后者则涉及身份变更,如从党政机关调任到企业工作,就将相应失去公务员的身份。

(三) 公共人力资源交流调配的作用

交流调配是公共人力资源管理一项不可缺少的措施,体现了公共部门的开放性,能够保持组织的生机与活力,推进公共部门的人力资源开发工作。

1. 有利于培养人才队伍

通过有计划的交流调配和岗位轮换,可以输送新鲜血液,带来新的管理思想和管理理念,增强公共部门的朝气与活力;还可以使公职人员在不同的岗位上丰富工作经验和知识,增长阅历和才干,激发动力,不断提高自身的素质和能力。

2. 有利于促进适才适用

通过交流调配、岗位流动,可以改变公共部门中所存在着的一些专业不对口、学非所用、能力不足,甚至人际关系不融洽等现象,从而有利于促进适才适所、才尽其用。

3. 有利于加强廉政建设

对于一些特殊的行政职位或领导岗位,如果任职时间过久,就会形成容易导致其违法犯罪的关系网。通过交流、调任制度,有助于打破这种关系网,杜绝各种不正之风的干扰和影响,促进廉政建设。

4. 有利于解决个人实际生活困难

通过调任、转任等交流活动,组织可以妥善、合理地解决公职人员如长期两地分居等实际生活的困难,从而稳定公共人力资源队伍。

(四) 公共人力资源交流调配的原则

1. 依法有序原则

公共人力资源的交流调配有严格的程序和明确的要求,必须符合职位要求的各种规定，规范交流调配的条件、形式和适用情况等，并严格按照这些程序和规定，依法有序管理，以防范交流中任人唯亲、裙带关系等不正之风的出现，确保真正有能力的人员被任用到适当的工作岗位上去。

2. 适才适用原则

适才适用是交流调配工作的出发点和归宿点。在交流中，应根据工作职位的具体要求和交流人员的本身情况，将交流人员调配到相应的工作岗位上，用人所长、避人所短，达到适才适所的目的。

3. 服从大局原则

交流调配是公共部门一项整体有序的工作，有关人员应以大局为重，主动服从组织的管理安排。组织在安排交流时，也要考虑到当事人的个人利益和要求，以有效地调动他们的工作积极性。

（五）公共人力资源交流调配的形式

1. 调任

调任是指公共人力资源在党政机关与国有企事业单位和社会团体之间的交换任职，是一种外部交流形式，属于跨部门、跨系统的人事变动。国有企业、高等院校和科研院所以及其他不参照本法管理的事业单位中从事公务的人员，可以调入机关担任领导职务或者四级调研员以上及其他相当层次的职级。

（1）调任的对象。党政部门公务员的调出没有特别的规定，但对调入则有明确的适用范围和限制。调入者必须是已经在原公共部门中担任一定的职务或有一定的职称、资历，并且在调入行政机关以后，拟担任一定的领导职务或副调研员以上的非领导职务。至于主任科员以下的非领导职务序列则不适用于调任管理途径，需要"凡进必考"，一般采用面向社会、公开考试、择优录用的渠道。

（2）调任的形式。调任分为调入和调出两种情况。凡调入者必须经过严格的考核，达到公务员的任职标准，并符合有关部门和职位所要求的资格条件。调任后，调任者的身份也随之发生变化，或取得公务员身份和相应的法定权利、义务，或不再是公务员。这是调任和其他交流途径完全不同的特点。

（3）调任的目的。调任的目的主要是调剂公共部门各类组织机构的职位余缺，调整人力资源队伍结构，开阔眼界，丰富经验，促进个人成长和发展，并改进机关工作作风，加强各部门、各单位间的联系和交流。

2. 转任

转任是指由于工作需要或者其他正当理由在各自组织系统内的调动，既包括跨地区、跨部门的调动，也包括在同一部门中不同职位间的转换任职交流活动。

（1）转任的对象。转任的适用对象是党政部门中部分在职公务员，主要有两类：一类是担任领导职务的公务员，另一类是担任审计、监察等特殊职务的公务员。如果不是由于工作能力差、成绩低劣导致考核不合格，公务员的转任一般不予降职，也不降低职务级别和工资收入。因此，转任是属于系统内部人员的平级调动，既不涉及职务的升降，也不涉及身份的改变。

（2）转任的形式。转任的形式主要分为两种情况：一种是公务员隶属的单位或部门发生变化，但所任职务的职位和级别没有变，如异地转任相同职务，一省纪委书记转任另一省纪委书记；另一种情况是跨职位的人事变动，如从统计局局长转任人事局局长。但这种转任必须经过相应的考核，证明确实符合拟任职位的资格条件，方可予以任用。

（3）转任的目的。转任的目的主要有开阔视野、丰富经验，全面锻炼领导干部；调剂人才余缺，充实或加强某一方面的工作，转任超编富余人员；调整机关内部职位结构和人员素质结构，改变学非所长和专业不对口的状况；解决公务员实际生活困难，以及实现公务回避，防止各种关系网的形成，防止以权谋私，保证廉政建设等。

3. 挂职锻炼

挂职锻炼是指有计划地选派公共人力资源在一定时期内到基层单位或企事业单位担任一定的职务、接受锻炼、增长才干的交流活动。

（1）挂职锻炼的对象。挂职锻炼的对象主要有两种：一是无领导经验而有培养前途的人员；二是缺乏实践经验的初任职员。

（2）挂职锻炼的形式。挂职锻炼既有上级党政机关选派公务员到基层机关或企事业单位挂职锻炼，也有企事业单位选派合适人员到党政机关挂职锻炼。挂职锻炼期间，挂职人员并不改变与原单位的行政隶属关系，不改变双方单位的编制，不办理调动手续，只是在一定时间内改变工作关系，在人事上仍受原单位管理，在业务工作上受接收单位的领导和指导。

（3）挂职锻炼的目的。挂职锻炼的目的主要是培养后备干部，帮助挂职人员熟悉具体业务工作、了解实际、积累经验和增长才干，开发公共人力资源，以便形成良好的干部梯队。

五、公共人力资源的辞职辞退

辞职辞退制度是疏通公共人力资源出口的重要环节，是保证公共部门人员精干高效的重要措施，为人力资源自由选择职业和实现队伍的新陈代谢、优胜劣汰提供了依据和保障。

（一）辞职辞退的含义

辞职是指公共人力资源根据本人意愿，依照法律、法规规定，申请终止所担任的职务，并经任免机关或主管部门批准，辞去所担任职务，解除与所在单位的职务关系的行为。

辞退是指公共部门依照有关法律规定的条件，通过一定的法律程序，在管理权限内作出的解除其与某一工作人员任用关系的活动。这是公共部门的一种单方面行为，无须征得当事人本人的同意。

辞职与辞退是一对相互对应的制度，分别体现了人力资源个人的自主择业权和公共部门的用人自主权。辞职辞退作为两个"出口"，是公共人力资源管理制度的一大进步，不仅有利于人力资源自由选择职业，还有利于克服公共部门"能进不能出"的弊端，促使其努力工作，提高素质，确保公共人力资源队伍的精干高效。

（二）辞职辞退的特点

1. 辞职的特点

（1）辞职是公共人力资源的法定权利。我国宪法规定，劳动权是公民的基本权利之一。从广义上讲，劳动权包括择业权，而辞职是公共人力资源择业权利的重要形式。辞职与否完全由本人决定，任何单位或个人不得侵犯和干涉。

（2）辞职的主体有一定限制。虽然辞职是公共人力资源的一项法定权利，但这种权利的行使主体要受到一定的限制。这是由于他们辞去所担任的公职，可能会给社会公共事务造成或多或少的影响。因此，他们的辞职权必须受到一定的限制，只有符合一定的条件，才可以申请辞职，以防止其滥用辞职权。

（3）辞职必须经过法定程序。辞职虽然是公共人力资源的基本权利，但也必须遵守有关法律规定的程序，不得擅自离职，不得损害国家、社会和集体的利益。只有经法定程序，辞职的法律行为才生效。

（4）辞职权利具有法律保障。没有法律保障的权利是不现实的权利。公共人力资源依法辞职后，可以按照有关规定获得各种法定辞职待遇，如工龄可以连续计算，有在规定范围内重新就业的权利等。

2. 辞退的特点

（1）辞退是公共部门的法定权力。相关部门可以依据法定权力，按照法定程序单方面辞退，无须征得本人同意。

（2）辞退必须基于法定事由。公共部门对人员的辞退，必须基于法定事由，符合法定条件。

（3）辞退要遵循法律程序。不符合法律程序的辞退是不具备法律效力的，这也是保障当事人权利的重要手段。

（4）被辞退人员享有法定待遇。按照有关规定，被辞退人员可以享受一定的法定辞退待遇，如可以领取辞退费，或者根据国家有关规定享受失业保险。

（三）辞职辞退的条件

1. 辞职的条件

所谓辞职条件，是指公共人力资源在什么情形下可以行使辞职的权利。我国在关于公务员的辞职方面，规定了限制性条件，即有下列情形之一的，不得辞去公职：

（1）未满国家规定的最低服务年限的。

（2）在涉及国家秘密等特殊职位任职，或者离开上述职位不满国家规定的脱密期限的。

（3）重要公务尚未处理完毕，且需由本人继续处理的。

（4）正在接受审计纪律审查，或者涉嫌犯罪，司法程序尚未终结的。

（5）法律、行政法规规定的其他不得辞去公职的情形。除了这些规定条件之外的情况都可以辞职，并获批准。

2. 辞退的条件

辞退关系着公共人力资源的切身利益，是一项非常严肃的工作。因此，我国在辞退方面也作了明确的规定。如《公务员法》规定有下列情形之一者，行政机关可以辞退公务员：

（1）在年度考核中，连续两年被确定为不称职的。

（2）不胜任现职工作，又不接受其他安排的。

（3）因所在机关调整、撤销、合并或者缩减编制员额需要调整工作，本人拒绝合理安排的。

（4）不履行公务员义务，不遵守公务员纪律，经教育仍无转变，不适合继续在机关工作，又不宜给予开除处分的。

（5）旷工或者因公外出、请假期满无正当理由逾期不归连续超过十五天，或者一年内累计超过三十天的。

同时，为了保证公务员的合法权益，防止辞退权力的滥用，国家又规定有下列情形之一的公务员，不得辞退：因公致残，被确认丧失或者部分丧失工作能力的；患病或者负伤，在规定的医疗期内的；女性公务员在孕期、产假、乳期内的；法律、行政法规规定的其他不得辞退的情形。

(四) 辞职辞退的程序

辞职、辞退是一种法律行为，要产生相应的法律效力，必须履行一定的法律程序。

1. 辞职的程序

（1）本人向所在单位提出书面申请。

（2）所在单位提出意见，按照管理权限报任免机关。

（3）相关人事任免机关及时认真审查、审批。如我国规定公务员辞去公职，任免机关应当自接到申请之日起三十日内予以审批，其中对领导成员辞去公职的申请，应当自接到申请之日起九十日内予以审批。在审批期限内，公职人员不能擅离职守。

（4）任免机关将审批结果书面形式通知呈报单位及申请辞职人员。辞职申请被批准后，公职人员应及时办理交接手续，必要时按照规定接受审计。

2. 辞退的程序

（1）所在单位在核准事实的基础上，按照管理权限向任免机关提出辞退建议并说明辞退事由。

（2）相应的任免机关在接到辞退建议后，认真审查、复核。

（3）任免机关审批作出辞退决定的，以书面形式通知呈报单位和被辞退人员，同时抄送有关部门备案。

（4）被辞退人员离职前办理交接手续，必要时按照规定接受审计。

阅读资料

一、干部挂职制度的历史变迁及成效

一、当代干部挂职制度形成于改革开放之后，来源于新民主主义革命时期和中华人民共和国成立后下派干部工作队的做法

20世纪40年代，陕甘宁边区政府下派干部到农村开展工作而形成的"乡村运动"以及派出干部工作队到基层协助征收粮食税款等做法，可以说是当代干部挂职制度的最早雏形。这种下派干部工作队（组）领导、指导或帮助基层开展特定工作的做法，在中华人民共和国成立后得以延续下来。在社会主义改造时期，党和政府每年以工作队的形式下派数十万名干部到基层开展土地改革运动。20世纪50年代末期和20世纪60年代中期，党中央先后两次向基层派驻工作队，以开展社会主义教育运动。各种工作队（组）的目的虽然不同，但组织形式却是一样的。在中华人民共和国成立后的三十年里，下派的工作队（组）多带有政治性质，旨在领导、指导或帮助基层落实中央的路线、方针、政策，虽然与当代干部制度话语中的"挂职"有一定距离，但却是其重要历史渊源。

改革开放后，随着国家发展战略方向的转移，干部人事制度也开始改革，当代话语系统中的干部挂职制度建设由此起航。20世纪80年代初期，中央为解决西藏自治区专业技术干部紧缺问题，由当时的中组部和劳动人事部联合发文通知，要求从邮政、水电等行业选拔一批专业技术干部到西藏进行为期三年的技术援助，由此拉开了一直延续至今的内地干部援藏工作的序幕。这项工作不仅在人力资源方面为西藏的经济社会发展提供了实质性帮助，也培养了很多了解西藏风土人情的干部。与此同时，中央建立选调生制度以及年轻干部挂职锻炼制度，拉开了当代干部挂职制度建设的大幕。选调生制度是一项有计划地培养一批年轻且文化程度较高的党政领导干部，从而改善省、市、县领导班子结构的干部培养制度。这一制度为地方各级党政机关培养了一大批优秀的领导干部。年轻干部挂职锻炼制度是一项有计划、分期分批地从中央机关以及国家机关中选派有文化知识的年轻干部到基层或地方挂职锻炼的干部培养制度。由此，干部挂职开始走向制度化和规范化。

我国在总结经验的基础上，不断扩展干部挂职的范围、创新干部挂职的方式、规范干部挂职的内容。20世纪90年代初期，我国创新性地推出"上挂"举措，即地方干部到中央机关等挂职。比如，中央统战部曾从西藏、新疆、内蒙古、宁夏、广西五个自治区以及青海、云南、贵州三个省选调三十余名少数民族干部到当时的国家教委、国家科委、林业部、农业部等中央部委机关和北京市党政机关进行挂职锻炼，取得了积极效果。同时，干部挂职制度的规范化建设也在紧锣密鼓中进行。比如，《中共中央关于抓紧培养教育青年干部的决定》（1991年）规定，地（市）级以上党和国

家机关提拔处级以上领导干部必须具有三年以上基层工作经历;《国家公务员暂行条例》(1993年)将挂职锻炼规定为国家公务员交流的形式之一;《中共中央组织部关于干部挂职锻炼工作有关问题的通知》(1994年)对干部挂职的对象、条件、去向、职务安排、办理程序、教育管理等内容作出规定;等等。总之,多样化和规范化是这个时期干部挂职制度的发展趋势。

进入21世纪以后,干部挂职制度日渐规范,挂职范围日渐扩大。我国首部干部人事管理的综合性法律《公务员法》将挂职锻炼作为一种重要的公务员交流形式纳入其中予以规范,由此确立了公务员挂职锻炼的法律依据。另外,中央在全国党政干部领导班子建设规划、国家中长期人才发展规划、西部地区人才开发规划、专业技术人才队伍建设中长期规划等干部人事工作规划中,对干部挂职的重要性、发展思路以及具体办法等予以明确。同时,干部挂职的范围也在不断扩大。比如,将先前选派少数民族干部"上挂"的西部五区三省扩大到整个西部地区,也从中央国家机关和国有企事业单位选派干部到西部地区进行挂职锻炼。

二、干部挂职包括内挂与外挂两类,其中的内挂又包括下挂、上挂和平挂三种,但核心目的都是培养锻炼干部,干部挂职是干部交流的一种特殊形式

根据《公务员法》规定,公务员交流有调任、转任和挂职锻炼三种方式。其第66条规定:"根据培养锻炼公务员的需要,可以选派公务员到下级机关或者上级机关、其他地区机关以及国家企业事业单位挂职锻炼。"公务员的覆盖范围包括中国共产党和各民主党派机关、立法机关、行政机关、政协机关、审判机关、检察机关和监察机关中除工勤人员以外的工作人员。公务员范围明显小于干部范围,也即干部除包括公务员外,至少还包括国有企事业单位干部。由此可知,干部挂职的外延远大于公务员挂职的外延。通常所谓的干部挂职是指党政机关的公务员挂职。根据法律规定,挂职可以分为内挂和外挂两类。内挂是指在党政机关系统内部的挂职方式,可以分为下挂、上挂和平挂三种。其中,下挂是指上级党政机关选派公务员到下级党政机关挂职,上挂则反之,平挂是指公务员挂职行为发生在平级党政机关之间。外挂是指党政机关选派公务员到党政机关系统外的国有企事业单位挂职。干部挂职是党政机关的意志表达,即挂职具有党政机关的指令性和计划性,虽然并不排除征求公务员的意见,但挂职到底是党政机关的组织行为,并非公务员的个人行为。由于挂职的主要目的是培养锻炼公务员,所以挂职人员主要是中青年干部,挂职时间一般为一年至二年。挂职期间,挂职人员不改变与原机关的人事关系,但通常接受派出单位和接收单位的双重管理,期间除补贴外,工资及待遇不变。

三、挂职制度并非中国独创,各国亦有类似规定,不过具体做法和实施成效在不同国家或地区会有所区别,国外也有类似于干部挂职的规定

例如,德国有的州规定,担任领导职务的公务员每年都要在其他普通公务员职位上工作一段时间(挂职锻炼),那些担任领导职务的公务员在晋升时,大部分都存在类似于挂职锻炼的下派记录。英国政府不仅要求书记员以上的公务员在国内不同政府部门进行流动,还鼓励其到海外挂职,特别是到欧盟机构挂职。为此,英国还特别制订了有关欧盟挂职的计划，对象主要是 30—40 岁具有潜力的年轻管理人员；可以是五个月的短期挂职，也可以是三年的长期挂职；其国内职位会保留，属于停薪留职性质。日本公务员分为国家公务员和地方公务员，两类公务员之间可以交流。中央政府机关可以派遣国家公务员到地方都道府县、市町村进行定向"挂职锻炼"，而地方政府机关也可以派遣公务员到中央政府机关进行"挂职学习"。另外，日本法律还允许政府机关与私营企业进行人才交流，实行双向挂职。日本国家公务员可以被选派到（挂职）私营企业并依照劳动合同进行工作，私营企业员工也可以作为雇员借调到（挂职）政府机关工作，挂职时间通常在三年以内，期间身份不变，但工资由接收单位支付。美国联邦政府制定了有关政府间人员交流的法律，确立了联邦政府与州政府以及地方政府之间的人员对等交流制度，交流时间通常为一年。另外，美国还建立了联邦政府与私人企业的人员交流制度。由此可见，如何培养公务员的全局视野，提升公务员的管理能力，畅通府际关系和政企、政社关系，是各国公务员制度设计面临的共同问题，挂职制度就是解决这个问题的有效途径。挂职制度并非中国独创，而是为各国所有，不过具体做法和实施成效在不同国家或地区会有所区别，各具特色。比如，国外政府公务员与私人企业之间有单向挂职或双向挂职的做法，但我国却没有，我国只有政府公务员挂职于国有企事业单位的做法。

（**资料来源**：刘俊生. 干部挂职制度的历史变迁及成效. 人民论坛，2020，(15)）

二 聘任制公务员的制度创新与内在价值

一、考录制公务员和聘任制公务员的区别

以国务院颁布的《国家公务员暂行条例》为实施依据，1994 年，我国正式建立了国家公务员制度，确立了"凡进必考"的公务员考试录用制度。2006 年，《公务员法》颁布实施，这意味着"凡进必考"的公务员考试录用制度第一次以国家立法形式得以确立。国家公务员考试录用制度的最大特点是"凡进必考"，以统一考试的形式规范了国家公务员的入口，规定了公务员报考的资格条件和录取的标准流程，有助于提高公务员队伍的整体素质和能力。

《公务员法》对聘任制作出规定，"机关根据工作需要，可以对专业性较强的职位和辅助性职位实行聘任制"。2007 年，深圳、上海浦东两地在全国率先开展聘任制公务员试点，此后试点范围陆续扩大到北京、江苏、湖北等地。总体来说，从各地聘任制公务员的实施情况来看，它主要针对的是辅助性职位。虽然也有一些地区对专业性较强的职位进行过聘任制的尝试，但其规模和数量都不大。

根据《聘任制公务员管理规定（试行）》，聘任制公务员是以合同形式聘任、依法履行公职、纳入国家行政编制、由国家财政负担工资福利的工作人员。考录制公务员和聘任制公务员的区别主要有三个方面：

一是从考试内容看，考录制公务员注重综合管理能力，聘任制公务员强调专业技术能力。考录制公务员的考试内容和录用标准强调的是考生的综合管理能力，考查科

目主要是行政能力测试和申论。虽然不少岗位在复试阶段也有专业能力测试，但如果考生过不了初试，专业能力测试也就没法参加。因此，从根本上来说，考录制公务员的录用标准是以综合管理能力为基础的。聘任制公务员的考试内容和录用标准更注重考生的专业能力，《聘任制公务员管理规定（试行）》规定，考试"采取笔试、面试等方式进行，突出岗位特点，重点测查应聘人员的专业素养、业务能力和岗位匹配程度"。相比较来说，聘任制公务员的录用方式更强调专业能力，也更为灵活。

二是从招录岗位看，考录制公务员岗位大部分没有工作经验的要求，聘任制公务员一般要求有一定的工作经验和技术专长，专业门槛要求较高，且通常是单位中层及以上岗位。比如，山西省大数据产业办公室招聘的两名聘任制公务员，明确要求有五年以上大数据相关行业从业经历；新疆地矿局主任工程师岗位要求具备十年以上相关工作经历，且具有相应的专业高级工程师及以上职称。

三是从工作期限看，考录制公务员一般都是终身制，聘任制公务员的工作期限通常有明确要求，一般一个聘期是一年至五年。《聘任制公务员管理规定（试行）》第14条规定："聘任合同期限为一年至五年，由聘任机关根据工作任务和目标与拟聘任公务员协商确定。首次签订聘任合同的，可以约定试用期，试用期为一个月至六个月。聘任为领导职务的，聘任合同期限为三年至五年，试用期为一年。"总的来说，聘任制公务员进入公务员队伍的考录方式、考录内容、考录岗位和工作期限等，都对考录制公务员形成了有益的补充。考录制公务员"凡进必考"，而聘任制公务员进入方式相对灵活，未必都要经过考试；考录制公务员考试内容以综合管理能力为主，而聘任制公务员考试内容以专业能力为主；考录制公务员的招录岗位以普通管理岗位为主，而聘任制公务员的招录岗位以中级及以上技术岗位为主；考录制公务员一般是终身制，而聘任制公务员有工作年限规定。虽然目前在我国实践中辅助性职位使用聘任制公务员的较多，但聘任制公务员无疑更适合专业性较强的职位。

二、聘任制公务员的内在价值

与考录制公务员相比，聘任制公务员存在的内在价值是什么？《聘任制公务员管理规定（试行）》的制定是"为了健全用人机制，满足机关吸引和使用优秀人才的需求，提高公务员队伍专业化水平"。从理论层面看，聘任制公务员能够在一定程度上解决考录制公务员制度存在的三点不足，能满足机关吸引和使用优秀人才的需求，这也是聘任制公务员的内在价值。

第一，解决部分公务员专业岗位不愿考的问题。虽然国家公务员考试报考数量屡创新高，但从报考地区、报考职位来看，却冷热不均。报考人数特别多的职位，一般报考门槛比较低、技术要求不高。报考人数不多，甚至不足开考人数的职位，除了工作地区因素外，通常是以技术性强的岗位为主。一些技术性比较强的专业，比如精算、金融等专业，用人市场往往供不应求，大学生往往还没毕业就会被企业盯住，以高薪、高待遇、高平台吸引专业人才。公务员岗位所提供的条件不足以吸引这些专业人才，薪酬只是一个方面，展示技术专长的平台往往更为重要。所以，一些专业性强的岗位，很多人不愿意报考。一些专业性强的岗位，比如船舶检验师，其岗位责任压力大，但薪酬待遇又不高，所以出现无人报考的情况。或者即使在单位的压力下报考了，但考试时往往故意考低分，刻意不通过资格考试，导致公务员专业人才缺乏，从而影响相关单位履职尽责。聘任制公务员的高薪酬、高平台和灵活聘期制，给那些不愿报考的专业人才提供了更多的选择和机会，有利于吸引专业人才进入公务员队伍，提高公务员履职尽责的能力。

第二，解决部分公务员专业岗位考不进的问题。一些专业性强的公务员职位，虽然也有人报考，但因无法通过考录制公务员的行政能力测试和申论考试，考不进公务员队伍。有些考生虽然专业性足够，但进入公务员队伍的前提条件是要通过注重综合能力的公务员考试，而由于这些考生的优势在专业性上，综合管理能力反而是其短板。这种情况下，有意愿、有专业能力的考生一般考不上这些注重综合管理能力的职位。聘任制公务员考试以专业能力为主，考试形式也比较灵活，给专业能力强但综合管理能力弱的人才提供了进入公务员队伍的机会，从而在一定程度上解决了考不进的问题。

第三，解决部分公务员专业岗位留不住的问题。有的考生足够优秀，既有专业能力，又有综合管理素质，所以在公务员招录考试中，既通过了注重综合管理能力的笔试，又通过了强调专业技术能力的复试，最终进入专业性较强的公务员职位。同是专业技术岗位，专业人才在公务员职位上更多的是从事以专业技术管理为主的工作，而非专业技术的操作工作，这样就导致一些市场需求旺盛的拥有专业技术的公务员从体制外流向市场内。虽然考了进去，招了进来，但是最终留不下来。聘任制公务员的价值不在于打破考录制公务员的"铁饭碗"，而是以另一种用人方式，满足机关吸引和使用优秀人才的需求。聘任制公务员以灵活的聘期制吸引专业人才短期进入公务员队伍，丰富经历，开阔视野，增长才干。有一定技术和经验的专业人才进入公务员队伍，可以更好地锻炼自己的综合管理能力。

（资料来源：张国玉. 聘任制公务员的制度创新与内在价值. 人民论坛，2018，（6））

案例分析 首次！四川公开选调公务员背后有啥深意？

近日，四川省委组织部发布了《2020年四川省省直机关公开遴选和公开选调公务员公告》（以下简称《公告》）。值得关注的是，这是四川省首次公开选调公务员。什么是公开选调公务员？为什么要以公开的方式进行选调？

一、公开选调公务员不是招录选调生

说起"选调"，不少人会想到"选调生"。在四川，招录选调生工作已开展多年，超过两万名品学兼优的应届大学本科及其以上毕业生，经过选调程序来到四川工作。

"公开选调公务员不是招录选调生,而是通过公开选拔的方式调任公务员。"四川省委组织部公务员相关处室负责人介绍,根据《公务员调任规定》,调任是指国有企业、高等院校和科研院所以及其他不参照公务员法管理的事业单位中从事公务的人员,调入机关担任领导职务或者四级调研员以上及其他相当层次的职级。"以前,四川公务员调任工作往往都是通过组织推荐方式产生,今年是省委组织部首次探索通过公开选拔的方式确定调任公务员人选。"

二、公开选调是为了拓宽渠道好中选优

据悉,此前,中央机关已开展过公开选调公务员工作;今年,除了四川,重庆、山东、湖南等地也开展了公开选调公务员工作。

为何要采取公开的方式选拔调任公务员呢?上述负责人告诉记者,此举的目的是要打通机关和国有企业、高等院校、科研院所及其他不参照公务员法管理的事业单位的人才流动通道,进一步拓宽选人视野和渠道,优化公务员队伍结构。"这是对公务员管理公开、平等、竞争、择优原则的进一步落实。"

该负责人同时表示,调任职级公务员,主要是为了补充机关紧缺的优秀专业人才,突出的是对调任人员专业技能水平的考量。

记者梳理《公告》发现,此次公开选调涉及五家单位的五个职位。这些职位对报考者的学历、专业、技能水平要求都比较高。有三个职位要求研究生及以上学历,另两个要求全日制本科及以上学历;所有职位都要求专业对口,且一般具有三年以上或五年以上的相关工作经验;有两个职位还要求具备相应的副高级及以上专业技术职称。

"这样的公开选拔调任更有助于党政机关找到适岗的紧缺人才。"上述负责人表示。

(资料来源:根据四川在线网 2020 年 9 月 4 日的相关报道整理)

问题 四川首次以公开选拔的方式确定调任公务员人选有何特点?对于今后公共部门人才队伍建设有何借鉴意义?

本章关键术语

公共人力资源获取	公共人力资源配置	公共人力资源流动
选任制	考任制	委任制
聘任制	人力资源预测	人力资源招募
投射法	结构化面试	评价中心
无领导小组讨论	管理游戏	角色扮演

文件筐测试	晋升	降职
交流调配	调任	转任
挂职锻炼	辞职	辞退

 复习思考题

1. 公共人力资源配置的原则和形式是什么？
2. 公共人力资源配置的程序是什么？
3. 公共人力资源流动的意义是什么？
4. 什么是交流调配？有哪些形式？在公共人力资源管理中具有什么意义？
5. 公共人力资源辞职、辞退的程序和意义是什么？

第五章

公共人力资源素质测评

> **本章学习引导** 本章着重介绍人员素质测评的有关概念、类型、意义及其理论基础,特别是心理测验的类型及标准化问题,探讨了人员素质测评指标体系的构建原则、程序、方法以及指标量化和权重确定问题,进而介绍了几种常见的心理测验技术,如人格测验和能力测验。
>
> **本章学习重点** 人员素质测评的含义、类型及理论基础;心理测验及类型;人员素质测评指标体系的构建原则、程序、方法;人格测验,能力测验。

第一节 公共人力资源素质测评概述

一、公共人力资源素质测评理论与实践溯源及类型划分

(一) 公共人力资源素质测评理论与实践溯源

素质是指个体所具有的从事一定活动的基本条件和能力。素质是行为的基础,它具有相对稳定性、可塑性以及内隐与外显统一性、共性与个性统一性、层次性等特征。有学者将"能力素质"作为一个统一概念加以界定,认为其本质是指行为主体为完成某项特定工作,达成某一特定目标所需要的不同动机表现、个性品质、角色特征、知识经验以及技能水平。① 素质测评是指测评者按照一定尺度和参照点,依据一定的规则,运用一定的技术方法,对被测评对象的素质特征及价值高低等进行量化和价值判断与描述的过程。人员素质测评有广义和狭义之分。狭义的人员素质测评是指通过量表、个人履历表、工作申请表、面试、观察评定等一系列测评技术和手段来评定人员素质的一种活动。例如,智力测试、能力倾向测试、人格测试等均是通过量表来测评个体的相关素质的;而工作样本观察评定、试用期观察评定以及绩效考评等则是通过实际的或模拟的行为评定来测评人的相关素质。狭义的人员素质测评专指心理素质测评。广义的人员素质测评除包括狭义的人员素质测评内容外,还包括人的身体素质及其他素质的测评。一般来讲,人力资源管理中的人员素质测评通常包括身体素

---

① 〔英〕希尔维亚·霍顿等. 公共部门能力管理——欧洲各国比较研究. 邓征,译. 北京:国家行政学院出版社,2007.

质和心理素质两大方面。其中,身体素质主要包括健康状况、体力和耐力水平以及身体灵活性等;心理素质主要指智力和能力素质、品德素质、认知水平及其他一些个性素质,如兴趣、动机、气质、性格、忍耐性等。心理素质是人员素质测评的主要内容。

所谓公共人力资源素质测评,是指测评者从公共部门及其人力资源管理目标出发,运用特定的测试技术和方法,对被测评人员的身体素质和心理素质进行测量评价的过程。一般而言,主要是针对能力素质或者是胜任素质来进行测评。1973 年,麦克利兰在《美国心理学家》(American Psychologist)杂志上发表了一篇论文《测量胜任素质而非智力》(Testing for Competency rather than for Intelligence),指出滥用智力测验来判断个人能力的不合理性,并进一步说明人们主观上认为能够决定工作成绩的一些人格、智力、价值观等方面的因素,在现实中并没有表现出预期的效果。因此,他强调离开被实践证明无法成立的理论假设和主观判断而回归现实,从第一手材料出发,直接挖掘那些能够真正影响工作业绩的个人条件和行为特征,为提高组织效率和促进个人事业成功做出实质性贡献。他把这样发现的直接影响工作业绩的个人条件和行为特征称为胜任素质(competency)。这篇论文的发表标志着胜任素质运动的开始,麦克利兰也因此成为国际公认的胜任素质方法创始人,被誉为"胜任素质之父"。①

对于公共人力资源,尤其是公务员的能力素质进行测评由来已久。早在 20 世纪 70 年代,麦克利兰、斯班瑟夫妇(L. M. Spencer and S. M. Spencer)、博亚特兹(Ricard Boyatzis)等学者就先后建立了能力素质的"洋葱模型"与"冰山模型"等。随后,各国学者从实用性出发对公务员能力素质进行研究探讨,为指导各国公务员能力素质建设实践提供了借鉴与启示。哈姆福瑞公共事务研究所研究设计了公务员通用能力与特别能力框架,开启了公共部门能力素质模型的应用研究。其中,通用能力素质包括组织领导能力、团队合作能力、人际关系能力、管理能力和变革能力,特别能力素质包括统筹规划能力、沟通协调能力、调查研究能力和计算机操作能力等。② 路易斯·莫克维斯特(Louise Moqvist)通过深度访谈构建了包含人际沟通、示范引领、领导下属以及服务客户四个维度的高级领导者能力素质模型。③ 希尔维亚·霍顿(Sylvia Horton)等基于英国行政事务部的公务员实证调研,探索建立了适用于不同层级公务员的能力素质模型,并提出将能力素质模型的应用范围从培训环节扩展到薪酬管理方面。④

---

① 方振邦. 公共部门人力资源管理概论. 北京:中国人民大学出版社,2019:139—140.

② Frank J. Sorauf. The Humphrey Institute of Public Affairs at the University of Minnesota. *Political Science & Politics*,1978,11(2).

③ Moqvist Louise. The Competency Dimension of Leadership:A Study of top Managers in Swedish Public Administration. *Competency Management in the Public Sector*. IOS Press,2002.

④ Horton Sylvia eds. *Competency Management in the Public Sector:European Variations on a Theme*. IOS Press,2002.

随着能力素质模型理论研究的兴起,西方发达国家先后展开了对公共人力资源能力素质模型的实践探索,如以"功绩制"为核心的美国公务员能力素质模型、以"能力导向"为核心的英国公务员能力素质模型、以"能力绩效制"为核心的日本公务员能力素质模型、以"组织环境"为依托的荷兰公务员能力素质模型、以"价值规范"为导向的澳大利亚公务员能力素质模型等,详见表5-1。

表5-1 主要发达国家公共人力资源能力素质模型汇总表[①]

国家	初级公务员	中级公务员	高级公务员
美国	协调能力 冲突管理能力 团队建设能力 影响和谈判能力 人力资源管理能力	创造性思维能力 计划测评能力 顾客服务能力 凝聚力 财务管理能力 技术管理能力	战略决策能力 形势分析能力
	基本能力		
	口头表达能力、书面表达能力、解决问题能力、示范能力、人际沟通能力、自我肯定能力、应变能力、判断能力、技术应用能力		
英国	基本能力		
	沟通与交流能力、处理人际关系能力、观察和分析能力、高效工作能力、领导和管理能力、计划和组织能力、宏观能力、崇尚服务对象的意识、组织意识、全局意识		
	核心能力		
	为将来发展提出目标和方向、创造个人影响力、战略性思考、激励他人、学习和完善自我、关注多样性		
日本	思考力、行动力、管理力、工作态度等		
荷兰	解决问题能力、人际关系能力、弹性管理能力、影响力、统筹协调能力、执行效率、亲和力、对公共服务的兴趣、执行能力、计划、激励他人、自我完善等		
澳大利亚	联盟、创新、知识、信誉、关系、绩效等		

我国对于公共人力资源能力素质的研究也很多。尤其是自1993年《国家公务员暂行条例》颁布以来,学界关于公务员能力素质的理论研究成果数不胜数。在理论研究推进的同时,党和政府也高度重视公务员能力素质提升,自2003年《国家公务员通用能力标准框架(试行)》实施以来,中央及地方各级党政部门加快了提升公务员能力素质实践的步伐并取得了巨大成效。表5-2、表5-3呈现了2000年以来中央和地方各级政府有关提升公务员能力素质方面的相关文件规定与重要事件,较为清晰地展示出我国公务员能力素质提升的实践历程。

[①] 文敏,李磊,梁丽芝. 基层公务员能力素质测评模型的构建与实证分析. 行政与法,2019,(5).

表 5-2　公务员能力素质提升相关文件规定与重要事件一览表①

年份	文件规定与重要事件	精神内容	所属层级
2000	《深化干部人事制度改革纲要》	明确公务员管理和建设必须突出能力建设	中央
2001	《2001—2005年国家公务员培训纲要》	研究制定各级各类公务员的能力标准	中央
2002	《2002—2005年全国人才队伍建设规划纲要》	围绕科学决策、驾驭全局、开拓创新,构建党政领导干部核心能力框架	中央
2002	党的第十六次全国代表大会	提高科学判断形势、驾驭市场经济、应对复杂局面、依法行政和总揽全局五方面的能力	中央
2003	《国家公务员通用能力标准框架(试行)》	提出公务员九个方面通用能力:政治鉴别能力、依法行政能力、公共服务能力、调查研究能力、学习能力、沟通协调能力、创新能力、应对突发事件能力、心理调适能力	中央
2006	《中华人民共和国公务员法》	以制度形式保障公务员能力建设	中央
2009	《2010—2020年深化干部人事制度改革规划纲要》	深化干部人事制度改革,加强公务员能力建设	中央
2013	党的十八届三中全会	推进国家治理体系与治理能力现代化,实现公务员能力现代化	中央
2016	《"十三五"行政机关公务员培训纲要》	进一步提高公务员队伍能力素质,推进公务员队伍建设	中央
2016	《专业技术类公务员管理规定(试行)》《行政执法类公务员管理规定(试行)》	确立我国公务员分类管理的制度框架体系	中央
2017	《关于新形势下加强政法队伍建设的意见》《关于加强乡镇政府服务能力建设的意见》	政治过硬、业务过硬、责任过硬、纪律过硬、作风过硬	中央
2017	党的十九大	坚定不移全面从严治党,不断提高党的执政能力和领导水平,建设高素质专业化干部队伍。注重培养专业能力、专业精神,增强干部队伍适应新时代中国特色社会主义发展要求的能力	中央

---

① 文敏,李磊,梁丽芝. 基层公务员能力素质测评模型的构建与实证分析. 行政与法,2019,(5).

表 5-3 公务员能力素质实践纪事①

时间	事件	内容	层级
2003年	《重庆市处级及其以下公务员能力标准（试行）》	明确正、副职领导职务公务员应具备的任职能力	地方
2004年	《上海市国家公务员能力素质标准》	对不同层次的行政人员制定了涵盖100多项能力的指标体系	地方
2004年	《广东省国家公务员通用能力标准框架（试行）》	补充处、科正副职领导职务公务员的通用能力标准	地方
2005年	国家教育部研究构建机关司局长胜任力模型办法	领导干部执政能力提升	中央直属机关
2006年	《北京市东城区科级及以下公务员能力标准（试行）》	建立科级及以下公务员能力标准	地方
2006年	《2006—2010年苏州市公务员能力建设纲要》	分三类设定公务员应具备的核心能力	地方
2007年	深圳市在九项通用能力标准基础上，补充了国际惯例认知能力、外语及跨文化沟通能力、信息处理能力	制定科级、处级、局级公务员能力框架，体现能力差异	地方
2013年	《甘肃省处级以下国家公务员公共能力建设标准（试行）》	按照四个职务系列和四个能力层次，以矩阵排列的方式形成能力标准体系	地方
2016年	《河北关于加强年轻干部队伍建设的实施意见》	不断提升思想、实践、说写、协调、履职等方面能力	地方
2017年	《江苏省关于进一步加强统计干部队伍建设的意见》	信念坚定、为民服务、勤政务实、敢于担当、清正廉洁	地方

（二）公共人力资源素质测评的理论基础及类型划分

1. 公共人力资源素质测评的理论基础

公共人力资源素质测评是基于如下理论提出的一种技术方法：

（1）人是具有异质性或素质差异性的个体。就像不存在完全相同的两片树叶一样，世界上也很难找到完全同质的两个人。人与人之间的差异突出地表现在个性、能力和行为风格等方面。例如，有的人思维敏捷，有的人想象力丰富；有的人脾气暴躁，有的人性格温和；有的人做事认真，有的人行事草率；等等。个体差异性的存在为人员素质测评提供了前提。

（2）个性特征的相对稳定性。虽然人与人之间存在显著差异，然而，就每一个体而言，其个性特征则是相对稳定的。这种相对稳定性充分体现在个体的跨时间和跨情境方面，同时，这种特征又是在长期生活经历中逐步形成的，现实中，这种特征一旦形成，就很难轻易改变。比如说，一个性格外向的人，不仅在工作单位好与人打交

---

① 文敏，李磊，梁丽芝. 基层公务员能力素质测评模型的构建与实证分析. 行政与法，2019，(5).

道，而且在一般公共场合也往往是一个活跃分子；不仅现在如此，而且未来很长时间内也会如此。正因为个性特征的这种相对稳定性，才使人员素质测评成为必要。

（3）心理的可测量性。尽管人的心理特征具有内隐性，是无法直接观测的，但它总会通过人的行为反映出来。正是考虑到人的外显行为与其内在心理特征有着较大的一致性，因此，我们就能够通过个体对外界刺激的反应来间接测量人的心理。现代人员素质测评技术正是通过上述逻辑来推断人的心理特征的。比如，一个人喜欢观看各种机器运转，热心为别人修理钟表、自行车，由此我们就可以推断这个人具有良好的机械兴趣特质。大量的人员素质测评实践表明，这种测评方式既具有一定的可靠性，又具有一定的准确性。这说明人的心理活动是可以有效地加以测量的。当然，同时我们也应看到，人具有擅长掩饰自己的特点，进而使外显行为与内在心理特征不一致，这就要求对人员素质的测评尽可能慎重。

（4）岗位与人的匹配性。现代社会中，组织和部门各异，其工作岗位职责、任务和要求也各不相同，因此，对任职者的素质和能力要求也不同。这就需要对岗位与人的匹配问题进行深入分析和研究。现实中，要做到岗人匹配，首先就需要对岗位和人的特征分别进行分析、评价。为了了解和评价人，就产生了心理测验、面试、评价中心等人员素质测评技术；而为了了解岗位，就有了工作分析和职位评价等岗位分析和评价技术。

（5）人员素质测评是基于统计规律的测评。从统计学意义上讲，通过对有代表性样本的分析即可对行为的整体作出推论，从而要求人员素质测评所选用的目标行为必须具有代表性。另外，应该引起注意的是，测评中所选取的目标性行为具有局限性，由此所得出的结论也不可能反映一个人的全貌，只是达到了统计上显著性水平的要求而已。除此之外，人们在长期社会实践中总结出的一些识人、知人的原则，如"日久见人心""患难之处见真心""细微之处见人心"等，对指导社会实践甚至对很好地实施人员素质测评，非常具有借鉴意义。

2. 公共人力资源素质测评的类型划分

公共人力资源素质测评的类型按不同标准有不同的划分。

一是按测评目的和用途可划分为选拔性测评、配置性测评、开发性测评、诊断性测评和考核性测评。选拔性测评是一种以选拔优秀人才为目标的素质测评。选拔性测评的特点是：（1）区分功能突出；（2）测评标准一致；（3）测评过程强调客观性；（4）测评指标具有选择性；（5）测评结果往往以分数或等级的形式表现出来。正是考虑到选拔性测评的以上特点，因此，选拔性测评特别强调公平性、公正性、差异性及可比性。配置性测评是以人力资源的有效配置为目标的素质测评，这种测评具有显著的针对性、客观性、严格性和准确性特点。开发性测评是以人力资源开发为目标的素质测评，这种测评具有突出的勘探性、配合性和增进性特征。诊断性测评是为了了解员工素质现状或人力资源开发中的问题而进行的测评。诊断性测评的显著特点是：（1）测评内容精细、广泛；（2）测评过程强调追根究底；（3）测评结果一般不公开；（4）测评具有较强的系统性。考核性测评，也称"鉴定性测评"，是一种以鉴定与验证人员是否具备某种素质及其程度大小为目的的测评。考核性测评经常穿插于选拔性测评和配置性测评之中。这种测评的特点是：（1）它是对人员素质结构和水平的鉴定；（2）注重人员素质的差异性；（3）概括性强；（4）对测评信度和效度的要求较高。基于此，考核性测评必须坚持全面性、充足性、可信性、权威性和公众性原则，以保证测评结果尽可能准确、可靠。

二是按测评标准可划分为无目标测评、常模参照测评和效标参照测评。比如，述职、小结等写实性测评属无目标测评，人员招聘和录用测评、晋升测评则属常模参照测评。

三是按测评主体可分为自我测评、他人测评、个人测评、群体测评、上级测评、同级测评与下级测评。

四是按测评范围可分为单项测评和综合测评。组织诊断及其人员培训中的测评通常为单项测评，而员工甄选及其绩效考评中的测评则大多为综合测评。

二、公共部门胜任素质的结构与类型

公共部门胜任素质是指那些从公共部门发展战略的需要出发，可以提高员工实际工作绩效的显性或隐性的关键知识、技能、能力、特质、态度、动机等特征的总称。胜任素质是判断一个人能否胜任某项工作的起点，是决定并区别绩效差异的个人特征，它与工作绩效密切相关，与任务环境相联系，具有动态性，且可以衡量与习得。

（一）素质冰山模型

如前所述，麦克利兰于1973年提出了著名的素质冰山模型（the iceberg model），该模型将素质划分为表象的和潜在的素质，表象部分是技能和知识，潜在部分是社会角色、自我概念、特质和动机等因素。在冰山模型中，越深层次的素质越重要，越难发现和培养。决定一个人成功的关键素质往往隐含在冰山下面而不是显现在冰山表面。麦克利兰认为，知识、技能、社会角色、自我概念、特质和动机六个方面的内容形成了一个有机的层次体系。知识和技能是胜任素质最表层的内容，社会角色、自我概念、特质和动机则是胜任素质中比较深层的内容。各种素质的含义分别是：

（1）知识（knowledge）是指一个人在某一特定领域所掌握的各种有用信息。

（2）技能（skill）是指从事某一活动的熟练程度。

（3）社会角色（social role）是指希望在他人面前表现出来的形象，如以组织领导人的形象展现自己。

（4）自我概念（self-image）是指对自己的身份、个性和价值的认识和看法，如将自己视为权威或教练。

（5）特质（trait）是指在个体行为方面相对持久稳定的特征，如善于倾听他人、谨慎等。

（6）动机（motive）是指那些决定外显行为的自然而稳定的思想，如总想把自己的事情做好，总想控制影响别人，总想让别人理解、接纳、喜欢自己。

（二）公共部门胜任素质的类型

与公共人力资源素质测评一样，按照不同的标准，胜任素质也可以划分为不同的类型。

一是按照胜任素质水平状况，可以将胜任素质划分为基础胜任素质和鉴别胜任素质。基础胜任素质是指一般的基础知识与基本技能，是完成工作所需的最低标准，但不足以区别和解释普通员工与绩效优秀员工之间的差异。鉴别胜任素质指的是那些能够区别普通员工与绩效优秀员工的素质。例如，在确定目标过程中，有人更倾向于将目标定得比那些仅仅满足组织要求的人的目标高，这种胜任素质就是区别高绩效与一般绩效的关键。也有学者将其称为基础胜任素质和特殊胜任素质。

二是按照组织所需的核心专业与技能，可以将胜任素质划分为通用胜任素质、可迁移胜任素质与专业胜任素质。通用胜任素质是一个组织核心价值观、文化等的反映，是在全体员工身上表现出来的与核心价值观、文化等相匹配的素质和能力。可迁移胜任素质是指某些职位的通用胜任素质，如管理者胜任素质。专业胜任素质是指从事某一专业工作的胜任素质，员工为完成其职责所需具备的素质，通常包括技术、研发、人力资源管理、财务、采购等。技术类专业胜任素质则包括成就导向、归纳演绎能力、团队合作等。①

第二节 公共人力资源素质测评指标体系

一、公共人力资源素质测评指标体系设计的一般原则

测评指标，也称"测评要素"，是指能够反映测评对象特定属性的一系列考察因素或维度。测评指标是测评指标体系的基本单位。根据测评的目的和要求，从测评客体所具有的诸多属性中选取一系列的测评点或指标，这些测评点或指标的集合即为某类人员的测评指标体系。更具体地讲，测评指标体系是由一系列特定的、彼此间相互联系的、具有相对独立性的测评指标所组成的指标的集合。测评指标体系是人员素质测评的框架基础。测评指标体系构建是一项具有技术性又颇具难度的工作，由于反映客体属性特征的指标繁杂多样，因此要求在测评指标选取过程中遵循一定的原则。一般来讲，公共人力资源素质测评指标体系设计应遵循的原则有：

（一）针对性原则

因各类人员的工作性质、要求、专业技术、职务类别和层次等不尽相同，因此，在指标设计过程中，要根据测评目的和测评客体尽可能选择有针对性的指标，以充分体现受测者的特点。比如要选择办公室秘书，首先就要在工作分析基础上，针对办公室秘书这一岗位的职责、任务及其对任职者身体、心理和知识、技能等的具体要求，通过归纳和提炼来选择具有针对性的一系列指标。

---

① 方振邦. 公共部门人力资源管理概论. 北京：中国人民大学出版社，2019：140—142.

（二）确切性原则

确切性原则是指用于施测的每一个测评指标的内容应尽可能明确、直观、合理。一般来说，一个测评指标只能有一个明确的意思，绝不能模棱两可、含糊不清。比如，"表达能力"这一指标就不够明确，没有指定一项确切的测评内容，人们不知道它指的是口头表达能力还是书面表达能力，因此，在进行"表达能力"测评时，首先应该根据测评目的和要求确切地说明所测评的是口头表达能力还是书面表达能力，给人们一种明确的指向。

（三）实践性原则

人员素质测评是为组织人力资源管理服务的。具体来讲，人员素质测评的目的在于为人员招聘、调配、晋升、培训和开发以及绩效考评、薪酬分配等提供依据，因此，测评指标的选择及指标体系设计应当体现组织人力资源管理对人员素质的要求，与组织愿景及其战略紧密联系，这是人力资源管理对人员素质测评指标选择的基本要求。

（四）相对独立性原则

相对独立性原则要求所选择的测评指标应该具有相对独立性，即处于同一层次的指标在含义和测评内容上不应出现交叉，每一指标均应有其特定测评指向及与其他指标不相重叠、交叉的测评内容。

（五）创新性原则

测评指标体系的设计应该建立在总结传统人事管理的经验教训、不断吸纳国内外先进的测评技术和测评经验的基础之上，同时也要密切结合自身实际，进行创新和发展。另外，测评指标体系设计还应比较充分地体现全球经济一体化以及现代组织及其人力资源管理对人员素质测评指标的最新要求。

（六）精炼性原则

从指标体系构建的一般要求来讲，并非指标体系越庞杂、涉及的指标越多越好，测评指标的选取应以能较好地反映测评目的和测评内容为取舍标准。冗杂烦琐的指标体系只会带来工作量的增加以及测评成本的提高，甚至还会影响测评结果的有效性，达不到人员素质测评的要求。精炼性原则是指导人们选取测评指标、构建测评指标体系的准绳。

二、公共人力资源素质测评指标体系构建的程序与步骤

一套有效的测评指标体系的构建，是长期、反复实践的结果，它遵循着一定的程序和步骤。公共人力资源素质测评指标体系构建的程序和步骤通常包括五个阶段：准备阶段；测评指向确定及信息收集阶段；确定测评要素标志、标度及权重阶段；测评实施反馈与指标修改、补充阶段；检验阶段。

（1）准备阶段。这一阶段，根据素质测评客体所从事工作的行业、职业及岗位的特点和性质，来确定测评目的和测评对象。

(2) 测评指向确定及信息收集阶段。这一阶段的主要任务是，根据测评目的、测评类型、测评客体及其对象结构来选择适宜的方法，并收集有关资料。通常，与素质测评相关的信息资料主要有研究文献资料、工作分析资料、工作绩效资料、访谈资料、人事档案资料、问卷调查资料、工作日志资料以及理论基础性资料等。在此基础上，还要进一步推论出符合理论原理和已有经验及实际工作需要的测评指标和体系构想。这其中，经常要用到因素分析、聚类分析等统计分析方法。

(3) 确定测评要素标志、标度及权重阶段。测评标志是指进行文字意义和情景意义上的定性表述和界定，测评标度则是进行数量等级或程度上的表述与界定，它们是使测评指标及其体系具有可操作性的关键步骤。在对每一指标进行意义界定和程度表述后，还需要认真地权衡指标体系中每一指标在整个测评指标体系中的地位和价值，进而确定每一测评指标的权重。这就需要根据各测评指标对测评对象所反映的程度予以准确恰当的衡量，并确定不同的权重值。

(4) 测评实施反馈与指标修改、补充阶段。在测评指标大致确定以后，为提高指标在实际测评中的有效性，首先需要选择一些指标设计者自己比较熟悉的具有层次性和代表性的测评客体进行检验，并及时做好记录，以便事后根据反馈情况对其中不理想的指标进行调整、修正和补充。

(5) 检验阶段。检验阶段实际也是对人员素质测评体系的进一步修改和补充过程。在实践检验过程中，如果有一些指标经检验不合格，就需要返回设计步骤的起始阶段，通过一一检验找出错误环节，并及时加以修正。只有经实践检验完全合格后，这套指标体系才能连同配套的测评工具一起被用于实际应用。

至于公共部门胜任素质模型的构建程序，方振邦教授则认为主要包括五个关键步骤：一是确定绩效标准，也就是确定规则和尺度，一般采用工作分析法和专家小组讨论法来确定。二是选定分析效标样本，为保证选到真正优秀的员工，一般会运用几种标准和选择方案。三是收集与效标样本有关的胜任素质数据，一般以行为事件访谈法为主，综合问卷和面试进行。四是分析数据资料并构建胜任素质模型。五是验证胜任素质模型，分别考察"交叉效度""构想效度""预测效度"。①

三、公共人力资源素质测评指标体系构建方法

公共人力资源素质测评指标确定及其指标体系构建中常用的方法有以下几种：

（一）工作分析法

不同工作岗位对任职者有着不同的职责、任务和能力要求，从而对任职者的素质提出了特定要求。岗人匹配的前提是岗位特征、要求与任职者素质和能力相一致。而要达到两者的一致，一方面需要对工作岗位进行调查、分析和评价，另一方面则要求对任职者的素质要求和能力予以确认。通过工作分析，既可以明确某一岗位的性质、职责和任务，同时还可以确定任职者的素质和能力要求，而这种素质和能力所涉及的

---

① 方振邦. 公共部门人力资源管理概论. 北京：中国人民大学出版社，2019：146—147.

内容往往是测评指标确定的重要参照。

（二）问卷调查法

问卷调查是指标设计者根据测评需要，把要调查的内容以问题的形式设计成一张问卷，在注明要求后，分发给选定的被调查者作答，以收集不同人员的意见和看法。问卷调查法通常要求问卷不仅应简单明了，而且所设计的问题应直观、易懂，且具有一定的针对性，同时还应保证回收率。

（三）德尔菲法

德尔菲法又称"专家小组法"，是由美国兰德公司命名并首先使用的，是对传统专家会议法进行改进和发展而来的。它采用匿名发表意见的方式，由专家之间独立进行，不得相互讨论与发生横向联系。通过多轮次专家意见的汇总分析，经过反复征询、归纳、修改，最后汇总出专家基本一致的意见作为预测结果。此种方法具有广泛的代表性，且花费时间较短，可靠性较强。

（四）典型人物分析法

典型人物分析法是以所选定的具有典型代表性的人物的工作情境、行为表现及其绩效为研究对象，在系统分析和归纳的基础上确定人员素质测评指标的一种方法。典型人物分析法的关键是从众多的特征中找出最具代表性的特征和标志，这是一项具有技术性同时又颇具难度的工作。

（五）典型资料研究法

典型资料研究法是以表现典型人物或事件的文字资料为研究对象，通过对这些资料的分析，归纳出测评指标体系的一种方法。典型资料既可以是成功的资料，也可以是失败的资料，前者可作为正向测评指标，后者可用作反向测评指标。

四、公共人力资源素质测评指标的量化

（一）测评指标的量化方法

测评指标量化的常见方法有如下几种：

1. 直接量化与间接量化

直接量化是指对人员素质测评的对象进行直接的定量刻画。例如，违纪次数、出勤频数、身高、体重、产品数量，等等。直接量化的对象一般具有明显的数量关系，量化后的数据直接提示了人员素质测评对象的实际特征，具有实质意义，因而也称实质量化。间接量化是指对素质测评对象进行间接的定量刻画，即先定性描述后再定量刻画。例如，对于工人降低生产成本行为，先依据"成本意识"测评标准，用"强烈""一般"和"淡漠"三个词进行定性描述，然后再用 3 表示"强烈"，2 表示"一般"，1 表示"淡漠"。间接量化的对象一般是那些没有明显数量关系，但具有质量或程度差异的素质特征。如果量化的结果并没有直接揭示量化的内容，换言之，当量化的表现形式与量化的具体内容不存在任何实质性数量关系时，通常把这种形式的量化称为形式量化。

2. 一次量化与二次量化

一次量化是指人员素质测评的量化过程可以一次性完成。素质测评的最后结果可以由原始测评数据直接综合与转换。例如，面试评分中的量化通常就是一次量化，面试结果是主考官评分的算术平均值。二次量化是指整个人员素质测评量化过程要分二次计量才能完成。例如，各种标准化的心理测量需要在测量的原始分数基础上进行标准化转换，转换成标准分，然后进行比较评价，这就是二次量化。再如，在模糊数学综合评判中，要对某员工的素质进行评判，它不只是在优、良、中、差中判定一个，而是对每一个均进行评判，由此完成的评判为第一次量化，在最后综合时，再给优、良、中、差一一赋分，由此完成的评判称二次量化。对于整个素质测评指标体系来说，纵向量化为加权，横向量化为标度赋分。

3. 分段式

分段式是将每一个指标分成若干等级，然后对每一等级给定一定的分值，使分值拉开一定档次，即具有一定的幅度。比如，假定反映"智力结构"的测评指标有"专业知识""知识面""岗位知识"和"自学能力"四个，现将它们分成优、良、中、差四个等级，并赋予这四个等级一定的权重，如"优"的权重为4.0—5.0，"良"为2.8—3.9，"中"为1.3—2.7，"差"为0—1.2。同理，也可将其他指标划分等级，并赋予相应权重。分段式方法的优点是分档细致，编制使用方便，且解决了许多人在同一档次上区分强弱问题，使分数具有广泛的选择性。

4. 隶属式

隶属式标准就是以模糊数学中隶属函数为标度的测评标准。隶属式标准的内容可以是积分评语式的，也可以是期望评语式的，通过相当于该要素最高等级的多大程度或者说隶属于该要素最高等级的程度来进行评定。比如，将"事业心"指标分为A、B、C、D、E五个等级。其中，A等级代表处于逆境或顺境时均有明确的奋斗目标，有旺盛的工作热情及刻苦钻研与积极进取精神，有开拓性，其隶属度函数值为0.91—1.00；B等级代表有一定进取心与工作学习热情，肯钻研，舍得下功夫，其隶属度函数值为0.80—0.90；C等级表示有一定工作热情，有提高自己业务能力和科学文化水平的愿望与行动，隶属度函数值为0.60—0.79；D等级表示在别人带动下能激起工作学习的热情，但不够持久，其隶属度函数值为0.40—0.59；E等级表示工作学习热情时高时低，缺乏进取心，隶属度函数值为0.10—0.39。

5. 当量量化

当量量化是指先选择某一中介变量，对诸种不同类别或不同质的素质测评对象作统一性转化，然后对它们进行近似同类同质的量化。例如，对各项测评指标的纵向加权，实际上就可视作一种当量量化。当量量化实际上是一种近似的等值技术。当量量化的作用是使不同类别、不同质的素质测评对象量化，使之能够相互比较及进行数值综合。

（二）测评指标权重的确定方法

权重是指某一测评指标在整个测评指标体系中价值或重要性的大小，通常以比重的形式表示。确定测评指标权重，即为测评指标赋权，是实现素质测评量化的关键环节。目前常见的权重确定方法有层次分析法、经验判定法和德尔菲法。

1. 层次分析法

层次分析法（the analytic hierarchy process，AHP）是由美国运筹学家、匹兹堡大学的萨蒂（Saaty）教授于20世纪70年代提出的一种方法。层次分析法的基本原理是排序原理，即最终将各方法（或措施）排出优劣次序，作为决策的依据。具体可描述为：首先将决策问题视作受多种因素影响的大系统，这些相互关联、相互制约的因素可以按它们之间的隶属关系排成从高到低的若干层次，即构造递阶层次结构；然后由专家和权威人士对各因素两两比较其重要性，再利用数学方法，对各因素层层排序，最后对排序结果进行分析，辅助进行决策。此方法的主要特点是定性与定量分析相结合，将人的主观判断用数量形式表达出来并进行科学处理，因此，更适合复杂的社会科学领域的情况，较准确地反映社会科学领域的问题。同时，这一方法虽然有深刻的理论基础，但表现形式非常简单，容易被人理解、接受，因此，得到了较为广泛的应用。

层次分析法的实施步骤包括：第一步，建立递阶层次结构。AHP的递阶层次结构一般由三个层次组成，即目标层、准则层和措施层。其中，目标层是决策的最高层级，它确定问题的预定目标；准则层是中间层级，确定影响目标实现的准则；措施层是最低层，给出实现目标的措施。第二步，构造判断矩阵并请专家填写。构造判断矩阵的方法是将每一个具有向下隶属关系的元素（称作"准则"）作为判断矩阵的第一个元素（位于左上角），隶属于它的各个元素依次排列在其后的第一行和第一列。在填写判断矩阵时，需要向填写人（专家）反复询问：针对判断矩阵的准则，其中两个元素两两比较哪个重要，重要多少？并对重要性程度按1—9赋值。第三步，层次单排序与检验。单排序是指每一个判断矩阵各因素针对其准则的相对权重。计算权重的方法有和法、根法、幂法等。第四步，层次总排序与检验。总排序是指每一个判断矩阵各因素针对目标层（最高层）的相对权重，这一权重的计算采用由上到下的顺序逐层合成。第五步，结果分析。通过对排序结果的分析，得到最后的赋权方案。

2. 经验判定法

经验判定法是测评指标设计者根据自己的主观经验给每一指标分配权重的一种方法。这种方法的优点是简单易行；缺点是过于依赖主观经验，因此，不同人对同一指标所分配的权重往往有较大差异，比较粗糙，且可信度不高。

3. 德尔菲法

德尔菲法是一种"背靠背"的评分方法。对于此种方法，前文已经作了较为详细的介绍说明，故此不再赘述。

第三节　几种常见的心理素质测评方法

如前所述，公共人力资源素质测评主要包括身体素质测评和心理素质测评，在实际操作过程中，心理素质测评因其极端复杂性受到普遍关注。

一、个体能力测验

能力是指顺利完成某个项目和解决某个问题的必备心理条件和心理品质。能力是影响工作效果的基本因素，它对个人职业生涯发展至关重要。能力倾向是指人的潜能，即其能力的发展前景及未来可能的潜在成就。能力倾向是人员素质测评时关注的重点之一。不同职业和工作岗位对人的能力有着不同的要求，而不同人的能力结构和能力倾向又截然不同。因此要想获得适应组织及其工作岗位需要的合适人选，就有必要对人的能力进行测验及分析、评价。

通常，能力可分为一般能力和特殊能力。一般能力是指完成各种活动都必须具备的某种能力。它主要包括注意力、观察力、记忆力、思维力、想象力等。特殊能力是在某些专业和职业活动中表现出来的能力，它在职业活动中，体现为职业能力、数学能力、音乐能力、机械操作能力、绘画能力、飞行能力等。这些能力是完成某些特定职业活动所必须具备的能力。特殊能力与一般能力是相互联系的，从事某类职业既要有一般能力，又要有特殊能力。在人员选拔时，既要根据职位要求来测评应聘者的一般能力，又要测评应聘者应具有的与职业相适应的特殊能力。下面介绍几种能力测验：

（一）一般能力测验

一般能力测验也就是通常所说的智力测验，又称"智力测量"，它与一般的智力游戏不同。智力测验的目的在于测量智力的高低，是指在一定条件下使用特定的标准化测验量表对受测者施加刺激，从受测者的反应中测量其智力的高低。科学的智力测验始于20世纪初的法国，比奈（Alfred Binet）与其助手西蒙（Theodore Simon）用语言、文字、图画、物品等共同编制了世界上第一个智力测验量表，即比奈—西蒙智力量表。1916年，美国斯坦福大学著名心理学家推孟（L. M. Terman）和他的同事对比奈—西蒙智力量表进行了修订，产生了著名的斯坦福—比奈智力量表，并首次提出了"智商"这一概念。此后，推孟等人多次对斯坦福—比奈智力量表进行修订。

1939年，美国著名临床心理学家韦克斯勒（David Wechsler）发表了韦克斯勒智力量表，1955年该量表被更名为韦克斯勒成人智力量表（Wechsler adult intelligence scale，WAIS），并于1980年再次修订，称 WAIS-R（Wechsler adult intelligence scale revised）。韦克斯勒成人智力量表由言语量表和操作量表两部分组成。其中，言语量表包括常识测验、理解测验、词汇解释测验、算术测验、记忆广度测验和类比测验六个分测验；操作量表包括填图（主要测验视觉记忆、辨认、视觉理解能力）、图片排列（主要测验知觉组织能力和对社会情境的理解能力）、积木图（测验分析综合能力、知觉组织和视动协调能力）、图形拼凑（主要测验概括思维能力和直觉组织能力）和数学符号（主要测验知觉辨别速度和灵活性）五个分测验。韦克斯勒成人智力量表适用于16岁以上的人。

瑞文标准推理测验（SPM）是英国心理学家瑞文（J. C. Raven）设计的一种非

文字智力测验，1947年和1956年瑞文对该测验进行了两次修订。瑞文标准推理测验主要测量人的推理、清晰思维以及发现和利用自己所需信息等与人们有效地适应社会生活有关的能力。该测验共有60个题目，依次分为A、B、C、D、E五组，每组12题。从A到E，难度逐步增加，同时每组内题目也由易到难排列。A组题目主要测验视觉辨别、图形比较、图形想象等能力；B组题主要测验类同、比较和图形组合等能力；C组题主要测验比较、推理、图形组合能力；D组题主要测验系列关系、图形套合能力；E组题主要测验图形套合、互换等抽象推理能力。

除了以上常见的几种智力量表外，在员工招聘过程中，还经常用到奥斯特心理能力自我测验、万德利克人员测验、韦斯曼人员分类测验以及瑟斯顿个别智力测验等。

（二）能力倾向测验

能力倾向测验由智力测验发展而来，二者的不同在于，能力倾向测验是对特殊能力的测验，而智力测验所测量的是一般能力。通常，人员招聘选拔中使用的能力测验多为能力倾向测验。通过能力倾向测验可以了解受测者的哪些能力较强，哪些能力较弱，从而清楚地了解一个人在岗位所需要的关键能力上的水平。一般来讲，招聘选拔中经常测量的能力主要有语言理解能力、数量关系能力、逻辑推理能力、综合分析能力、知觉速度与准确性等。

（1）语言理解能力是指人们运用语言文字进行表达、交流和思考的能力，包括理解字词、句子、段落的含义，正确运用语法等方面。绝大多数人在工作中均需要不同程度地与语言文字材料打交道，他们需要快速、准确地阅读和理解、领会文字材料的内容，从中提取重要信息，运用语言文字进行沟通和交流。

（2）数量关系能力是指人们对事物之间的数量关系作出分析、理解和判断的能力。在很多工作中都需要与数字打交道，需要理解和把握事物之间的量化关系。特别是有些技术性工作或者财务会计类工作，更需要准确地把握数量关系。

（3）逻辑推理能力是指根据已有信息和对事物间关系的理解来进行分析和判断的能力。逻辑推理能力是一个人智力的核心部分，其强弱代表着人对事物本质和事物间关系认知能力的高低。逻辑推理类的题目常常会以数字、图形、文字等各种方式来呈现。

（4）综合分析能力主要是指一个人对各种形式的信息进行准确理解和综合分析与加工的能力。从事工作的人都会在工作中遇到各种文字、图表等形式的信息，他们需要对这些信息进行准确的理解和加工，从这些信息中找出解决问题的关键。

（5）知觉速度与准确性也是经常在能力测验中被测量的，它主要是指对各种视觉符号（包括数字、特殊符号、字母、文字等）快速而准确地觉察、比较、转换、加工的能力。知觉速度与准确性反映了一个人思维和反应的敏捷程度。知觉速度与准确性的题目通常比较简单，但数量非常大，并且有严格的时间限制。

常见的成套能力倾向测验包括以下几种：

1. 鉴别能力倾向测验

鉴别能力倾向测验（differential aptitude test，DAT），也称"区分性能力倾向测验"，是多重能力倾向测验的一种。其目的在于得出一组不同的能力倾向分数，从而描绘出个人特有的长处和短处的能力轮廓。鉴别能力倾向测验主要用于升学指导和职业选择，在招聘选拔中也有一定应用。鉴别能力倾向测验包括七个单独施测、单独计分的分测验，即：

(1) 语言推理测验。它采用类比推理的测验项目，测量个人语言理解、抽象概括及进行建设性思考的能力，从而预测个人是否适合从事以复杂语言关系和以概念为主的职业，如科研工作。

(2) 数的能力测验。它采用计算题，主要测量个人对数目关系的理解力和对数目概念运用的灵活性，预测个人是否适合学习数理化、工程等学科，是否适合从事统计等与自然科学有关的职业。

(3) 抽象推理测验。它采用非文字材料，测量个人的非言语推理能力。

(4) 文书速度与准确性测验。它要求受测者从多种机械装置或情境中选出正确合理的答案，测量个人对熟悉情境中机械和物理原理的理解力，测量个人是否适合从事与机械和工程有关的职业。

(5) 空间关系测验。它主要测量个人在想象中操作图形等有形材料的能力，测量个人是否适合从事美术、建筑和服装设计等需要空间知觉能力的职业。

(6) 语言运用（拼写）测验。它要求受测者从一个单词表中找出有拼写错误的单词并指正，测量的是文字水平。

(7) 语言运用（文法）测验。它要求受测者找出句子中有语法或修辞错误的地方，测量的是语文水平。

2. 心理运动机能能力测验

心理运动机能能力主要包括两大类：一是心理运动能力，如选择反应时间、肢体运动速度、多肢协调性、手指灵活性、手腕灵巧性、臂和手稳定性、速度控制等；二是身体能力，包括动态强度、躯体强度、爆发力强度、广度灵活性、动态灵活性、总体身体协调、总体身体均衡等。在人员素质测评中，对心理运动机能能力的测验，一方面可通过体格检查进行，另一方面则可通过设计各种测试仪器或工具来进行。

(1) 机械能力与空间能力测验。机械能力测验涉及机械理解能力，空间能力测验涉及空间关系能力，它们是许多工作所必需的能力。机械能力测验一般要求个体在测验中把机械原理识别出来，或者运用原理来解决问题；空间能力测验是测量个体通过空间想象来解决实际物理问题的能力。空间关系能力还包括想象构造能力，即依照设计在个体心理内部构造某种结构的能力。机械能力测验通常也包括部分的空间能力测验，因为它包括了对物体之间几何关系的认知和某种机械结构的构造。应用最广的机械能力测验是贝内特的机械理解测验。应用最广泛的空间关系测验则是明尼苏达空间关系测验、明尼苏达拼板测验等。

(2) 感知能力测验和运动能力测验。感知能力测验包括视敏度、颜色视觉、听觉感受性测验等。除了用视力表、色盲检查表、听力计等来直接进行视敏度和听觉感受性测验外，人们还利用纸笔测验来检验感知能力。例如，明尼苏达秘书测验要求受测者用最短的时间确定 A、B 系列是否相同,以此来测验知觉的准确程度。这些测验对秘书职位的工作具有较高的效度。运动能力测验主要评价的是运动协调能力,因为即使在一些简单的工作中,也往往需要一定的协调运动。

弗莱施曼等人把运动能力概括为控制的准确性、多肢体协调性、选择反应时、简单反应时、手臂运动速度、速率控制、手的灵巧性、手指的灵巧性、臂和手稳定性、腕指速度及瞄准 11 种。目前常见的运动能力测验主要有普度钉板测验、奥卡挪手指灵活性测验、明尼苏达操作速度测验、克洛弗德小部件灵活性测验等。

(3) 身体体能测验。身体体能测验包括生理体能测验和生理健康测验。某些职位需要任职者具有一定的生理体能。弗莱施曼把生理体能概括为 9 个方面,即动力负荷、静力负荷、爆发力、伸展的灵活性、动态的灵活性、身体平衡、身体协调、耐力和躯体负荷。生理健康测验对所有职位都是必需的。

3. 一般能力倾向测验

一般能力倾向测验是指同一能力测验中同时包含若干分测验,每一分测验测量某一特殊能力,各分测验既可同时举行,也可分段举行。一般能力倾向测验的主要内容包括:思维力、想象力、记忆力、推理能力、分析能力、数学能力、空间关系能力、语言能力等。一般能力倾向测验大多通过预先编制好的成套量表进行。目前常见的一般能力倾向测验量表是美国劳工部编制的 GATB (general aptitude test battery)。GATB 测验的技术路线分工作分析和因素分析两个方面。后经多次修订,最新的版本包括 9 个因素,如表 5-4 所示。

表 5-4 GATB 一般能力倾向测验量表

因素	测验的能力倾向	包含的分测验
G 因素	推理能力	词汇测验、空间知觉测验、算术推理测验
V 因素	语文能力	词汇测验
N 因素	数学能力	数字计算测验、算术推理测验
S 因素	空间能力	三维空间知觉测验
P 因素	图形知觉	工具辨认测验、图形配对测验
Q 因素	文书表达能力	对比纠错测验
K 因素	动作协调能力	记号速写测验
F 因素	手指的灵巧度	装配测验、拆卸测验
M 因素	手腕的灵巧度	安置测验、转换测验

4. 管理能力测验

管理能力测验主要是对组织中管理人员的能力及其潜能等进行测量和评价。常见的管理能力测验有人际敏感能力测验、逻辑推理测验、管理变革测验、团队指导技能测验、自我实现测验、沟通技能测验、管理方式测验、基本管理风格测验、管理情境技巧测验、创造力测验、综合管理能力测验和经营能力测验等。下面介绍几种管理能力测验：

（1）人际敏感能力测验。这种测验分为敏感性测验和沟通能力测验两部分。敏感性测验测量受测者对人际信息的洞察力、分析力及其预见能力，特别是在认识和把握问题的实质并进行分析处理时所表现出来的敏锐捕捉人际信息、利用人际关系有效地解决问题的能力；沟通能力测验主要测量受测者在营销情境中运用人际沟通技巧和策略的能力。

（2）逻辑推理测验。逻辑推理测验能帮助招聘单位选拔具有很强的语言分析能力、能迅速深入地加工信息、找到问题关键并善于分析语言表达的信息、能根据事实作出判断的优秀管理人才。

（3）创造力测验。创造力是个人独有的特殊能力，是指产生新的想法、发现和创造新的事物的能力或能力倾向。创造力的核心是创造性思维，而发散性思维是其主要部分。美国著名心理学家吉尔福特（J. P. Guilford）认为，创造力强的人具有如下特征：独特性强，不肯雷同；有好奇心；知识面广；逻辑性强；想象力丰富；有幽默感；面对疑难问题时能轻松自如，并能专心致志地完成自己要做的工作。

5. 特殊职业能力测验

特殊职业能力测验是指测验那些独特于某项职业或职业群的能力。这种测验的目的在于：一是测量已具备工作经验或受过有关训练的人员在某些职位领域现有的熟练或成就水平；二是选拔那些具有某项特殊职业潜能并能在经过很少或不经特殊培训条件下即可从事某种职业工作的人才。特殊职业能力测验主要有明尼苏达办事员能力测验、斯奈伦视力测验、西肖音乐能力测验、梅尔美术判断测验和飞行能力测验等。

二、个体人格测验

人格测验也就是以人格为测量对象的测验。"人格"（personality）一词有多种定义。在心理测评中，人格通常指的是人的个性中除能力以外的部分，亦即指那些不同于人的认知能力的情感、动机、态度、气质、性格、兴趣、品德和价值观等。人格测验可分为结构不明确的投射测验和结构明确的问卷式测验两大类。

（一）问卷式测验

问卷式测验所使用的工具是各种量表，这些量表一般均经过了标准化处理，因此也称"问卷"（questionnaire）。测验量表结构明确，编制严谨，通常由许多具体问题组成，这些问题从不同角度了解受测者的情况。问卷式测验有两种类型：自陈式量表和评定式量表。

1. 自陈式量表

自陈式量表（self-report inventories）是一种自我报告式问卷，即对拟测量的人格特征通过编制许多测题（问句），要求受测者作出是否符合自身情况的回答，进而从其答案来量测受测者在某一方面的人格特征。自陈式量表多采用客观测验的形式，受测者只需对测题作是非式或选择式判断。自陈式量表通常可分为内容效度人格问卷、因素分析人格问卷和经验效标人格问卷。

(1) 内容效度人格问卷是采用逻辑法编制的问卷。它是由专家根据某种人格理论来确定所要测量的特质，并用逻辑分析的方法编写和选择一些看起来能测验这些特质的题目。这种问卷的缺点是：表面来看某些题目能测量人的某一特质，但实际上并非如此，即测验的表面效度难以保证测验的真正效度；受测者容易作假。这类问卷如爱德华个人偏好量表（EPPS）。

(2) 因素分析人格问卷是用因素分析方法编制的问卷。其做法是：首先对标准化样本施测大量题目，题目与受测者的选择可以没有任何理论根据；然后通过对受测者在各题上的得分进行因素分析或其他相关分析，把相关题目归并到一起形成若干组内高度相关的、具有同质性的题目组，每一个组即形成一个因素。构成一个组的题目一经确定，就可通过分析题目的具体内容给每一组题目命名，由此便可得到若干同质量表来测量对应于这若干因素的若干人格特征。其中，卡特尔的 16 种人格因素问卷（简称"16PF"）即属此类量表。

(3) 经验效标人格问卷是用实践标准法编制的问卷。它是从实践中根据特定受测者表现的实际特征来选择测验题目的。其做法是：首先选出几组人，已知各组间在某一人格特点上不同；然后以一系列的测验题给各组受测者施测，选出那些能区别各组受测者的题目。形成各组差异所依据的标准可能是他们的职业、教育程度或其他人格特征。组数多少及各组包含的内容与设计者的目的有关。这种量表的编制完全来自实践，题目反映的内容只需"行得通"而无须"说得通"。这类量表如明尼苏达多项人格问卷（MMPI）。

自陈式量表一般采用纸笔测验形式，其特点是结构明确，施测简单，计分客观，解释比较客观、容易。

2. 评定式量表

评定式量表（rating scale）由一组用以描述个体特征或特质的词或句子构成，它要求评定者在一个多重类别的连续体上对受测者的行为和特征作出评价判断。

（二）投射测验

投射技术（projective technique）是人格测验中一种常见的方法。投射测验通过向受测者提供一些未经组织的刺激环境，让受测者在不受限制的情境下自然反应，主测者通过分析受测者反应的结果来推断其人格特征。常见的刺激情境包括墨迹、图片、语句、数码等。

投射测验法具有显著的优点，但同时也具有一些不可避免的缺陷。具体而言，其优点包括：一是使用非结构任务，这种任务允许受测者有种种不受限制的反应。投射测验一般只有简短的指导语，刺激材料也是模棱两可的，在这种情况下，受测者对材料的知觉和解释就可基本反映其思维特点、内在需求、焦虑和冲突等人格特征。二是测量目标具有掩蔽性。受测者一般不会知道他的反应将作何心理解释，从而减少了其伪装的可能性。三是解释的整体性。投射测验关注的是对人格总体特征而非单个特点的测量。投射测验的缺点是:一是评分缺乏客观标准,难以量化;二是缺少充分的常模资料,测量结果不易解释;三是信度和效度不易建立;四是原理复杂深奥,非经专门训练不能使用。

常见的投射测验有罗夏克墨迹测验、默瑞主题统觉测验(TAT)、密执安图片测验(MPT)、密西西比主题统觉测验、斯内德曼编图画故事测验(MAPST)、罗桑兹威格逆境对话测验等。另外,还有一些其他类型的投射测验方法,像语句完成测验、绘画测验等。

(三)其他方法

除投射测验和问卷式测验外,还有一些难以归于上述两种方法的测验方法,如人格客观测量法、人格行为观察法等。

人格客观测量法所采用的是较为间接但相对客观的评估方法,强调测量人格中不明显但有结构的生理、认知和行为。这类方法因不易伪装反应及不大受反应定式的影响而受到人们喜爱。常见的人格客观测量有人格生理学测量及知觉和认知测量。而人格行为观察法则包括特殊的观察技术、情境测验、非语言行为以及面谈法。

三、个体职业兴趣测验

兴趣是人积极探索某种事物的认识倾向。职业兴趣是指人们对某职业或工作所具有的态度积极性。兴趣是成功的推动力。职业兴趣不是与生俱来的,而是以一定的素质为前提,在生活和生产实践中逐渐形成和发展起来的。如果某人不了解某种职业或工作,他就很难产生对该职业或工作的兴趣。兴趣的产生一般要经历"有趣→乐趣→兴趣"这样一个过程。

通常来讲,人们对不同职业的兴趣类型有很大差异,这种差异主要表现在五个方面:兴趣对象的差异、兴趣空间的差异、兴趣稳定性的差异、兴趣效能的差异、兴趣可行性的差异。因此,根据兴趣的差异,人们将择业者分成若干类型,每种类型均有相应的职业:第一类是爱与物而不爱与人打交道的人,与之对应的是现实型职业;第二类是爱与人打交道的人,与之对应的职业是社会型职业;第三类是爱做室内有规律的具体工作、宁愿被人管而不愿管别人的人,与之相对应的是事务型职业;第四类是爱活动、爱冒险、希望得到较多报酬的人,与之对应的职业是企业型职业;第五类是爱自由自在、不愿受约束、喜欢引人注意的人,与之对应的是艺术型职业;第六类是爱动脑筋、爱独立思考、不愿随大流的人,与之对应的是研究型职业;第七类是爱做技术性工作,创造看得见、摸得着的物质产品,讲实惠、图实用、求实效的人,与之对应的是现实型职业;第八类是与人为善、爱助人为乐、以解除他人痛苦为己任的人,与之对应的是社会型职业。

常见的职业兴趣测验有斯特朗—坎贝尔兴趣调查(SCLL)、库德职业兴趣测验、爱德华职业兴趣测验等。

高级公务员胜任素质模型的国际经验及借鉴

一、发达国家高级公务员胜任素质模型的概况

为了提高高级公务员的胜任能力，改进政府的组织效能，以美国和英国为代表的发达国家较早地开展了高级公务员胜任能力或者胜任资格的探索，澳大利亚、韩国等国家也紧随其后。美国高级公务员的核心资格（executive core qualifications，ECQs）于1997年首度提出，联邦人事管理总署（Office of Personnel Management，OPM）于2012年发布了最新的《高级公务员核心资格指南》（Guide to Senior Executive Service Qualifications），该指南吸纳了美国联邦知识管理局及其他机构中最优秀的组织心理学家、人力资源专家和高级主管的意见。根据指南规定，美国高级公务员的核心资格包括领导变革（leading change）、领导人员（leading people）、结果驱动（results driven）、运营管理（business acumen）、建立联盟（building coalitions）五个维度22项，同时，联邦政府还十分重视高级公务员的人际关系能力、沟通能力和公共服务动机等六项基础性胜任素质（fundamental competencies）。

2012年7月，英国内政部发布了公务员胜任力框架（civil service competency framework），并于2015年6月进行了更新，用于公务员的招募、绩效管理和个人发展等决策。该胜任力模型适用于高级公务员和一般公务员，把诚实、正直、公正、客观等公务员价值观置于公务员胜任力框架的核心，包含确定方向（setting direction）、管理人员（engaging people）和取得成果（delivering results）三个维度共计十项胜任力。在实践中，公务员是否具备某种胜任力一般通过其行为表现来判断，当其表现出有效行为（effective behaviors）时就可以判断其具备该项胜任力，而表现出无效行为（ineffective behaviors）时则可以认定为不具备该项胜任力。

1984年，澳大利亚出台了《公务员改革法案》（Public Service Reform Act 1984），正式建立了高级公务员制度；2001年，发布了《高级公务员领导力框架》（Senior Executive Leadership Capability (SELC) Framework），对高级公务员的考核、晋升、领导力开发等活动进行统一指导。该框架包括五个维度：塑造战略性思维（shapes strategic thinking）、完成任务（achieves results）、建立积极的工作关系（cultivates productive working relationships）、个人努力和自我完善（exemplifies personal drive and integrity）以及高效沟通（communicates with influence），每一个维度之下还有更为细化的要求。

韩国于2006年7月1日起开始实施高级公务员团制度，将高级公务员作为一个特殊群体予以管理。高级公务员内部不分级别，而是根据能力或职位特征就任具体岗位。为了提高高级公务员的绩效水平，韩国也制定了针对高级公务员能力要素框架，主要包括三个维度六项能力,分别是思考能力(问题意识、战略思考)、业务能力(绩效导向、变革管理)和关系能力(顾客满意、协调整合)。

二、发达国家高级公务员胜任素质模型的国际经验

(一)建立规范系统的制度保障

在发布针对高级公务员行政核心资格的基础上,美国联邦人事管理局于2008年针对高级公务员的选拔试行了两种新的举措,即成果记录法(accomplishment record method)和基于简历的选拔方法(resume-based method),这两种方法都是在行政核心资格的基础上展开的。高级公务员的候选者需要在成绩记录或者简历中明确说明他们具备行政核心资格的某项素质能力。英国内阁办公室每年都要发布《高级公务员绩效管理指导手册》(Performance Management Arrangements for the Senior Civil Service),对于公务员胜任力框架的运用进行了说明。2015年2月,英国正式发布了《公务员领导力声明》(Civil Service Leadership Statement),描述了公务员可以期望他们的各级领导者需要表现出的行为,对于高级公务员有效传达政府决策、实现公共价值和服务公众提出了挑战。2001年,澳大利亚的《高级公务员领导力框架》被确认为最合适的高级公务员选拔和开发工具。2004年,澳大利亚公共服务委员会通过开发综合领导力体系(integrated leadership system,ILS)对原有的《高级公务员领导力框架》进行了扩展,这套新的领导力体系为支持澳大利亚公共服务的能力发展提供了统一的语言,旨在为确保高级公务员具备应对未来挑战的能力和行为提供有效保障。此外,为了满足高级公务员的发展需要,澳大利亚还成立了专门的领导和学习中心(center for leadership and learning),通过提供各式的培训项目强化高级公务员的领导能力,帮助他们建立自信和改进绩效。

(二)构建结果导向的内容体系

公务员绩效是个体行为和结果的统一体,会受到态度、能力、环境等诸多因素的影响。建立高级公务员胜任素质模型,其目的在于提高高级公务员的能力素质和完善政府绩效水平。美国、英国和澳大利亚的高级公务员胜任素质模型中都包含结果驱动这一维度,显示出强烈的结果导向。其中,美国高级公务员胜任素质模型要求雇员具备科学知识、问题分析和风险应对等能力以产出高质量的绩效结果。同时还规定在确定高级公务员绩效考核等级时,结果驱动这一关键要素的权重不得低于20%,其他要素的权重均不得高于结果驱动要素的权重。

除坚持结果导向外,西方发达国家高级公务员的胜任素质模型比较重视领导能力、沟通能力和服务意识。如要求高级公务员具备战略性思维,能够总揽全局,深刻洞察组织目标与公众需求,通过制定长期战略创造公共价值;高级公务员应具备较好的沟通协调能力,通过建立联盟、互助协商和真诚沟通,对内明确组织发展目标和达成共识,对外了解利益相关者的目标需求,促进资源的合理利用。对于公务员来说,越来越重要的是利用基于价值的共同领导来帮助公民明确表达和满足其共同利益,而不是试图控制或掌握社会新的发展方向。国外的高级公务员胜任素质模型还明确了高级公务员应该坚持公众至上、服务公众的价值取向。如美国高级公务员胜任素质模型

指出高级公务员应具有客户服务能力，能预测并满足内外部客户的需求，提供高质量的产品和服务。同时在基础性胜任力框架中还要求高级公务员具有公共服务动机，乐于服务公众，行为符合公众的要求，将组织活动及实践与公共利益结合起来。英国公务员胜任力框架中指出高级公务员应有效回应多元化的顾客需求，运用合适的手段和高效的方式不断优化公共服务。

(三) 确保素质模型的可操作化

胜任素质模型一般包括三个基本要素：胜任素质名称、胜任素质定义和行为指标等级。只有建立完善的胜任素质模型体系，才能确保这套体系有效实施。西方发达国家的胜任素质模型体系都比较系统全面，如美国的《高级公务员核心资格指南》中就用实例演示了如何运用成就记录法和基于简历的方法来评判高级公务员的胜任核心资格，并对每项胜任资格所占有的权重进行了原则性的规定。英国公务员自上而下可分为内阁大臣（cabinet secretary）、常务大臣（permanent secretary）、局长（director general）、主任（director）、副主任（deputy director）、六级公务员（grade 6）、七级公务员（grade 7）、资深行政主任（senior executive officer，SEO）、高级行政主任（higher executive officer，HEO）、行政主管（executive officer，EO）、政务主办（administrative officer，AO）和行政助理（administrative assistant，AA）12个等级。在确立了公务员的胜任力框架之后，将除去内阁大臣和常务大臣之外的十个层级合并为六个，并分别详细阐述了公务员在各个层级上有效行为和无效行为的具体表现。澳大利亚设立了专门的公务员委员会，将高级公务员划分为三个级别，并分别列出了高级公务员在不同胜任素质方面的具体表现。

三、借鉴发达国家高级公务员胜任素质模型改进我国公务员胜任素质模型

为了开发公务员人才资源，打造一支高素质和专业化的公务员队伍，原国家人事部早在2003年就下发了《国家公务员通用能力标准框架（试行）》，指出我国公务员通用能力包括政治鉴别能力、依法行政能力、公共服务能力、调查研究能力、学习能力、沟通协调能力、创新能力、应对突发事件能力以及心理调适能力九大能力标准，并对每一条能力标准的内涵都进行了详细的说明。从我国公务员通用能力标准框架可以看出其具有以下特点：一是政治导向明显。要求公务员坚持党的基本理论、基本路线、基本纲领和基本经验，善于从政治上观察、思考和处理问题。二是强调公共服务。时刻牢记全心全意为人民服务的根本宗旨，诚实为民，守信立政。三是注重问题解决。坚持实践第一、实事求是，正确认识和处理各种社会矛盾，善于协调不同利益关系，善于分析新情况，提出新思路，解决新问题。四是关注学习与成长。要求公务员具有学习能力，树立终身学习观念，坚持知行结合，理论联系实际，学以致用。虽然我国公务员通用能力标准框架提出已十余年，但是从框架体系的确立到实践的运用都还存在一些问题。从内容上看，该框架的九大能力都是从完成组织目标所应具备的能力出发，缺乏明确的结果导向。从应用来看，该框架只是指出了公务员应具备的各项素质和行为描述，总体上比较笼统，而且对于具体如何实施没有进行说明，胜任力模型的可操作性存疑。

系统梳理美、英等发达国家高级公务员胜任素质模型建设的实践经验，对于改进我国公务员的胜任素质模型建设具有一定的借鉴意义与参考价值。

（资料来源：方振邦，唐健. 高级公务员胜任素质模型：国际经验及借鉴. 行政管理改革，2018，（12））

案例分析

案例一：
宁波干部选拔首次引入心理测试：当干部，要过心理关

能力不如你的人晋升比你快，你是很不高兴，还是见怪不怪？

这是入围浙江省宁波市领导预备人员的考生在进行能力测评时，遇到的一道考题。类似的考题，一共有150道，考生们要在半个小时内完成。不过，测试的结果不计分，只作为考察参考。这些考题，测的就是考生们的心理素质。这也是宁波在干部选拔考试中首次引入心理测评。

考题是一套"党政干部领导能力测评系统"，据介绍，考题由中央组织部领导干部考试与测评中心提供，这套测评系统是一款国际领先的人才测评软件，以国际公认的管理者能力标准中的指标为依据。

这些"刁钻"的考题分为两部分，前90分钟做40道题，每道题设置了一个今后工作中可能遇到的场景，并给出4—5个解决方法供考生选择。后面的心理测试题共有150道，限制在半个小时内完成。150道考题没有标准答案，测的是心理素质。"这次的心理测试很有用。"宁波时任市委组织部部长杨立平简洁评价。

"这个测试不好糊弄"，有考生反映，感觉心理伪装被一层层卸下："题目量大，来不及思考，有些题目还会换个面目反复出现，到最后只能凭直觉选择。"原来，这样的考题设置是为了减少考生的"心理设防"，得到正确的测评结果。因为故意对一道题做出相反的答案很简单，但面对一整套的心理测试，基本不可能掩盖真实的想法。

能力水平不如你的人晋升比你快，你是很不高兴，还是见怪不怪？对这道题，考场外的工作人员也意见不一。"我选见怪不怪。"一位女工作人员说。"选见怪不怪，说明你这人不思进取。"一位男工作人员开始扮演心理分析师的角色了。"有点道理啊。"围观者中有人说。"这些心理测试题，其实是没有标准答案的。但是考生的选择，能让我们评估出他的心理状况，比如性格、为人处世的能力等等。"

测评结束后，系统会给出一段定性的文字结论，分析考生的心理素质、内心世界、深层性格、抗压能力，作为干部选拔时的参考。

"题量非常大，考生根本没时间思考，只能下意识作答。"宁波时任市委组织部干部教育处处长许芳说，这150道题，考的就是考生的心理承受能力、压力管理、自制力和处理焦虑恐惧情绪的能力。

据记者了解，引入这场测试的起源，在于宁波市委组织部注意到了宁波市一家心理咨询中心提供的数据：因情绪病就诊的公务员，去年同比增长了12.5%。

当干部，心态要好，情商要过关，否则会引发一系列问题，比如面对挫折可能会选择逃避、包容度差、难以与他人相处，这些都不适合当领导干部。

据浙江大学公共政策研究院院长姚先国介绍，作为行政管理创新的一个方面，已经有部分大学在MPA教育中尝试心理测试：先对新录取的学员测试心理，然后在培养过程中进行心理训练，读完再测，目的是让学员在重大挑战面前，应对能力得到提升。

考试的效果怎么样？宁波时任组织部办公室主任马苗金介绍，在心理测试样本出来后，经过分析，把结果交给了考察组组长，让他去对照分析是不是准确。反馈回来的信息是：结果接近真实情况。

姚先国认为，"心理测试经过这些年的发展，科学性已经得到认同，很多特殊专业招工，都需要心理测试，比如高空作业、危险行业。公务员也一样，面对突发事件，指挥者作为一线领导，要做到果断冷静，抓住关键问题迅速处理，需要很好的心理素质。宁波推出心理测试是有必要的，关键是一定要请专家，方法要适当。"

（资料来源：根据人民网2013年5月17日、浙江公务员考试网2013年6月11日的相关报道整理）

问题

1. 如何评价宁波市干部选拔引入心理测试的做法？
2. 人的心理现象非常复杂，公务员考录中引入心理素质测评需要注意哪些问题？

案例二：定向遴选　激励基层干部干事创业

过完元旦，四川省发展改革委研究室副主任丁良权从宜宾家里赶回成都，开启了新一年的工作。一个多月前，他的身份还是兴文县大河苗族乡党委书记。

2020年8月，省委组织部发布的《四川省省直机关面向优秀乡镇（街道）党政主要负责同志公开遴选县处级副职领导干部公告》，改变了丁良权的工作生活轨迹。不仅是丁良权，此次从乡镇（街道）被遴选到省发改委、经信厅、住建厅等省直机关担任县处级副职领导干部的，一共有10人。近期，他们均已陆续到岗。

公共人力资源管理：理论与实践

为什么要开展这样的遴选？从乡镇干部到省直机关县处级副职，这10个人是如何被选出来的？近日，记者向省委组织部作了深入了解。

一、遴选背景：鲜明选人用人的基层导向

40岁的丁良权当过教师、警察，此前在乡镇工作了8年。"作为一名基层干部，我从来没想过有一天能到省里来工作。"告别工作了20年的宜宾来到省直机关，丁良权不无感慨。

打破基层干部发展的"天花板"，激励基层干部担当作为，正是此次遴选的目的之一。丁良权认为，遴选工作为基层干部开辟了一条全新的职业晋升通道，让广大基层干部看到了更多晋升机会，更能激励基层干部干事创业的决心。重基层、重实干，这样的用人导向，从遴选条件的设置上就能看出"一二"：本次遴选，一方面规定人选须担任乡镇（街道）党政正职二年以上，明确在新冠肺炎疫情防控、坚决打赢三大攻坚战、完成重大专项工作、承担急难险重任务中表现突出的干部优先推荐；另一方面，在差额考察时突出政治标准、注重工作实绩，全面了解人选多岗历练、德才表现等现实情况，切实把熟悉基层治理，想干事、能干事、干成事的优秀干部遴选出来。

不仅是激发基层干部干事创业的热情，对省直机关来说，这样的遴选也起到了让机关干部队伍"保持一池活水"的作用。据介绍，长期以来，省直机关通常都是从本单位干部中选拔处级领导，这次遴选越过市、县两个层级，直接从乡镇（街道）公开选拔县处级副职领导干部，有利于省直机关领导干部选拔的多元化，解决机关对熟悉基层一线情况优秀人才的现实需求。

二、遴选过程：现场调研＋闭卷写作，突出素质考评

遴选过程历时约三个月，设置了收集计划、发布公告、推荐报名、笔试（含心理测试）、职位选择、面试、差额考察、讨论决定、公示任职九个步骤，十分严谨。市（州）最终推荐来参与遴选的人选均报经市、县两级党委同意，层层把关，以确保政治过硬、素质全面。此外，此次遴选考试在笔试、面试环节均有创新，以期全方位、多角度查测干部综合素质。

笔试突破常规考场答卷方式，采取实地调研"解剖麻雀"后闭卷撰写调研报告的方式进行；面试摒弃传统单一形式，综合采取开放式谈话、结构化面试等多种方式。考试内容上突出精准性，重点考查人选调查研究、综合分析、应急处置等方面的能力。专门开展心理测试，测评人选的职业能力、职业倾向及心理素质，为考准人选素质、稳慎选人定岗做足准备。

此外，为确保遴选公平公正，省委组织部在考试组织上也作了周密安排。在调研选点上，多点预选、严格保密；在命题及阅卷上，准备两套试题考前随机抽取，初评终评两轮阅卷，综合确定进入职位选择人选顺序；在职位选择和面试组织上，各环节公开透明、环环相扣。同时，纪检监察部门全程监督，确保遴选工作规范有序、公平公正。

三、遴选结果：10名佼佼者走上新岗位

日前，遴选出的10名基层干部已陆续走上新的工作岗位，担任起省直机关县处级副职领导职务。

记者梳理发现，这10名遴选人员除了此前系乡镇（街道）党政主要负责同志的共同身份外，还有些共同的特征：一是年轻，平均年龄35.9岁，最小的32岁，最大的40岁。二是普遍学历较高，研究生6名，本科生4名，从专业背景看，既有人文学科，也有社会学科和自然学科。三是工作经验丰富，平均历经9个岗位锻炼，均为在基层多岗历练、充分"墩苗"的成熟干部。四是工作成绩优异，均获得过省、市表彰奖励，其中还包括"记一等功公务员""一线优秀扶贫干部"等。

通过这次遴选，优秀的基层干部也将丰富的基层经验带到了省直机关。

遴选到省民政厅任办公室副主任的苟中文，曾在巴中市南江县三个乡镇任职共计七年。"目前，我们正在推动村社区两委换届工作。在乡镇工作多年，我很清楚基层的痛点、难点，对有序推进换届工作提了一些建议，被厅里采纳。"苟中文告诉记者，如今，他每天下班后都会花时间自学民政系统的重要政策文件，希望能尽快适应新的岗位。"我相信只要始终跟党走的初心不变，服务群众的情怀不改，到哪里都能做出自己应有的贡献。"苟中文说。

（资料来源：根据《四川日报》2020年1月8日的相关报道整理）

 此次四川基层遴选，对考生进行多角度全方位查测，重点突出素质考评，对于往后的干部选拔有何启发借鉴？

 本章关键术语

公共人力资源素质测评	人才测评	公共部门胜任素质	素质冰山模型
测评指标	测评指标权重	工作分析法	层次分析法
心理测验	个体能力测验	人格测验	自陈式量表
投射测验			

 复习思考题

1. 公共人力资源素质测评的概念是什么？
2. 心理测验的类型是什么？
3. 公共人力资源素质测评指标体系的构建原则包括哪些？
4. 测评指标量化的常见方法有哪些？测评权重的确定方法有哪些？
5. 常见的心理测验技术包括哪些？

第六章

公共人力资源开发

> **本章学习引导** 公共人力资源开发是公共人力资源管理系统的一项基本活动，是包含培训需求分析、计划制订、培训实施与效果评估的完整体系。通过公共部门员工的培训进而实现公共人力资源的开发，可以提升公共部门员工的胜任素质，从而持续提升组织绩效。本章主要介绍培训与开发的基本概念、类型及意义，明确培训与开发的程序和方法，并对美国、英国以及我国公共部门的培训与开发实践进行阐述。
>
> **本章学习重点** 培训与开发的内涵和意义；培训与开发的类型；培训与开发的程序和方法；国内外公共部门培训与开发。

第一节 培训与开发概述

一、培训与开发的内涵

培训与开发是指为了达成组织的战略目标，有计划地通过各种项目改进员工的胜任素质，进而提升员工绩效和组织绩效的一种连续性的活动。培训与开发通过有计划地提升公务员的胜任素质，促使个人行为与组织战略目标保持一致。实施上，培训与开发包含几个不完全相同的概念：教育（education），更多的是未来导向的，更多指技能构建，主要强调工作中通用技能的培养；培训（training），主要目的是使员工获得目前工作所需的知识和能力，帮助员工完成好当前的工作；开发（development），主要目的是使员工获得未来工作所需的知识和能力，帮助员工胜任工作需要，并且通过提高他们的能力来使他们能够承担起一种目前可能尚不存在的工作。随着公共部门人力资源管理实践的战略性特征越来越突显，教育、培训与开发的界限日益模糊。在实际工作中，培训中使用的技术与开发中使用的技术通常是相同的，并且在许多时候都注重员工与组织当前和未来发展的需要，教育培训与开发也很难截然分开，因此，本书后文将培训与开发简称为"培训"。

在战略性人力资源管理视野下，公共部门应实施战略性培训。战略性培训通过建立组织的使命、核心价值观、愿景和战略，与个人教育培训与开发保持一致的完整体系，将组织、部门和个人建成一个有机整体，从而促进组织与个人共同成长。与企业战略性培训相比,公共部门战略性培训实施及操作起来难度更大。随着我国对公务员队伍及其能力建设的日益重视,公共部门有必要将战略性培训导入公务员培训工作中,从战略高度通盘考虑公务员培训问题,进而构建科学有效的培训管理体系。公共部门战略具有高度复杂性,造成公共部门的使命与战略的多样性和模糊性。这常常导致公共部门培训难以有效聚焦,甚至无所作为。因此,战略性培训要求始终聚焦组织战略落地过程,通过建立培训需求分析、计划制订、培训实施与效果评估的完整体系,使各个环节之间围绕战略实现紧密联系与协同一致。战略性培训通常具有如下特征:

(1) 战略一致性。公共部门培训体系应该着眼于未来,从组织使命出发,将组织培训目标与组织战略目标紧密结合起来,促进公务员个人职业发展与组织战略动态匹配和无缝对接,进而使公务员个人目标与组织目标协调一致,使两者由"相互博弈"转向"合作共赢"。

(2) 需求人本性。培训计划顺利落地的关键就是组织战略与个人发展诉求协调一致。因此,培训体系应该在坚持以人为本的前提下,以组织变革和工作创新为基础,通过不断提升公务员个人能力,保障组织战略人力资源准备度的持续提升。

(3) 过程系统性。培训系统是"化战略为行动"的完整系统,需要将组织的使命、核心价值观、愿景和战略分解到具体的培训体系之中,通过建立组织系统内各级领导和一般公务员的完整的培训体系,最终实现组织战略与所有公务员个人需求的有效融合,从而保障公共部门培训过程的系统性。

(4) 安排灵活性。按照组织战略和绩效提升的要求,针对培训类型和培训目的要求,灵活安排培训时间、范围和方法,从而更顺利地实现培训目标。

要系统全面地理解教育培训的内涵,还需要深入把握教育培训的内容。教育培训内容的选择需要考虑两个方面的因素:一是组织开发和团队建设的需要,二是公务员个人能力开发和职业发展的需要。关于教育培训内容的选择,应根据组织需要确定个人胜任素质。公共部门教育培训的内容通常包括政治素质、专业知识和职业能力。政治素质是公务员的首要素质,包括政治理论、政治素养和公共服务精神等。公共服务工作涉及众多领域,要求公务员具有复合型知识结构,同时在具体服务领域具有系统的专业知识基础。要保障服务水平的持续提升,还需要公务员具备良好的职业能力,通常包括公共政策分析能力、行政决策能力、行政执行能力、组织管理与协调能力等。

二、培训与开发的类型

随着公共服务活动复杂性和战略性的持续提升,公务员知识和技能的持续提升成为公共服务水平提升的内在要求。单一的形式越来越不适应工作的需要,多元化的培训成为公共部门教育培训的常态。为了使培训更能达成预期目标,可以根据不同的标准将培训划分为不同的类型。

《公务员法》第 67 条规定:"机关对新录用人员应当在试用期内进行初任培训;

对晋升领导职务的公务员应当在任职前或者任职后一年内进行任职培训；对从事专项工作的公务员应当进行专门业务培训；对全体公务员应当进行提高政治素质和工作能力、更新知识的在职培训，其中对专业技术类公务员应当进行专业技术培训。"由此可见，我国公务员培训可以分为初任培训、在职培训、任职培训和专门业务培训四种类型。初任培训是对新录用或新调入人员在正式上岗之前所进行的理论教育和实践培训，一般采用工作实习和集中培训两种形式。在职培训是对已经在公共部门服务一定年限的人员开展的培训，这类培训又可以划分为两种情况：一是为了适应工作需要，促进相关人员绩效达标而开展的培训；二是为了更好地开发工作需要的工作技能、领导能力等而组织的培训。任职培训，指对已经晋升领导职务或者有期望晋升到领导职位的在职人员展开的培训。专门业务培训就是根据工作需要，对公务员进行的与岗位相关的专门知识和技能的培训。这种培训的方式和时间视工作需要而定。

通常情况下，公共部门培训方式分为多种类型，常见的分类方式有如下几种：

（一）基于培训内容的分类

按照培训内容的不同，可以将培训分为基本技能培训、专业知识培训和工作态度培训。基本技能培训是通过培训使员工掌握从事职务工作必备的技能；专业知识培训是通过培训使员工掌握完成本职工作所需要的业务知识；工作态度培训是通过培训改善员工的工作态度，使员工与组织之间建立起互相信任的关系，使员工更加忠诚于组织。这三类培训对于员工个人和组织绩效的改善都具有非常重要的意义。因此，在培训中应予以足够的重视。

（二）基于培训对象的分类

按照培训对象的不同，可以将培训分为新员工培训和在职员工培训。新员工培训又称"向导性培训"或"岗前培训"，是指对新进员工进行的培训，主要是让新员工了解组织的工作环境、工作程序、人际关系等；在职员工培训是对组织中已有的人员进行的培训，主要是为了提高现有员工的工作绩效。

（三）基于培训目的的分类

按照培训目的的不同，可以将培训分为应急性培训和发展性培训。应急性培训是组织急需什么知识、技能就培训什么；发展性培训是从组织长远的发展需要出发而进行的培训。

（四）基于培训形式的分类

按照培训形式的不同，可以将培训分为岗前培训（pre-job training，PJT）、在职培训（on the job training，OJT）、脱产培训（off-job training，OFFJT）。岗前培训也称"入职培训"或"引导培训"，是为了使员工适应新职位需要而进行的培训；在职培训就是在工作中直接对员工进行培训，员工不离开实际职位；脱产培训是让员工离开职位，进行专门性业务和技术培训。

三、培训与开发的意义

培训是公共人力资源管理服务与公共部门战略的重要职能，通常需要与其他职能模块形成协同效应，以实现培训效果的最优化。培训对公共组织战略的执行和公共部门人才队伍的建设具有重要作用。虽然我国公共部门人才素质已经取得了长足进步，但是与广大群众对公共服务水平的要求相比，仍然存在较大差距。培训的最终目的是通过工作能力、知识水平的提高以及个人潜能的发挥，提高员工的工作绩效，进而实现组织的目标。由于人的素质提升是一个缓慢而漫长的过程，培训因此成为一项系统化的行为改变过程。具体而言，培训具有以下重要意义：

（一）有利于公共部门使命与战略的落地

党的根本宗旨是全心全意为人民服务，这使服务型政府成为我国政府建设的目标和内在要求。广大人民群众对公共服务水平持续提升的诉求成为公共部门改善服务质量的重要动力。因此，公共部门必须积极推进战略性培训，使公务员素质提升适应组织战略落地的基本要求。

（二）有利于将公共部门建成学习型组织

由于环境的动态性和工作的复杂性，组织持续变革和知识持续更新成为一种常态。彼得·圣吉（Peter M. Senge）曾指出："未来唯一持久的优势，是有能力比你的竞争对手学习得更快"。另外，隐性知识很难通过培训活动快速获得，通过建立创造和分享知识的学习型组织文化，有利于人力资本的深度开发。在公共部门加强培训，一方面可以使公务员及时掌握新的知识、技术，确保公共部门拥有高素质的人才队伍；另一方面也可以营造出鼓励学习的良好氛围，使公务员处于持续不断的学习氛围中，进而提高组织的学习能力，建设学习型政府。

（三）有利于公务员职业发展

培训作为知识更新和技能培养的重要手段，是推动公务员职业发展的重要途径。公共部门应该将组织战略要求与广大干部和公务人员职业发展有机结合起来，通过实施战略性培训，为公共部门打造一支目标明确、协调一致、同心协力的高素质人才队伍。同时，强调在建功立业的过程中，将个人发展与组织发展有机统一起来。让每位公务员在践行公共部门使命和实现战略目标的过程中，明确自己在单位中的作用和价值，培养公务员的使命感、自豪感和担当精神，进而增强团队的凝聚力和向心力，最终促进公务员人生价值的实现。

（四）有利于培育优秀的组织文化

实践证明，良好的组织文化对员工具有强大的凝聚、规范、导向和激励作用。因此，组织文化建设得到越来越多组织的青睐，进而成为员工培训的重要内容。作为组织成员共有的一种价值观和道德准则，组织文化必须得到全体员工的认可，这就需要不断地对员工进行宣传教育，而培训就是其中一种非常有效的手段。

第二节 培训与开发的程序和方法

一、培训与开发的程序

要想有效地做好培训工作,公共部门应该把培训视为一项系统工程,即采用一种系统设计的方法,使培训活动符合组织的目标,同时让其中的每一环节都能实现员工个人、工作及组织本身三方面的优化。图6-1所示的人力资源培训程序便显示了这样一个系统,它代表了由五个环节构成主链的一个循环过程。

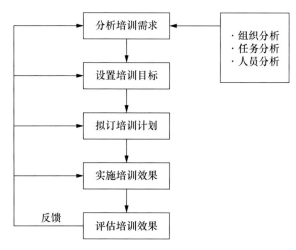

图 6-1 人力资源培训程序

这五个环节(步骤)构成了一个完整的培训系统模型,为公共部门培训工作提供了指导,可以保证培训工作科学、有序、规范地进行,从而取得预期的良好效果。下面分别对这五个程序进行分析:

(一)分析培训需求

培训需求是增强培训效果的重要基础。只有明确了培训需求,才能保证培训内容和培训方法的针对性,实现培训目的。然而,有关调查表明,大多数组织的培训内容缺乏科学的依据,多凭主观判断,没有经过科学的培训需求分析。对于培训需求分析,具有代表性的观点是麦吉(McGehee)和塞耶(Thayer)于1961年提出的组织分析、任务分析和人员分析的三要素分析法。

(1)组织分析。组织分析主要根据组织战略、组织绩效、组织环境、组织资源、组织文化、工作设计、招聘新员工、生产新产品等因素确定本组织对人力资源素质的要求。其中,组织战略会影响培训实践并产生不同的培训要求。而对人力资源数据进行连续的、详细的分析,能够找到培训的薄弱环节,进而提炼出现实的培训需求。例如,可以看看哪个部门流失率高、缺勤率高、绩效低或有其他缺点,从而确定培训需求。

(2) 任务分析。任务分析主要是确定工作的具体内容,即描述工作由哪些任务组成,完成这些任务需要做哪些具体的工作活动,以及所需的知识、技能或能力等。这里所说的任务分析并不等同于工作分析,主要研究怎样具体完成各自所承担的职责和任务,即研究具体任职人的工作行为与期望的行为标准,找出其间的差距,从而确定培训内容。任务分析通常按四个步骤来进行。首先,选择有效的方法,列出一个职位所要履行的工作任务的初步清单。其次,对所列出的任务清单进行确认。这需要回答以下几个问题:任务的执行频率如何?完成每项任务所花费的时间是多少?成功完成这些任务的重要性和意义是什么?学会完成这些任务的难度有多大?再次,对每项任务需要达到的标准作出准确的界定,尽量用可以量化的标准来表述,例如"每小时生产 20 个"。最后,确定完成每项工作任务的 KSA,K(knowledge)就是知识,S(skill)就是技能,A(attitude)就是态度。

(3) 人员分析。通过人员分析可以确定出组织中哪些人员需要接受培训以及需要接受什么样的培训,主要通过分析员工目前绩效水平与预期工作绩效水平来判断其是否有进行培训的必要。这需要首先设定绩效评价的指标和标准,然后将员工目前的工作绩效同预先设定的目标或者以前的绩效水平进行比较,当绩效水平下降或者低于标准时就形成了培训需求的"压力点",但是这个"压力点"并不意味着必须立即对员工进行培训,组织还要对员工绩效不佳的原因进行分析,以提炼出培训需求。人员分析也与职位变动有关,比如,管理人员的继任计划或一般的工作轮换都会产生培训需求。

(二) 设置培训目标

设置培训目标将为培训计划提供明确的方向。有了目标,才能确定培训对象、内容、时间、教师、方法等具体内容,并可在培训之后,对照目标进行效果评估。目标可以针对每一培训阶段设置,也可以面向整个培训计划来设定。设置培训目标的作用表现在:它能结合受训者、管理者、组织各方面的需要,满足受训者方面的需要;帮助受训者理解其为什么需要培训;协调培训目标与组织目标的关系,使培训目标服从组织目标;也可使培训结果的评价有一个基准;有助于明确培训成果的类型;还能指导培训政策及其实施过程;为培训的组织者确立了必须完成的任务。正是由于培训目标具有这些重要的作用,所以其设置应该成为整个培训过程中的一个相对独立的步骤。

培训目标应当包括三个构成要素:一是内容要素,即组织期望员工做什么事情;二是标准要素,即组织期望员工以什么样的标准来做这件事情;三是条件要素,即在什么条件下要达到这样的标准。其中,培训目标的内容要素主要分为三大类:一是知识的传授,通过培训使员工具备完成工作所必需的基本业务知识,了解组织的基本情况,如发展战略、经营方针、规章制度等;二是技能的培养,通过培训使员工掌握完成工作所必备的技术和能力,如谈判技术、操作技术、应变能力、沟通能力、分析能力等;三是态度的转变,通过培训使员工具备完成工作所必需的工作态度,如合作性、积极性、自律性和服务意识等。

（三）拟订培训计划

拟订培训计划其实就是培训目标的具体操作化，即根据既定目标，具体确定以下一些内容：培训对象、培训项目、培训者、培训时间与地点、培训方式与方法、培训预算、学制、课程设置方案、课程大纲、教科书与参考书、考核方法、辅助器材设施，等等。制订正确的培训计划必须兼顾许多具体的情境因素，权衡培训计划的现实性、可操作性和经济性。

（1）培训对象与培训立项。培训对象的确定是培训需求分析的自然结果。以人员分析为例，那些不具备工作所需知识、技能或能力的员工，就被确定为培训的对象。培训对象直接影响到培训项目的立项，培训对象的数量与质量决定培训项目是否立项及内容的选择。此外，培训项目的立项还需得到受训者直接上级主管的认可与支持，这是培训得以成功的关键。由于培训涉及预算，因此组织中的多个培训项目必须排出优先次序，通常情况下，应在组织目标的基础上划分层次。

（2）培训者。培训能否获得成功，在很大程度上取决于培训者的素质与能力，所以组织要非常重视培训者的甄选和训练工作，将之纳入培训计划。一般来说，培训者会选择首先从组织内部开始，如果没有合适的资源再转向组织外部。比较而言，内部培训者和外部培训者各有优缺点。内部培训者对组织较为了解，沟通容易，费用低廉，缺点是培训经验欠缺，创新能力差，员工接受度低；外部培训者经验丰富，创新能力强，有新思路、新观念，员工接受度高，缺点是费用高，针对性差，责任心不强。组织应视培训对象、培训内容等具体情况选择合适的培训者。

（3）培训时间、地点与设施。培训时间安排要考虑培训需求与受训人员（如工作任务的紧张程度）等因素。如果培训需求不紧迫，而员工工作又特别繁忙，最好不安排培训；反之则可根据时间合理安排培训。培训地点的选择与培训规模、培训成本、培训方法等有关。例如，如果培训人数多，则应选择在一个比较宽敞的地方进行培训；如果采用课堂授课法，则应在教室进行。此外，在培训计划中，还应当清楚地列出培训所需的设备，如座椅、音响、投影机、屏幕、白板、文具等，准备好相应的设备也是培训顺利实施的一个重要保证。

（4）培训方式与方法。培训要想收到满意的效果，还必须根据具体情况，因时、因地、因人而异地采用各种不同期限、不同要求的培训方式与方法。没有哪一种方式与方法能适应所有的培训要求，因此培训方式与方法的选择应以如何有效地实现培训目标，并满足个人的需要为基础。下一部分将对培训的一些主要方式与方法进行详细的介绍。

（5）培训经费预算。培训经费一般是有限的，这就需要事先编制培训经费预算，将培训直接发生的费用，如场租费、设备费、教材费与培训者酬金等详细列清楚，以保证培训计划的顺利实施，并为培训评估做好准备。

（四）实施培训活动

培训计划的实施与培训目标的实现要依靠精心的组织和实施，培训活动的实施需要组织者、培训者和受训者三方密切配合。一般而言，在培训实施阶段，又分为准备、具体培训及培训迁移三个过程。

(1) 准备过程。培训实施的准备过程主要是事先落实培训计划中的一些工作及事项，以确保具体培训的正常进行。主要包括：通知培训者及受训者在规定时间到规定地点报到；报到地点、培训地点的标志，桌、椅、黑板、多媒体教学用具的准备；各种训练教材及教材以外的必读资料的准备；编排课程表、学员名册、考勤登记表；各种证书及有关考评训练成绩用的考评表和试题的准备；等等。

(2) 具体培训过程。在具体培训过程中，培训者或者培训组织者应介绍培训的主题、要求、内容和日程安排等。这个过程最为关键的是，培训者要选用科学、合适的培训方式和方法对学员进行知识、能力以及态度等方面的培训，适时增强培训效果。培训组织者要注意培训者和学员表现，以便及时沟通协调；培训结束时，应该向培训者致谢，并组织填写培训反馈表，发放结业证，以及清理检查设备等。整个具体培训过程需要通过人工方式、录音或摄像设备等做好记录，以便存档备查。

(3) 培训迁移过程。组织要让学员把在具体培训过程中所学到的内容运用到实际工作中去，这样培训才具有现实意义，否则就脱离了培训的初衷，对组织来说是一种极大的浪费。培训迁移主要有三种理论，如表6-1所示。

表6-1 培训迁移的三种理论

理论	强调重点	适用条件
同因素理论	培训环境与工作环境相同	培训关注封闭性技能
		工作环境稳定且可预测
		示例：设备使用培训
激励推广理论	总体原则可运用于多种不同的工作环境	培训关注开放性技能
		工作环境不可预测且高度易变
		示例：人际交往技能培训
认知转化理论	有意义的材料和编码方案强化培训内容的存储和回顾	所有类型的培训内容和环境

资料来源：〔美〕雷蒙德·A. 诺伊. 雇员培训与开发. 徐芳译. 北京：中国人民大学出版社，2015：144。

此外，培训效果的有效迁移，有赖于一些基本条件，这些条件主要包括良好的氛围、上级的支持、同事的支持、良好的信息技术支持系统与自我管理等。

(五) 评估培训效果

培训效果评估是培训系统流程的最后一个程序，这一步骤主要是对培训的效果进行一次总结性的评估或检查，找出受训者究竟有哪些收获与提高。它不仅是这次培训的收尾环节，还可找出培训的不足，归纳出经验与教训，发现新的培训需要，所以又是下一轮培训的重要依据，进而使培训活动不断循环。在对培训效果进行评估时，需要研究以下问题：培训后员工的工作行为是否发生了变化？这些变化是不是培训引起的？这些变化是否有助于实现组织目标？下一批受训者在完成相同的培训后是否会发生相同的行为变化？只有当组织能在培训和工作绩效之间建立联系时，才能确保培训是成功的。一个完整的培训效果评估的过程如图6-2所示。

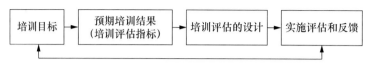

图6-2 培训效果评估过程

从图6-2可以看出,培训效果评估主要包括两个方面的内容:一是培训效果评估的标准,即评估的具体内容;二是培训效果评估的设计,即评估的具体技术及方法。

(1)培训效果评估的标准。培训效果评估的标准也可以说是培训效果评估的内容。这方面最有代表性的观点是美国人力资源管理专家唐纳德·柯克帕狄克(Donald Kirkpatrick)提出的四层次评估模型。这一模型将培训效果评估的标准分为四个层次的内容。

第一,反应。即测定受训者对培训项目的反应,主要了解培训对象对整个培训项目和项目的某些方面的意见与看法,包括培训项目是否反映了培训需求,项目所含各项内容是否合理和适用等。这可以通过面谈、问卷调查的方法搜集评价意见。但应该注意,这种意见可能带有主观性和片面性,即使这些意见是客观的,也仅仅是看法而不是事实,不足以说明培训的实际效果和效益。可以将这些信息作为改进培训内容、培训方式、教学进度等方面的建议,或综合评估的参考,但不能作为评估的结果。

第二,学习。即测试受训者对所学的原理、技能、态度的理解和掌握程度。这项指标可以用培训后的考试、实际操作测试来考查。如果在培训前和培训后对培训对象都进行过同样的测试,通过两次测试结果的比较,更容易了解培训的效果。如果受训者没有掌握应该掌握的东西,说明培训是失败的。如果受训者只是在书面上掌握了所学的知识和技能,但不能把所学的东西运用到实际工作中,培训仍然不能算成功。

第三,行为。即测定受训者经过培训后在实际工作中行为的改变,以判断所学知识、技能对实际工作的影响。这是考查培训效果最重要的指标。但由于这种行为的变化受多种因素影响,如工作经验的逐步丰富、有效的激励、严格的监督等,都可能对员工的行为产生影响,因此可采用控制实验法进行测量,即将员工分为实验组和控制组。实验组为受训员工,控制组为不参加培训的员工,同时对这两组人员进行事先测试和事后测试,将两组人员的测试结果进行交叉比较,以此对培训效果作出评估。

第四,成果。即测定培训对组织业绩具有何种具体而直接的贡献,如生产率的提高、质量的改进、离职率的下降和事故的减少等有多少是由培训引起等。这可以用统计方法、成本效益分析法来测量。

(2)培训效果评估的设计。培训效果评估的具体方法有两类:定性的方法和定量的方法。目前,定性的方法应用很广泛,包括培训结束后组织学员座谈交流询问学习情况等。但是定性的方法有其局限性,如果使用不恰当,会有较大的随意性。定量的方法运用统计学、数学、经济学的方法进行分析,有很多种,常见的有成本收益分析、机会成本分析、边际成本分析、统计假设检验等。定量的方法很严密,具有说服力；但是现实中的情况千差万别，定量的方法往往不能够完全准确地模拟现实中出现的情况。将定性的方法与定量的方法相结合使用，可以弥补彼此的缺点，强化各自的优势，是最优的选择。

具体而言，常用的培训效果评估方法有目标评价法、绩效评价法、关键人物评价法、收益评价法等。

第一，目标评价法。目标评价法要求在制订培训计划时，将受训人员完成培训计划后应学到的知识、技能，应改进的工作态度及行为，应达到的工作绩效标准等目标列入其中。培训课程结束后，应将受训者的测试成绩和实际工作表现与既定培训目标相比较，得出培训效果，作为衡量培训效果的根本依据。目标评价法操作成功的关键在于确定培训目标，所以在培训实施之前组织应制定具有可确定性、可检验性和可衡量性的培训目标。

第二，绩效评价法。绩效评价法是由绩效分析法衍生而来的。它主要被用于评估受训者行为的改善和绩效的提高。绩效评价法要求组织建立系统而完整的绩效评价体系。在这个体系中，要有受训者培训前的绩效记录。在培训结束三个月或半年后，对受训者再进行绩效评价时，只有对照以前的绩效记录，组织才能明确地看出培训效果。

第三，关键人物评价法。关键人物（key people）是指与受训者在工作上接触较为密切的人，可以是他的上级、同事，也可以是他的下级或者顾客等。有研究发现，在这些关键人物中，同级最熟悉受训者的工作状况。按照360度反馈原则，可以根据不同指标选择不同的关键人物来评估受训者的变化。这种方法对了解受训者的工作态度或培训后行为的改变比较有效。

第四，收益评价法。收益评价法就是从经济角度综合评价培训项目的好坏，计算出培训为组织带来的经济收益。有的培训项目能直接计算经济收益，尤其是操作性和技能性强的培训项目，但并不是所有培训项目都可以直接计算出收益。

二、培训与开发的方法

公共部门培训根据不同的标准可划分为不同的类型，通常可以划分为两大类：在职培训和脱产培训。每一类别的培训又有其相应的具体的常用培训方法。

（一）在职培训

在职培训（on the job training，OJT）就是在工作中直接对员工进行培训，员工不离开实际职位。在职培训比较经济，不需要另外添置场所、设备，有时也不需要专职教员，而是利用现有的人力、物力来实施培训。同时，培训对象在学习期间不脱离职位，继续从事本职工作，可以不影响生产。但这种培训方法往往缺乏良好的组织。在职培训主要包括导师制、工作轮换、实习培训与自学等几种方法。

（1）导师制。导师制（tutorial system）是指为学员有针对性地指定一位导师，这位导师通过正式与非正式的途径将自己的知识或技能传授给学员，使学员能够在新的工作岗位上更好地适应和发展。导师一般由富有经验的资深员工担任，他们有培养和指导别人的责任和义务。导师制类似于以前"帮传带"的师傅和徒弟的关系，但又与传统意义上的"学徒制"不同，真正的导师制应该是引导学员自主思考与分析情况、解决问题，而非单纯地给予问题的解答方案。导师制的主要优点是：导师对学员实施一对一的指导，能够做到"因材施教"，进而促使学员很快适应工作要求；导师不仅在工作上对员工进行指导，而且在生活上也给员工提供很好的建议，因此有利于实施人性化管理，进而激发员工的工作积极性与稳定员工队伍。导师制的主要缺点是：导师甄选难度较大，导师素质难以长期得到保障；而且若缺乏有效评估与监控，导师制常常会流于形式，缺乏实效。

（2）工作轮换。工作轮换（job rotation）是指让受训者在预定时期内（通常为一两年）变换职位，使其获得不同职位的工作经验的培训方法。虽然工作轮换有诸多优点，但也容易走入培养"通才"的误区；而且员工被鼓励到各个职位工作，他们将花费不少时间熟悉和学习新的技能。工作轮换，虽让员工掌握更多的技能，却不能专于某一方面。所以，工作轮换常常被认为是用于培训管理人员，而非职能专家。

（3）实习培训。实习培训（internship）是让受训者亲自去做，在实地操作过程中学习新事物，一边做一边学，然后由工作熟练的员工及主管提出评价及建议，使受训者从中获益。一方面，实习培训为受训者提供了接触真实工作情境的机会，使他们能够较近地了解组织，进而丰富社会阅历与实际工作经历；另一方面，组织也会因受训者具有创新的理念与思维、旺盛的精力而产生新的活力，并可顺便考察受训者的各个方面是否符合组织需要，如果符合需要则可考虑正式聘用。

（4）自学。自学（self-learning）这一方法比较适于一般理念性知识的学习。由于成人学习具有偏重经验与理解的特性，让具有一定学习能力与自觉的学员自学是既经济又实用的方法，但此方法也存在监督性差、自学者容易感到乏味等明显缺陷。

（二）脱产培训

脱产培训（off the job training，OFFJT）是让员工离开职位，在专门的培训现场接受履行职务所必要的知识、技能和态度的培训。脱产培训的主要优点是时间与精力集中，受训者有较充足的时间来学习理论，思考深层次的问题，总结经验，学习效果较好；主要缺点是可能会耽误与影响工作，以及培训成本较高等。脱产培训主要有以下几种方法：

（1）讲授法。讲授法（lecture）是指教师通过语言表达，系统地向受训者传授知识，期望受训者能记住其中的特定知识和重要观念的一种方法。讲授法的主要优点是：操作起来方便，只要教材选得恰当、讲授主次分明，培训者就可以将大量的知识在短时间内系统地传授给受训者。但是，该方法也存在一些明显的缺点：信息单向传递，反馈效果差，而且往往只是讲授理论知识，而不能提供实践的机会，因此难以保证培训效果。讲授法适用于面向群体学员或进行理论性知识的培训，比如以某种新政策或制度的介绍，以及新设备或技术的普及等为内容的培训。讲授法是最为普遍也最为基本的一种培训方法，其他方法难以取代，但由于它的局限性，最好与其他方法配合，如此才能进一步强化培训成果。

(2) 案例研究法。案例研究法（case study）起源于美国哈佛大学的案例教学法，是指围绕一定的培训目的，把真实的情境典型化处理，形成供受训者思考分析和决断的案例，让受训者根据人、环境和规则等来对案例进行分析，并与其他受训者一起讨论，从而提出解决问题的办法的一种方法。案例教学在世界各国高等教育和官员培训中普遍受到重视和欢迎。该方法不是要教给受训人"正确"的解决方法，而是通过分析一些实际问题，培养他们分析问题和解决问题的能力。案例研究法的主要优点是：它提供了一个系统的思考模式，在个案研究的过程中，受训者可得到一些有关管理方面的知识与原则；为受训者提供了参与解决实际问题的机会，进而有利于锻炼能力与获得有益经验；通过对具体、直观案例的研讨和相互交流，受训者不仅可以激发灵感，打开思路，完善思维模式，还可以培养向他人学习的品质。它的主要缺点是：案例过于概念化并带有明显的倾向性，难以获得预期的效果；案例的来源往往不能满足培训的需要；需时较长，对受训者和培训者要求较高。案例研究法适用于中层以上管理人员及开发高级智力技能，如分析能力、综合能力、评价能力与决策能力等。

(3) 情境模拟法。情境模拟法（simulation）又称"仿真模拟法"，是指利用受训者在工作过程中实际使用的设备或者模拟设备，以及实际面临的环境来对他们进行培训的一种方法。情境模拟法能让受训者看到自己的决策在一种人工的、没有风险的环境中可能产生的影响，因而常被用来传授生产和加工技能及管理和人际关系技能。确保该培训方法的有效性关键在于，模拟环境必须与实际的工作环境有相同的构成要素。模拟环境可以通过模拟器仿真模拟出来，模拟器是员工在工作中所使用的实际设备的复制品。情境模拟注重设备的真实性，并以最少的成本、最安全的手段进行操作。最近出现的模拟现实技术运用于情境模拟领域，即虚拟现实。它是为受训者提供三维学习方式的计算机技术，即通过使用专业设备和观看计算机屏幕上的虚拟模型，让受训者感受模拟环境并同虚拟的要素进行沟通，且利用技术来刺激受训者的多重知觉。虚拟现实适用于工作任务较为复杂或需要广泛运用视觉提示的员工培训。情境模拟法的优点在于，能成功地使受训者通过模拟器进行简单练习，以增强信心，使其能够顺利地在自动化生产环境下工作；能使员工在没有危险的情况下进行危险性操作。不足之处在于，模拟器开发很昂贵，而且工作环境信息的变化也需要经常更新，因此培训成本较高。

(4) 角色扮演法。角色扮演法（role playing）是设计一个接近真实情况的场景，在此场景中指定受训者扮演特定的角色，借助角色的演练来体验该角色，从而提高解决该类问题的能力的一种方法。在特定场景下，受训者不受任何限制地即兴表演，"剧情"随着参与者的表现而自由转换，直到培训者终止或受训者感到完成这一任务。表演结束，培训者和其他受训者都可对表演给予评价和建议，表演者也可参加到讨论中，这样信息得到及时反馈，表演者可从中认识到处理问题的得失。角色扮演法最突出的特点就是人与人之间的直接交流，这非常有利于培养人际关系方面的技能，因此，在培训公关人员、销售人员时常常采用这种方法。角色扮演法还让参与者有机会处理工作中可能出现的情况，提供难得的实践机会。它的不足之处在于：需要的时间较长;表演效果可能受限于学员的过度羞怯或过强的自我意识等心理。

(5) 素质拓展训练。素质拓展训练(quality development training)起源于西方国家,原意为一艘小船离开安全的港湾,驶向波涛汹涌的大海,迎接一系列挑战。它包括"魔鬼训练""拓展训练""都市减压班""自我突破营"等许多种类。目前,这种培训方法风靡全世界。它要求受训者离开舒适的办公室,走进大自然的怀抱,去接受"空中断桥""无舟漂渡""攀岩""过电网"等野外场地或水上训练,磨炼受训者克服困难的信心和毅力,培养受训者健康的心理素质和勇于开拓的进取精神,增强受训者团结合作的团队意识。

(6) 视听训练。视听训练(audio visual training)是利用幻灯、电影、录像等视听教材进行培训的一种方法。这种方法利用人体感觉(视觉、听觉等)去体会,比单纯讲授给人的印象更深刻。录像是最常用的培训方法之一,被广泛运用在提高员工沟通技能、面谈技能、客户服务技能等方面。电影与录像培训相似,是一种事先制作好的视觉教材,受训者通过看电影而获得培训。视听训练法的主要优点是:能够调动人的多重感观,易引起受训者的兴趣,使其印象深刻;视听教材可反复使用,从而能更好地满足受训者的个别差异和不同水平的要求。它的主要缺点是:受训者处于消极的地位,无机会进行实际操作,进而缺乏反馈或强化;视听材料制作和购买成本高,内容容易过时。实际培训过程中,视听训练法一般很少单独使用,通常作为辅助手段向受训者展示相关实际经验和例子。

(7) 网络培训。网络培训(E-training)指通过因特网或组织内部网来传递、通过浏览器来展示培训内容的一种培训方法。互联网上的培训复杂程度各不相同,分为六个层次,从最简单的层级到最高的层级排序是:培训者和受训者之间沟通;在线学习;测试评价;计算机辅助培训;声音、自动控制以及图像等多媒体培训;受训者与互联网上的其他资源相结合进行培训传递,知识共享。当前,网络培训一个显著的应用是实施远程培训,通常被一些地域上较为分散的组织用来向员工提供关于新产品、政策或程序、技能培训以及专家讲座等方面的信息。远程培训方式主要包括电话会议、电视会议、电子文件会议,以及利用个人电脑进行培训。培训课程的教材和讲解可通过因特网或者一张可读光盘分发给受训者。受训者与培训者可利用电子邮件、电子留言板或电子会议系统进行交互联系。网络培训的主要优点是:它突破了传统培训中面对面的固有模式,打破了培训的时间和空间限制,能够让分散在不同地点的员工获得专家培训机会,同时为组织节省一大笔差旅费;可以为其他培训方式提供支持,培训内容可与其他资源结合,并与其他受训者和培训者共享信息,进行有效的沟通;信息量大,新知识、新观念传递优势明显,适合成人学习。由于具有诸多优势,网络培训为诸多组织所青睐,也是培训发展的一个必然趋势。网络培训的不足之处在于,受训者难以实现面对面的交流,而且往往迷恋于网上"冲浪",进而影响实际培训效果。

(8) 团队培训。团队培训(the team training)是通过协调在一起工作的不同个人的绩效从而实现共同目标的方法。团队培训的内容主要是知识、态度和行为。团队培训方法多种多样,可以利用讲座或录像向受训者传授沟通技能,也可通过角色扮演或仿真模拟给受训者提供讲座中强调的沟通性技能的实践机会。团队培训的方式有交叉培训、协作培训与团队领导技能培训。交叉培训是指团队成员熟悉并实践所有人的工作,以便某一团队成员离开团队后其他成员容易承担其工作;协作培训是指对团队进行如何确保信息共享和承担决策责任的培训以实现团队绩效的最大化;团队领导技能培训是指团队管理者或辅助人员接受的培训,包括培训管理者解决团队内部冲突、协调团队各项活动的技能或其他技能。研究表明,受过有效培训的团队能设计一套程序,做到能发现和改正错误、协调收集信息及相互鼓舞士气。不过,团队培训由于组织起来难度较大,对组织者或培训者能力要求较高,因此一般只被一些有条件的大型组织所采用。

(9) 挂职锻炼。挂职锻炼(personnel secondment)是指根据工作需要,机关可以采取挂职方式选派公务员承担重大工程、重大项目、重点任务或者其他专项工作。公务员在挂职期间,不改变与原机关的人事行政关系。就目前我国的状况来看,挂职锻炼可划分为以下几种类型:①"下挂",即上级机关或中央部委干部到下级机关或地方党委政府挂任职;②"上挂",即基层或下级机关干部到上级机关或中央部委挂任职;③"高职低挂",即高职级干部挂任低职级职务;④"低职高挂",即低职级干部挂任高职级职务;⑤"东部西挂",即东部沿海发达地区干部到西部欠发达地区挂任职;⑥"西部东挂",即西部欠发达地区干部到东部沿海发达地区挂任职;⑦"行业交叉挂",即不同行业之间干部相互挂任职。挂职锻炼可以促使公务员在实际工作中经受锻炼,丰富工作经验;使公务员直接与基层群众接触,了解人民群众的愿望和呼声;还可以加强组织之间的交流与协作。

(10) 基于胜任素质模型技术。胜任素质就是将有效完成工作所需要具备的知识、技能、态度和个人特质等用外化的行为方式描述出来,这些行为应该是可指导的、可观察的、可衡量的,而且是对个人发展和组织成功极其重要的。它与我们通常所说的"能力"有所区别,后者更多的是指显性的知识和技能,而前者则囊括了态度、动机、个人特质等诸多隐性要素。在组织战略明确的情况下,组织所需要的核心价值观与核心竞争力就成为推动组织战略实现的关键因素,相应对人员的素质与结构也提出了要求,组织根据这些要求建立起胜任素质体系后,人力资源的各项工作就围绕人员胜任素质体系展开,包括人才吸引计划、激励计划、保留计划、发展计划等。

胜任素质最重要的作用就在于培养和发展。为了实现这一目的,组织要做的就是确认特定组织的管理者胜任素质,然后对现有人员的能力进行准确评估(评估主体可以包括自己、上下级、同事、团队、专家、直接客户等),对评估结果进行沟通,以达成共识并制订具体的培训开发行动计划(包括系统地设计培训课程和设定每一职业发展阶段所需要的职业技能培训与专业培训)。其中对现有任职人员的胜任素质进行准确评估是整个过程的关键一环,通过评估和比较可以发现个体的能力优势和弱势,从而找到组织整体素质的"短板",然后有针对性地制订素质培养发展计划,以各种培养手段提高个体乃至组织整体的专业素质。

（三）培训方法的比较与发展趋势

综上所述，培训与开发的方法多种多样，每种方法具有各自的特点和利弊，参见表 6-2。培训实施者要根据培训的需要及具体的条件，合理地选择适当的培训方法。

表 6-2 培训方法的比较

培训方法	培训时间	培训成本	师资要求	交互性	培训效果
导师制	长	低	高	好	好
工作轮换	长	低	低	好	好
实习培训	长	低	低	好	好
自学	长	低	低	差	差
讲授法	可长可短	低	高	一般	一般
案例研究法	长	高	高	好	好
情境模拟法	长	高	低	好	好
角色扮演法	长	低	低	好	好
素质拓展训练	可长可短	一般	高	好	一般
视听训练	可长可短	低	低	差	差
网络培训	可长可短	一般	低	差	一般
团队培训	长	高	高	好	好
挂职锻炼	长	高	低	好	好
基于胜任素质模型技术	可长可短	高	高	好	好

就我国公务员培训方法而言，其发展大致经历了三个阶段：一是 20 世纪 80 年代的干部培训，沿用了普通高等教育的灌输式教育模式；二是 20 世纪 90 年代公务员制度实施后，逐步摆脱体系式教学而形成以专题讲座为主要形式的研究式教学模式；三是进入 21 世纪以来，逐渐采用案例式等现代培训方法。

今后，我国公务员培训方法将呈现出以下发展趋势：第一，由单一教学向多元教学转变，即根据培训内容和学员特点，采用多元式教学，兼顾理论教学与实践培训两方面的优势；第二，由教师讲授向教学互动转变，即强调整个培训过程中教师的主导性和学员的主动性，强调教学互动，从而激发学员的学习动机和学习兴趣，促进学员的智力思维发展，提高学员的实际操作能力；第三，由被动听从向自主选学转变，即按需施教、因人施教，采用"菜单式"选课和"分专题"自主选学，以及"量身定制"的个性化培训方法，增强培训的针对性，提高学员学习的自主性。

第三节 国内外公共部门培训与开发实践

一、美国公共部门培训与开发

（一）美国公共部门培训与开发的发展历程

二战以后，科学管理理论在美国全社会引起了强烈反响，当时美国联邦政府改革也以提高行政效率为基本目标。1923年颁布的《职位分类法》使《彭德尔顿法》（1883年）所倡导的功绩制原则的实施具有了更为明确的法律保障。政府规模膨胀和工作复杂化，直接促进了联邦政府文官职位分类制度的建立与健全。职位分类制度的建立使几乎所有文官职位都有了明确的工作标准，对各种职位的工作能力、素质等方面的要求也比较明确。职位分类和绩效评价对文官培训工作的发展具有显而易见的推动作用。

1930年，胡佛总统发布命令，规定联邦文官委员会和各部门都要开设文官培训班，对各级文官进行行政管理及相关专业的培训。1938年，罗斯福总统颁布行政命令，正式授权联邦文官委员会负责政府文官的培训事务，要求文官委员会开设一些与文官工作相关的实用性培训课程，以提高文官的业务素质。1940年，美国联邦政府又制定并公布了《行政实习训练计划》，规定所有新任文官和晋职者都须接受一定的专门培训。可以说，20世纪30—40年代，是美国文官培训发展史上的第一个"黄金时代"。

这个阶段的培训方式主要以内部培训为主，而又以在职培训最为常见。在职培训是人才培训领域最常见和最传统，同时也常常是最有效的培训方式之一。在职培训强调在"做中学"（learning by doing），使学习者可以非常容易地获取相关工作知识和经验。由于学徒制具有效率较高、目的性强、成本低、实用性强等特点，美国政府在培训之后广泛使用，并于1937年颁布了《国家学徒法》来推广这种培训方式。另外，美国文官注重"专才"选拔的倾向也是在职培训受到普遍欢迎的另一个原因。1950年通过的《工作绩效评定法》（The Performance Rating Act）要求各部门在客观、科学的职位分析基础之上进行科学、客观的绩效评价。该法案的实施对政府雇员培训提出了新的要求。

随着公共部门各项制度的不断健全和完善，公共部门培训也逐渐正规化和制度化。1958年颁布的《政府雇员培训法》（Government Employees Training Act，GETA），为联邦政府雇员培训奠定了法律基础，提供了法律保障，标志着美国公共部门培训制度的正式确立。该法案明确规定公务员不参加培训就不能晋升职务；另外，除了总的规定外，关于培训细节有些在专门的培训法中予以规定，有些在补充细则中予以规定，形成了一个完整配套、便于操作的法规体系。该法案授权联邦政府部门为政府雇员培训提供经费资助，通过系统培训来提高雇员技能、知识水平和能力素质，促使他们具备最好的资质以履行工作职责，并协助其完成自己的使命和工作目标。自从颁布之后，GETA一直为美国政府雇员培训工作提供法律规范和指导，虽历经多次修订，但其基本精神和立法理念仍被保留和延续至今。1970年，美国国会又通过了《政府间人员法》（Intergovernmental Personnel Act），进一步拓宽了政府雇员培训的范围和途径，专门对跨机构、跨部门培训作出更为明确和科学的安排。另外，美国为了维护超级大国地位，制定了"培训21世纪美国人"计划，加大教育培训经费的投入，加快人才培训的步伐。

(二) 美国公共部门培训与开发实践

美国政府部门教育培训与开发体系包括联邦政府和地方政府（州政府、市政府）组织的培训。尽管联邦政府雇员大大少于地方政府雇员，但是联邦政府雇员培训体系的质量和影响力都比地方政府高。

美国公务员培训机构健全，形成了网络化的培训体系。美国公务员培训机构不仅有联邦政府的行政学院、政府的人力资源部门，还有大学及各种协会等非政府组织。联邦行政学院专门培训联邦政府各部门、州政府和地方政府等的高级行政官员。各州也都设有公务员培训机构。选派到大学进修也是美国公务员培训常采用的方式，美国在 600 多所大学设立了管理学院或科系承担公务员培训的任务。另外，一些民间培训机构的作用更是不容忽视，这些民间培训机构在美国的公务员培训中做出了较大的贡献，比如美国人力资源管理协会（American Society for Human Resource Management）是世界上最大的致力于人力资源管理服务的协会，美国培训与发展协会（American Society for Training & Development）是世界上最大的职场学习和绩效专家协会。美国培训与发展协会的会员在数千个不同规模的组织和政府机构中担任顾问和提供培训，它的专业领域已经拓展到将学习绩效与个人及组织成果相联系的方方面面，并对重大的公共政策提供权威意见。

联邦政府的培训对象可分为四个层级，即一般工作人员、管理人员、部门主管和行政主管。不同对象接受的培训项目是不一样的。为管理层以下人员提供的培训项目主要来自各政府部门，比如联邦总服务局（GSA）培训中心提供的培训项目和美国农业部研究生院提供的培训项目。为主管层以上官员提供的培训项目包括高级行政研修中心（Executive Seminar Centers）项目、法律研究项目和联邦行政学院（Federal Executive Institute，FEI）培训项目。

联邦政府的培训管理协调机构是美国联邦人事管理总署（OPM），具体负责美国联邦政府培训政策和法规的制定以及整个联邦政府官员培训项目的总体协调。根据 OPM 的规定，美国政府部门应该为新任命的管理人员提供 80 小时的管理培训，管理层以上官员还必须完成 OPM 安排的培训项目。所有联邦政府高级行政文官（senior executive service，SES）都要完成由 OPM 三个行政管理课程中心提供的行政管理发展课程；SES 候选人则要参加一个由联邦行政学院提供的脱产培训项目。

美国公共部门通常采用现代化的培训方式。美国公务员培训强调社会实践与课堂教学有机结合，使公务员能主动独立地思考，培养、提高他们的创新能力，经常采用的教学方法有案例教学、模拟教学、现场观摩、理论讲授、练习、小组教学等。案例教学是美国公务员培训中应用最为广泛的教学方法，由老师提出一个比较典型的管理问题或政策问题，然后给学员提供管理问题或政策问题发生的背景，并给学员指出该问题所面临的困境以及可能的解决方案，如哈佛大学肯尼迪政治学院现有 1300—1500 个教学案例，拥有世界上最大的公共行政和政策案例库，其中最受欢迎的案例约有 100 个。模拟教学通过学员在模拟情景中的角色扮演来培训他们的管理技能，招聘政府官员尤其是政府中的高级官员做兼职教员。现场观摩是让学员到政府机关的工作现场去感受工作环境，了解工作情况，接触行政管理人员，学习他们的处事方式和处理问题的方法。学员在学习的过程中除了要接受丰富的理论知识以外，还要进行大量的练习，特别是那些实际操作性较强的课程，如量化分析、统计、政策分析等。

二、英国公共部门培训与开发

（一）英国公共部门培训与开发的发展历程

随着20世纪前期英国文官制度的持续改革及趋于完善，特别是随着文官考试制度、分级制度和晋升制度的确立，公务员培训工作逐渐兴起并越来越受到各级政府的重视。1920年10月和1921年6月，国家惠特利委员会（National Whitley Council）先后公布了两份调查报告，针对文官培训工作提出了若干建议，包括实习期和正式任职的公务员均应该接受一定量的培训。政府各部门还成立专门的教育委员会，负责协调部门内公务员的培训工作。英国这个阶段的公务员培训仍属于自发阶段，政府并没有建立系统规范的公务员培训制度。

从二战结束到20世纪70年代，英国公务员培训制度逐步形成并得到初步发展。由于政府工作专业化程度的提高以及技术官僚群体的形成，之前的培训形式已经不适应新的社会形势。1944年发布的公务员培训报告（Report of Assheton Committee on the Training of Civil Servants，简称《阿什顿报告》）系统阐述了改革政府公务员培训工作、建立统一的公务员培训制度的意义，还建议政府成立专门的文官培训管理部门。1944年12月，英国政府最终接受了《阿什顿报告》的建议，这也标志着英国政府公务员培训进入新的阶段。1945年，英国政府成立隶属于财政部的培训教育司，负责指导与协调政府各部门文官的培训工作以及审核培训经费；同时，一些主要的政府部门还任命了部门培训官；1963年，英国政府在伦敦成立了行政管理研究中心。至此，英国政府建立起包括主管机构（培训教育司）、主管官员（部门培训官）和实施机构（行政管理中心）在内的完整的培训体系。

《富尔顿报告》是英国公务员发展史上一个重要的里程碑，对公务员培训有重要的影响。1966年，威尔逊政府任命时任萨塞克斯大学副校长的富尔顿（Lord Fulton）组成一个专门委员会（即"富尔顿委员会"），全面考察英国公务员制度，并提出包括培训在内的改革建议；1968年6月，富尔顿委员会向威尔逊提交了名为《公务员制度》（The Civil Service）的调查报告，史称《富尔顿报告》（Fulton Report）。该报告列举了英国公务员管理的六大弊病：一是通才原则常常造成"外行领导内行"现象；二是僵化的分级制度制约了公务员的人尽其才；三是专家型公务员没有得到应有的重视；四是大多数公务员缺乏充分的职业培训，并且培训机制也有待改进；五是公务员阶层和社会之间的接触过少；六是公务员人事管理机制不完善，大部分公务员没有明确的职业规划。报告还提出了成立公务员学院、改进公务员培训管理机制的建议。虽然威尔逊政府广泛接受了《富尔顿报告》的建议，但由于通才型公务员抵制、公务员学院培训效果不尽如人意等原因，富尔顿改革最终没有取得预期效果。1980年，撒切尔政府启动了大规模的公务员制度改革。撒切尔政府通过在政府公共管理事务中引入市场机制，建立"3E"型政府（经济、效率和效益）来提高政府绩效。为了提高工作绩效和获得更大的职业发展空间，参加各类涉及现代管理理念和经济学知识的培训就成为各级公务员的内在需求和必然选择。撒切尔政府对公务员培训工作最重要、最直接的影响还体现在培训机构和途径的多样化方面。撒切尔政府建立了公务员培训工作准入机制，规定只要符合政府规定，能够为公务员提供合理高效的培训，受到公务员认可并满足相关工作需求的培训主题，均可获得政府提供的培训经费。撒切尔政府的改革影响到后面的多届政府，促进了英国公务员培训水平的持续提升。

（二）英国公共部门培训与开发实践

与美国公务员选拔重视"专才"相比，英国公务员有重视"通才"的传统。1968年，威尔逊政府根据《富尔顿报告》的建议，成立了公务员事务部（又称"文官部"），下设人事培训司统一负责公务员培训；1970年，还成立了公务员学院，作为公务员国家级培训、咨询、研究的中心机构。公务员学院作为英国国家公务员培训机构，设有一个总部、两个培训中心，具体承担英国高级公务员培训、普通公务员短训、公务员培训相关领域的研究等职责。培训内容包括专题培训（比如经济、财政、社会等）、现代管理技术培训、基于公务员需要的专门培训等。20世纪70年代，英国公务员培训蓬勃发展，但是公务员学院实施的培训所占比例很低，绝大部分培训仍然由内阁各部自行组织实施。

1981年，撒切尔政府撤销公务员事务部，将其权限划分到财政部和内阁办公室。政府对公务员进行培训管理也由集中管理向集中与分散管理相结合转型，内阁政府负责集中培训高级公务员，各部自行承担一般公务员的培训工作。撒切尔政府改革在公务员培训方面的影响主要体现在如下几个方面：一是公务员培训政策逐渐形成了主动性、有偿性和市场化等特征；二是注重根据实际需要开展综合培训；三是培训方式和手段注重多样性、实践性和开放性；四是注重终生学习，全程培训。在市场竞争中，公务员学院的培训质量和服务水平获得很大改善，竞争力也因此大幅提升。

20世纪80年代以来的系列改革，使英国公务员培训制度日趋完善，培训实践也因此取得长足进步，具体体现在如下几个方面：

第一，培训制度法制化。英国公务员培训制度体现在总法和专门培训法中，有些在补充细则中也予以规定，形成了一个完整配套、便于操作的法规体系。《人力资源的开发与管理宪章》《公务员法案》《公务员发展与培训》等宪章和法案构成了英国公务员培训制度的法律基石。《公务员发展与培训》对公务员的培训作了专门规定，提出提升不同级别公务员的技术水平和专业素养的目标。

第二，培训内容实效化。重视业务与能力成为英国公务员培训的新主题。其培训内容丰富多彩：有提高专业素质技能的专业知识培训，有开阔视野、运筹决策的管理才能培训，有培养公务员遵守职业道德和行为规范的职业道德培训，还有提高公务员敏锐、机智能力的智力训练，等等。培训内容除一些基本的共同课程，比如如何领导下属、如何主持会议等之外，还根据不同专业、不同层次开设不同的训练课程。在这些训练课程中往往又穿插管理、政策方面的研究咨询活动。

第三，培训机构网络化。在英国，随着公务员数量的增加和政府行政职能的增加，以及知识更新速度的加快和"知识爆炸"时代的来临，单纯依靠政府本身的组织结构已经无法适应全员培训的要求。因此，英国公务员培训的任务就由政府内部的权威性培训、专门公务员培训组织的职业化培训以及高等学校的学术性培训三者分别承担，形成一个紧密结合的立体化培训网络。具体来说，英国公务员培训主要由三类机构负责：一是政府组织内设的培训部门，如英国财政部下设的培训与发展局，主要根据组织内部的发展战略、实际工作要求和员工素质状况，有针对性地对内部员工进行培训。二是专门的公务员培训组织，如英国公务员学院、英国皇家公共行政管理协会等，主要根据社会各类组织和人员的培训需求，针对不同的培训对象设置不同的培训课题和项目。三是高等学校内的公共政策、政治与经济专门学院，如伯明翰大学公共政策学院、伦敦大学经济学与政治科学学院等，提供相关的各类培训课程。

三、中国公共部门培训与开发

我国公共部门经过几十年的持续发展，目前已经建立起比较完整的培训体系，这方面的成功经验集中体现在干部培训和队伍建设上。

(一) 中国干部培训的发展历程

中华人民共和国成立以来，我国干部及公务员教育培训工作从小到大，从弱到强，不断朝正规化、系统化和制度化方向发展，大致可划分为以下四个阶段：[①]

1. 探索发展时期（1949—1977 年）

中华人民共和国成立初期，党的干部教育培训工作在充分吸收老解放区积累的培养干部经验的基础上，学习借鉴苏联的经验，开始有计划、有步骤地培养建设中国的各种干部，恢复、组建干部院校，加强干部的理论学习和文化业务教育。

这一阶段干部教育开始向正规化、系统化和制度化迈进。第一，恢复、新建党校以及各类干部院校。全国省市以上的党校得到恢复、组建，各级党校和省市委党校的教学任务不断扩大，党校体系初步形成。为了培养财经、政法等方面的干部，我国学习苏联经验，组建了中国人民大学；为培养少数民族干部，成立了中央民族学院。第二，大规模开展干部轮训。为加强干部的理论教育，1954 年，中共中央作出关于轮训全党高中级干部和调整党校的计划，决定有计划、有步骤地把全党各方面的高中级干部调入党校轮训，以有效地提高全党干部的理论水准。第三，着力加强干部文化教育。为完成干部文化教育的任务，在全国范围内有计划、有步骤地举办工农速成中学和工农干部补习学校，吸收不同文化程度的工农干部，给予适当时间的文化教育，尽可能地使全国工农干部的文化程度在若干年内提高到相当于中学的水平。到 1953 年，全国已有 87 所工农速成中学，1168 个班，在校学生达 51079 人。第四，推进干部教育培训的正规化。为了促进干部教育的规范化，中共中央发布了一系列指示、决定、通知、规定等，比如 1950 年政务院下发的《关于举办工农速成中学和工农干部文化

---

① 冯俊. 新中国 60 年干部教育培训工作的历程. 红旗文稿，2009，(18).

补习学校的指示》《培养少数民族干部试行方案》，1961年中共中央下发的《关于轮训干部的决定》等。这些文件对这一时期干部教育的目标、内容、重点、对象等作了比较全面的规定。

2. 恢复与重建时期（1977—1989年）

"文革"期间，各级干部教育工作机构、党校陷于瘫痪、半瘫痪状态，甚至被撤销。"文革"结束后，中共中央采取一系列措施，恢复、重建和发展干部教育培训工作。第一，恢复、重建并逐步完善干部教育培训体系。1977年3月，中央党校复校。同年10月，中共中央作出《关于办好各级党校的决定》。1988年，中共中央决定筹建国家行政学院。这样，就在全国形成了干部教育主管机构、各级党校、各类干部管理院校和行政学院的更为完整的干部教育培训体系。第二，干部教育培训在全党工作中具有战略地位。1980年2月，中共中央宣传部、中共中央组织部颁发了《关于加强干部教育工作的意见》，提出要把干部教育培训放在战略地位，对全面恢复和加强干部教育培训作出了明确的规定。第三，把加强学历教育作为干部教育的重要任务。《关于加强干部教育工作的意见》明确要求，文化程度低的干部，主要应当学习文化，包括语文、数学、史地和自然常识，凡有条件的都应争取在1982年达到初中或高中水平。1984年《中共中央转批〈关于加强干部培训工作的报告〉》要求，对于经济体制改革和国民经济发展急需的经营管理、法律、财会等方面的人才，要优先培养。对于45岁以下、不到中专文化程度的干部，要采取有力措施，加快培训速度。

3. 稳步发展时期（1989—2002年）

以江泽民同志为核心的党的第三代中央领导集体坚持一手抓政治理论学习，有针对性地加强对中青年干部的思想理论教育；一手抓业务知识培训，开展以社会主义市场经济理论和科技知识为主要内容的普遍培训。

这一阶段的特征主要包括四个方面：第一，把干部教育培训摆在更加重要的战略地位。1990—2000年，中央颁布了一系列关于加强党校工作的相关文件，而且于2001年5月组织召开全国干部教育培训工作会议，干部教育培训工作得到前所未有的重视，干部教育培训的战略地位进一步突显出来。第二，以政治理论培训和能力培养作为培训的重点。1991—2001年，中央先后印发三个关于全国干部培训规划的文件，以此为契机，兴起干部理论学习的热潮。这一时期，干部培训的主体内容完整地转到学习建设有中国特色的社会主义理论上来。全党开展了以"讲学习、讲政治、讲正气"为主要内容的党性党风教育活动。第三，公务员培训成为干部培训工作的主体。1993年颁布实施的《国家公务员暂行条例》对公务员培训作出专章规定，公务员培训成为干部培训工作的主体，公务员培训大规模开展起来。1996年，人事部下发《国家公务员培训暂行规定》，进一步细化和完善公务员培训制度，并通过下发培训规划、培训纲要指导和推动培训工作。第四，初步形成干部教育培训多种渠道。中共中央组织部、宣传部联合下发《关于建立县级以上党政领导干部理论学习考核制度的若干意见》《关于加强和改进党委（党组）中心组学习的意见》等文件，进一步健全了领导干部的学习制度，规范了脱产学习、中心组学习、在职自学等多种形式，初步形成了以需求为导向、计划调训与自主参训相结合的干部培训运行体系。为满足干部教育培训的多元化需求，在加强党校系统的教育培训职能外，建立了国家行政学院和地方行政学院，为公务员和专业干部培训开拓了更广泛的渠道；为了学习国外发展经验和先进的科技知识，党中央和国务院开始有计划地派遣一些干部到国外进行学习和培训。

4. 快速发展时期（2002年至今）

党的十六大以来，党中央作出了大规模培训干部、大幅度提高干部素质的战略决策，使干部教育培训工作进入多层次、多渠道、大规模培训干部轨道的新时期，为推进科学发展、促进社会和谐提供了强大支撑。

这一阶段的特征主要包括三个方面：第一，坚持用发展的马克思主义武装各级干部的头脑。党的十六大以来，全党开展了以实践"三个代表"重要思想为主要内容的保持共产党员先进性的教育活动。中央政治局率先垂范，建立集体学习制度，先后进行了50多次集体学习。我国对54万多名县处级以上领导干部进行了"三个代表"重要思想的集中轮训；对5000名县委书记、县长进行了社会主义新农村建设的集中轮训。第二，不断提高干部教育培训的科学化、制度化、规范化水平。2003年，中央下发《关于在全党兴起学习贯彻"三个代表"重要思想新高潮的通知》，要求5年内对县处级干部轮训一遍。2005年颁发的《公务员法》对公务员培训进行了更细致的规定，进一步完善了我国公务员培训制度。2006年，中央颁布《干部教育培训工作条例（试行）》。同年，中央颁布《2006—2010年全国干部教育培训规划》，要求每年有计划地组织培训省部级干部500名，地厅级干部8800名，县处级干部10万名。为了贯彻党的十七大关于"继续大规模培训干部""大幅度提高干部素质"的要求，2008年中央颁布了《公务员培训规定（试行）》《关于2008—2012年大规模培训干部工作的实施意见》与《中国共产党党校工作条例》等文件。2010年8月，中央颁布《2010—2020年干部教育培训改革纲要》，对下一阶段的大规模培训干部工作进行全面部署，着力构建干部教育培训改革、开放、竞争、择优的大格局，将增强干部教育培训改革的针对性、实效性作为主要目标，为干部教育培训工作的健康快速发展提供了制度保障。第三，进一步优化干部教育培训机构的总体布局。这一时期，中央加大了干部教育培训基地建设力度和教育资源整合力度，干部教育总体布局进一步得到优化。在继续办好中央党校、国家行政学院等各级党校、行政学院的同时，中央于2005年3月创建了中国浦东干部学院、中国井冈山干部学院、中国延安干部学院。2008年，中央又创办了中国大连高级经理学院，形成了干部教育"一校五院"的"国家队"，构建起了改革、开放、竞争、择优的干部教育培训新格局。

（二）我国干部教育培训与开发实践中存在的问题及解决对策

中华人民共和国成立以后，特别是党的十一届三中全会以来，各级政府部门按照干部"革命化、年轻化、专业化、知识化"的标准，多形式、多渠道、多层次地开展了干部培训工作，培养造就了大批优秀干部和专门人才，为公务员培训制度的建立提供了宝贵的经验。然而，随着社会形势的不断变化以及改革开放的不断深入，干部教育培训仍出现了一些问题。正如《2010—2020年干部教育培训改革纲要》中所指出的，我国干部教育培训还不同程度地存在针对性、实效性不强，党性教育比较薄弱，培训机构体系的开放度和竞争性不够，优质培训资源不足与资源相对过剩并存，干部学习内生动力不足、学用脱节、学风不正等问题。产生这些问题的根本原因在于，干部教育培训与政府的使命和战略脱节，忽视了政府战略的重要性，没有和政府的战略实现有机结合。

具体言之，传统的"非战略性培训"问题主要表现在以下四个方面：一是认识不到位。许多组织对战略性培训认识不足，或知之甚少，或认为可搞可不搞。如此导致干部培训流于形式，缺乏实效。二是目的不正确。培训多是被动反应式的，仅以满足干部当前利益及工作需要为主，局限于"缺什么补什么"，为培训而培训，导致干部仅获得一些与战略实现及职业生涯发展无关的能力，培训的"育人"与"留人"功能大打折扣。此外，培训缺乏统筹规划，不具有全局性、系统性与持续性，不能根据政府的长远规划与发展目标实施前瞻性的培训，致使培训不能为政府适应不断变化的环境与提升竞争力服务。三是过程不协调。许多机构各搞各的培训，没有很好地整合系统或部门内的其他资源，进而无法与整个系统或其他机构的工作协调一致。四是管理不规范。我国干部培训管理大体上仍是一种"粗线条式"的，特别是缺乏科学规范的培训需求分析与评价。这种传统的做法虽然易于操作、成本低，但却是以牺牲培训的有效性为代价的。

上述问题彼此之间不是孤立的，而是存在着紧密的联系，共同制约着干部培训的发展。要解决这些问题，政府组织应该实施战略性培训，从长远的战略出发，用全局、系统的观点设计培训目标和内容等；让培训处于组织使命及战略之下通盘考虑，从而有利于提高干部战略性能力与实现政府战略目标。

第一，逐渐加大战略性培训比例，即确保与政府使命及战略等相联结，并面向全体干部实施。作为一种以政府使命及战略为起点的系统性培训，战略性培训应该与政府的使命、战略及目标等相联结并协调一致，这样才能为实现政府战略服务。另外，战略性培训应该加大对"应激—反应"型公共管理实践所具有的方向指引作用，强化复杂的公共管理实践的战略导向性。

第二，构建基于战略的素质模型，并依据素质模型实施有针对性的培训。政府机构可以构建基于战略的素质模型，并据此确定培训需求和重点，即实施基于素质模型的战略性培训，有针对性地提高与整体绩效相关的战略性人力资源能力。例如，美国洛杉矶县培训学院按照"构建战略人力资源伙伴"的方针设计课程，并率先在美国政府中应用可靠的战略人力资源素质模型对现有人力资源能力进行评价。

第三，建立战略性培训标杆，以促进公务员战略性培训的逐步全面实施。相关部门可以建立公务员战略性培训标杆，总结优秀经验以供参照，"以点带面"，促进公务员战略性培训的逐步全面实施。我国可以借鉴国外成功经验，先选取若干政府机构作为实施公务员战略性培训的试点单位，建立一整套培训标杆，进而逐步推行，这必将推动公务员培训工作上一新台阶。

第四，强化培训需求分析，提高培训的针对性和实效性。一项有效的培训包括培训需求分析、数据收集、培训方法设计与实施、培训效果评估等,而每一个环节都必须实现相应的目标以保证整个培训项目达成既定的短期和长期目标。其中,培训需求分析是确保培训关注战略的首要步骤,它作为一个联结组织战略与培训管理步骤的关键性环节,起着承上启下的"桥梁"作用,是培训获得成功的基础。科学规范的培训需求分析,有利于组织目标的实现,有利于公务员个人的职业发展,也有利于发现培训难点和查找绩效差距的原因。

第五,完善干部培训法律法规。我国公务员培训随着《公务员法》的实施,虽然已经开始走向法制化轨道,但是这部法律对于公务员培训只是做了总的原则性的规定,缺乏实施操作的细节规定。《2010—2020年干部教育培训改革纲要》虽然对干部教育培训的管理体制、培训师资、考核办法、监督方式等方面作了详细规定,但毕竟不是法律。因此,我国需要制定一部关于干部教育培训的完备而细致的法律,以确保干部教育培训的法制化。

阅读资料

《公务员培训规定》选摘

第一章 总 则

第一条 为推进公务员培训工作科学化、制度化、规范化,建设信念坚定、为民服务、勤政务实、敢于担当、清正廉洁的高素质专业化公务员队伍,根据《中华人民共和国公务员法》、《干部教育培训工作条例》和有关法律法规,制定本规定。

第二章 培训对象

第六条 公务员有接受培训的权利和义务。

第七条 公务员培训的对象是全体公务员。公务员主管部门和公务员所在机关根据公务员工作岗位和职业发展需要安排公务员参加相应的培训。

担任县处级以上领导职务的公务员每5年应当参加党校(行政学院)、干部学院,以及经公务员主管部门或者公务员所在机关认可的其他培训机构累计3个月或者550学时以上的培训。提拔担任领导职务的公务员,确因特殊情况在提任前未达到培训要求的,应当在提任后1年内完成培训。

其他公务员参加培训的时间一般每年累计不少于12天或者90学时。

有计划地加强对优秀年轻公务员的培训。

第八条 公务员应当服从组织调训,遵守培训的规章制度,完成规定的培训任务。培训经考核合格后,获得相应的培训结业证书。

公务员参加培训期间违反培训有关规定和纪律的,视情节轻重,给予批评教育、责令检查、诫勉、组织调整或者组织处理、处分。弄虚作假获取培训经历、学历或者学位的,按照有关规定严肃处理。

第九条　公务员按规定参加组织选派的脱产培训期间，其工资和各项福利待遇与在岗人员相同，一般不承担所在机关的日常工作、出国（境）考察等任务。因特殊情况确需请假的，必须严格履行手续。

公务员个人参加社会化培训，费用一律由本人承担，不得由财政经费和单位经费报销，不得接受任何机构和他人的资助或者变相资助。

第三章　培训内容

第十二条　推进分类分级培训，加强培训需求调研。

综合管理类公务员，强化公共管理和公共服务等培训。专业技术类公务员，强化专业知识和专业技能等培训。行政执法类公务员，强化法律法规和执法技能等培训。

领导机关公务员，强化政策制定、调查研究等能力培训。基层公务员，强化社会治理、联系服务群众等能力培训。

第四章　培训类型

第十三条　公务员培训主要分为初任培训、任职培训、专门业务培训和在职培训等。

第十四条　初任培训是对新录用公务员进行的培训，重点提高其思想政治素质和依法依规办事等适应机关工作的能力。

初任培训由公务员主管部门统一组织，主要采取公务员主管部门统一举办初任培训班和公务员所在机关结合实际开展入职培训的形式进行。专业性较强的机关按照公务员主管部门的统一要求，可自行组织初任培训。

初任培训中应当组织新录用公务员公开进行宪法宣誓。

初任培训应当在试用期内完成，时间一般不少于12天。

第十五条　任职培训是按照新任职务的要求，对晋升领导职务的公务员进行的培训，重点提高其胜任职务的政治能力和领导能力。

任职培训应当在公务员任职前或者任职后一年内进行。

担任县处级副职以上领导职务的公务员任职培训时间一般不少于30天，担任乡科级领导职务的公务员任职培训时间一般不少于15天。

调入机关任领导职务的公务员，依照前款规定参加任职培训。

第十六条　专门业务培训是根据公务员从事专项工作的需要进行的专业知识和技能培训，重点提高公务员的业务工作能力。

专门业务培训的时间和要求由公务员所在机关根据需要确定。

中央公务员主管部门对专业技术类、行政执法类公务员专门业务培训加强宏观指导。

第十七条　在职培训是对全体公务员进行的培训，目的是及时学习领会党中央决策部署、提高政治素质和工作能力、更新知识。

在职培训重点增强公务员素质能力培养的系统性、持续性、针对性、有效性，时间和要求由各级公务员主管部门和公务员所在机关根据需要确定。

第十八条　没有参加初任培训或者初任培训考核不合格的新录用公务员，不能任职定级。

没有参加任职培训或者任职培训考核不合格的公务员，应当根据不同情况，按有关规定处理。

专门业务培训考核不合格的公务员，不得从事专门业务工作。

公务员因故未按规定参加培训或者未达到培训要求的，应当及时补训。无正当理由不参加培训的公务员，根据情节轻重，给予批评教育、责令检查、诫勉、组织调整或者组织处理、处分。培训考核不合格的，年度考核不得确定为优秀等次。

第五章　培训方式与方法

第二十条　建立健全公务员在职自学制度。

鼓励公务员本着工作需要、学用一致的原则参加有关学历学位教育和其他学习。其中，参加学历学位教育应当按照干部管理权限履行审批程序。

公务员所在机关应当为公务员在职自学提供必要的条件。

第二十一条　充分运用现代信息技术，完善公务员网络培训制度，建设精品课程库，提高培训教学和管理的信息化水平。

第二十二条　公务员主管部门根据工作需要，严格规范和改进公务员境外培训工作，突出重点、注重实效，择优选派培训对象，合理确定培训机构，严格培训过程管理和效果评价。

第二十三条　公务员培训应当根据内容要求和公务员特点，综合运用讲授式、研讨式、案例式、模拟式、体验式等教学方法，实现教学相长、学学相长。

《事业单位工作人员培训规定》选摘

第一章　总　　则

第一条　为推进事业单位工作人员培训工作科学化、制度化、规范化，培养造就高素质专业化事业单位工作人员队伍，根据《干部教育培训工作条例》、《事业单位人事管理条例》和有关法律法规，制定本规定。

第二章　岗前培训

第七条　对事业单位新聘用工作人员应当进行岗前培训，以提高适应单位和岗位工作的能力。

对新引进的高层次人才，可以根据实际情况灵活安排岗前培训。

第八条　事业单位工作人员岗前培训内容包括公共科目和专业科目。公共科目包括应当普遍掌握的政治理论、法律法规、政策知识、行为规范、纪律要求等。专业科目包括所聘或者拟聘岗位所需的理论、知识、技术、技能等。

第九条　岗前公共科目培训由事业单位人事综合管理部门编制计划，统一组织或者委托专门培训机构组织，或者授权主管部门、事业单位按规定组织，一般采取脱产培训方式进行。岗前专业科目培训由主管部门或者事业单位组织,一般采取脱产培训、网络培训、以师带徒等方式进行。

第十条 岗前培训一般在工作人员聘用之日起6个月内完成,最长不超过12个月,累计时间不少于40学时或者5天。

第三章 在岗培训

第十一条 正常在岗的事业单位工作人员应当定期参加在岗培训,以增强思想政治素质、培育职业道德、更新知识结构、提高工作能力。

第十二条 管理人员在岗培训内容包括公共科目和专业科目。公共科目参照本规定第八条执行,专业科目包括所聘岗位需要更新的政策法规、理论知识和管理实务,包括公共管理、财务、资产、人事、外事、安全、保密、信息化等。

第十三条 管理人员在岗期间公共科目培训由主管部门负责,统一组织或者委托专门培训机构组织,一般采取脱产培训、网络培训、在职自学等方式进行,在一个聘期内至少参加一次不少于20学时或者3天的公共科目脱产培训。

第十四条 管理人员在岗期间专业科目培训由主管部门负责,统一组织或者委托专门培训机构组织,或者授权事业单位按规定组织,一般采取脱产培训、网络培训、集体学习等方式进行。

第十五条 专业技术人员、工勤技能人员在岗培训分别按照继续教育、职业技能培训等相关规定执行,注重加强政治理论、职业道德、爱国奉献精神等方面培训。

第四章 转岗培训

第十六条 对岗位类型发生变化或者岗位职责任务发生较大变化的事业单位工作人员应当进行转岗培训,以提高适应新岗位职责任务的能力。

第十七条 岗位类型发生变化的,转岗培训内容根据其拟聘或者所聘岗位类型,按照本规定第四条执行。岗位类型不变但岗位职责任务发生较大变化的,转岗培训内容根据实际情况确定。

转岗培训的方式由事业单位或者主管部门自主确定。

第十八条 转岗培训一般应当在岗位类型或者岗位职责任务发生变化前完成,根据工作需要,也可在发生变化后3个月内完成,累计时间不少于40学时或者5天。

第五章 专项培训

第十九条 对参加重大项目、重大工程、重大行动等特定任务的事业单位工作人员应当进行专项培训,以适应完成特定任务的要求。

第二十条 专项培训的内容和方式由任务组织方根据该工作任务的实际需要确定,可以采取团队集训等办法进行。

第二十一条 事业单位新聘用工作人员参加专项培训的,其培训时间可计入本规定第十条规定的岗前培训累计时间中。

案例分析 解锁外语技能，公务员准备好了吗？

2020年，海南省委组织部印发了《2020—2025年海南省全面提升公务员外语水平行动方案》（以下简称《方案》），旨在提高公务员的外语水平。从全国范围看，以省委组织部的名义发文，专门对公务员的外语水平提出要求，这种方式并不常见。海南为什么会第一个"吃螃蟹"？各地党政机关和政府部门对外语又有什么样的要求？掌握外语是否是公务员的必备技能？

一、学好外语ABC，建设海南FTP

细看这次海南出台的《方案》，主要针对的是两类人群：已经在职的公务员和即将招录的公务员。对于在职公务员，划定了外语技能的基本要求：至2025年年底，40周岁以下公务员能够进行基本的外语交流，40周岁以上公务员能够掌握基本的日常用语和国际文化礼仪。如果是涉外业务部门，要求更严苛。平时学习也很重要，各市县和省直单位每半年至少组织一次外语学习活动或趣味竞赛，召开一次外语学习经验交流会。在招录公务员时，《方案》提出涉外单位可设置外语资格条件、开展外语专业测试等，从源头上优化公务员队伍外语水平。在调动、调任、公开选调等工作中，也要注重考察有关人选的外语水平。

为什么海南会对公务员队伍的外语水平提出"硬杠杠"呢？这与海南的发展定位分不开。2018年，中国（海南）自由贸易试验区成立，海南自贸区的建设在全岛全面铺开，国际化合作也会成为常态，这样的发展趋势促使海南全面提高公务员的外语水平。正如海南倡导的，"学好外语ABC，建设海南FTP（Free Trade Port，自贸港）"。早在《方案》出台之前，海南就已经有了动作。2019年1月，海南省政府办公厅发布了《海南省全面提升公民外语水平行动方案》，以党政机关、学校、新闻媒体、公共服务窗口单位四大领域为重点，分层次、分行业制定外语学习目标及工作方案。之后，海南不少干部都在学英语。在海口干部周末英语培训班上，学员包括海口各区、市直各单位的处级干部、科级业务骨干等，课程包括实用英语（口语）培训班和实用英语提升班。

《方案》还提出编印《英语300句》《俄语300句》等外语通用教材。不过从海南的实际出发，不同地方对语种的要求还不一样。例如，海口、三亚等地，韩国、日本、俄罗斯游客较多，对这几种外语的需求会更强烈；而举办博鳌亚洲论坛的琼海，则需要针对参会国的语种加强培训。

二、语言环境也是一种投资环境

"我前两年去苏州的一个工业园区挂职锻炼，园区里有一些涉外企业。有一次，我和一名税务系统同志一起考察某企业时，他直接用外语和对方交流，当时还是很震撼。"徐勇是四川泸州的一名公务员，他告诉记者，那名税务系统的公务员平时工作很少用外语，也没听说他们招录时对外语有特殊要求，"应该是人家本身外语水平就高。听说在苏州一些乡镇，公务员的外语水平也不错"。针对这种现象，攀枝花市委组织部公务科科长刘曼解释："东部沿海地区经济发达，对人才很有吸引力，当地人才选拔可以优中选优。虽然没有对外语设门槛，但公务员的整体素质高、学历也高，外语水平自然也不会差。"虽然全国各地没有像海南一样对公务员外语水平提出具体要求，但很多城市也在搞国际语言环境建设工作。要想成为国际城市，语言环境尤其重要，在某种程度上，语言环境也是一种投资环境，能为城市的发展带来意想不到的效果。就在2020年6月8日，山东威海出台了《威海市公示语中英、中韩译写规范》，意在改善威海国际化语言环境，提高城市国际化程度。早在2010年，北京海淀区就启动了"公务员学外语"活动，海淀全区1.1万名机关干部和相关工作人员分批接受北京外国语大学资深教师的专业培训，每期学员要通过平时考核和结业考试双重严格考核才能结业。在语言环境的打造上，内陆城市也不示弱。在四川眉山，有一支由各个系统公务员组成的外语服务队，他们中有精通英语、法语、日语和俄语的专业人才。这支服务队像一个外语干部人才服务"共享"平台，市县各重大涉外交流活动，各部门、重要企业临时需要翻译服务，就可以找到服务队"点单"，请求协助。比如，第十届中国泡菜食品国际博览会在眉山举行时，眉山市东坡区文广旅新局干部马丹梅被组委会"点单"为参会嘉宾做英语和韩语翻译。这60多名外语专业人才组成的服务队都是在自愿前提下被临时"借用"的，让他们"人尽其才"。

三、外语要求不宜"一刀切"

改革开放40多年来，我国经济社会发展高歌猛进、举世瞩目。党员干部要展示好"中国形象"，讲好"中国故事"，学好外语很有必要。为提高领导干部的外语水平，中组部曾连续举办了多期省部级干部英语强化班，一些省区市也相应举办了干部外语培训班。一批重要岗位的领导干部参加强化培训后，外语水平得以提升。提高党员干部的外语水平固然没错，但要把这种自觉自愿上升为强制命令"一刀切"，在一些基层干部看来有些过犹不及。西部某省的一个省级单位，其中某几个部门涉及涉外工作，但该单位要求所有员工都要进行英语水平测试，并根据测试结果开班上课。"每周两节'补习课'，一节在周中，一节在周末，学完还要考试，难度堪比雅思考试。"该单位并非从事涉外工作的一名干部告诉记者，这样的硬性学习任务让他吃不消。对于招录公务员是否要看其外语水平这个问题，刘曼说："这个也要因地制宜。比如海南，从自贸区长远发展来看，要满足国际化需求就需要外语好的人。但是像一些比较偏远和发展较为滞后的地方，能招到合适的公务员并把他们留下已经很不错了，外语要求并不是必须的。"

（资料来源：刘兰. 解锁外语技能，公务员准备好了吗？. 廉政瞭望，2020，(12)）

1. 根据上述案例，你如何评价各地加强公务员外语技能培训的做法？
2. 你认为开展公共人力资源技能培训的目的是什么？

 本章关键术语

培训与开发	岗前培训	在职培训	脱产培训
导师制	实习培训	讲授法	案例研究法
情境模拟法	角色扮演法	素质拓展训练	视听训练
网络培训	团队培训	挂职锻炼	战略性培训
培训需求分析			

 复习思考题

1. 公共部门教育培训与开发的含义是什么？它有哪些类型？
2. 公共部门教育培训与开发的意义是什么？
3. 公共部门教育培训与开发包括哪些程序？每个程序应该完成哪些任务？
4. 公共部门教育培训与开发常用的方法有哪些？各有何优缺点？
5. 简述西方主要国家公务员培训制度。
6. 简述我国公务员培训存在的问题及对策。

第七章

公共人力资源绩效管理

> **本章学习引导** 公共人力资源绩效管理作为公共管理过程中的一项重要举措,是包含绩效计划、绩效监控、绩效评价和绩效反馈四个环节的系统活动,对于提升公共人力资源绩效管理水平和实现公共部门发展目标具有重要意义。本章将从阐述公共人力资源绩效管理的基本概念和系统模型出发,系统分析公共人力资源绩效管理的四个主要环节,详细阐述目标管理、关键绩效指标和平衡计分卡等常用的绩效管理工具,并对国内外公共人力资源绩效管理实践进行归纳总结。
>
> **本章学习重点** 公共人力资源绩效管理的内涵;公共部门绩效管理系统模型;公共部门绩效管理流程;公共部门绩效管理工具;国内外公共部门绩效管理实践。

第一节 公共人力资源绩效管理概述

一、公共人力资源绩效管理的内涵

（一）绩效与公共部门绩效

从最一般的意义上看,绩效（performance）是指活动的结果和效率水平。对应于英文的 performance,中文词语除了"绩效"外,相近的还有"业绩""实绩""效绩"等概念。不过,这几个概念基本都是强调行为活动的结果,而忽视了行为活动的过程,因此意思表达不够完整或准确。而"绩效"这个概念不仅强调了工作活动的结果,也体现了导致结果的工作活动过程,因此得到人们的普遍接受。绩效是指组织及个人的履职表现和工作任务完成情况,是组织期望的为实现其目标而展现在组织不同层面的工作行为及结果,它是组织的使命、核心价值观、愿景及战略的重要表现形式。绩效是分层的,根据被衡量行为主体的层次性,绩效可划分为组织绩效、群体绩效和个人绩效。

公共部门绩效的内涵非常复杂,涉及经济、政治和社会的方方面面。对公共部门绩效内涵的界定,比较具有代表性的观点主要有三类:一是"产出观",将公共部门绩效界定为公共部门在管理过程中所取得的成绩;二是"能力观",将公共部门绩效界定为公共管理能力;三是"综合观",从综合性的视角界定公共部门绩效的内涵。本书认为,公共部门绩效是指公共部门的履职表现和工作任务的完成情况,是公共部门依据其使命、核心价值观、愿景及战略,在履行公共管理职能和提供社会公共服务过程中展现在组织不同层面的行为及结果。

纵观公共部门绩效管理的相关研究和具体实践,从不同的角度对公共部门绩效内涵进行归纳和划分的依据主要有管理层级、政府职能、组织界限、价值标准和运作流程五个方面:第一,根据管理层级,可分为组织绩效、部门和项目绩效以及员工绩效;第二,根据公共部门的职能定位和管理特点,可分为经济绩效、政治绩效和社会绩效;第三,根据公共部门内外部的界限,可分为外部职能绩效和内部运营绩效;第四,根据公共管理的价值标准,可分为经济、效率和效果;第五,根据运作流程,可分为投入、过程、产出和结果。

(二) 公共人力资源绩效管理

公共人力资源绩效管理是指公共部门及其管理者在本组织的使命、核心价值观的指引下,为达成其愿景和战略目标而进行的绩效计划、绩效监控、绩效评价以及绩效反馈的循环过程,其目的是确保公共部门组织成员的工作行为和工作结果与组织期望的目标保持一致,通过持续提升个人、部门以及组织的绩效水平,最终实现公共部门的战略目标。

公共部门绩效管理不同于企业绩效管理:第一,价值取向不同。企业绩效管理的价值取向就是追求自身利润的最大化,而公共部门绩效管理必须把公众的利益、国家的利益放在首位。第二,动力不同。企业绩效管理的动力更多地来源于自身对于利润的渴求,但公共部门绩效管理始终把公共责任放在第一位,努力满足公众需要和实现公共利益。第三,目标不同。企业的趋利性决定了企业绩效管理的目标几乎都是围绕经济效益进行设定的。而公共部门的价值取向和职责特点决定了其绩效管理目标具有多元性和多重性,既要关注经济绩效,又要重视政治绩效和社会绩效等。

公共人力资源绩效管理作为公共管理过程中的一项重要举措,是在社会政治经济发展以及新公共管理运动的推动下所采取的一种社会治理方式。它具有十分重要的意义,不仅有助于贯彻落实科学发展观和树立正确的政绩观,深化行政管理体制改革,提高政府公信力和建设人民满意政府,还有助于科学衡量和有效改善公共部门绩效。

二、公共部门绩效管理系统模型

公共部门绩效管理系统是公共部门基于其使命、核心价值观、愿景和战略建立的一个由绩效计划、绩效监控、绩效评价和绩效反馈四个环节共同组成的循环系统。同时,评价内容、评价主体、评价周期、评价方法以及结果应用五项关键决策始终贯穿于四个环节之中,对公共部门绩效管理的实施效果起决定性的作用,以最终促进公共部门绩效管理的战略目的、管理目的和开发目的的全面实现,如图7-1所示。

(一) 公共部门绩效管理的三个目的

公共部门绩效管理的"三个目的"是检验政府绩效管理系统设计和实施有效性的三个方面。公共部门绩效管理活动都是围绕绩效管理的目的展开的,偏离了目的,公共部门绩效管理就失去了存在的价值和意义。

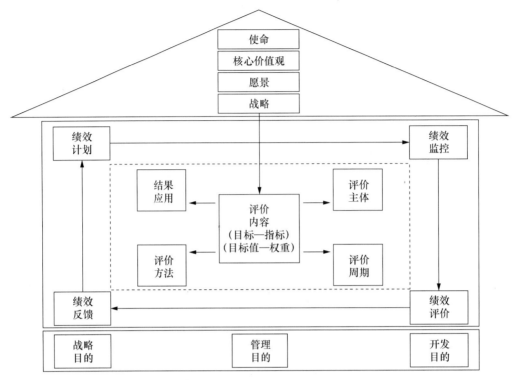

图 7-1 公共人力资源绩效管理系统模型

(1) 战略目的。公共部门绩效管理系统必须与公共部门战略目标密切联系才具有实际意义。因此，推行绩效管理，公共部门应首先明晰战略规划和部署，通过战略目标的承接与分解，将战略目标逐层落实到各级部门及其员工身上，并在此基础上制定相应的绩效评价指标体系，设计相应的绩效评价和反馈系统，促使员工的努力与公共部门整体战略保持高度一致，促使公共部门战略目标顺利实现。

(2) 管理目的。公共部门绩效管理的管理目的主要是通过评价员工的绩效表现并给予相应的奖惩，激励和引导每位员工不断提高自身的工作绩效，从而最大限度地实现组织战略目标。

(3) 开发目的。公共部门绩效管理的开发目的主要是管理者通过绩效管理过程来发现员工存在的不足，以便对其进行有针对性的培训或轮岗锻炼，从而使下属能够更加有效地完成工作。

(二) 公共部门绩效管理的四个环节

为了确保管理的有效性，公共部门应该按照绩效计划、绩效监控、绩效评价和绩效反馈四个环节来展开绩效管理。

(1) 绩效计划。绩效计划作为公共部门绩效管理系统闭循环中的第一个环节，是指在新的绩效周期开始时，公共部门的管理者依据组织的战略规划和年度工作计划，通过与下属进行绩效计划面谈，共同确定组织、部门以及个人的工作任务，并签订绩效目标协议的过程。它是整个绩效管理过程的起点，也是化战略为行动的关键环节。

(2) 绩效监控。绩效监控是整个绩效周期中历时最长的环节。它是指在绩效计划实施过程中，公共部门的管理者与下属通过持续的绩效沟通，采取有效的监控方式对下属的行为及绩效目标的实施情况进行监控，并提供必要的工作指导与工作支持的过程。其目的是确保公共部门组织、部门及员工个人绩效目标的达成。

(3) 绩效评价。绩效评价是相关评价主体依据公共部门既定的使命和目标，遵循一定的程序，综合运用多种评价方法和技术，对一定时期内公共部门的管理和服务情况进行评定和判断的过程，其最终目标是通过评价来提高公共部门的效率和效果，促使公共部门绩效的持续改进。绩效评价作为公共部门绩效管理过程中的核心环节，也是技术性最强的一个环节，需要管理者给予特别的关注。

(4) 绩效反馈。绩效反馈是指在绩效评价结束后，公共部门的管理者与下属通过绩效反馈面谈，将评价结果反馈给下属，并共同分析绩效不佳的方面及原因，制定绩效改进计划的过程。

(三) 公共部门绩效管理的五项关键决策

使命、核心价值观、愿景和战略共同决定了公共部门绩效评价内容的选择，而评价内容又是决定评价主体、评价周期、评价方法、结果应用的核心和关键。为了落实公共部门的使命、核心价值观、愿景和战略，最终达成绩效管理的三个目的，公共部门绩效管理必须把握好五项关键决策。

一是"评价内容"。所谓"评价内容"，即"评价什么"，是指如何确定绩效评价的指标、权重及目标值。为了确保组织战略目标的实现，公共部门需要在绩效管理过程中，将组织的战略目标转化为可以衡量的绩效评价指标，从而将组织战略目标的实现具体落实到各个部门和每位成员身上。

二是"评价主体"。所谓"评价主体"，即"谁来评价"，是指对评价对象作出评价的组织、部门及个人。通常，评价主体可分为内部评价主体和外部评价主体。内部评价主体包括上级、同级、下级；外部评价主体包括立法机关、审计机关、社会公众、大众传媒、专业评估机构等利益相关者。应该根据所要衡量的绩效目标以及具体的评价指标来选择评价主体。

三是"评价周期"。评价周期所要回答的问题是"多长时间评价一次"。选择绩效评价周期时不宜一概而论、一刀切，应该根据管理的实际情况和工作需要，综合考虑各种相关影响因素。

四是"评价方法"。所谓"评价方法"，就是判断公共部门及成员工作绩效时所使用的具体方法。通常，评价方法可以划分为两大类：相对比较和绝对比较。每类又细分为若干具体的评价方法。评价方法并无绝对优劣之分，总的原则是根据所要评价的指标特点选择合适的评价方法。

五是"结果应用"。公共部门绩效评价结果能否被有效利用，关系到整个绩效管理系统的成败。如果绩效评价结果没有得到相应的应用，就会产生绩效管理"空转"现象，评与不评一个样，评好评差一个样，绩效管理就会失去应有的作用。从以上内容可以看出，一个有效的公共部门绩效管理系统应该将每位成员的工作活动与组织的整体战略联系在一起，为各级管理者决策提供有效信息，并向员工提供及时、准确的绩效反馈，从而同时实现公共部门绩效管理的战略目的、管理目的和开发目的。

第二节　公共部门绩效管理流程

一、公共部门绩效计划

（一）公共部门绩效计划的内涵

计划是对未来进行预测并制定相应行动方案的过程。现代社会处于急剧变化的环境中，公共部门所面临的宏观、微观环境无时无刻不在发生变化，公共部门要想真正履行自己的职能，比以往任何时候都需要系统化的前瞻性思考。公共部门管理者必须具有远见并为未来做好准备，否则就会陷入难以预见的困境之中。

公共部门绩效计划是指在新的绩效周期开始时，公共部门的管理者依据组织的战略规划和年度工作计划，通过与下属进行绩效计划面谈，共同确定组织、部门以及个人的工作任务，并签订绩效目标协议的过程。绩效计划是公共部门绩效管理过程中的首要环节，在公共部门绩效管理体系中具有不可忽视的重要作用。

（二）公共部门绩效计划的步骤

公共部门绩效计划的制订包括以下步骤：

（1）准备阶段。在新的绩效周期开始之前，需要由上级主管领导及绩效管理机构的相关成员组成一个绩效管理委员会，对组织的整体战略和具体目标进行讨论和规划。在公共部门绩效计划的准备阶段，主要工作包括分析组织的优势、劣势、机会、威胁，明确组织的使命、核心价值观、愿景和战略等。

（2）沟通阶段。在此阶段，绩效计划会议是最主要的沟通方式。召开这种会议首先要注意创造良好的环境和气氛，尽可能减少环境和气氛所带来的压力，同时减少来自外界的干扰，并注意避免任何可能的中断。双方进行政府绩效计划沟通时的一个重要原则就是多问、少讲，采用引导的方法让评价对象为自己设立目标，而不是告诉他要做什么。

（3）制订阶段。为了使绩效计划真正发挥作用，还需要对绩效计划进行审查和检验，确定以下内容是否达成：第一，每位员工的绩效目标都与政府组织的使命、核心价值观、愿景、战略和整体目标紧密相连，并且清楚地知道自己的绩效目标与整体目标之间的关系；第二，绩效评价指标体系能够切实反映绩效管理周期内各部门及成员的工作职责和职位要求，且没有缺失或溢出的情况；第三，评价双方都十分清楚在完成工作目标的过程中可能遇到的困难和障碍，并且明确相关单位及人员所能提供的支持和帮助；第四，形成了一个经过双方协商讨论的绩效协议，该协议中包括具体的绩效目标、绩效评价指标、绩效评价标准及权重，并且主管人员和评价对象双方都要在该协议上签字。

(三) 公共部门绩效目标的确定

(1) 公共部门绩效目标的内涵。在公共部门绩效计划制订的过程中，设定绩效目标是最为重要的内容，绩效目标设置的好坏直接影响后面绩效管理的各个环节。公共部门绩效目标是指上级与下级在公共部门的使命和核心价值观的指引下，对愿景和战略进行分解和细化，具体体现为绩效主体在绩效周期内需要完成的各项工作。目前对公共部门绩效目标的理解主要有两种：一种是将公共部门绩效目标理解为"绩效指标加上目标值"，比如"中心城绿色出行比例达到75%"和"城镇登记失业率小于4%"等；另一种则是将绩效目标理解为绩效的行为对象，具体表现为一个动宾词组，比如"促进基本公共服务均等化"和"保障食品药品安全"等。

(2) 公共部门绩效目标的制定原则。在制定绩效目标时应遵循以下五项原则，通常我们将其简称为"SMART原则"：① 绩效目标应该是明确具体的（specific）。绩效目标应该尽可能明细化和具体化。例如，"尽可能使群众满意"这样的目标就不如"群众满意度达到80%"这样的目标明确具体。② 绩效目标应该是可衡量的（measurable）。所谓可衡量，就是可以将员工实际绩效表现与绩效目标相比较，即绩效目标应该提供一种可供比较的标准和目标值。③ 绩效目标应该是有行为导向的（action-oriented）。绩效目标不应该仅仅是一个能够衡量的最终结果，还应该包含对各个部门及其成员在实现绩效目标过程中行为的约束和引导。④ 绩效目标应该是切实可行的（realistic）。政府绩效目标既不能过高，也不能过低，应该刚好反映组织的绩效期望，而且能够使各个部门及成员通过努力达成。⑤ 绩效目标应该是受时间和资源限制的（time and resource constrained）。绩效目标应带有时限要求和资源限制，比如"在A时间内，投入不超过10000元使S指标增长30%"，而不是"在A时间内，在合理投入的情况下使S指标增长30%"。这种时间和资源限制实际上是对目标实现方式的一种引导。

值得注意的是，公共部门绩效计划的制订还需注意以下几点：一是应该以客观事实为基础；二是让评价对象参与到政府绩效目标的设计过程中；三是在实践中不断完善绩效目标。

(四) 公共部门绩效指标体系的设计

(1) 公共部门绩效指标的内涵。指标（indicator）是指衡量目标的单位或方法，是目标预期达到的指数、规格、标准。公共部门绩效指标是用来衡量公共部门绩效目标达成的标尺，即通过对公共部门绩效指标的具体评价来衡量公共部门绩效目标的实现程度。由于公共部门绩效指标是直接面向绩效评价，因此公共部门绩效指标也称"公共部门绩效评价指标"或"公共部门绩效考核指标"。

(2) 公共部门绩效指标体系设计的主要思路。20世纪80年代以来，随着政府组织战略思维的逐渐兴起及其对科学化绩效管理的迫切需求，战略性绩效管理进入政府组织的视野，并在管理实践和理论研究方面得到迅速发展，逐渐成为帮助政府组织落实组织战略、强化绩效管理的有效途径。以战略管理导向为视角成为设计绩效评价指标的主流。

美国公共行政学会（American Society for Public Administration，ASPA）的"责任和绩效中心"（Center for Accountability and Performance，CAP）通过五年的研究探索，于2000年开发出一个实施绩效管理的战略框架，如图7-2所示。

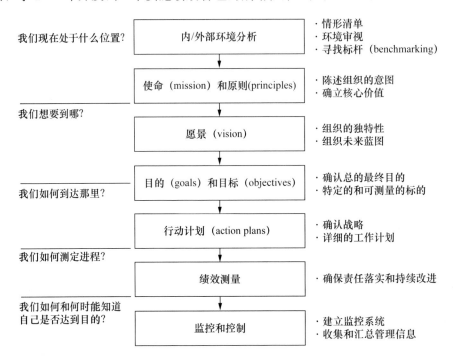

图 7-2 融入目的、目标和绩效测量的战略管理模型
资料来源：方振邦. 公共部门人力资源管理概论［M］. 北京：中国人民大学出版社，2019：213。

这一模型的特点主要包括以下几个方面：一是系统性强，层次清晰，有较强的可操作性。该模型由环境分析、明晰使命和愿景、设置目标体系、制定整合各种资源的行动方案、评价和测量结果、实施跟踪和监控这一逐级递进的过程所组成。二是这一模型的目的在于建立"以结果为导向"的公共服务提供体系。三是该模型强调绩效测量的目的在于落实责任和持续改进。四是这一模型可以整合并且提高组织各层面以及各领域的绩效水平，并使其保持相互之间的协调一致。每个部门和人员都可以通过这一框架提供的逻辑思路，清楚地了解自己未来工作的路线图：我们现在身处什么位置？我们将要到哪里？我们如何才能到达那里？为了到达那里，我们如何测定我们的进程？如何判别我们最终是否达到目标。在所有的管理模型中，对核心概念的界定是非常重要的一步。在"责任和绩效中心"的战略管理模型中，这些重要概念包括使命、愿景、目的、目标、产出和结果等。

随着目标管理、关键绩效指标、平衡计分卡等绩效管理工具在企业组织中应用的日趋成熟，公共部门也开始逐步引进和导入先进的绩效管理工具来探索和构建有效的政府绩效评价指标体系，以确保政府组织使命、核心价值观、愿景和战略全面落地。美国在尼克松政府时期曾举国推行目标管理，而源于目标管理思想的"目标责任制"

也是我国最早应用于政府组织绩效管理实践的探索之一；关键绩效指标近些年在政府组织中的应用也日渐广泛，很多关于政府绩效评价指标体系设计的研究都借鉴了关键绩效指标的思想；平衡计分卡更是凭借其理念的先进性和设计的科学性，迅速被很多政府组织所关注，美国、英国、韩国以及日本等一些国家的政府组织和部门都引进并实施了平衡计分卡，我国的一些政府部门也于近些年开始了平衡计分卡的应用探索。

二、公共部门绩效监控

（一）公共部门绩效监控的主体

公共部门绩效监控是指在绩效计划实施过程中，公共部门的管理者与下属通过持续的绩效沟通，采取有效的监控方式对下属的行为及绩效目标的实施情况进行监控，并提供必要的工作指导与工作支持的过程。其目的是确保公共部门组织、部门及员工个人绩效目标的达成。在政府组织，绩效监控可以分为对组织和部门的绩效监控以及对公务员的绩效监控。组织和部门层面的政府绩效监控，从监控主体上可以分为外部绩效监控和内部绩效监控。政府外部绩效监控主体可以分为社会公众、社会中介机构以及大众媒体等；在实际的政府绩效监控实践中，政府内部绩效监控主体主要为上级主管部门、政府机关内设的监察部门和效能办（即机关效能建设领导小组）等。公务员的绩效监控主体主要为政府组织内部的监察部门、效能办等政府绩效监控机构以及公务员个体的直接上级领导。其中，最为直接和有效的政府绩效监控主体无疑是上级领导。

（二）公共部门绩效沟通

1. 公共部门绩效沟通的内涵及类型

公共部门绩效沟通贯穿于绩效管理的全过程，它是指将绩效信息传递给相关信息接收方（政府组织、部门、公务员、社会公众、中介机构和媒体等），使得绩效信息能够得以传达、理解和回应的过程。根据公共部门绩效沟通对象的不同，可以将绩效沟通分为内部沟通和外部沟通。内部沟通是指在绩效管理过程中，公共部门内部即上下级之间与成员之间就相关绩效信息进行的沟通；外部沟通是指公共部门作为一个组织整体与社会各界之间就相关绩效信息进行的沟通互动活动。根据绩效沟通的方向，公共部门绩效沟通可以分为横向沟通和纵向沟通。横向沟通主要是指组织之间、部门之间、员工之间为了达成既定的绩效目标所进行的沟通协调的过程，同时还包括公共部门与社会公众、中介机构、大众媒体之间关于公共部门绩效信息的传递和理解过程；纵向沟通主要是指组织内部上级与下级之间就绩效相关信息所进行的沟通过程，如图 7-3 所示。

2. 公共部门绩效沟通的方式与技巧

公共部门绩效沟通方式分为正式沟通与非正式沟通。正式沟通是指在组织或部门内部，依据一定的组织原则所进行的信息传递与交流，包括正式的书面报告、定期会面（上级与下属之间一对一的面谈和正式会议）、电子邮件沟通等方式。非正式沟通没有固定的模式，是正式沟通渠道以外的信息交流和传递，它不受组织的监督，不需

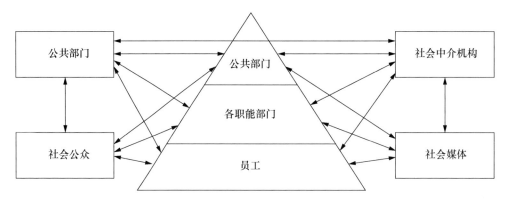

图 7-3 公共部门绩效沟通示意图

要按照正规的组织程序、隶属关系和等级层次来进行沟通,其形式主要有走动式管理、开放式办公、各种聚会、工作间歇的沟通以及非正式会议等。

公共部门绩效沟通应该实施建设性沟通,即站在对方立场上思考问题,换位思考,以找到最佳的沟通方式。学会倾听是成功管理者的基本素质。建设性沟通中要采用积极的倾听技巧。建设性沟通应该遵循以下几项原则:一是完全性原则,即沟通中双方都提供了全部的必要信息;二是对称性原则,即提供的信息对沟通双方来说应该是准确、对称的;三是对事不对人原则,即沟通双方针对问题本身提出看法,充分维护他人的尊严,不轻易对人下结论;四是责任导向原则,即在沟通中引导对方承担责任;五是事实导向原则,即沟通中以描述事实为主要内容。

三、公共部门绩效评价

(一) 公共部门绩效评价的内涵

公共部门绩效评价是指相关评价主体依据公共部门既定的使命和目标,遵循一定的程序,综合运用多种评价方法和技术,对一定时期内公共部门的管理和服务情况进行评定和判断的过程,其最终目标是通过评价来提高公共部门的效率和效果,促使公共部门绩效持续改进。

对于公共部门绩效评价,根据不同的划分原则有不同的划分方式。根据评价主体的特征可以划分为内部评价和外部评价,根据评价指标的属性可以划分为定性评价和定量评价等,根据对象可以划分为组织和部门绩效评价、公共政策评价、项目绩效评价以及公务员个人绩效评价等。

(二) 公共部门绩效评价主体

公共部门绩效评价主体是公共部门绩效评价的核心要素。绩效评价主体选择的合理与否,在很大程度上影响着公共部门绩效评价的结果和效果。由于公共部门绩效具有复杂性和宽泛性的特点,任何一个单独的评价主体都无法对公共部门绩效进行全面准确的判断,绩效评价主体多元化成为保证公共部门绩效评价的准确性、客观性和公平性的迫切要求。公共部门绩效评价主体是对公共部门绩效进行价值判断的组织、部门和个体。公共部门绩效评价主体类型及结构框架如图 7-4 所示。

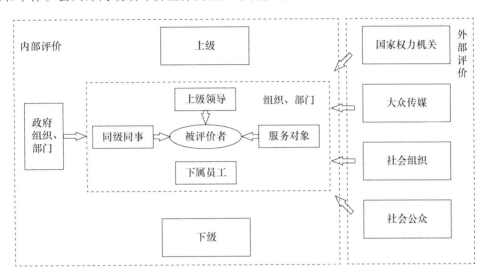

图 7-4 公共部门绩效评价主体类型及结构关系图

对于员工个体绩效而言，内部绩效评价主体分为上级领导、下属员工、同级同事、服务对象以及员工自身，外部绩效评价主体分为国家权力机关、大众传媒、社会组织以及社会公众；对于组织或部门绩效而言，内部绩效评价主体分为上级组织或主管部门、同级相关组织或部门、下级组织或部门以及组织或部门自我评价，外部绩效评价主体分为国家权力机关、大众传媒、社会组织以及社会公众。

（三）公共部门绩效评价方法

评价方法的分类与评价标准的分类密切相关。一般来说，评价标准可以分为两类：其一是绝对标准；其二是相对标准。与此相对应，我们可以将评价方法分为绝对评价和相对评价。

绝对评价是根据统一的标准尺度衡量相同职位的人，也就是将个人的工作情况与客观工作标准相比较，通常使用量表法来进行评价。所谓相对评价，又称"比较法"，不是事先统一制定评价标准，而是通过在部门或团队内对人员进行相互比较作出评价。此外，还有一种比较特殊的评价方法，即描述法。它又称"事实记录法""叙述法""鉴定法"等，顾名思义，就是指评价者用描述性的文字对评价对象的能力、态度、业绩、优缺点、发展的可能性、需要加以指导的事项和关键事件等作出评价，由此得到对评价对象的综合评价。通常，将这种方法作为其他评价方法的辅助方法，主要用于观察并记录评价所需的事实依据，以避免近因效应、溢出效应等评价误差的发生，并为绩效反馈提供必要的事实依据。具体见表 7-1。

表 7-1　绩效评价方法的分类

比较法（相对评价）	排序法
	配对比较法
	人物比较法
量表法（绝对评价）	图尺度量表法
	等级择一法
	行为锚定量表法
	混合标准量表法
	综合尺度量表法
	行为对照表法
	行为观察量表法
描述法	态度记录法
	工作业绩记录法
	指导记录法
	关键事件法

1. 相对评价——比较法

比较法（comparison method）就是对评价对象进行相互比较，以决定其工作绩效的相对水平。常见的比较法主要有以下三种：

（1）排序法。排序法（ranking method）就是根据评价对象的绩效水平按照一定的顺序进行排列，最终得出每一评价对象相对等级和名次的评价方法。排序法是使用得比较早的一种方法，它易于设计和使用，实施成本较低，而且能够有效地避免宽大化倾向、中心化倾向以及严格化倾向，但是其评价依据不是客观的标准，因此无法通过绩效评价这一过程对评价对象的行为进行明确的引导，而且在评价过程中主观性和随意性较强，容易发生晕轮效应。因此，在绩效评价实践中，不能单纯凭借排序法得出的评价结果作为各种人事及管理决策的依据。具体而言，排序法主要分为直接排序法和交替排序法两种类型。

第一，直接排序法。直接排序法是最简单的排序法。评价主体经过通盘考虑后，以自己对评价对象工作绩效的整体印象为依据，将所有被评价对象从绩效最高者到绩效最低者进行排序。表 7-2 是直接排序法的一个简单例子。

表 7-2　直接排序法示例

顺序	等级	评价对象
1	最好	A
2	较好	B
3	一般	C
4	较差	D
5	最差	E

第二，交替排序法。交替排序法与直接排序法类似，也是根据评价标准将评价对象从绩效最好到绩效最差进行排序，但是具体的操作方法与直接排序法略有不同。交替排序法需要评价主体先将所有评价对象的名单列出，去除不熟悉的评价对象；然后从余下的评价对象中选出绩效最好和绩效最差的评价对象，继而在剩下的评价对象中选出绩效最好和绩效最差的评价对象，依此类推，直至将全部评价对象的顺序排定。表 7-3 是使用交替排序法进行评价时所使用的评价表格。

表 7-3 交替排序法示例

顺序	等级	评价对象
1	最好	C
2	较好	B
3	一般	E
3	差	D
2	较差	A
1	最差	F

（2）配对比较法。配对比较法（paired comparison method）亦称"平行比较法"，是由排序法衍生出来的一种评价方法。配对比较法的操作程序是：评价主体按照所有的评价要素将每一个评价对象与其他评价对象一一进行比较，最后将各评价对象的得分相加，根据最终的得分排出评价对象的名次。举例来说，假定要对五个评价对象进行绩效评价。在运用配对比较法时，首先需设计出如表 7-4 所示的表格，在其中标明需要评价的对象。需要注意的是，当评价内容不是针对整体工作绩效而是特定的评价要素时，还要注明所要评价的要素。表中"0"表示两者绩效水平一致，"＋"表示横向上的评价对象比纵向上的评价对象绩效水平高，"－"的含义则与"＋"的含义相反。统计每一个评价对象得到的"＋"的数量，得到的"＋"越多，绩效得分就越高。从表 7-4 中的例子可以看出 B 共得到四个"＋"，绩效得分最高；A 和 C 的情况相同，共得到两个"＋"，处于中等水平；而 D 和 E 都是只得到一个"＋"，处于较差的等级上。

表 7-4 配对比较法示例

评价对象	A	B	C	D	E
A	0	＋	＋	－	－
B	－	0	－	－	－
C	－	＋	0	＋	－
D	＋	＋	－	0	＋
E	＋	＋	＋	－	0
对比结果	2＋	4＋	2＋	1＋	1＋
	中	最好	中	差	差

（3）人物比较法。人物比较法亦称"标准人物比较法"，是一种特殊的比较法。这种方法的评价标准与前两种比较法不同：前两种比较法都是人与人之间相互比较，而这种比较法则是所有人与某一个特定的"标准人物"进行比较，在一定程度上能够使评价的依据更客观。

人物比较法的实施方法是：在评价之前，先选出一位成员，以他的各方面表现为标准，将其他人与之相比较，从而得出评价的结果。人物比较法可以使用如表 7-5 所示的表格。

表 7-5　人物比较法示例

评价项目：业务知识　　　　　　　　　　　　　　　　　　标准人物：孙————

被评价人姓名	A 非常优秀	B 比较优秀	C 相同	D 比较差	E 非常差
赵——					
钱——					
李——					
王——					

人物比较法能够有效地避免宽大化倾向、中心化倾向以及严格化倾向，该方法设计和使用容易，成本很低，比其他方法更能提高成员的工作积极性。同时，它也存在一些难以克服的问题：标准人物的挑选困难，无法与组织的战略目标相联系，很难发现问题存在的领域，不便于提供反馈和指导，容易发生晕轮效应和武断评价。

2. 绝对评价——量表法

量表法（scaling method）就是将一定的分数或比重分配到各个评价指标上，使每项评价指标都有一个权重，然后由评价者根据评价对象在各个评价指标上的表现情况，对照标准对评价对象作出判断并打分，最后汇总计算出总分，得到最终的评价结果。常见的量表法包括图尺度量表法、等级择一法、行为锚定量表法、混合标准量表法、综合尺度量表法等。

（1）图尺度量表法。图尺度量表法（graphic rating scale method）是最简单且应用最广泛的评价技术之一，它在图尺度的基础上使用非定义式的评价。表 7-6 是典型的图尺度量表。该表列举了一些评价要素，规定了从 s（非常优秀）到 d（差或不令人满意）的等级标志，对每个等级标志都进行了说明并规定了不同的得分。另外，不同的评价指标被赋予不同的权重。评价者在熟悉评价量表及各个评价要素的含义后，根据标准结合下属的日常表现给出每个评价要素的得分。另外，图表中还留有空白供评价者填写评价结果和一般说明。

（2）等级择一法。等级择一法的原理与图尺度量表法完全相同，只是在规定评价尺度时没有使用图示，而是采用一些有等级含义的短语来表示，如表 7-7 所示。

表 7-6 图尺度量表法样表

评价要素	评价尺度	权重	得分	事实依据及评语
专业知识：经验以及工作中的信息知识	30　24　18　12　6 s　a√　b　c　d	30%	a	（略）
计划能力：对完成工作的有效计划	15　12　9　6　3 s　a　b√　c　d	15%	b	（略）
沟通能力：以书面和口头方式清晰、明确地表达思想、观念或者事实的能力	10　8　6　4　2 s　a√　b　c　d	10%	a	（略）
……	……	……	……	……
s：极优 a：优 b：良 c：中 d：差	最终得分：62 分 最终档次：s　a√　b　c　d	档次划分		s：80 分以上 a：65—79 分 b：49—64 分 c：33—48 分 d：16—32 分

表 7-7 等级择一法样表

评价对象：　　　部门：　　　评价者：　　　评价日期：

评价指标	评价尺度				
	优秀	良好	满意	尚可	不满意
专业知识	5	4	3	2	1
沟通能力	5	4	3	2	1
判断能力	5	4	3	2	1
管理技能	5	4	3	2	1
工作质量	5	4	3	2	1
团队合作能力	5	4	3	2	1
人际关系能力	5	4	3	2	1
主动性	5	4	3	2	1
创造性	5	4	3	2	1
解决问题能力	5	4	3	2	1

（3）行为锚定量表法。行为锚定量表法（behaviorally anchored rating scale method）是由美国学者帕特里夏·凯恩·史密斯（Patricia Cain Smith）和洛恩·肯德尔（Lorne Kendall）于 1963 年在美国全国护士联合会的资助下研究提出的。它由传统的绩效评定表（图尺度量表法或等级择一法等）演变而来，是图尺度量表法与关键事件法的结合，是行为导向型量表法的典型代表。在这种评价方法中，每一水平的绩效均用某一标准行为来加以界定，这种方法克服了其他评价方法的弱点。下面列举了行为锚定评价的例子，如表 7-8 所示。

表 7-8 行为锚定量表法：对宿舍管理员的评价

姓名：		工作部门：	评价者：	评价日期：
评价指标：关心学生					
指标定义：积极结识住宿学生，发现并真诚地对待他们的需要					
评价等级	（1）最好	当学生面有难色时上前询问是否有问题需要一起商量			
	（2）较好	为住宿学生提供一些关于所修课程的学习方法上的建议			
	（3）一般	发现住宿学生时上前打招呼			
	（4）较差	友好地对待住宿学生，与他们讨论困难，但随后不能跟踪解决困难			
	（5）最差	批评住宿学生不能解决自己遇到的困难			
评价结果：					

（4）综合尺度量表法。所谓综合尺度量表法，是将结果导向量表法与行为导向量表法相结合的一种评价方法。在该方法中，评价指标的标度规定采用了行为与结果相结合的方式。这种方式既能够有效地引导个人的行为，又能够对结果进行直接的控制。运用综合尺度量表法最大的困难在于设计与职位相关的指标尺度，因此，使用这种评价方法需要较高的设计成本。表 7-9 是一个用于评价工作态度指标的例子。

表 7-9 综合尺度量表法示例

要素名称：协作性　　职位等级：中层管理人员　　职位类别：职能管理

要素定义：在工作中能否充分认识本部门在工作流程中所扮演的角色，考虑他人的处境，主动承担责任，协助上级、同事做好工作

等级	定义	评分
S	正确认识本部门在流程中所扮演的角色，合作性很强，自发主动地配合其他部门的工作，积极地推动组织总体工作的顺利进行	20
A	愿意与其他部门合作，在其他部门需要的时候，能够尽量配合工作，从而保证组织总体工作的正常进行	16
B	大体上能够按规定配合其他部门的工作，基本上能够保证组织总体工作的正常进行	12
C	有时候有不配合其他部门工作的现象，存在部门本位主义倾向，从而导致组织总体工作有时遇到困难	8
D	根本不与其他部门进行沟通和协调，部门本位主义倾向明显，在工作中经常与其他部门发生冲突，导致组织总体工作陷入僵局	4

3. 描述法

描述法（essay method）作为各类评价方法的必要补充，被视为另一类特殊的评价方法。描述法在设计和使用上比较容易，实用性很强，因而适用于对任何人的单独评价。但是，描述法没有统一的标准，难以对多个评价对象进行客观、公正的比较，而且与评价者的文字写作水平关系较大，因而不适用于评价性评价，而较适用于发展性评价。根据所记录事实的不同内容，描述法可以分为态度记录法、工作业绩记录法、指导记录法和关键事件法。这里我们选择关键事件法这一具有代表性的描述法来进行阐释。

所谓关键事件（critical incidents），是指那些会对部门的整体工作绩效产生积极或消极的重大影响的事件。关键事件一般分为有效行为和无效行为。关键事件法要求评价者通过平时观察，及时记录评价对象的各种有效行为和无效行为，是一种最为常见的典型的描述法。

关键事件法的优势突出地体现在反馈绩效的环节中。评价者根据所记录的事实及各类评价标准进行评价，最后把评价结果反馈给评价对象。由于关键事件法是以事实而不是抽象的行为特征为依据的，评价者可以依据所记录的事实对评价对象说：某某先生，在"协作性"上，我给你的评价等级较低，这是因为在过去的3个月中，你至少有3次对同事或上级表现出不协作态度。这名员工如果觉得事出有因，或误解了上司的意图，或有其他理由为其"不协作"作辩解，就可能在与上级协商和沟通之后达成共识。关键事件法帮助评价者实事求是地进行评价，不容易挫伤评价对象的积极性。因为对评价对象来说，低评价针对的不是他的人格，而是他的工作行为，而且是可以明确指出的特定行为，所以比较容易得到评价对象的认同。更重要的是，通过使用关键事件法，评价者在反馈绩效时能够更清晰地告诉评价对象，要想在下一期获得高评价，应该如何行动。需要着重指出的是，关键事件法往往是对其他评价方法，特别是各种量表法的补充。

4. 各种评价方法的比较和选择

前面介绍了各种评价方法的具体内容和优缺点。不同的评价方法具有不同的特点，因而适用于不同的组织以及不同的评价对象。表7-10对几种常见的评价方法进行了简单的比较。

表7-10　几种常见评价方法的比较

评价方法	比较的维度			
	成本最小化	员工开发 （提供反馈指导）	分配奖金和 发展机会	有效性 （避免评价错误）
描述法	一般	不确定	差	不确定
排序法	好	差	一般	一般
等级择一法	一般	不确定	差	不确定
行为锚定量表法	一般	好	好	好

从表7-10可以看出，不同的绩效评价方法各有特点，在评价的有效性、结果的适用性以及使用成本上优劣不一。因此，只有选择合适的绩效评价方法才能在管理的成本和效用上做到有机结合。一般而言，绩效评价指标是选择政府绩效评价方法的主要依据，即需要根据不同类型指标的特性选择相应的政府绩效评价方法，从而形成一个基于指标的政府绩效评价方法组合。

四、公共部门绩效反馈

（一）公共部门绩效反馈的含义与意义

公共部门绩效反馈是指在绩效评价结束后，公共部门的管理者通过绩效反馈面谈，将评价结果反馈给下属，并与下属共同分析绩效不佳的方面及其原因，制订绩效改进计划的过程。在具体的管理实践中，绩效反馈常常被公共部门所忽视，认为获得绩效评价结果就是绩效管理过程的终结，花精力进行绩效反馈是一件浪费时间的事情。显然，这种想法是不可取的，因为绩效管理的目的不仅仅是获取评价结果，更重要的是实现目标、提升绩效。为了有效达成这一目的，管理者必须帮助下属认识到自己的实际绩效水平及其主客观原因，在共同协商、全面分析之后，使下属了解并认可绩效评价结果，继而明确改进绩效的具体路径。另外，通过绩效反馈，评价对象可以拥有一定的话语权，就自己的实际情况、态度想法以及对绩效结果的质疑与管理人员进行面对面的沟通，避免双方因信息不对称造成不必要的误会。绩效反馈为评价主体与评价对象之间搭建了一个必要的沟通渠道，是绩效沟通的主要形式，也是一种重要的激励手段。

（二）360度反馈计划

360度反馈计划是指帮助一个组织成员（主要是管理人员）从与自己发生工作关系的所有主体（管理者、同事、组织内外部的顾客及其他人）那里获得关于本人绩效信息反馈的过程。相比传统的单一式绩效反馈，360度反馈计划具有以下优点：

第一，360度反馈计划强调组织关心人们付出的行动甚于所获取的结果。360度反馈计划能帮助人们通过各种"软性"的尺度对绩效作出全方位的评价。采用这种形式的反馈，一方面可以避免对"硬性"（量化的）绩效目标的过分依赖，另一方面也可以避免只重视评价双方意见的危险做法。

第二，如果360度反馈出自熟悉和了解评价对象工作的评价主体，则能够向评价对象提供更为全面和有价值的绩效信息，从而对评价对象的绩效改进起到积极的促进作用。这种绩效反馈方式与只有上级和下属两人介入的反馈方法相比，在全方位、多视角地发现下属的优点和不足方面优势明显。

第三，360度反馈计划有利于提高下属对绩效反馈信息的认同程度。在传统的反馈方法中，只有上级管理者的反馈，下属有可能对反馈的绩效信息持怀疑态度，认为它可能带有个人的主观偏见。但是，在360度反馈计划中，如果评价对象从上级、同事、下级和服务对象等多个渠道都得到了类似的绩效反馈信息，那么评价对象对该绩效信息的认可程度就会较高，一般不会对其质疑，这对于评价对象深入反思和综合考虑绩效改进的方法和途径十分有利。

当然，这种反馈方式还存在一些缺点。过分地依赖360度反馈计划，将会削弱绩效目标的意义，使人们更加习惯于"不是你做了什么，而是你做的方式"的说法。实际上，360度反馈计划只有与其他反馈方法一起使用时，才能最大限度地发挥作用。另外，360度反馈计划涉及的信息比单渠道反馈要多得多，这个优点同时也意味着收集和处理信息的成本相对较高。360度反馈计划最重要的价值在于开发，而不是评价。任何方法的成败都是由人而不是由技术来决定的，从这种方法得到的并不是各方所填写的那些表格，而是通过这些信息所发现的评价对象的长处与不足，以帮助评价对象不断提高和改进绩效。因此，大多数专家认为采用360度反馈计划的结论来决定职务升降或薪酬发放是一种冒险的做法，谨慎的做法是将它作为一种为评价对象提供全面的绩效信息的有效方式，而不是据此作出最后管理决策的参考和依据。

（三）公共部门绩效评价结果的应用

在获取最终的绩效评价结果之后，我们还要面临如何应用评价结果的问题。合理应用绩效评价结果是公共部门开展绩效评价工作的真正意义所在。公共部门绩效评价结果重点应用于以下几个方面：

1. 用于绩效改进，提升公共部门绩效管理水平

公共部门绩效改进是指采取一系列行动以提高绩效的过程。具体步骤是，首先分析绩效评价结果，找出绩效不佳的原因，然后再针对存在的问题制定合理的绩效改进计划。公共部门绩效改进计划是根据绩效评价结果着眼于改进绩效而制定的一系列具体行动方案，是绩效计划的有力补充，体现了绩效管理注重组织发展的核心思想。公共部门绩效改进计划通常包括以下几方面内容：一是有待发展的项目及原因；二是目前的水平和期望达到的水平；三是发展这些项目的方式；四是设定达到目标的期限。

2. 与其他管理措施相匹配，为管理决策提供基本依据

公共部门绩效评价结果的另一个重要作用就是与其他管理措施建立匹配关系，根据绩效目标的达成情况，为管理者提供决策依据。其中，与绩效管理联系最密切的主要有战略管理、预算管理以及人力资源管理等。绩效管理信息可以为这几个方面的工作提供重要依据。

3. 公示绩效评价结果，实现政府管理的透明化

在当今以经济的市场化、政治的民主法治化、文化的多元化为时代标签以及整个世界日益信息化与全球化的现代社会里，政府信息公开已成为信息化时代与互联网时代背景下民主与法治建设的重要内容。公共部门绩效评价结果作为国家信息公开的重要组成部分，也日益受到广泛的关注。将组织绩效结果传递给主管单位、相关部门以及利益相关者群体，不仅有利于公共部门工作的公开化、透明化，实现社会对公共部门工作的有效监督，而且可以使各方能够针对公共部门绩效中的缺陷和不足提出宝贵意见，有利于绩效的改进以及服务水平的提高。

第三节 公共部门绩效管理工具

绩效管理工具的革命性创新始于20世纪50—70年代。在20世纪50年代之前，不论是绩效管理的理论还是工具，都限于表现性评价。之后的几十年，绩效管理逐渐发展成为人力资源管理理论研究的重点。学者们先后提出了目标管理、关键绩效指标、平衡计分卡等绩效管理理论和工具。随着新公共管理运动在世界范围内的兴起，目标管理、关键绩效指标和平衡计分卡等绩效管理工具凭借其先进、适用和有效的特点迅速在公共部门"落地生根"，并在提升政府绩效管理水平上发挥了重要作用。

一、公共部门目标管理

(一) 目标管理概述

目标管理（management by objectives，MBO）是 1954 年由德鲁克在《管理的实践》一书中提出的。由于以往古典管理学派偏重于以工作为中心，忽视了人性的一面，行为科学又偏重于以人为中心，忽视了同工作的结合，因此，德鲁克提出的目标管理是在科学管理和行为科学的基础上将对工作的关注和人的价值统一起来，使员工能够从工作中满足社会需求，同时又能够确保组织目标的顺利实现。目标管理和自我控制最大的优点就在于：以目标给人带来的自我控制力取代来自他人的支配式的管控方式，从而激发人的最大潜力，把事情办好。因此，目标管理是一种参与、民主和自我控制的管理思想，也是一种把个人需求与组织目标相结合的管理思想。在这一管理思想下，上级与下级的关系是平等、相互尊重和相互支持的，下级在承诺目标和被授权之后是自觉、自主和自治的。

在传统的绩效管理中，管理者的作用类似于法官的作用；而在目标管理中，管理者发挥着顾问和促进者的作用，员工也从消极的旁观者转换成积极的参与者。在整个目标管理的过程中，管理者都要保持联系渠道的公开，其目的在于能够及时与员工沟通，帮助员工持续进步，确保工作任务能够按照既定目标顺利实现。

目标管理包括以下两方面的重要内容：第一，必须与每一位员工共同制定一套便于衡量的工作目标；第二，定期与员工讨论其目标完成情况。具体而言，公共部门目标管理主要包括计划目标、实施目标、评价结果和反馈四个步骤。在实施的过程中，目标管理也暴露出一些弊端。到了70年代末，目标管理开始遭到质疑：第一，忽视了组织中的本位主义及员工的惰性，对人性的假设过于乐观；第二，上下级为统一思想所进行的反复沟通需要耗费大量的时间和成本；第三，目标及绩效标准难以确定，公平性遭到质疑；第四，目标管理使得员工倾向于选择短期目标，不利于组织的可持续发展。

(二) 政府组织目标管理具体实施

20世纪70年代，目标管理在企业得到广泛推广之后，德鲁克又将这一管理方法引入政府管理领域，形成适用于政府组织等公共服务机构的目标管理理论。德鲁克认为，公共部门绩效管理是当代管理工作中"最重大、最主要的任务"，政府部门可以像企业一样应用和实施目标管理。

在美国，早在20世纪70年代尼克松总统在任时，就以备忘录的形式正式宣布对21个政府机构推行目标管理。1975年，管理预算局发布 A-11 号传阅文件，要求各机构必须提交机构目标及财政年度预算。到了1976年，41%的政府报告指出至少在若干部门实施了目标管理，而到1987年大约有62%的大城市在政府报告中表明实施了目标管理。但是，到了20世纪90年代，政府部门对目标管理的信心开始有所动摇，到1993年只有47%的城市还在使用目标管理。值得注意的是，即使各城市实施目标管理的比例逐渐下降，目标管理的运用仍然十分普遍。地方政府从目标管理中获益匪浅，目标管理对于政府提高行政能力、控制成本以及改进政府组织的管理水平做出了十分重要的贡献。

20世纪80年代中期，针对传统政府管理方式中缺乏明确的方向和目标以及系统和完整的管理，我国在政府管理中逐步运用和推广目标管理，进行体现"结果为本"、绩效取向的市场化改革，在人事考核创新、政府绩效创新和干部制度创新等方面实施目标管理，取得了显著的效果。许多城市如武汉、南京、宁波、苏州、青岛、天津、连云港等，通过借鉴和运用目标管理来创新政府绩效管理模式，在提高政府工作效能与管理水平的基础上形成了行之有效的管理方式。其中，武汉、连云港、青岛三市结合各自城市实际与特点，在总结政府以往管理经验的基础上大胆探索，推行政府目标管理。年初定目标，年底结硬账，"跳起来摘桃子"，为推进政府效能建设和城市跨越式发展探索出了一条值得各地借鉴的有效途径。

二、公共部门关键绩效指标

（一）关键绩效指标的含义与特点

进入20世纪80年代，随着管理实践的发展，管理学界开始注重将绩效管理与组织战略相结合，在这种背景下，关键绩效指标（key performance indicators，KPI）应运而生。所谓关键绩效指标，是指将组织战略目标经过层层分解而产生的用以衡量组织战略实施效果的具有可操作性的关键指标体系，其目的是建立一种机制，将组织战略转化为内部流程和活动，从而不断增强组织的核心竞争力，使组织得到持续发展。关键绩效指标的假设是组织战略的实现往往依赖于关键成功领域的某些关键绩效要素，其管理精髓就在于抓住关键、以少治多，是二八法则的生动体现。关键绩效指标体系有三个重要的关键词：关键成功领域（key result areas，KRA）、关键绩效要素（key performance factors，KPF）和关键绩效指标（key performance indicators，KPI）。三者关系如图7-5所示。

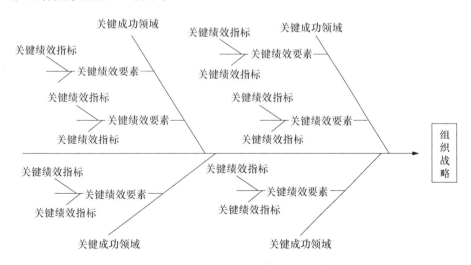

图7-5 KRA、KPF和KPI的关系：鱼骨图

资料来源：方振邦．公共部门人力资源管理概论［M］．北京：中国人民大学出版社，2019：226．

关键绩效指标既不是绩效目标,也不是一般的或全部的绩效指标,更不是能力或态度类指标,而是能够衡量组织战略实施效果的关键指标体系。关键绩效指标具有以下优点:(1) 它是基于组织战略的指标体系,有利于组织战略目标的实现;(2) 它是动态的指标体系,有利于绩效评价的科学性和合理性;(3) 关键绩效指标的达成有利于组织利益与个人利益协调一致。

但是,关键绩效指标也存在以下不足:(1) 它倾向于定量的绩效指标,而忽略定性的绩效指标;(2) 它相对独立,缺少横向上明确清晰的逻辑关系;(3) 它过于强调对结果的考察,而忽略了对过程的监控。

(二) 基于KPI的公共部门绩效评价体系设计

设计良好的关键绩效指标是公共部门绩效管理成功的保障,它所提供的基础性数据是绩效评价的标准和绩效改进的依据。关键绩效指标体系通常是采用基于战略的成功关键因素分析法来建立的,关键绩效指标体系的建立过程应当遵循如图7-6所示的六个步骤。

图7-6 关键绩效指标体系建立的步骤

第一步,确定关键成功领域。建立有效的关键绩效指标体系之前,首先必须明确整个政府组织的战略是什么,然后根据组织的战略及战略目标,通过鱼骨图分析,寻找能够促使组织成功的关键成功领域,即对组织的战略目标有重大影响的领域。确定组织的关键成功领域,必须明确三个方面的问题:(1) 这个组织为什么会取得成功?成功靠什么?(2) 在过去那些成功因素中,哪些能够使组织在未来持续获得成功?哪些会成为组织成功的障碍?(3) 组织未来追求的目标是什么?未来成功的关键因素是什么?这实质上是对组织的战略制定和规划过程进行审视,对所形成的战略目标进行反思,并以此为基础对组织的竞争优势进行剖析。为了能够更加生动形象地阐释关键绩效指标体系的建立过程,在此以某铁路局的关键绩效指标体系为例,如图7-7所示。

第二步,确定关键绩效要素。关键绩效要素提供了一种"描述性"的工作要求,是对关键成功领域的进一步解析和细化。它主要解决以下几个问题:(1) 每个关键成功领域包含的内容是什么?(2) 如何保证在该领域获得成功?(3) 达成该领域成功的关键措施和手段是什么?(4) 达成该领域成功的标准是什么?回答上述问题的有效方法就是采用头脑风暴法以集思广益,并利用鱼骨图由浅入深、由表及里地进行层次分析,如图7-8所示。

第三步,确定关键绩效指标。确定关键绩效指标就是对关键绩效要素进行细化和甄选,首先将关键绩效要素细化为反映其特性的指标,其次按照具体的原则在众多指标中选出关键绩效指标,如图7-9所示。在确定关键绩效指标的过程中,一般需要遵循三项原则:(1) 指标的有效性,即所设计的指标能够客观地、集中地反映关键绩

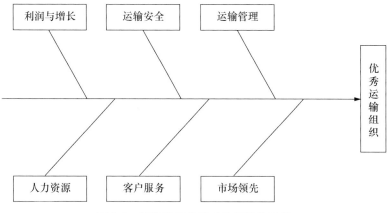

图 7-7　某铁路局关键成功领域的确定

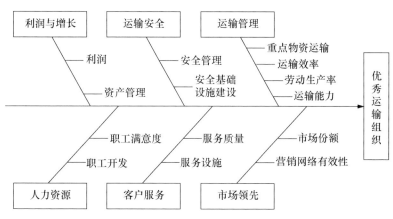

图 7-8　某铁路局关键绩效要素的确定

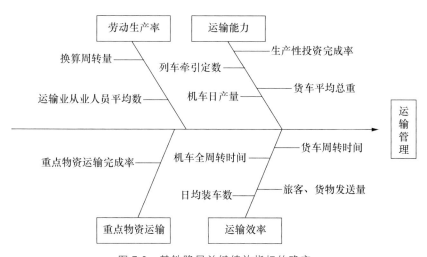

图 7-9　某铁路局关键绩效指标的确定

效要素的要求；（2）指标的重要性，即通过对组织创造价值的流程分析，找出对其绩效影响最大的指标；（3）指标的可操作性，即指标必须有明确的定义和计算方法，能够获取客观可靠的数据。

第四步，构建组织 KPI 指标库。将前三个步骤分析得出的关键成功领域、关键绩效要素和关键绩效指标汇总制表，作为整个政府组织绩效评价的依据，如表 7-11 所示。

表 7-11　某铁路局关键绩效指标汇总表

关键成功领域	关键绩效要素	关键绩效指标
运输安全	安全管理	行车事故率
	安全基础设施建设	安全设施投入
		线路病害率
客户服务	服务质量	旅客满意度
		货主满意度
		大客户满意度
		路风事件件数
	服务设施	车站评比达标率
		列车评比达标率
利润与增长	利润	运输总收入
		运输总支出
		非生产性支出
		每吨换算万公里综合能耗
	资产管理	净资产收益率
		固定资产利用率
		资产负债率
人力资源	职工满意度	职工满意度综合指数
	职工开发	优秀职工流失率
		绩效改进计划完成率
运输管理	运输能力	生产性投资完成率
		列车牵引定数
		机车日产量
		货车平均总重
	运输效率	货车周转时间
		日均装车数
		旅客、货物发送量
		机车全周转时间
	劳动生产率	换算周转量
		运输业从业人员平均人数
	重点物资运输	重点物资运输完成率
市场领先	市场份额	客货运市场占有率
		客货运收入增长率
	营销网络有效性	客运计划完成率
		货运计划完成率

第五步，确定部门 KPI 和 PI。政府组织目标的实现，需要各个政府部门的全力支持。因此，政府组织级关键绩效指标需要被分配或分解到相应的政府部门，形成部门级关键绩效指标。有些组织级关键绩效指标可以直接被某政府部门承接，成为该部门的关键绩效指标。有些指标则不能被直接承担或由一个政府部门单独承担，这就需要对这些指标进行进一步的分解，指标的分解一般基于组织结构和内部流程两条主线进行，如图 7-10 所示。除此之外，为了全面评价政府部门绩效，还应该根据政府部门的职责和流程等筛选出适应该部门的一般绩效指标（performance indicator，PI）作为补充，共同作为政府部门绩效评价的依据。

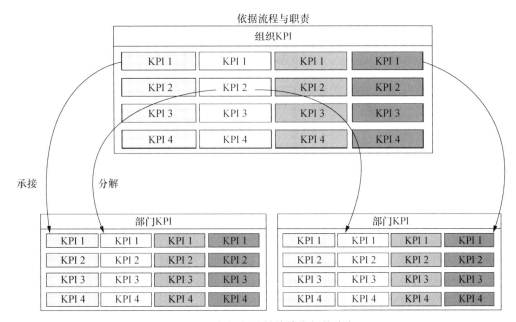

图 7-10　部门级关键绩效指标的确定

第六步，确定个人 KPI 和 PI。公务员个人关键绩效指标和一般绩效指标的确定方式同政府部门绩效指标的设定过程一样，如图 7-11 所示。一部分是通过对部门关键绩效指标的承接或分解得来，另一部分一般绩效指标则来自公务员个人的工作职责。

至此，组织、部门和个人三个层级的关键绩效指标得以建立。经过一段时间的发展，整个政府组织就可以建立一个比较完整的关键绩效指标库，根据不同的发展阶段、不同的战略和组织结构选取不同的关键绩效指标，并可以随着组织的发展和战略目标的改变对绩效指标进行及时的调整和补充。

三、公共部门平衡计分卡

20 世纪 90 年代，随着知识经济和信息技术的兴起，无形资产的重要性日益突显，人们对以财务指标为主的传统企业绩效评价模式提出了质疑。在此背景下，美国哈佛大学商学院教授罗伯特·卡普兰（Robert Kaplan）和诺兰诺顿研究所（Nolan Norton Institute）所长大卫·诺顿（David Norton）针对企业组织的绩效评价创建了平衡计

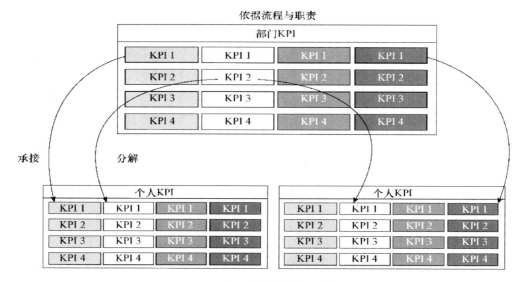

图 7-11　个人关键绩效指标的确定

分卡。经过两位创始人近 20 年锲而不舍的努力，平衡计分卡得以不断推陈出新，逐渐发展成为系统完善的战略及绩效管理工具，并被广泛应用于企业、政府、军队、非营利机构等各类组织的管理实践当中。

（一）平衡计分卡的产生与发展

为了应对迅速变化的生存环境和市场需求，管理者需要全面掌握组织的经营业绩和运作情况，尤其是无形资产对组织价值创造的贡献。然而，传统财务绩效评价模式因其固有的滞后性，已无法满足管理实践的现实需要，平衡计分卡（balanced scorecard，BSC）应运而生。

1990 年，美国毕马威会计师事务所（KPMG）的诺兰诺顿研究所资助了一个题为"未来的组织业绩衡量"的研究项目。该项目为期一年，共有 12 家单位参加，涉及制造业、服务业、重工业和高科技等多个行业。项目结束后，卡普兰和诺顿总结了研究团队的成果，共同撰写了一篇论文《平衡计分卡——驱动业绩的衡量体系》（The Balanced Scorecard: Measures that Drive Performance），发表于 1992 年 1—2 月号的《哈佛商业评论》。该文的发表标志着最初用于衡量企业组织绩效的平衡计分卡正式问世。

平衡计分卡自问世以来，受到社会各界的广泛认可并迅速风靡全球，成为近百年来最具影响力的管理工具之一。据统计调查，21 世纪初，在世界 500 强企业中有 80％的企业应用了平衡计分卡，《财富》杂志公布的世界前 1000 家企业中，有 70％的企业采用了平衡计分卡。《哈佛商业评论》在庆祝创刊 75 周年和 80 周年之际，先后评选了"75 年来最伟大的 75 个管理工具"和"过去 80 来最具影响力的十大管理理念"，平衡计分卡均名列前茅。

（二）平衡计分卡的框架

对平衡计分卡的理解，有广义和狭义之分。广义的平衡计分卡指的是一种先进的战略及绩效管理工具；狭义的平衡计分卡是指与战略地图相并列的一种管理表格。战略地图的价值侧重于描述战略，而狭义的平衡计分卡则侧重于衡量战略，两者通过战略目标这一关键要素紧密连接在一起。运用狭义的平衡计分卡和战略地图来描述战略、衡量战略、管理战略、协同战略以及连接战略与运营，可确保组织战略的成功实施和组织绩效的全面提升。

战略地图是对组织战略要素之间因果关系的可视化表示方法，是一个有效诠释和沟通组织战略、说明价值创造过程和描述战略逻辑性的管理工具。为了便于读者理解和记忆，我们把通用的战略地图形象地比喻为一座四层的房子。位于楼房顶端的是组织的使命、核心价值观、愿景和战略；房子的主体部分为四个楼层，从上往下依次是：财务层面、客户层面、内部业务流程层面和学习与成长层面。使命和愿景为组织的发展制定了总的目标和方向，帮助股东、客户和员工正确理解组织的目的和期望。战略是平衡计分卡的核心，是组织在认识其经营环境和实现使命过程中所接受的显著优先权和优先发展方向。组织必须通过制定战略将使命和愿景落实到执行层面，把有限的资源集中到对组织目标的实现具有重要推动作用的行动计划上去。战略地图的通用模板如图7-12所示，这个模板是卡普兰和诺顿根据对营利性的企业组织的研究、分析凝练出来的，政府、事业单位、军事机关等公共组织的战略地图的基本模板则需根据组织属性及相应的运营实际进行必要的调整。

（三）平衡计分卡的特点与功能

作为一个新的战略及绩效管理工具，平衡计分卡具有自身的鲜明特点和功能定位。

平衡计分卡的主要特点是：（1）始终以战略为核心。它通过描述战略、衡量战略、管理战略、协同战略以及将战略管理与运营管理有效连接等环节，来确保组织战略的有效落地和组织绩效的显著突破。（2）重视协调一致。它从逻辑上明晰协同思路，从体系上整合协同主体，从机制上保障协同效果，从而形成一套严谨有效的协同机制，以保障组织战略的成功执行。（3）强调有效平衡。它非常强调财务指标与非财务指标的平衡，长期目标与短期目标的平衡，外部群体评价指标与内部群体评价指标的平衡，客观指标与主观判断指标的平衡，前置指标与滞后指标的平衡等，以此来确保组织战略的全面实现和组织绩效的整体提升。

平衡计分卡的功能为：一是战略管理工具。通过战略地图和平衡计分卡建立了战略协同机制，填补了传统战略管理过程中战略规划和战略实施之间的模糊地带；尝试通过战略地图、平衡计分卡以及仪表盘等工具将战略和运营进行有效连接。二是绩效管理工具。随着平衡计分卡理论的丰富和发展，绩效管理的计划、监控、评价和反馈环节都纳入平衡计分卡的理论范畴，涉及绩效目标的设置和评价指标的选择、绩效沟通和辅导、绩效监测和评估、绩效结果的反馈和应用等诸多内容，平衡计分卡也因此成为一个以战略为核心的绩效管理工具。三是管理沟通工具。平衡计分卡构建了一套良好的沟通机制，包括领导者的沟通责任、战略沟通的七七原则（采用七种不同的方式沟通七次）、员工培训、战略反馈、结构化会议等，从而对沟通的渠道、传播媒介、

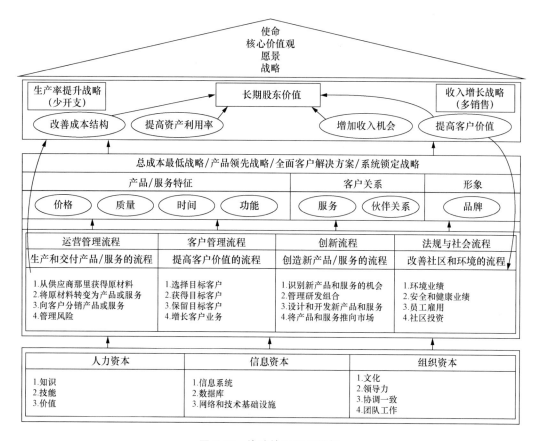

图 7-12 战略地图通用模板

资料来源：〔美〕罗伯特·卡普兰，大卫·诺顿. 战略地图：化无形资产为有形成果. 刘俊勇，孙薇，译. 广州：广东经济出版社，2005：269。

沟通方式等作出明确界定。

（四）平衡计分卡的关键要素

狭义的平衡计分卡是一个由财务、客户、内部业务流程、学习与成长四个层面构成，用以将战略地图的目标转化为可量化的衡量指标和目标值，并制定相应行动方案和预算计划的管理表格。通过制作平衡计分卡，组织建立了用以衡量战略的绩效指标体系，明确了未来所要达到的绩效水平，确定了实现战略所需的行动方案以及相应的资源。需要强调的是，平衡计分卡不是绩效评价量表，平衡计分卡的首要目的在于管理而非评价。

平衡计分卡的表现形式是一张二维表格，如表 7-12 所示。纵向是财务、客户、内部业务流程、学习与成长四个层面，横向是目标、指标、目标值、行动方案和预算。目标是组织在一定时期的特定绩效领域所希望取得的理想成果，是战略的重要组成部分。目标指出了有效实施战略所必须做好的事情，是对组织使命、愿景、战略的展开和具体化。指标是衡量目标实现程度的标尺，是对绩效因子或绩效维度进行提炼后形成的评判绩效状况的媒介。平衡计分卡的指标可划分为财务指标与非财务指标、客观指标与主观判断指标、前置指标与滞后指标以及考核指标和监控指标等不同类别。目标值是组织所期望的绩效结果，一般用一个带有时间限制的、具有量化特征的表述，将目标和指标转变成在今后一段时期内所期望达成的状态，其作用在于确立既定目标在相应指标上的期望标准。行动方案是指有时间限制的、自主决定的项目或计划，旨在确定达成战略目标的途径，从而帮助组织实现目标绩效。与行动方案密切相关的是预算和责任制，其中预算要解决的问题是为战略行动方案提供资金支持，责任制的目的则是明确战略行动方案管理和执行的责任人及其职责。

表 7-12 平衡计分卡（样表）

层面	目标	指标	目标值	行动方案	预算
财务					
客户					
内部业务流程					
学习与成长					

（五）公共部门平衡计分卡框架

平衡计分卡作为一种致力于促进组织战略执行的管理理论和绩效管理工具，其所倡导的以战略为核心、有效平衡、协同一致的管理理念，契合非营利组织及公共部门的特点和需求，近年来受到越来越多的关注和认可，在全球范围内得到广泛传播和应用。研究表明，2004年，美国约8%的地方议会、11个州政府以及10个联邦政府机构已采用平衡计分卡；2007年，澳大利亚约11%的地方政府已推行平衡计分卡，约44%的地方政府正考虑采用该工具。美国夏洛特市、美国商务部经济发展管理司、美国能源部、英国国防部和伦敦自治区、奥地利维也纳财政部、日本姬路市、韩国富川市和新加坡地方法院等都成功应用了这一先进的绩效管理工具。我国台湾地区公共行政部门及香港特别行政区、黑龙江省海林市的一些部门也都采用了平衡计分卡。现在，已经有越来越多的公共部门着手实施平衡计分卡，平衡计分卡对于公共部门绩效管理来说，是一个必然的发展趋势。

平衡计分卡中国化模式的研究和实践探索始于中组部于2006年启动的中澳政府合作项目"中国领导人才绩效评估体系研究"。黑龙江省海林市是该项目的唯一政府组织试点单位，该市借此建立了一套完整的基于平衡计分卡的政府绩效管理体系，取得了宝贵的经验和良好的试点效果。平衡计分卡业已成为推动海林市经济社会实现跨越式发展的有力工具。

在适用于公共部门的平衡计分卡总体模式中，使命、核心价值观、愿景与战略仍然处于顶层，它们是牵引整个战略诠释过程的指针；该模式的主体框架包括"利益相关者""实现路径"和"保障措施"三个层面,如图 7-13 所示。利益相关者层面由平衡计分卡通用框架的财务层面与客户层面改造而成,作为地方政府平衡计分卡总体模式中的绩效结果层面。实现路径层面由原内部业务流程层面改造而成。之所以命名为实现路径层面,一是由于这一层面所描述的是驱动结果层面目标得以实现的因素,二是"内部业务流程"一词多为企业用语,与公共部门的沟通风格相悖。保障措施层面处于最底层,与原来的学习与成长层面相对应。由于原有的人力资本、组织资本与信息资本不能完整描述公共部门的无形资产内容,为了提高无形资产的周延性,在保障措施层面设置了"政府自身建设"和"党的建设"两个战略主题,同时还辅以"财政资金"这一有形资产方面的战略主题。

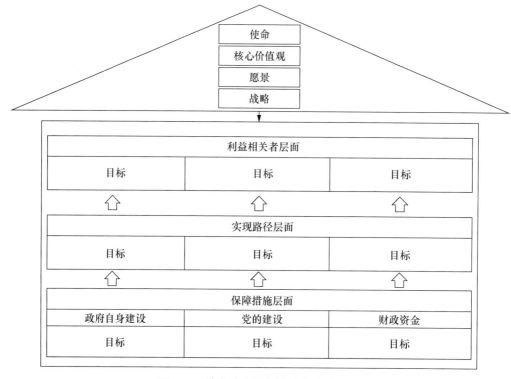

图 7-13 地方政府平衡计分卡总体模式

第四节 国内外公共部门绩效管理实践

一、国外公共部门绩效管理实践

(一)美国公共部门绩效管理实践

作为世界上最先探索政府绩效管理的国家政府之一,美国联邦政府及其各级地方政府经过逐步的实践和立法,形成了一套较为完善的政府绩效管理体系。这不仅使美国的社会秩序得以良好维护,也使政府的服务效率得到快速提升,与此同时还增强了政府的号召力与凝聚力。本书主要对美国联邦政府的绩效管理情况进行介绍。

1993年7月，美国国会通过了著名的《政府绩效与结果法案》，它全面规定了实施政府绩效评价的目的、内容及其实施进程，使得美国联邦政府绩效管理有法可依。根据其规定，美国政府绩效管理的过程由以下环节构成：各部门编制战略规划、年度绩效计划；根据执行情况编制年度项目绩效报告；管理与预算办公室和审计总署对各部门提交的年度规划和年度项目绩效报告进行评价。

1. 战略规划

《政府绩效与结果法案》对战略规划的内容要求十分具体，要求部门负责人将五年内的战略规划提交给管理与预算办公室主任和国会，并每三年更新和修订一次。联邦各部门的战略规划主要由以下内容组成：

（1）涵盖了机构主要职能和运作方式的全面任务描述。

（2）关于机构主要职能和运作方式的总体目标，包括与产出相关的目标。

（3）关于目标如何达成的描述，包括为达到目标所需的运作程序、技能和技术、人才、资本、信息和其他资源的描述。

（4）关于后面所要求的绩效计划的绩效目标如何与战略规划中的目标挂钩的说明。

（5）指出能对总目标的实现产生重大影响的部门外部的或无法控制的关键因素。

（6）说明为制定和修改总目标而进行的项目评价和未来项目评价的时间表。

2. 年度绩效计划

年度绩效计划是《政府绩效与结果法案》的核心组成部分，一般在年初提交给总统和国会。与战略规划相比，年度绩效计划内容更为详尽，主要由管理与预算办公室主任监督实施。其内容主要有：

（1）设定绩效目标并确定通过项目行动所要达到的绩效水平。

（2）将这些目标用客观的、量化的、可衡量的方式来表达，若得到授权可使用其他替代方式表达。

（3）简要说明为达到绩效目标所需的运作程序、技能和技术、人才、资本、信息和其他资源。

（4）制定在衡量或评价各项目的产出、服务水平和成果时所使用的绩效指标。

（5）提出一个可以与所制定的绩效目标进行比较的标准。

（6）说明用于检验和验证衡量绩效价值的手段。

3. 年度绩效报告

《政府绩效与结果法案》要求每一个机构在一个财政年度后向总统和国会提交一份前一财政年度的绩效报告。每一个绩效报告应该陈述已经在该机构绩效计划中确立的绩效指标，报告特定工作项目的完成情况，并将绩效目标的实际完成情况与计划中的绩效目标相比较、分析、评价、解释绩效目标未能实现的原因等。具体而言，主要涵盖以下内容：

（1）陈述绩效计划中确立的绩效指标，同时将实际达成的绩效目标完成情况与绩效计划中表达的绩效目标相比较。

(2) 如果绩效目标是用替代的形式加以说明，则这一计划的结果应依据这种特殊要求加以描述，包括绩效是否满足最低限度要求的以及有效的或成功的计划标准。

(3) 评价财政年度绩效目标的实现程度，根据达标的绩效来评价本财政年度的绩效计划，解释和描述绩效目标未能实现的原因，并根据这种绩效评价，确定本财政年度的绩效计划。

《政府绩效与结果法案》对战略规划、年度绩效计划、年度绩效报告的制定与提交等内容作出了明确规定。

4. 各部门权力与职责

《政府绩效与结果法案》明确了法案与国会、审计总署以及人事管理总署的关系以及它们各自的职责，具体内容如下：

(1) 国会。该法案授予国会较高的权力，包括可以建立、修正、延迟和废除绩效目标。

(2) 审计总署。审计总署负责人需要向国会报告法案的执行情况。

(3) 人事管理。该法案要求人事管理总署制订一个战略计划和针对绩效评价的培训项目，并由人事管理总署负责对实施该法案的管理人员进行培训，从而有助于管理人员有效实施战略计划和开展项目绩效评价。

(二) 英国公共部门绩效管理实践

英国是政府绩效评价应用得最持久、最广泛，也是技术上比较成熟的国家，很多国家都不同程度地借鉴了英国政府绩效的评价与管理模式。本书主要对英国中央政府的绩效管理情况进行介绍。英国中央政府绩效评价的内容主要由公共服务协议、服务改进协议、"资金价值"目标、部门战略性目标及能力评价等组成。

1. 公共服务协议 (public service agreement, PSA)

英国政府绩效管理体系中最重要的就是公共服务协议。自1998年的全面支出审查推出公共服务协议后，它在促进公共服务传递和改进政府绩效水平方面起到了重要的作用。近年来，英国政府一直与一线公务员、内外部专家合作，致力于不断改进和完善英国政府绩效管理体系。英国财政部的《2007年全面支出审查》（Comprehensive Spending Review 2007, CSR 2007) 就是这项工作的最高成果，它涵盖了30个新的公共服务协议，明晰了2008—2011年度的政府工作目标和计划，并在公共服务协议体系中加入一个新的全局性目标，即"帮助人民和企业更快更好地渡过危机，以支持长期的经济发展和繁荣"，从而更好地反映英国社会和经济发展的关键和重点。

2. 服务改进协议 (service transformation agreement, STA)

英国政府要求各个部门签订服务改进协议，其目标是改进公共服务使它们能够更好地满足公众和企业的需要，减少公众和企业获得服务时不必要的困难。内阁总理和财政部的常务秘书会敦促各个部门为服务改进协议承担责任，各部部长也会负责本部门服务转型任务的达成情况。同时，各个部门和相关服务组织联合组成的实施委员会，具体负责各部门服务改进协议执行情况的日常监控、进展评价和项目管理等工作。实施委员会下属的地方政府实施委员会，则负责地方政府服务水平的提高、监控和评价。

3. "资金价值"目标（value for money，VFM）

英国政府一直致力于提高重要公共服务领域的投资及效益水平，即"资金价值"，以保证资金使用的效率和效果，为人民谋取更多的福利。英国财政部在全面支出审查中会给各个中央政府部门设定下三个年度的"资金价值"目标，并每年进行更新。国家审计局负责对各部门的"资金价值"进行监控和审计，审计的目的是保证公共资源的经济性、效率性和效果性。审计结果将汇报给公共账目委员会（Public Accounts Committee）。公共账目委员会是下议院的高级特别委员会，其任务是确保议会下拨的资金能够被正确使用。公共账目委员会需就国家审计局提交的报告展开听证会，并于听证会之后发布独立报告。政府部门则需要对该报告作出正式回应，说明它将为贯彻执行委员会的建议而采取的具体改进措施。经过多年的审计实践，在 2003 年政府发布的《"资金价值"审计手册》（Value for Money Handbook）中，英国国家审计局提出了"资金价值"审计的 9 个循环性步骤，如图 7-14 所示。

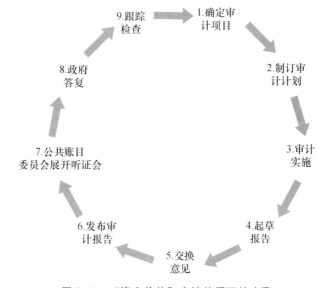

图 7-14 "资金价值"审计的循环性步骤

4. 部门战略性目标（departmental strategic objectives，DSO）

在 2007 年全面支出审查中，所有重要的政府部门都制定了不同数量的部门战略性目标，在体现政府全局工作重点的同时，涵盖更加广泛的包括日常业务活动在内的部门性活动。每个部门战略性目标都有相应的绩效评价指标体系。例如，英国国际发展部（Department for International Development，DFID）的公共服务协议和部门战略性目标具体如表 7-13 所示。

表7-13 DFID的公共服务协议和部门战略性目标

公共服务协议（PSA）		
（DFID作为实施合作伙伴）PSA 27：领导全球，避免危险的气候变化	（DFID作为领导性部门）PSA 29：在贫困国家消除贫穷，更快地朝千年发展目标（the millennium development goals）前进	（DFID作为实施合作伙伴）PSA 30：通过英国与国际社会共同努力来减少冲突带来的影响
部门战略性目标（DSO）		
DSO 2：积极应对气候变化，确保环境的可持续性	DSO 1：促进良好的治理、经济增长、贸易以及基础服务的易获性	DSO 3：消除贫困，有效地回应冲突和人道主义危机，促进和平
DSO 4：开发全球合作伙伴关系以促进援助之外的发展		
DSO 5：使所有双边或多边的捐赠机构更加有效		
DSO 6：支持双边发展		
DSO 7：提高本部门工作的效率和效果		
通过"金钱、人、体制、沟通、结果"来实施		
部门绩效框架		

资料来源：方振邦. 公共部门人力资源管理概论［M］. 北京：中国人民大学出版社，2019：238.

5. 能力评价（capability review）

能力评价是由内阁秘书古斯·奥多内尔（Gus O'Donnell）于2005年发起的，该项目将部门能力分为三类——实施能力、领导力和战略能力，并且每类能力下面又细化为若干种能力，如表7-14所示。内阁专门成立了能力评价小组，负责召集外部的评价主体，以两年为一个周期对各个中央部门的能力进行全面评价。

表7-14 基于能力评价的部门能力分类

实施能力	·有效管理绩效，提高"资金价值" ·创新，改进实施效果 ·有重点地计划和利用资源 ·明晰角色、职责和实施计划
领导力	·引导方向 ·点燃激情，加快脚步 ·开发员工
战略能力	·制定战略，注重结果 ·基于详尽的信息进行抉择，关注客户 ·通力合作，建立共同愿景

资料来源：方振邦. 公共部门人力资源管理概论［M］. 北京：中国人民大学出版社，2019：238.

在对部门能力进行评价时，内阁评价小组给出的评价等级如表7-15所示。

表 7-15 能力评价项目的评价尺度

绿色	符合能力模型的要求，能力突出，能够完成未来的各项行动
绿色条纹	与能力模型的要求有差距，但是已有清醒的认识。为了应对现在和未来的实施计划，正在逐渐提高自己的能力，并完全有条件达成既定要求
红色条纹	对于现在和未来的实施计划，在能力上有一定欠缺，且没有完全认识到自身的缺点，也没有清晰的改进计划
红色	对于现在和未来的实施计划，在能力上有明显欠缺，须立刻采取相应措施；短期或中期没有条件解决这些缺陷，需要额外的努力和帮助来保证有效实施

（三）美、英两国政府绩效管理经验启示

美、英等国家在吸收先进绩效管理理念和方法的基础上，以法律形式对行之有效的绩效管理方案进行规范，建立了完善的政府绩效管理法律体系、评价体系和支撑体系。值得借鉴的是，这些国家在政府绩效管理中均突出了战略性、平衡性和协同性的基本导向。

1. 绩效管理体系设计突出战略性

与企业相比，公共部门的战略更具多元性，需要兼顾多重利益主体的诉求。现实中公共部门容易陷入"事务性泥淖"，难以集中精力办大事，导致逐渐偏离组织发展的既定方向。因此，政府部门应该将有限的资源聚焦于特定时期的组织战略目标，以组织整体绩效的改善来满足不同利益相关者的需求。实践中，为确保有效执行政府组织战略，美、英两国绩效管理体系的设计通常从明晰组织使命、愿景和战略开始，通过绩效计划逐层制定政府组织、部门和公务员个人的绩效目标，使组织的战略目标能够沿着管理层级逐层得到落实，确保政府组织的战略能够切实转化为每个公务员的具体行动。

2. 绩效考核内容制定体现平衡性

对于政府组织而言，在长期发展和短期利益、经济增长和改善民生等目标之间取得有效平衡，是政府价值取向的根本要义，也是提高政府公信力的基本要求。美、英两国政府在绩效目标和考核指标设计上坚持平衡性，使短期工作任务与长期战略目标、目前利益与潜在利益、经济绩效与社会责任、实现过程与最终结果等不同目标较好地融入绩效考核体系，有利于科学引领和全面衡量高级公务员的决策和行为，防止出现顾此失彼和短视行为等现象。

3. 目标实现过程紧扣协同性

自从 20 世纪 90 年代"协同型政府"概念提出后，以美、英为代表的西方国家致力于寻求政府横向部门间、纵向决策与执行部门间以及部门内的整合、兼容与联合行动，以顺利实现政府所追求的共同目标。卡普兰和诺顿也明确指出："协同是组织设计的最高目标。组织是由很多机构、业务单元和专业部门组成的,它们各自拥有自己的战略。为了使组织整体绩效超过各部门绩效的总和,各部门战略相互之间必须关联和协同。"政府绩效管理应当立足战略、着眼全局,敏锐地识别协同来源,创造合作机会,并将协同来源和机会转化为具体的绩效目标。在纵向上,通过目标承接与分解的方式,将组织战略依次全部转化为部门绩效目标和公务员个人绩效目标,实现目标的上下贯通;在横向上,根据不同职位的职责权限和工作关系,以目标共享和分享的方式合理设置公务员个人绩效目标,实现目标的左右衔接。

二、国内公共部门绩效管理实践

作为人力资源管理的一个重要职能,绩效管理由于在帮助政府部门提高行政效率、改善服务水平和促进工作落实等方面具有显著功效,于20世纪80年代起逐渐走上中国政府管理的舞台。纵观几十年来的探索与实践历程,我国公共部门绩效管理走过了一条持续的自我发展和自我完善之路,在各个阶段摸索并创立了一系列特色鲜明、行之有效的管理模式。

(一)以行政效率为核心的绩效管理实践

一直以来,尤其是改革开放以后,我国各级政府对政府行政效率和治理水平都给予了高度关注。1980年,邓小平在关于《党和国家领导制度的改革》等一系列讲话中指出了官僚主义所留下的"机构臃肿、办事拖拉、不讲效率"等弊病,强调通过开展机构改革和行政管理体制改革解决"活力、效率、积极性"等问题。为此,我国于1982年进行了改革开放以后的第一次政府机构改革,试图通过大幅度精简政府机构和人员编制来提高政府部门的工作效率。此时,政府绩效管理刚刚起步,受当时社会背景和宏观政策的影响,主要以提高行政效率为导向。

为了配合机构改革并巩固改革成果,劳动人事部于1982年下发了《关于建立国家行政机关工作人员岗位责任制的通知》,1984年,中共中央组织部与劳动人事部联合下发了《关于逐步推行机关工作岗位责任制的通知》。这两个通知的出台与贯彻实施,促使岗位责任制在政府机关中逐步建立。随后,在"目标管理"思想的影响下,我国政府部门的岗位责任制逐渐发展为目标责任制,并迅速在全国范围内推广开来。1988年,中国城市目标管理研究会成立,当时共有13个大中城市参加。据不完全统计,截至1998年,全国已有23个省的省级机关推行目标管理,90%以上的地市级机关推行目标责任制,100多个城市采用城市目标管理。

除了目标责任制,效能监察是这一时期另一种具有代表性的绩效管理方式。1989年12月举行的第二次全国监察工作会议明确提出,行政监察机关的基本职能"既包括效能监察,又包括廉政监察"。效能监察是我国首次通过外部主体对政府内部管理效能进行监督检查的方式,从效能监察入手,目的在于把监督的关口前移,加强事前、事中监督,做到防范在先,使纪检监察工作紧贴改革和经济建设中心,更好地为经济建设服务。到1999年,全国已有23个省(自治区、直辖市)不同程度地开展了效能监察工作。

以提高行政效率为导向的公共部门绩效管理模式，促使公共部门关注自身的管理方式和行政效率，对于公共部门更新观念、转变职能等方面具有深远的意义。但是这种绩效管理方式实际上是一种组织内部的管理模式，忽视了政府行为的结果和社会影响，难以兼顾政府的"公共性"这一根本属性。

（二）以服务质量为核心的绩效管理实践

20 世纪 90 年代是我国行政管理体制改革的深入阶段，各级政府在不断提高行政效率的同时，也开始注重服务质量的提升。这一时期，许多政府组织和部门的管理者逐步形成绩效管理意识，将绩效管理作为改善内部管理水平、提高外部服务质量的重要手段。同时，受西方管理理念的影响，我国公共部门绩效管理的关注点也逐渐从内部转向外部、从效率转向结果，并将服务质量作为衡量自身绩效的重要内容。

在 1991 年英国"公民宪章运动"的启发下，我国一些地方政府组织和部门于 20 世纪 90 年代初期开始了对"社会服务承诺制"的探索。1994 年 6 月，山东省烟台市政府借鉴英国公民宪章运动和我国香港地区公共服务承诺制的经验，率先在烟台市建委系统试行社会服务承诺制。1996 年 7 月，基于烟台市社会服务承诺制的成功经验，中宣部和国务院纠风办决定，把宣传和推广社会服务承诺制作为加强行业作风和职业道德建设、推进社会主义精神文明建设的一项重要举措。随后，建设部、电力部等 8 个部委相继实行了社会服务承诺制。随着社会服务承诺制在全国范围普遍推开，我国公共部门绩效管理水平迈上了一个新台阶。

20 世纪 90 年代末期，伴随着公民参与观念的日益成熟，我国政府更加重视服务意识与服务质量，"公民评议政府"作为一种新的政府绩效管理形式广泛应用于我国各级政府组织。1998 年沈阳市的"市民评议政府"，1999 年珠海市的"万人评政府"，2000 年邯郸市的"市民评议政府及政府部门问卷调查活动"、广州市的"市民评政府形象"，2001 年南京市的"万人评议机关"、辽源市的"万名市民评议政府活动"、杭州市的"满意不满意单位评选活动"，2002 年温州市的市民对"48 个市级机关部门满意度测评调查"、邵阳市的"优化经济环境综合测评"，2003 年北京市的"市民评议政府"、锦州市的"市民评议政府机关"和"评选人们满意公务员"等，都是"公民评议政府"的生动实践。

20 世纪 90 年代以服务质量为导向的公共部门绩效管理模式，不仅有助于政府改善与公民的关系、树立良好的形象，还能增加政府行为的透明度、强化行政监督，并且对于政府提高工作绩效、建立责任意识以及改善服务水平等都具有重要意义。但是，这种方式也存在着评价内容片面、评价主体单一、定量评价缺失等不足，需要加以不断改进和完善。

（三）以科学方法为核心的绩效管理实践

进入 21 世纪，我国政府的施政理念出现了新的变化，科学发展观、正确政绩观等全新理念成为政府绩效管理研究与实践的指导思想，"构建科学的政府绩效评价体系"成为新时期公共部门绩效管理的迫切要求。这一时期公共部门绩效管理的最大特征是理论研究与实际应用相结合，一些先进的绩效管理理念、工具和方法的引进使我国公共部门的绩效管理工作逐渐进入科学化、规范化的轨道。

这一时期，我国一些学者开始借鉴国外先进的模式和方法，探索适用于中国政府的绩效评价通用指标体系。例如，国家行政学院以欧盟成员国使用的通用绩效评价模型为基础，结合我国国情，创造性地构建了中国特色的通用绩效评价框架（CAF）；人事部《中国政府绩效评价研究》课题组在总结国内外指标体系的设计思想和方法技术的基础上，经过深入的调查和广泛的论证，提出了一套由3个一级指标、11个二级指标以及33个三级指标构成的"地方政府绩效评价指标体系"。对通用绩效评价指标体系的探索表明我国政府绩效评价体系正逐步走向成熟。

此外，随着国外先进绩效管理理念的引入，平衡计分卡、全面质量管理、关键绩效指标等绩效管理工具不断为我国公共部门的绩效管理注入新鲜血液，使我国公共部门绩效管理研究呈现出百花齐放的局面。值得一提的是，从2006年年初开始，由中共中央组织部领导干部考试与测评中心牵头，以黑龙江省海林市、广西壮族自治区贵港市平南县平山镇、四川省乐山市五通桥区等地区为试点，开始了平衡计分卡在中国政府绩效管理中的本土化实践与探索。

（四）第三方评价

为了增强绩效管理的客观性和公正性，一些地方政府尝试使用第三方评价政府绩效的形式。2004年，甘肃省将全省14个市、州级政府以及省政府39个职能部门的绩效评价工作，委托给兰州大学中国地方政府绩效评价中心组织实施；2006年4月，武汉市政府宣布邀请全球最大的管理咨询机构麦肯锡公司为第三方机构对政府绩效进行评价；2006年1月，厦门市思明区政府引入专业的第三方机构——福州博智市场研究有限公司进行群众满意度评价。由此，第三方作为一种新的评价主体走进人们的视野。利用第三方的客观立场和独特视角参与政府绩效管理，对丰富和完善我国政府绩效管理实践具有积极意义。随着新时期各级政府对绩效管理的高度重视和迫切需要以及理论研究的不断深入，我国公共部门绩效管理水平进入一个新的阶段，在评价模式、实施机制、关注重点和覆盖范围等诸多方面较以往都取得了重大进步，形成了各具特色的绩效管理模式。尽管这些模式与方法还存在不少问题，但在很大程度上为今后我国公共部门绩效管理工作的科学化和规范化奠定了更为坚实的基础。

地方政府实施政务服务"好差评"制度的成效

政务服务"好差评"制度，通过制度化授权方式，突显办事企业和群众口碑对政务服务绩效评价的决定性作用，以服务接受对象的眼光、体验和感受为基准，用折射和倒逼式检验提升行政效能，推动"放管服"改革衡量标准由"政府作为"转变为"群众满意度"，以科学评价和透明监督疏浚政务运行，形成和优化服务便民的惯性。

"好差评"制度切口小、撬动大,是党的十八大以来广受关注、期望值高、好评如潮的改革措施之一,既是贯彻党的十九届四中全会精神、把制度优势有效转化为治理效能的惠民举措,又是政府实施服务供给侧改革、刀刃向内的自我革命,有助于优化营商环境、加快建设服务型政府。地方政府对政务服务"好差评"制度的贯彻执行是建设"好差评"制度体系的重要工作。近年来,广东、贵州、浙江、福建、安徽、江苏等省,深圳、贵阳、广州、南京、兰州、厦门、巴中、聊城、潍坊等市,积极探索地方政府政务服务"好差评"制度的执行之道。

各省市积极推行政务服务"好差评"制度,视"缩时间、去环节、减材料、少跑动"为行政服务效能提升的重要目标,在服务事项覆盖面、服务方式完备率、在线服务成效、在线办理成熟性、办事指南准确度等方面持续发力,不断提升政务服务供给的便捷化、智能化、精准化程度,政务服务能力显著增强,群众获得感大幅改善,有力推动政务服务从"服务供给"到"服务效能"的转变。地方政府实施政务服务"好差评"制度的主要成效如下:

(1) 积极参与建设,推动"好差评"制度落地。一是全面接入标准平台。2019年5月,连通32个省市和46个国务院部门的国家一体化政务系统上线运行,设置包括"好差评"制度在内的"七个统一"政务服务模块,为实践"好差评"制度提供运行保障和管理体系。目前,该平台注册用户3.39亿,为开展"好差评"制度提供规模人数和实践便利。地方政府积极参与一体化平台建设,已有26个省市接入"好差评"系统,17个试点先行、迭代推进,实现"好差评"对象、区域和技术的全覆盖,统筹政务机构和保障平台,统一工作要求、服务流程和标准规范,网上政务服务能力显著提升,群众满意度不断提高。二是丰富细化评价方式。30个省市遵循统一要求,整合原有途径,通过评价器、PC端、APP、小程序、短信、热线电话等端口,做到多渠道评价。各地方政府严格遵循全国规定的评价等级、内容和技术标准,通过"好差评"聚焦政务服务质量,在"非常满意"与"非常不满意"之间设置五个等级,前三个是好评,后两个为差评,由服务对象自主自愿评价,基于数据连通和信息共享,各省市构建上下覆盖、部门联动、标准统一的评价反馈体系,精确掌握辖区内"好差评"的规模、结构、渠道和趋势。三是打造闭环评价流程。23个省市围绕服务评价、信息报送、差评核实、整改反馈等工作,打造"好差评"闭环评价流程。广东、贵州、福建、江苏、重庆等省市创新闭环方式,"回访、核实、督办"强调工作倒逼,"服务、评价、奖惩、优化"注重质量提升,"评价、归集、分析、核实、整改、再评价"彰显整改成效,"接受评价、受理差评、整改反馈、信息公开、结果应用"关注机制改进,有效勾连政务服务的自我革新愿望和人民对服务型政府的盼望,优化政府监督,深化行政效能改革。

(2) 细化操作规范,保障"好差评"制度运行。一是推行回访整改。在严守"好差评"制度规范的前提下,大部分地方政府细化操作流程,落实回访整改机制。聚焦启动、反馈、整改和回访等关键环节,提升差评处理的时效性和刚性。大多数省市规定反馈整改后可进行追评,少数要求及时反馈整改情况,若在限期内无法完成,应说明理由和约定办结时间。二是开展申诉复核。山东聊城等地制定《政务服务差评事项调查复核办法》,大部分省市虽未印发专门文件,但规定申诉和反馈时效,保障被评价人的举证和申诉权利。广东深圳区分业务情形,规定窗口收件或受理不成功的业务不进行评价,在保障办事群众和企业评判权的前提下,通过政策规避特定差评。三是进行竞争排名。各地方政府积极开展"好差评"竞争排名,大部分省市按区域、部门排名,少数按热门事项、窗口人员排序,广东、福建细化到区县,安徽为近千位窗口人员排名。贵州设窗口、人员、行业、区域四类榜单,包含评价数、得分、排名、趋势等,用电子锦旗、点赞、冷眼、拍砖、投诉指称五级,另设窗口、人员前十位的电子锦旗榜单。四川巴中推行分类排位,精确传导压力,提升科学性。

(3) 坚持创新驱动,提升"好差评"效果。一是进行立体评价。大部分省市在五级评价的基础上,制作问询表单,开放建议留言,开展立体评价。不少地方政务网站设立"找熟人""有话说""我评价"专栏,融合"事前咨询""事中互动""事后评价",工作端口前移,方便多维评价。广东深圳区分总体、业务、服务三类评价,灵活运用等级、细化标签、开放式描述等方式;甘肃兰州推行"1+2+X"评价;四川巴中开展"百人团"综合评、"面对面"即时评、"点对点"热线评、"背对背"三方评。福建厦门检视参评积极性不够、自我评价代替群众评价等问题,建立自我改进和动态评估机制。二是突出结果应用。"群众评点"只是"好差评"制度的前半程,结果应用更为重要。大部分地方政府坚持评工作、单位和人员相统一,评服务、作风和能力相结合,压实主体责任,健全奖惩机制,推动信息公开,评价挂钩考核,强化结果应用。青海对差评人员和单位,取消年度评优资格,扣除考核分值。四川巴中向纪委、组织、绩效部门抄送评价结果,并与年度考核挂钩,每个季度对好评和差评的单位或通报表扬,确定为优化营商环境标杆单位,或谈话提示、警示约谈、组织处理,若整改超期或回访不满意,加重扣分。山东潍坊从"好评指数"较高的单位中提拔干部和表彰职员,向政务服务量大的单位倾斜编制资源。三是强化组织领导。绝大部分省市均制定"好差评"实施办法,大部分文件经省政府同意,由办公厅印发,少数由省营商环境建设监督局、行政审批制度改革办下文,省政务服务局组织实施。不少省市分解步骤,设定时限,明确责任单位,要求设区市出台实施细则。广东、四川巴中"好差评"实施办法试行半年后,及时修订。甘肃兰州组建25人的工作领导小组,常务副市长任组长,成员为相关负责人,分季度反馈推进情况,据此调整相关工作。

(资料来源:沈丽琴. 地方政府实施政务服务"好差评"制度的成效及其优化. 中国行政管理,2020,(12))

案例分析　广西：绩效管理鼓励多干实干 市场监管出实效

2020年9月11日，广西市场监管局召开推行个人绩效管理动员会，率先推行绩效考评与公务员平时考核相结合的个人绩效管理新模式。会议介绍创新机关绩效管理新模式有关情况，并对下一步创新绩效管理考核方法、推行个人绩效管理落地落实、进一步提升绩效管理质量和工作效能、激发干部干事创业活力发出动员令。

近年来，自治区党委、政府始终高度关注绩效管理工作，印发了《关于机关绩效管理升级发展的意见》《关于聚焦广西高质量发展推进绩效管理改革创新的若干措施》等一系列重大政策文件，再次强调"试行个人绩效管理鼓励多干实干，选择一批创新意识强、管理基础好的单位开展试点"。

广西市场监管局作为个人绩效管理试点单位，印发了《自治区市场监管局机关个人绩效管理（平时考核）办法（暂行）》，加快搭建体系健全、管用有效、衔接配套的综合绩效管理信息平台，将局机关组织绩效、公务员平时考核一并融入个人绩效管理，实现三者有机结合，形成"一个平台管审核，两张清单管差异，三个导向出亮点，四种运用管结果"模式。

一是个人绩效管理工作主要依托绩效管理平台进行。通过平台与其他系统之间无缝衔接进行数据交换，自动抓取、自动生成收集相关数据信息，以"不迎考、不干扰、不增负"为目标，预设大数据分析方案，构建干部队伍管理评价体系，让机关精准化、标准化管理的脉络更清晰，体系能力建设更现代化。

二是在"德、能、勤、绩、廉"五个方面尽可能量化，形成共性目标、奖惩目标两张清单，力求考核结果相对真实、客观、公正、科学，解决"考什么"的问题。

三是考核坚持"政治导向""突出实绩导向""正向激励导向"。实行个人绩效与组织绩效相结合，正向激励与反向鞭策相结合，平时考核与年度考核相结合，实现个人绩效管理与平时考核相融合的考核模式，解决"怎么考"的问题。

四是强化考核结果的运用，将个人绩效管理与年度考核、评优评先、绩效奖金发放、干部成长紧密挂钩，大力营造一个想干事有机会、能干事有舞台的良好氛围，推动市场监管事业创新发展。

广西市场监管局成立以来，通过引入内部组织绩效管理＋个人绩效管理及"互联网＋"技术，全方位重构内部管理建设和制度流程，有效解决人员不足问题，提升绩效管理的质量和工作效能，激发干部干事创业活力，督促重点工作落实。

2019年，广西市场监管局出色地完成了市场监管全年绩效目标任务，在商事制度改革、优化营商环境、推动高质量发展、严守食品安全底线等多方面，取得显著成效，荣获年度绩效考评总评一等奖及党的建设、平安广西建设、民族团结进步三个专项工作考评均为一等奖的好成绩。

（资料来源：根据人民网2020年9月11日相关报道整理）

问题 新时代绩效管理应该如何进行改革创新？需要考虑哪些因素？

本章关键术语

绩效	公共部门绩效	公共部门绩效管理
绩效计划	绩效监控	绩效评价
绩效反馈	目标管理	关键绩效指标
平衡计分卡	战略地图	绩效沟通
相对评价	绝对评价	

复习思考题

1. 公共部门绩效管理的含义是什么？
2. 请简述公共部门绩效管理系统模型。
3. 什么是目标管理？它的优点与缺点是什么？有哪些操作程序？
4. 什么是关键绩效指标？请举例说明它的操作程序。
5. 什么是平衡计分卡？它有何意义？请简述平衡计分卡理论的产生与发展。
6. 什么是战略地图？请阐述如何利用战略地图来规划战略。
7. 请阐述绩效管理四个环节的含义、目的与操作步骤。
8. 绩效评价有哪些常用方法？请阐述每种方法的含义及特点。
9. 简述西方主要国家绩效管理实践。
10. 简述我国政府绩效管理的发展实践。

第八章

公共人力资源激励

> **▶本章学习引导** 公共人力资源激励主要包括公共人力资源薪酬体系、薪酬公平及薪酬的作用和影响因素,所以薪酬管理是公共人力资源管理的核心环节之一。有效的薪酬管理可以激发公共部门成员的工作动力,促进公共部门组织战略的顺利达成。本章主要介绍公共部门薪酬以及薪酬管理的内涵、薪酬管理的关键决策、公共部门的福利与保险等内容,并对国内外公共部门薪酬管理的具体实践进行阐述。
>
> **▶本章学习重点** 公共部门薪酬以及薪酬管理的内涵;薪酬管理的关键决策;公共部门的福利与保险;国内外公共部门薪酬管理的具体实践。

第一节 公共部门薪酬管理概述

一、薪酬的内涵

在了解薪酬(compensation)之前,首先介绍一下报酬的概念。报酬(rewards)是指员工从组织那里得到的作为个人贡献回报的对价,一般分为内在报酬(intrinsic rewards)和外在报酬(extrinsic rewards)。内在报酬通常指员工由工作本身所获得的心理满足和心理收益,如决策的参与、工作的自主权、个人的发展、活动的多元化以及挑战性的工作等。外在报酬通常指员工所得到的各种货币收入和实物,包括财务报酬(financial rewards)和非财务报酬(non-financial rewards)两种类型。非财务报酬包括宽大的办公室、动听的头衔以及特定的停车位等。财务报酬又可以分为两类:一是直接报酬(direct rewards),如工资、绩效奖金、股票期权和利润分享等;二是间接报酬(indirect rewards),如保险、带薪休假和住房补贴等福利,如图8-1所示。

薪酬是报酬体系的一部分,是指组织为认可员工的工作与服务而支付给员工的各种直接和间接的经济收入。美国薪酬管理专家乔治·米尔科维奇(George T. Milkovich)将薪酬定义为:雇员作为雇佣关系中的一方,因为工作和劳动而从雇主那里所得到的各种货币收入以及各种特定的服务和福利之和。薪酬一般分为基本薪酬、绩效薪酬以及福利三种类型。其中,基本薪酬又分为职位薪酬、技能薪酬与能力薪酬;绩效薪酬分为个体绩效薪酬与群体绩效薪酬;福利分为各种保险及福利津贴等。

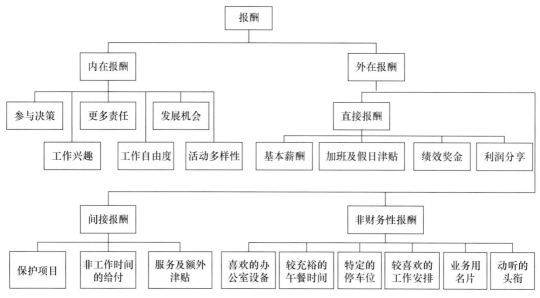

图 8-1 报酬的构成

（一）基本薪酬

它是指根据劳动者所提供的劳动的数量和质量，按事先规定的标准和时间周期付给劳动者的相对稳定的劳动报酬。基本薪酬主要反映员工所承担职位（或岗位）的价值或者员工所具备的技能、知识或能力的价值。在国外，基本工资往往有时薪、周薪、月薪、年薪等形式。

（二）绩效薪酬

绩效薪酬是将员工的收入与员工、团队或者组织的绩效水平相挂钩的一种薪酬体系。绩效薪酬的目的在于，通过将员工的薪酬水平与绩效挂钩的做法，鼓励员工像考虑个人利益一样考虑组织的战略目标，从而促进组织战略目标的实现。按照不同划分方式，绩效薪酬可分为不同类型，如根据支付对象，可分为个体绩效薪酬和群体绩效薪酬；根据支付期限，可分为短期绩效薪酬和长期绩效薪酬；根据支付原则，可以分为绩效加薪和绩效奖金；等等。

（三）福利

福利是指组织为了提高员工的满意度，向员工提供的旨在提高其生活质量的间接薪酬。福利是对劳动的间接回报，一般不是按工作时间和员工的个人贡献给付的，只要是组织的正式员工都可以基本均等地获得福利，其基本目的是为员工提供各种必需的保障，使员工能安心工作。

二、公共部门薪酬管理的内容及特点

公共部门薪酬管理是指公共部门根据组织战略和发展规划，结合相关法规政策，确定组织薪酬总额、薪酬结构以及薪酬形式，并根据员工的岗位职责、能力水平及工作表现等来确定其所得各种直接和间接财务性报酬的过程。在这一过程中，组织应该就薪酬水平、薪酬体系、薪酬结构以及特殊员工群体的薪酬等作出决策；同时还要持续不断地制订薪酬计划，拟定薪酬预算，就薪酬管理问题与员工进行沟通，对薪酬系统本身的有效性作出评价，并不断予以完善。

（一）薪酬管理的内容

为达到薪酬管理的目标，组织在薪酬管理的过程中必须作出一些重要的决策，主要包括薪酬体系、薪酬构成、薪酬等级结构、薪酬水平以及薪酬管理政策五项重大决策。

（1）薪酬体系。薪酬体系概念有狭义与广义之分。广义的薪酬体系是指薪酬中相互联系、相互制约、相互补充的各个构成要素形成的有机统一体，包括薪酬构成、薪酬等级、薪酬水平等一系列内容。狭义薪酬体系的主要任务是确定薪酬支付的基础是什么，具体包括基本薪酬是基于职位还是个人（技能、知识及能力），绩效薪酬如何与员工绩效相挂钩等。

（2）薪酬构成。薪酬构成是指在总体薪酬中不同类型的薪酬组合方式，通常情况下分为直接薪酬和间接薪酬。前者是直接以货币形式支付给员工并且与员工所提供的工作时间和业绩、质量有关的薪酬；后者则包括福利、服务等一些有经济价值但是以非货币形式提供给员工的报酬，往往与员工的工作时间、业绩质量等没有直接关系。

（3）薪酬等级结构。薪酬等级结构指的是同一组织内部的薪酬等级数量以及不同薪酬等级之间的薪酬差距大小。薪酬等级结构包括针对每一职位或者职位等级的薪酬范围，包括最高工资、最低工资、中位工资和工资范围系数。组织据此建立起对薪酬进行管理的结构，为不同职级、不同职位以及同一职位上不同能力及工作表现的员工提供差异化的薪酬，有助于保证组织中薪酬的内部公平性。

（4）薪酬水平。薪酬水平是指组织总体及内部各类职位和人员的平均薪酬的高低，薪酬水平决定了薪酬的外部竞争力。

（5）薪酬管理政策。薪酬管理政策主要涉及薪酬成本与预算控制方式、薪酬制度、薪酬规定以及员工的薪酬是否保密等问题。薪酬管理政策必须确保员工对于薪酬系统的公平性看法，必须有助于组织以及员工个人目标的实现。

（二）公共部门薪酬管理的特点

尽管公共部门薪酬管理的内容与私营部门基本一致，但是由于组织性质方面的差异，公共部门薪酬管理也具有自身的一些特点。

（1）薪酬体系方面，公共部门大都以"职位"因素作为基本薪酬的支付依据，这是因为公共部门的工作绩效主要取决于岗位职责的履行情况而非个人能力的创造性发挥，因此薪酬设计的基本导向是鼓励员工履行好岗位基本职责，根据岗位的贡献大小来确定薪酬标准。但是一些技术类岗位例外，这类职位相对而言更加关注个人所掌握的技能、知识和能力，因此往往采用技术工资制。

（2）薪酬构成方面，公共部门主要采用短期的以固定薪酬为主、可变薪酬为辅的薪酬模式，更强调薪酬的稳定性，保障员工的安全感。这是由于很多公共部门是以职位薪酬为主，工作的稳定性和一致性相对较高，加之公共部门中的工作绩效不易衡量，难以为绩效薪酬设计提供科学依据，因而可变薪酬在薪酬构成中占比相对较低。

（3）薪酬等级结构方面，公共部门职位等级之间薪酬差距较小，薪酬级别多、幅度小，即以窄带薪酬为主。这种薪酬设计与公共部门的组织架构设计息息相关，与很多私营部门采用扁平化组织结构不同，公共部门大多采用高耸性组织结构，而在薪酬以岗位为主要依据的前提下，公共部门的薪级要与职级有一定的对应关系，由此薪酬的级别会比较多，薪级差距也不宜拉得过大。当前一些公共部门已尝试引入宽带薪酬，本章在后面会进行介绍。

（4）薪酬水平方面，公共部门的薪酬水平很难具备较强的外部竞争力。薪酬水平决定了薪酬的外部竞争力，是能否吸引优秀人才的重要决定依据。对于公共部门而言，尽管也会考虑薪酬水平在市场中的竞争力，但很难采取领先型的薪酬水平。由于公共部门的薪酬支付来源主要是财政资金，薪酬水平的确定和调整受法规政策的约束，同时接受社会的监督，薪酬水平的确定不能像私营部门那样自主、灵活；并且公共部门特别是政府部门要强调部门间薪酬的一致性，因此"同行业"之间也很少存在竞争性的问题。

（5）薪酬管理政策方面，公共部门薪酬管理比较固定和刻板，而企业薪酬管理则具有灵活性、多样性和权变性。由于公共部门薪酬政策都是以法律或者法规等形式固定下来的，不会轻易发生变化，因此公共部门薪酬管理比较固定和刻板。例如，由于有国家或地区相关政策明文规定，公共部门的薪酬信息总体上是公开的，薪酬政策受法律保护。对此，公共部门的员工只能接受，他们既难以参与到薪酬政策制定过程中，也无法修改自己认为不合适的政策规定。因此，公共部门薪酬管理属于集权式管理。但是在企业，诸如薪酬信息公开与否，薪酬决策模式倾向于民主型还是集权型，以及采用宽带薪酬还是窄带薪酬等问题，却没有固定的答案，因为这些问题与企业的组织战略、组织文化、组织规模、组织发展阶段等都有着密切的关联，其答案视情况而定。因此，企业薪酬管理更具有灵活性、多样性和权变性。

虽然公共部门薪酬管理表现出一些不同于企业薪酬管理的特点，但并不意味着两者互不兼容。事实上，随着新公共管理运动的推进，越来越多的政府组织积极学习和应用企业薪酬管理的优秀经验，包括推行绩效薪酬制度、应用宽带薪酬结构以及提高可变薪酬比重等，以优化自身薪酬管理体系，提升组织绩效水平。

第二节 公共部门薪酬管理关键决策

一、薪酬管理的导向及原则

（一）战略导向的薪酬管理

薪酬管理必须以战略为导向，公共部门也是如此，特别是在新公共管理运动的推动下，战略性思维逐渐被公共部门所重视，战略导向的薪酬管理也成为大势所趋。战略导向是指公共部门薪酬体系的构建应该从公共部门战略的角度进行分析，与公共部门发展战略有机结合并体现其发展方向，使薪酬成为实现公共部门发展战略的重要支撑工具。合理的薪酬战略可以驱动组织发展战略有效实现。公共部门薪酬管理必须从战略的角度分析哪些要素重要，哪些要素次要，并通过一定的价值标准，赋予这些要素一定的权重，同时确定它们的价值分配。根据戈麦斯-梅西亚（Gomez-Mejia）和米尔科维奇对薪酬战略的定义，薪酬战略是企业管理人员根据具体的经营环境可以选择的全部支付方式，这些支付方式对企业绩效和有效使用人力资源产生很大的影响，它包括薪酬的决定标准、薪酬的支付结构以及薪酬的管理机制等内容。

形成一个薪酬战略需要做好以下几方面的工作：

（1）评价组织文化、价值观、员工需求和组织战略对薪酬的影响；

（2）使薪酬决策与组织战略、环境相适应；

（3）设计一个实现薪酬战略具体化的体系；

（4）重新评估薪酬战略与组织战略、环境之间的适应性。

有效的薪酬战略需要重点明确几个方面的内容：

（1）组织所确立的薪酬方向和目标，是否能够在未来的五年甚至更长的时期内，吸引并留住组织所需要的具有良好的职业品质、经验丰富、技艺娴熟的业务骨干和专门人才；

（2）薪酬战略政策和策略，是否能最大限度地激发员工的积极性，是否有利于提高个体和总体的劳动效率；

（3）员工是否感受到了薪酬制度体系的公平性和合理合法性，他们对薪酬决策的形成过程是否有所了解，薪酬支付依据是否合理，劳动成本是高了还是低了。

（二）薪酬管理的原则

薪酬管理原则是组织价值观的体现，向员工展示了如下信息：为什么提供薪酬，员工的什么行为或结果是组织非常关注的，员工的薪酬构成是为了对员工的什么行为或结果产生影响，员工的哪些方面得到提高时才能获得更高的薪酬，等等。有效的薪酬管理应遵循以下原则：

（1）有效性原则。有效性即薪酬管理系统能在多大程度上帮助公共部门实现预定的目标，是各类组织制定整体性薪酬战略优先考虑的原则。因此，公共部门在薪酬体系设计时，必须充分体现员工的贡献和价值，使员工的职业发展与公共部门的组织发展充分协调起来，保持员工价值创造与薪酬待遇（即价值创造与价值分配）之间的动态平衡。这就要求组织在确定薪酬结构和薪酬水平时根据薪酬体系的类型以及岗位、绩效或能力差别适当拉开差距，按照贡献大小进行分配。另外，薪酬管理要注意人工成本的控制，不能无限制地提高薪酬标准，在保证薪酬体系激励性的同时，也要注意薪酬的经济性。

（2）公平性原则。按照亚当斯的公平理论，当员工取得一定的成绩并获得报酬以后，他不仅关心报酬的绝对量，而且还关心报酬的相对量。因此，他要进行种种比较来确定自己所获报酬是否公平合理，而比较的结果将直接影响今后工作的积极性。一种比较称为横向比较,即员工将自己所获得的报酬(包括金钱、工作安排以及获得的赏识等)和自己的投入(包括教育、努力以及耗用在工作上的时间等)的比值与组织内其他人作比较,即将 Op/Ip 与 Oc/Ic 作比较。

其中:Op——对自己所获报酬的感觉;

Oc——对他人所获报酬的感觉;

Ip——对自己所作投入的感觉;

Ic——对他人所作投入的感觉。

如果 Op/Ip＜Oc/Ic,报酬不足的不公平性就产生了;如果 Op/Ip≥Oc/Ic,报酬高的不公平性就不会产生。

另一种比较是纵向比较,即员工将自己目前所获得的报酬与目前投入的努力的比值,同自己过去所获得的报酬与过去投入的努力的比值进行比较,只有前者大于或等于后者时,他才感觉得到了公平的对待。如果员工认为自己得到了公平的对待,那么员工的态度或者行为不会有什么变化;但是如果员工认为自己受到了不公平的对待,他就可能会想办法去恢复公平,而有些办法对于组织而言是不利的,比如员工减少自己的工作投入、采取消极的工作态度、怠工或者离开等。若是想避免上述情况的发生,就必须重视薪酬管理的公平性原则。事实上,如何合理拉开从事不同岗位工作的员工之间的收入差距,这是管理者所面临的重大挑战。组织内部薪酬差距决定着员工是否愿意承担更大的工作责任,以及是否愿意额外进行培训,以提高自己的工作适应性。

(3)外部竞争性原则。外部竞争性是将薪酬收入水平与外部单位相比较,强调薪酬的竞争性。与企业相比,公共部门大都属于非营利性组织,其工作人员也相对而言更加看重稳定性、责任、发展机会等内在报酬,对财务性报酬的偏好相对较低,这也是为何很多优秀人才放弃企业高收入而进入公共部门工作的重要原因。但也不可否认薪酬仍是公共部门引才、用才和留才的一个重要因素,特别是近些年来,很多公职人员跳槽进入企业,薪酬因素在其中起到了非常重要的作用。因此,公共部门在进行薪酬设计时,同样要考虑到水平上的竞争力,以确保薪酬具备一定的外部竞争性。

(4)合法性原则。合法是企业薪酬战略决策的目标之一。为保障劳工权益,各个国家纷纷出台相关法律法规,如最低工资立法、同工同酬立法、反歧视立法等,这些强制性规定为薪酬制度设计提供基本规范,各类单位都需要遵守。除了关于薪酬的一些基本法律,很多国家都出台了公共部门薪酬管理的专门法规,如美国《联邦雇员工资法》、德国《联邦公务员工资法》、日本《一般职公务员工资法》与《特别职公务员工资法》等,成为公共部门薪酬设计的依据。因此对于公共部门而言,薪酬管理的合法性原则非常重要。

二、薪酬体系

(一)基本薪酬

基本薪酬是组织根据员工所承担或完成的工作本身或者员工所具备的工作所需的

技能或能力而向员工支付薪酬,是薪酬构成中的相对稳定部分。根据支付依据,基本薪酬主要包括基于职位(pay for job)和基于个人(pay for person)两种类型,前者是根据员工所在的职位来确定基本薪酬,而后者则根据员工所具备的与工作相关的技能、知识或能力来确定基本薪酬。其中,基于职位的薪酬体系的运用最为广泛,对于公共部门而言尤为如此。

(1)基于职位的薪酬。基于职位的薪酬又称"职位薪酬",是指员工的薪酬或工资是按照员工在组织中所占据的特定职位来发放的。员工薪酬的高低取决于职位的价值。这种薪酬设计的最大特点是对岗不对人,即每个职位的工资高低完全由工作本身的价值决定,不受个人技能与业绩水平的影响,体现以工作为中心。

(2)基于个人的薪酬。基于个人的薪酬是根据员工所掌握的与工作有关的技能、能力以及知识的深度和广度支付基本薪酬,是以人而不是职位为基础来确定基本薪酬。换言之,组织更多的是依据员工所拥有的工作相关技能、能力而不是其承担的具体职位的价值来对他们支付薪酬。与职位薪酬相比,基于个人的薪酬体系相对复杂,并且比较灵活,成本不易控制,而很多公共部门在薪酬管理方面刚性较强,操作起来比较困难,因此这种薪酬体系在公共部门中应用较少,或仅作为职位薪酬体系的补充。但是在一些组织中也有所尝试,如针对高级专业人才提供特别的薪酬,或是基于员工获取职业资格证书情况给予薪酬方面的奖励等。

(二)绩效薪酬

如前所述,基于不同的划分依据,绩效薪酬可分为不同的类型。这里以支付原则为依据,分别对绩效奖金和绩效调薪进行介绍。绩效奖金(merit bonus)与绩效调薪(merit pay)都是在基本薪酬体系的基础上,根据员工绩效考核结果来调整薪酬水平的薪酬制度。绩效调薪是指根据员工绩效评价的结果,相应调整员工未来薪酬的基本水平的一种薪酬管理方案。绩效奖金则是在基本薪酬之外,根据员工绩效水平给予的一次性奖励,虽然它也与员工的绩效水平相关,但它不改变基本的薪酬水平。

(1)绩效奖金。最常见的绩效奖金是计件制和工时制,这是出现较早的薪酬支付形式。计件制是根据员工的产出水平和工资率来支付相应的薪酬,其计算公式为:工资水平=合格产品数量×工资率。工时制是根据员工完成工作的时间来支付相应的薪酬。计件制和工时制对于绩效的界定相对简单,并且只适用于特殊的群体。随着绩效管理的不断发展,绩效奖金的计算方法更加复杂,也更加科学。在实施绩效奖金的组织中,员工绩效奖金一般取决于两方面因素:一个是由个人的(有时还包括组织的或集体的)绩效评价等级决定的绩效评价系数;另一个是由职位等级决定的计算基数。在后一个因素中,不同组织往往有不同的具体做法:有的组织根据职位的级别确定一个最高奖励比例,以现有基本工资或年度薪酬总额和与职位相对应的最高绩效工资比例的乘积为计算基数;有的组织则根据现有基本工资所处的等级确定一个绩效工资的基数,甚至直接以原基本工资为计算基数。最简单的绩效奖金计算方法可以用表8-1表示。

表 8-1　员工绩效评价等级及绩效评价系数表

绩效评价等级	S	A	B	C	D
绩效评价系数	2	1.5	1	0.5	0.2

计算公式为：

员工本期应得绩效奖金额＝现有基本工资额×员工个人的绩效评价系数

假设某员工是某部门的业务主管人员，他的基本工资位于 10 级，基数为 1041 元。本期他的绩效评价等级为 A 等。根据上面的公式，本期该员工应得的绩效奖金额为：

员工本期应得绩效奖金额＝现有基本工资额×员工个人的绩效评价系数＝1041×1.5＝1561.5（元）

值得提出的是，绩效奖金制度似乎并不复杂。但在实践中，如果大部分员工处于 S 或"杰出"类的最高评价等级，组织应支付的工资总额可能很快就会超出其能够承受的范围。为了避免这种情况的出现，组织可以实行带有一定程度强制规定的绩效评价方法，为应有多大比例的员工落入某一绩效评价等级提供指导性规定。这些指导性规定的强制力度各不相同，有的是真正的强制分布评价法，有的并不具备强制性，只是一种指导性的规定。

（2）绩效调薪。调薪是指对基本工资的调整。这种调整是对工资基数的调整，是一种累计性的调整。决定调薪的基本因素一般包括：市场因素（包括市场薪资水平变动、物价变动等）、员工绩效因素、组织绩效因素等。根据调薪依据的不同，调薪一般分为普通调薪和绩效调薪两类。普通调薪是指组织根据发展情况、市场工资水平变动和物价变动情况，以年为周期对员工的月基本工资进行调整。绩效调薪是绩效薪酬制度的一种。组织根据员工的年度绩效评价等级，每年分别确定不同的调薪比例。与绩效评价相关的调薪就是绩效调薪。与绩效奖金的情况类似，绩效调薪也有一些不同的具体实施方式。

例如，某组织对于绩效调薪的比例作出如表 8-2 所示的规定。

表 8-2　绩效调薪的比例（％）

绩效评价等级	S	A	B	C	D
处级	8	4	2	0	－10
科级	9	5	3	0	－10
普通员工级	10	6	4	0	－10

三、薪酬等级结构

（一）薪酬等级结构的确定

在确定薪酬等级结构时，需要对以下几方面进行设计：

（1）薪酬等级。薪酬等级主要反映不同岗位之间在薪酬结构中的差别，它以岗位评价和岗位分级的结果为依据,根据岗位评价得到的每个岗位的最终点数,划分岗位等级,并使薪酬等级与岗位等级一一对应。

(2) 薪酬档次。由于同一薪酬等级上的员工在能力上有差别,在实际薪酬管理中组织可根据员工的能力、绩效等情况,将薪酬等级进一步细分,即将同一薪酬等级划分为若干个档次。

(3) 薪酬级差。薪酬级差是指不同等级之间薪酬相差的幅度,即组织内最高等级与最低等级的薪酬比例关系以及其他各等级之间的薪酬比例关系。其中,最高等级与最低等级的薪酬比例关系,决定了组织内部的薪酬差距。另外,在确定等级之间的薪酬比例关系时,也要充分考虑等级之间在劳动强度、复杂程度、责任大小等方面的差别,以达到激励的目的。薪酬级差反映了岗位之间的差别。由于岗位级别越高,岗位之间的劳动差别越大,工作价值差别越大,因此随着职位等级的升高,薪酬级差要逐渐增加。同等级中档次之间的薪酬差别反映了员工能力之间的差别。在同一薪酬等级中,高档次之间的薪酬级差大一些,低档次间的薪酬级差小一些。薪酬级差的大小与薪酬等级的划分方式、等级数量有直接关系。如果是分层式薪酬等级类型,由于等级较多,因此薪酬级差一般小一些;如果是宽泛式薪酬等级类型,由于等级较少,因此薪酬级差要大一些。

(4) 浮动幅度。浮动幅度是指在同一个薪酬等级中,最高档次的薪酬水平与最低档次之间的薪酬差距,也可以指中间档次的薪酬水平与最低档次或最高档次之间的薪酬差距。显而易见,分层式薪酬等级类型,由于等级较多,因此每等级的薪酬浮动幅度一般小一些;而宽泛式薪酬等级类型,由于等级较少,因此每等级的薪酬浮动幅度要大一些。另外,由于高薪酬等级的内部劳动差别大于低薪酬等级的内部劳动差别,因此高薪酬等级的薪酬浮动幅度要大于低薪酬等级的薪酬浮动幅度。

(5) 等级重叠。等级重叠是指各个相邻的薪酬等级浮动幅度在数值上的交叉程度。一般来说,各个薪酬等级薪酬浮动的幅度越大,等级重叠度也就越高;反之亦然。从严格的意义上说,分层式薪酬等级设计,各个薪酬等级之间几乎没有重叠,而宽泛式薪酬等级设计,各个薪酬等级之间存在重叠问题,如图8-2所示。

典型的两种薪酬等级结构的设计是窄带薪酬和宽带薪酬。窄带薪酬等级多,每一个等级的薪酬幅度相对较小,员工往往只能通过职位的提升来增加薪酬;宽带薪酬的等级少,每一个等级的薪酬幅度大,员工不需要为了薪酬的增长而去斤斤计较职位的晋升,只要注意发展企业所需要的技术和能力就可以获得相应的报酬。

(二) 宽带薪酬结构

宽带薪酬(broad banding)始于20世纪80年代,是作为一种与组织扁平化、流程再造、团队导向、能力导向等新的管理战略与理念相配套的新型薪酬结构而出现的。它是对传统上那种带有大量等级层次的垂直型薪酬结构的一种改进或替代。根据美国薪酬管理学会的定义,宽带型薪酬结构就是指对多个薪酬等级以及薪酬变动范围进行重新组合,从而使其只有相对较少的薪酬等级以及相应较宽的薪酬变动范围。

一般来说,每个薪酬等级的最高值与最低值之间的区间变动比率要达100%及以上。一种典型的宽带型薪酬结构可能只有不超过 4 个等级的薪酬级别，每个薪酬等级的最高值与最低值之间的薪酬变动比率则可能达到 200%—300%。而在传统薪酬结构中，这种薪酬区间的变动比率通常只有 40%—50%。宽带薪酬最大的特点是压缩级别，将原来十几甚至二十、三十个级别压缩成几个级别，并将每个级别对应的薪酬范围拉大，从而形成一个新的薪酬管理系统及操作流程，以便适应新的竞争环境和业务发展需要，如图 8-2 所示。

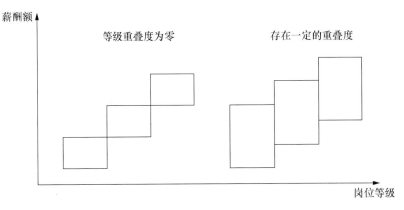

图 8-2　宽带薪酬结构示意图

与传统的薪酬结构相比，宽带薪酬结构的特征及优势在于：支持扁平型组织结构；能引导员工重视个人技能的增长和能力的提高；有利于工作轮换和培育员工在组织中跨职能成长的能力；还有利于提升组织核心竞争优势和整体绩效。但是宽带薪酬结构也存在一些缺陷，如导致员工晋升困难；增加组织的管理成本；还有可能提高组织的绩效管理压力等。

四、薪酬水平

（一）薪酬调查

薪酬水平决定了薪酬的外部竞争性。对组织薪酬水平决策产生影响的主要因素包括市场薪酬水平、组织的支付能力和薪酬战略、社会生活成本指数等。薪酬调查（compensation survey）是帮助各类组织确定薪酬水平的有效途径，具体指通过各种渠道获得相关组织各个职位的薪酬水平及相关信息的过程。薪酬调查的目的是保证薪酬设计的内部公平性和外部竞争性，进而吸引和留住人才。

我国《公务员法》第 81 条规定："公务员的工资水平应当与国民经济发展相协调、与社会进步相适应。国家实行工资调查制度，定期进行公务员和企业相当人员工资水平的调查比较，并将工资调查比较结果作为调整公务员工资水平的依据。"要完善工资调查制度，加强公务员工资外部平衡比较，参照劳动力市场确定工资率，以增强公务员工资的外部竞争性。美国、英国、日本、加拿大、澳大利亚等西方国家重视公务员工资调查。工资调查是美国行政机构、联邦人事管理机构"就工资结构向立法机构提出建议并获得批准的基础"。

薪酬调查主要按以下步骤进行：

第一，确定薪酬调查的职位。此环节最重要的任务在于确定基准职位，即选择那些具有代表性的职位进行调查。

第二，确定薪酬调查的对象及范围。在选择薪酬调查的对象时，要坚持可比性原则，最好选择与本组织有竞争关系或者同行业的类似组织，重点考察员工的流失去向和招聘来源，组织薪酬增长状况，不同职位、不同级别的薪酬水平、奖金和福利状况，长期激励措施以及未来薪酬的发展趋势等。

第三，确定薪酬调查的渠道和方式。薪酬调查的渠道通常有：组织之间互相调查，委托专业机构进行调查，从公开的信息中了解等。普遍采用的具体调查方式是问卷法和座谈法（也称"面谈法"），此外还可使用电话调查和网络调查等作为补充手段。

第四，设计薪酬调查表并开展实际调查。无论采取何种薪酬调查方式，都需要采用一个薪酬调查表记录所获取的信息。薪酬调查表应包括以下内容：（1）调查职位的基本信息（包括职位名称和基本工作特征）；（2）调查对象的组织信息（包括规模、行业、地域、组织性质等）；（3）调查职位的职位描述（包括工作职责和内容）；（4）调查职位的任职者的个人信息（包括性别、年龄、学历、专业和资历等）；（5）调查职位的总体薪酬构成和薪酬水平（包括基本薪酬、奖金和福利等）。

第五，分析薪酬调查结果。在结束薪酬调查之后，就需要分析薪酬调查的结果，形成薪酬调查报告。分析薪酬调查结果主要是针对薪酬的统计数据，一般包括频度分析、居中趋势分析、离散趋势分析及回归分析等。

根据薪酬调查结果，可以适当对薪酬水平进行调整。薪酬水平比较是利用薪酬水平调查搜集到的薪酬数据，在按照统计标准进行整理与评价之后，将公共部门工作人员薪酬与企业相当人员薪酬进行科学比较，并评价两者"基本平衡"的程度。将公共部门工作人员的薪酬水平与私营企业中从事相似工作、相近职位、同等年龄、同等学历人员的薪酬水平进行比较，每年对企业各类人员的薪酬状况进行抽查，并与公共部门工作人员的薪酬水平进行比较，找出二者之间的差距，从而提出修订公共部门工作人员薪酬的建议，这种办法能够及时补偿公共部门工作人员与企业人员的薪酬差距，以保证薪酬收入分配的公平性。在进行公共部门工作人员和企业人员薪酬调查后，取得了相应的数据，同时考虑物价指数，这时将调查结果进行比较，从而提出合适的公共部门工作人员薪酬调整幅度。这一调整幅度要广泛征求社会各界的意见。因为公共部门工作人员的薪酬来自纳税人，其薪酬水平的调整属于公共行为，在确定公共部门工作人员薪酬水平时有必要广泛听取社会各界纳税人的意见，最终将征求意见用于薪酬水平的调整。

（二）薪酬调整

薪酬调整是保证薪酬正常运行和调整的一个重要组成部分，也是薪酬能增能减的调整机制的具体体现。从具体内容来看，薪酬调整又可以分为：

（1）定级性调整。薪酬定级是对那些原本没有薪酬等级的员工进行薪酬等级的确定。包括对试用期满或没有试用期但办完入职手续的新员工薪酬定级；对原来没有的岗位或没有在组织中聘任的军队转业人员的薪酬定级；对已工作过但新调入组织的员工的薪酬定级等。

（2）物价性调整。物价性调整是为了补偿因物价上涨给员工造成的经济损失而实施的一种薪酬调整方法。公共部门需要关注物价的变化情况，合理调整员工的薪酬水平。

（3）工龄性调整。公共部门薪酬构成中一般含有工龄工资，随着时间的推移和员工在本单位连续工龄的增加，要对员工进行提薪奖励。工龄性调整是把员工的资历和经验当作一种能力和效率予以奖励的薪酬调整方法。

（4）考核性调整。考核性调整是根据员工的绩效考核结果，每达到一定的合格次数即可以提升一个薪酬档次的调整薪酬的方法。

（5）奖励性调整。奖励性调整一般用在当一些员工做出了突出的成绩或重大的贡献后，为了使他们保持这种良好的工作状态，并激励其他员工积极努力，向他们学习而采取的薪酬调整方式。奖励的办法和形式多种多样，有货币性的，也有非货币性的；有立即给予的，也有将来兑现的；有一次性支付的，也有分批享用和终身享用的。

第三节　公共部门福利与保险

一、福利

员工福利（benefit）是组织支付给员工的间接薪酬。福利与直接薪酬不同，一般不以员工的劳动情况而以组织成员的身份为支付依据，并且可以采取实物支付和延期支付的方式。根据赫茨伯格（Frederick Herzberg）的双因素理论，福利属于保健因素，不具有激励功能。但福利具有一些独特的优势：（1）有利于组织文化建设，福利可以传递组织对员工的关怀，创造一个大家庭式的工作氛围和组织环境；（2）能够满足员工多方面的需求，有利于留住员工，保持员工队伍的稳定；（3）可以让员工和组织合理避税，进而在相同的支付成本下提高员工的实际收益。现代社会福利的内容和形式非常繁多，国外已经设计和使用的就不下百种。一般而言，根据福利的强制力及来源，常见的福利类型包括：法定福利与补充福利、集体福利与个人福利、经济性福利与非经济性福利以及弹性福利计划等。

（一）法定福利与补充福利

1. 法定福利

法定福利是指法律法规规定的组织必须为员工提供的具体配套福利，用以保障或改善员工的安全和健康、维持家庭收入等。国家法定福利具有强制性，任何组织都必须执行。国家法定福利保障对象主要是全体劳动者，目的是保障其基本生活，保障与补偿功能明显。社会保险的资金来源主要是用人单位和劳动者本人按规定缴纳的社会保险费，政府给予资助并承担最终责任。我国目前的法定福利主要包括以下内容：

（1）法定社会保险。包括基本养老保险、基本医疗保险、失业保险、工伤保险和生育保险，组织必须按照员工工资的一定比例为员工缴纳保险费。目前，我国公共部门中，国有企业已全面建立社会保险制度，而机关事业单位尚未完全建立，但正在改革完善，向企业并轨。

（2）公休假日和法定假日。目前，我国实行每周休息两天公休日制度，同时规定了元旦、春节、国际劳动节、国庆节等为法定节假日。在公休日和法定节假日加班的员工应享受相当于基本工资双倍或三倍的津贴补助。

（3）带薪休假。带薪休假是指员工工作满一定的时期后，可以带薪休假一定的时间。我国《劳动法》第45条规定："国家实行带薪年休假制度。劳动者连续工作一年以上的，享受带薪年休假。"

（4）地方政府规定的其他福利项目，即在中央政府的法定福利项目之外，各地地方政府根据本地区特殊情况相应规定的福利项目，如住房公积金等。

2. 补充福利

补充福利是组织在国家法定福利之外向员工提供的其他福利项目，由于不具有强制性，因此没有统一的标准，各组织往往根据自己的具体情况灵活决定。大体来说，包括以下一些形式：

（1）国家法定社会保险之外的各类保险和福利。包括退休福利（退休金、公积金）；医疗保健福利（免费定期体检、免费防疫注射、药费和营养费补贴、职业病免费防护、免费疗养等）；意外伤害福利（意外工伤补偿、伤残生活补助、死亡抚恤金等）；带薪休假（对有特殊贡献的员工给予一定时间的带薪旅游休假和疗养休假等）。

（2）各种津贴。津贴一般是组织自主向员工提供的，不具强制性，也没有具体标准。津贴有很多种，包括交通津贴、洗理津贴、服装津贴、节假日津贴或实物、住房津贴、购物补助、子女入托补助、困难补助等。

（3）加班补助。在国家规定的加班补助之外，组织还可以额外提供免费的加班伙食、饮料等。

（4）教育培训福利。包括组织内部免费脱产培训、公费进修、报刊订阅补助等。

（5）文体活动和旅游福利。包括有组织的集体文体活动（晚会、舞会、郊游等）、自建文体设施（运动场、游泳馆、健身房、阅览室等）等。

（二）集体福利与个人福利

1. 集体福利

集体福利是指全部员工可以享受的公共福利设施，包括员工集体生活设施，如员工食堂、托儿所、幼儿园等；集体文化体育设施，如图书馆、阅览室、健身房、浴池、体育场（馆）等；医疗设施，如医院、医疗室等。

2. 个人福利

个人福利是指在个人具备国家及所在单位规定的条件时可以享受的福利，如探亲假、冬季取暖补贴、子女医疗补助、生活困难补助、房租补贴等。

（三）经济性福利与非经济性福利

1. 经济性福利

（1）住房性福利：以成本价向员工出售住房，提供房租补贴等。

（2）交通性福利：为员工免费购买电、汽车月票或地铁月票，用班车接送员工上下班。

（3）饮食性福利：免费供应午餐、慰问性的水果等。

（4）教育培训性福利：员工的脱产进修、短期培训等。

（5）医疗保健性福利：免费为员工进行例行体检或者打预防针等。

（6）有薪节假：节日、假日以及事假、探亲假、带薪休假等。

（7）文化旅游性福利：为员工过生日而举办的活动、集体旅游、体育设施的购置。

（8）金融性福利：为员工购买住房提供的低息贷款。

（9）其他生活性福利：直接提供的工作服。

2. 非经济性福利

（1）咨询性服务：免费提供法律咨询和员工心理健康咨询等。

（2）保护性服务：平等就业权利保护（反性别、年龄歧视等）、隐私权保护等。

（3）工作环境保护：实行弹性工作时间、缩短工作时间、员工参与民主化管理等。

（四）弹性福利计划

传统的福利项目是"千人一面"，没有选择性，不管员工需不需要，全部统一配给，这样难以发挥福利的作用。当今，越来越多的组织已经放弃这种传统的"大一统"式的福利计划，开始实施弹性福利计划，并取得了很好的效果。

弹性福利计划（flexible benefit plan），又称"自助餐式福利计划"（cafeteria benefit plan），是指在国家法定福利项目必选的基础上，根据员工的特点和具体需求，列出一些福利项目，在一定的金额限制内，员工按照自己的需求和偏好自由选择和组合。这种方式区别于传统的整齐划一的福利计划，具有很强的灵活性、可选性，不仅可以满足员工多样化的需要，增强其工作满意度，还有利于组织控制成本、吸引人才、激励员工。弹性福利计划在实际操作过程中逐渐演化为以下几种类型：

1. 附加型弹性福利计划

这是最普遍的一种弹性福利计划，具体做法是在现有的福利计划之外，再提供其他不同的福利措施或提高原有福利项目的水准，让员工去选择。附加型弹性福利计划的优点是，除了维持现行福利水平之外，还提供额外福利，因此可以扩大员工的选择范围，进而满足员工的需求。该计划的缺点是会导致福利管理程序繁杂，增加成本。

2. 核心加选择型弹性福利计划

这种弹性福利计划由"核心福利"和"弹性选择福利"组成。"核心福利"是每个员工都可以享有的基本福利,不能自由选择;可以随意选择的福利项目则全部放在"弹性选择福利"之中,这部分福利项目都附有价格,可以让员工选购。核心加选择型弹性福利计划和附加型弹性福利计划最大的不同在于核心福利部分。后者的核心福利完全取自原有的福利项目,附加的选择福利项目则是新增的;而前者等于重新设计一套福利制度,这种福利计划既有稳定性,又不乏灵活性,但是管理起来比较烦琐。

3. 弹性支用账户

员工每一年可从其税前总收入中支取一定数额的款项作为自己的"支用账户",并以此账户去选择购买雇主所提供的各种福利措施。拨入支用账户的金额无须扣缴所得税,不过账户中的金额如未能于年度内用完,余额就归组织所有。各种福利项目的认购款项一经确定就不能留用。此制度的优点是福利账户的钱免缴税,相对地增加净收入,对员工极有吸引力,缺点是管理手续较为烦琐,每一个员工的支用账户必须随时登记造册,以保持其正确性。

4. 福利"套餐"

福利"套餐"是由组织同时推出不同的"福利组合",每一个组合所包含的福利项目或优惠水准都不一样,员工只能选择其中一个"组合"的弹性福利制。在规划此种弹性福利制时,组织可依据员工背景(如婚姻状况、年龄、有无眷属、住宅需求等)来设计。此种福利计划的优点是行政作业比较简单,缺点为选择弹性较小。

5. 选择型弹性福利

这种福利计划一般会提供几种项目不等、程度不一的"福利组合"给员工作选择,以组织现有的固定福利计划为基础,再据以规划数种不同的福利组合。这些组合的价值和原有的固定福利相比,有的高,有的低。如果员工选择的福利高于原有的固定福利,则需从其薪酬中扣除一定的金额来补足,否则就可获得现金补助的差额,而且唯有该项现金补助必须纳税。很明显,选择型弹性福利计划与福利"套餐"相比,对员工较为有利,不过人力资源部门的相关管理程序将大为增加。

从以上分析可以看出,实行弹性福利计划,并不是对员工所选择的福利种类和福利数量没有丝毫的限制,只不过是在遵循一定的规则下,赋予员工更多的自主选择权。

二、保险

我国现行的社会保障体系包括社会保险、社会救济、社会福利、社会优抚安置及国有企业下岗员工基本生活保障和再就业等方面,其中社会保险包括养老保险、医疗保险、失业保险、工伤保险和生育保险五个项目。如前所述,目前我国国有企业已全面实施,而机关事业单位仍处于改革之中。

(一)养老保险

基本养老保险是社会保障制度的重要组成部分,是社会保险五大险种中最重要的险种之一。养老保险是国家和社会根据一定的法律和法规,为解决劳动者在达到国家规定的解除劳动义务的劳动年龄界限或因年老丧失劳动能力退出劳动岗位后的基本生活问题而建立的一种社会保险制度。目前,世界各国实行的养老保险制度可分为三种类型,即投保资助型(也称"传统型")养老保险、强制储蓄型养老保险(也称"公积金模式")和国家统筹型养老保险。我国根据具体国情,创造性地实施了"社会统筹与个人账户相结合"的基本养老保险制度,即由国家、单位和个人共同负担;基本养老保险基金实行社会互济;在基本养老金的计发上采用结构式的计发办法,强调个人账户养老金的激励因素和劳动贡献差别。该制度既吸收了传统型养老保险制度的优点,体现了传统意义上社会保险的社会互济、分散风险、保障性强的特点,又借鉴了个人账户模式的长处,强调了员工的自我保障意识和激励机制。

一直以来,我国机关事业单位都是实行退休金制度。2015年1月,国务院发布《关于机关事业单位工作人员养老保险制度改革的决定》(以下简称《决定》)。《决定》规定,基本养老保险费由单位和个人共同负担。单位缴纳基本养老保险费(以下简称"单位缴费")的比例为本单位工资总额的20%,个人缴纳基本养老保险费(以下简称"个人缴费")的比例为本人缴费工资的8%,由单位代扣。按本人缴费工资8%的数额建立基本养老保险个人账户,全部由个人缴费形成。个人工资超过当地上年度在岗职工平均工资300%以上的部分,不计入个人缴费工资基数;低于当地上年度在岗职工平均工资60%的,按当地在岗职工平均工资的60%计算个人缴费工资基数。

(二) 医疗保险

医疗保险是当人们生病或受到伤害后,由国家或社会给予的一种物质帮助,即提供医疗服务或经济补偿的一种社会保障制度。医疗保险制度通常由国家立法,强制实施,建立基金制度,费用由用人单位和个人共同缴纳,医疗保险费由医疗保险机构支付,以解决劳动者因患病或受伤害带来的医疗风险。我国基本医疗保险由城镇职工基本医疗保险、城镇居民基本医疗保险和新型农村合作医疗构成,分别从制度上覆盖城镇就业人口、城镇非就业人口和农村人口。

我国中央机关实行公费医疗制度,地方机关公务员在参加基本医疗保险的基础上,享受医疗补助政策。部分事业单位参加了基本医疗保险。

(三) 失业保险

失业保险是指国家通过立法强制实行的,由社会集中建立基金,对因失业而暂时中断生活来源的劳动者提供物质帮助的制度。它是社会保障体系的重要组成部分,是社会保险的主要项目之一。失业保险具有普遍性、强制性、互济性等基本特点。我国公务员未实行失业保险,事业单位按照《失业保险条例》参加失业保险,单位按照本单位工资总额的2%缴纳失业保险费,职工按照本人工资的1%缴纳失业保险费。

(四) 工伤保险

工伤保险是国家为了保障劳动者在工作中遭受事故伤害和患职业病后获得医疗救治、经济补偿和职业康复的权利,分散工伤风险,促进工伤预防的一种社会保障手段。工伤保险要与事故预防、职业病防治相结合。工伤保险实行社会统筹，设立工伤保险基金，对工伤员工提供经济补偿和实行社会化管理服务。工伤保险费由单位按照员工工资总额的一定比例缴纳，员工个人不缴纳工伤保险费。工伤保险费根据各行业的伤亡事故风险和职业危害程度的类别实行差别费率。我国公务员未参加工伤保险，事业单位已参加。

（五）生育保险

生育保险是国家通过立法，对怀孕、分娩女员工给予生活保障和物质帮助的一项社会政策。其宗旨在于通过向职业妇女提供生育津贴、医疗服务和产假，帮助她们恢复劳动能力，重返工作岗位。我国机关事业单位未参加生育保险，通常采用单位内部福利的形式给予报销。

第四节 国内外公共部门薪酬管理实践

一、美国公共部门薪酬管理实践

美国联邦政府公务员工资制度比较完善，其主要特点是严格依法支薪、决策程序严谨明确、工资构成较为合理。美国是实行联邦制的国家，公务员分为联邦政府公务员和地方政府公务员。联邦政府公务员由国家统一管理，地方政府公务员由各地政府根据各自的法律自行管理。

（一）美国联邦政府公务员薪酬概况

美国联邦政府共有30多个工资系统。公务员工资制度包括法定工资制度和其他工资制度。一是法定工资制度，适用于白领雇员，包括普通公务员工资序列、外交人员工资序列、退伍军人健康管理人员工资序列。二是其他工资制度，主要包括适用于高级公务员的工资序列、适用于蓝领工人的联邦工资序列、行政法规决定的工资序列。

1. 公务员基本工资

美国已形成以常规工资体系为主、弹性工资体系为辅的多元化工资框架。

（1）常规工资体系。常规工资体系适用于普通公务员职位序列。它是美国政府覆盖面最广、涉及人数最多的工资制度。该系列增资适用于永久性职位公务员，增资需符合的条件是：绩效能力达到基本要求，即绩效评定至少达到第三等次"良好"；达到规定的任职年限；在规定的任职年限内没有获得过其他增资。

（2）弹性工资体系。一是最高工资标准规则，是指允许行政机构给予普通职位序列公务员高于常规工资标准的特殊工资规则，适用于普通序列雇员的再雇用、调任、重新安排工作、晋升、降级以及其他职位变动。二是雇用高资格条件者和特别需要者的弹性工资。联邦政府各行政机构在雇用具备高资格条件的申请者和特别需要的职位人员时，可以给予他们高于招募职位工资等级标准的工资。三是高级公务员弹性工资。对联邦政府中的高级公务员、高层雇员、科学或专家职位雇员等高级雇员实行具有宽带结构的弹性工资。联邦行政机构可以根据高级雇员所具有的资格条件和实际工作绩效,在最低标准与最高标准之间决定他们的年薪报酬。

(3) 津贴、补贴。美国公务员津贴和补贴主要包括以下内容:一是住宅津贴和生活津贴。依据《美国法典》,对派往合众国、波多黎各自由邦、运河区及合众国领地和属地以外的其他地区的公务员,给予临时住宅津贴,以及租金、取暖、采光、燃料、煤气、电和水等生活津贴;对派驻的国外公务员,给予调任津贴、分居生活供养津贴、教育津贴和交通费等。二是岗位津贴。根据工作环境,给予驻国外地区工作雇员的津贴,岗位差额不得超过其基本薪金率的25%。此外,美国公务员还享受制服津贴、危险津贴以及加班费、假期补助、购房补助等补贴。

(4) 奖金。联邦政府奖励包括各种现金奖、工作成绩奖、政府推荐奖、高绩效提薪、荣誉与正式赞扬、休假奖励等。《美国法典》详细规定了工作成绩奖、现金奖等措施。其中,工作成绩奖金额不得多于基本薪金的10%,也不得少于基本薪金的2%。但是,经机关首长确认可以给予超过基本薪金的10%但不超过20%的成绩奖。现金奖金额不超过1万美元,但经人事管理署批准,可授予超过1万美元但不超过2.5万美元的现金奖。为了吸引、安置、稳定优秀公共管理人才,联邦政府推出了包括"雇佣奖金""安置奖金""留人津贴"的3Rs奖励措施。如"雇佣奖金"旨在吸引稀缺人才,包括一般序列职位和高层职位、科学或专家职位、高级公务员职位等职位类别的人才,只要其与政府行政机构签订6个月以上的雇佣合同,就可以获得一笔相当于任职后基本年薪25%的一次性"雇佣奖金"。

2. 公务员福利保险

美国公务员福利制度包括年休假、家庭与医疗假,以及出庭假、骨髓与器官捐赠假、紧急事件假、应征入伍假和无工资假等。公务员可以享受带薪年休假,假期与其服务期紧密相关。普通公务员最长年休假不超过30天,高级公务员最长年休假不超过90天。未休假或未休满假的公务员可以依据未休的时间计算累积的补偿津贴。按照美国1933年《家庭与休假法案》,联邦政府公务员的直系家庭成员因患癌症、心脏病等严重疾病,或负重伤、怀孕或分娩需要长期照顾时,可以申请最长12周的无薪假期。此外,联邦政府公务员每年可以获得不超过13天的病假,以看病或照顾家庭成员和患病家属,以及处理与收养有关的事宜。

3. 公务员保险

美国联邦公务员保险主要包括健康保险、集体人寿保险、养老金。第一,健康保险。联邦雇员健康保险计划于1960年实施。联邦政府公务员既可以自选医院、医生看病,也可以在指定医院由特定医生看病。加入健康保险计划后,个人依法支付25%的医疗费用,并享受税收减免;联邦政府依法支付75%的医疗费用。联邦公务员的健康保险包括以下产品:住院和医疗费用保险;处方药保险;牙科、眼科保险;短期和长期失能保险;长期看护保险;意外险。第二,集体人寿保险。联邦雇员集体人寿保险计划于1954年8月实施,是美国最大的人寿保险计划,包括基本人寿保险和三个可选险种。其中,基本人寿保险为强制性保险计划,所缴费用直接从联邦雇员的基本工资中扣除。寿险计划包括定期寿险、万能寿险和终生寿险等形式。第三，养老金。养老金是美国雇员退休计划的重要形式。美国雇员退休计划主要包括养老金计划、利润分享计划、合格退休金储蓄计划。

（二）美国公务员工资确定原则与调整程序

1. 公务员工资确定基本原则

美国国会规定，联邦普通公务员工资确定的基本原则如下：在每一工资区域内，实行同工同酬；在每一工资区域内，工资差别水平应基于工作与表现的差别；联邦工资标准应与同一工资区域内同一工作性质的非联邦工资标准相比较；任何联邦与非联邦公务员间的工资不平衡现象都应消除。

2. 公务员工资增长机制

《联邦雇员工资法》规定：工资水平依据对非联邦政府雇员的工资调查结果而定，每年增长5%左右，一般不由财政预算规定。当然也有例外，在国家遇到紧急情况或严重经济危机时，总统有权下调工资总量。工资调整分为两类：一是普调。根据每年"雇佣成本指数"的变化减去0.5个百分点（每年9月至次年9月来确定调整比例）。二是地方工资调整。当一个地方的非联邦雇员工资高于联邦雇员工资5%时，可以进行调整。

3. 公务员工资调整程序

美国公务员工资调整一般由美国劳工统计局、美国联邦人事管理总署、联邦薪金委员会、总统工资管理办公室、总统、国会等共同完成。其调整程序如下：第一步，美国劳工统计局实施薪酬调查，薪酬调查采用概率抽样法，样本具有典型性和代表性；第二步，美国联邦人事管理总署计算地区内工资差距和地区工资支付额；第三步，联邦薪金委员会向总统工资管理办公室提出工资调整建议；第四步，总统工资管理办公室全面审核工资调整建议并向总统提交报告；第五步，总统审核和发布工资调整数额；第六步，国会立法。

（三）美国公务员工资制度改革

1. 公务员绩效工资制度改革

自20世纪70年代以来，为缓解公共部门的财政危机、信任危机以及合法性危机，西方国家掀起了一场"新公共管理运动"，其中一项重要举措就是通过绩效工资、雇佣合同等市场激励机制的引入，力图对公共部门的激励制度安排进行改革和重构。

1978年，美国颁布了《文官制度改革法》，拉开了公务员绩效工资制度改革序幕。该项改革首先从联邦政府的高级官员着手，包括过去在文官序列中位于13—15级以及通过聘用制招录的官员。联邦政府分别以绩效奖励、杰出贡献奖励和高级文官绩效待遇奖励三种方式为高级官员们设计绩效薪酬，杰出贡献奖的一次性奖金为1万美元，而高级文官绩效待遇是总统奖金，高达2万美元。所有奖励都建立在标准化的绩效评估结果之上。但是，在绩效薪酬制度执行1年后，美国国会决定将有资格获得奖励的人员比例从50%削减到25%，随后美国联邦人事管理总署再次将该比例减少到20%，这些举措极大挫伤了高级官员对刚刚诞生的绩效薪酬制度的信任和配合改革的积极性。在高级文官的绩效薪酬制度改革实施 3 年以后,各项奖励机制已经逐步完善,联邦政府开始对中级文官的薪酬体系实施改革。1984 年,美国国会针对中级文官实施绩效管理认可制度,最大的革新在于取消基于个人绩效薪酬的奖励,创建广泛覆盖整个政府部门的"绩效—奖金"关联公式并沿用至今。中级文官的绩效薪酬体系主要由三个部分组成:一是参考私营部门的薪资增长率作年度参照调整;二是绩效加薪;三是绩效奖金,该项奖励为一次性奖励,并且与个人的基本薪酬无关。每年一次的绩效评估结果会将官员的绩效按照杰出、优秀、良好、合格和不及格进行排序,只要绩效评估为良好及以上的官员都可以获得绩效加薪。由于实施效果显著,绩效薪酬制度在美国公共部门得到迅速推广。

2. 公务员宽带薪酬制度改革

鉴于薪资系统存在大量的问题,美国联邦政府于 1980 年率先开始进行宽带薪资试验。这次宽带薪资试验主要包括三个试验:一是于 1980 年在美国两个海军研究开发实验室进行的人事管理改革试点项目(简称"海军项目"),历时 14 年。其他两个后续试验是于 1988 年开始在美国国家标准与技术研究院(位于马里兰州)开展的试点项目(简称"研究院项目"),以及在麦克里兰空军基地的 Pacer Share 后勤中心开展的宽带薪资试点项目(简称"空军项目"),分别历时 7 年和 5 年。空军项目在法定试验期结束之后被美国国会终止了,而海军项目和研究院项目则分别在 1994 年和 1990 年被国会批准成为永久实施的薪资计划。在海军项目和研究院项目中,一共划分了 5 个薪资宽带,而在空军项目中则只划分了 4 个薪资宽带。由于在三个试点项目中的职业发展通道都包括 4—5 个薪资宽带,而每一个薪资宽带的区间跨度大约为 53%—123%,极大简化了美国联邦政府薪资系统。试点组织通过实施宽带薪酬,不仅提高了管理者和员工的满意度,还降低了管理成本,改善了组织绩效。美国联邦政府于 20 世纪 80 年代开始静悄悄地进行的这场宽带薪资试验,到 20 世纪 80 年代在私营部门得到普遍的认可和运用。

二、英国公共部门薪酬管理实践

英国是现代国家公务员制度的发源地,公务员薪酬管理制度较为完善。英国国家公务员划分为工业系统公务员和非工业系统公务员,分别实行不同的薪酬制度。同时,英国对高级公务员与低级公务员的薪酬管理也有所区别,分别实行年薪制和周薪制。英国公务员虽然也有中央政府公务员和地方政府公务员之分,但在薪酬管理上却是统一的。

(一)英国公务员工资概况

英国公务员的薪酬收入以标准工资为主、奖金和津贴等福利为辅。

1. 基本工资

一般职员工资由文官事务委员会同国家惠特利委员会(这个机构不是权力机关,而是属于讨论、研究、协商性的组织,其职能是解决行政当局与公务员的争议与纠纷,并对人事管理与人事立法提出建议)协商,决定一个原则意见后,再与公务员工会会谈确定。各部文职人员的工资,要与该部公务员工会谈判后确定。可见,英国国家公务员实行的是协商决定工资制度。

英国工业系统公务员和非工业系统公务员采取不同的薪酬制度。非工业系统公务员实行等级工资制。具体做法是:根据公务员的职务和工作性质,将工资分为若干等,每一等设最高工资和最低工资两档,两档之间保持一个幅度,国家依据每年公务员的考核成绩在此幅度内为其增加工资。工业系统公务员的工资分两种情况:一类人员的工资和非工业系统公务员一样实行统一的工资标准,这类人员占该系统人员的绝大部分;另一类人员的工资和政府外部类似的私营部门保持一致或接近,若要改变,必须与有关的工会协商。英国对不同类别文官分别实行年薪制或周薪制。对高级公务员实行年薪工资制度,对低级公务员实行周薪工资制度。

从 2004 年起,英国的高级公务员均实行新的薪酬管理制度,即一个单一的、不容许协商的薪酬制度。中央政府通过设置薪级"上限"统一制约各部门的薪酬管理。薪级上限每年由独立的高级公务员薪酬评估机构以报告形式提出建议,由政府根据每年新情况结合该评估机构的建议确定每年的薪级上限标准,而后颁布实施。它取消了每年自动增薪制,实行三级薪级制,采用增薪与绩效挂钩的办法,从而使同一等级内的最高工资与最低工资相差 70%。

2. 津贴

英国公务员津贴主要包括:一是伦敦地区津贴。凡在伦敦地区工作的司局长以下工作人员每年都能获得一定数量的津贴。二是超时工作津贴。对于超过规定工作时间的公务员,按超时长短发给一定数额的津贴。三是假日值勤津贴。公务员在节假日值班的,按本人日工资加倍发给津贴。四是夜间勤务津贴。对在下午 8 点后和上午 6 点前工作的公务员,按小时付给津贴。五是责任津贴。它分监督津贴和秘书津贴两种,对象是卫生监督员、电话交接员、部长及高级主管的秘书,按定额发放。六是技能津贴。发放对象是打字员和电子资料员,按技能熟练程度定额发放。

3. 福利

英国公务员可以享受各种休假福利,如病假、事假、年休假、产假等,各种假期在规定的范围内都不影响工资待遇。比如,公务员病休假在 6 个月内有全额工资,超过 6 个月只有半额工资,但是个人另外可以享受国家保险救济金,国家规定二者加在一起不能超过在职时的全额工资。公务员可以享受各种社会保障和保险,如养老、失业、医疗、生育、伤残和丧葬等社会保障和保险。公务员即使没有参加社会保险,对于生活没有来源者,每周也可以领取一定金额的补充救济。

(二) 英国公务员绩效工资制度改革

英国公务员绩效工资制度几经周折和试点,终于在 2001 年开始在高级公务员中实施。自 2002 年 4 月起,英国高级公务员由九级薪级制改为三级,简化了复杂的薪酬分级程序,突出了绩效因素在薪酬评估中的核心地位。在新的薪酬体系中,高级公务员的薪级不与官位、品级挂钩,而是由其所在职位工作量和能力来决定。职位的工作量由高级职位评估程序(Job Evaluation for Senior Posts,JESP)决定,评估因素包括该职位可能占用的资金、可能需要的人力资源、时间要素、工作贡献、影响力以及能力等。JESP 一般为 22 分制，在 JESP 的评分基础上，某一职位与 JESP 分值挂钩形成不同级别，不同分值范围对应相应的薪级。三级薪级对应的 JESP 分值范围分别是 7—12 分、13—18 分和 19—22 分。各薪级之中又划分为四个区域以使薪酬增长能够与绩效挂钩。同薪级内的四个区域是低区、高区、奖金区、高级奖金区。在同薪级职位工作的高级公务员的薪酬会处于四个薪酬区域的其中一个区域。无论是哪一级薪酬，不同的薪酬区域都有不同的薪酬增长率。一般情况下，低区位的增长率要高于高区位的，由此能够产生有效的激励。对高级公务员的激励来自高级公务员薪酬的增量。影响薪酬增长的因素有两个：一个是薪级内所处的薪酬区域；另一个是高级公务员所属的绩效组。每年 4 月，高级公务员所在部门的直接领导会比较每个高级公务员在组织中所做出的贡献，提出绩效分组建议。绩效组分为高绩效组、中绩效组和低绩效组。按规定，高绩效组的人数应占该部门高级公务员总数的 25%，低绩效组的人数占 5%—10%，剩下的中绩效组为 65%—70%，如表 8-3 所示。

表 8-3　2003 年英国高级公务员薪酬增长率计算矩阵

绩效等级	低档	高档	奖金档	高奖金档
高等级（25%）	9%	8%	5%	4%
中等级（65%—70%）	5%	4%	2.25%	2.25%
低等级（5%—10%）	0—2.25%	0—2.25%	0—2.25%	0—2.25%

分组后，高级公务员薪酬委员会（SCS Pay Committee）根据直接领导的分组建议最终确定该公务员所属的绩效组，并结合薪酬区域计算薪酬增长率。高绩效组的高级公务员一般都能得到奖金，中绩效组的高级公务员必须在完成年终工作目标的情况下才有可能得到奖金。各部门有权利自行分配奖金，但不能超出每年薪酬管理机构规定的最高奖金和最低奖金上限。个人的奖金数目由直接领导提出建议，最后由薪酬委员会确定。

英国实施公务员绩效工资制度改革取得了显著成效。高级公务员的薪酬制度采用宽幅度的三级薪级制，以职位评级制度代替原先公务员按官位、品级定薪的制度，将薪级制与职位工作量和绩效挂钩，使薪酬制度更加公平。简化后的薪级制更易掌握和操作，大大降低了评定成本。同薪级最高薪酬额与最低薪酬额相差达 70%，拉开了薪酬差距，突出了薪酬管理的效率原则，对高级公务员的激励作用更加明显。在三级宽幅薪级制度的框架内，各部门有更多的自主权确定高级公务员的薪酬，薪酬管理更具灵活性。更重要的是，该管理制度还采用增薪与绩效挂钩的方法，绩效水平越高，薪酬档次越低，增薪幅度就越大。这种做法通过灵活薪幅、额外奖金方式，加强了个人绩效与部门效率增量之间的联系，使绩效成为薪酬增长的核心要素，有利于提高公务员的绩效意识，培育组织绩效文化。

三、中国公共部门薪酬管理实践

(一) 中国公共部门薪酬制度改革与发展

中华人民共和国成立至今，机关事业单位薪酬制度经历了多次改革，工资制度和工资幅度不断调整，并且每次改革都与当时的经济政治体制相适应，呈现出不同的时代特征。

1. 第一次改革

我国的分配关系是在供给制基础上逐步形成和发展起来的。中华人民共和国成立初期，由于当时职工的工资情况非常复杂，没有统一的工资制度，在国家干部中只能一部分实行供给制，一部分实行薪金制。为了争取提前和超额完成第一个五年计划，国务院在1956年召开了全国工资会议，通过了《国务院关于工资改革的决定》（以下简称《决定》），对国家机关、事业单位和企业的工资制度进行统一改革。这次改革奠定了我国货币工资制度的基础，实现了多种工资形式向单一工资制度的转变，使得全国工作人员的工资形式趋向统一。在机关和事业单位建立了职务等级工资制，工资标准分30个等级。由于一些客观原因和具体措施不健全，工资改革并没有完全按照上述《决定》实行。

2. 第二次改革

1985年，中共中央和国务院公布了《国家机关和事业单位工作人员工资制度改革方案》（以下简称《方案》），开启了第二次全国工资制度改革。《方案》规定机关和事业单位人员的工资由四个部分组成：（1）基础工资，是保障工作人员基本生活的工资项目。发放的金额不分职务等级和工作年限，所有人都一样。（2）职务工资，主要根据工作人员的职务来定，职务高的得到的物质回报就多。（3）工龄津贴，主要根据工作人员的工作年限来定，不分职务高低。（4）奖励工资，来自所在单位行政经费的节余，用于奖励工作绩效较好的员工。1985年的全国工资改革是我国分配关系历史上的重大转折，实现了企业工资制度与机关事业单位工资制度的脱钩。企业有机会摆脱计划经济下的固有分配模式，开始建立能较好体现按劳分配原则的工资制度。废除了等级工资制，基本上解决了职级不符的问题，使得机关事业单位工作人员的工资纳入新的工资轨道。同时提出建立正常晋级增资制度的设想，规定以后每年根据国民经济计划完成情况，适当安排机关事业单位和企业工作人员工资增长指标。但是，这次改革也存在一些问题：（1）奖金原则上是给绩效较好的员工，实际执行中则是人人有份；（2）过度强调职务对工资的决定作用，诱发了高职位不当扩张的问题。

3. 第三次改革

为了建立社会主义市场经济体制框架，针对1985年工资制度改革存在的问题，我国在1993年进行了第三次大的工资制度改革。首先，建立职务级别工资制（简称"职级工资制"）。在工资构成上，将基本工资按不同职能分为职务工资、级别工资、基础工资和工龄工资四个部分，其中职务工资和级别工资是主体。职务工资按职务高低、责任轻重和工作难易程度确定，在职务工资标准上，对每一职层次设若干工资档次，最少为3档，最多为8档；级别工资则按资历和能力确定，共分为15级，每个级别大都只设置一个工资标准。强调新工资制度要防止高定级别、高套职务工资等现象发生。其次，引入地区津贴制度。地区津贴包括艰苦边远地区津贴和地区附加津贴。前者主要体现地区间在自然地理环境等方面的差异，后者则体现机关工作人员在各地生活成本的不同，各地方政府可根据地方自有财力发放此类津贴。最后，强调在条件成熟时，对考核优秀和称职的工作人员发放年终一次性奖金。这次改革有三个进步：(1) 鉴于机关工作人员的工作是管理性质，属于非生产领域的劳动，因而其工资收入来源于国民收入的再分配，由国家根据统筹兼顾、按劳分配的原则，安排工作人员的工资分配，机关工作人员的工资水平随着国民经济效益的增长而提高。(2) 增强对纳税人负责的意识，明确机关工资制度由国家统一制定、统一管理。(3) 提出机关工作人员的工资受法律、法规保障，除有国家法律和政策明文规定之外，任何单位和个人不能以任何形式随意增加或扣减，尤其是行政机关实施了与公务员制度配套的职级工资制，这对公务员制度的推广起到了较好的推动作用。但是，地区津贴制度出台之时恰是我国地方政府预算外资金急剧扩张时期，因此，地区之间、部门之间的巨大工资差成为1993年工资制度的硬伤，也是2006年工资改革启动的主要原因。

4. 第四次改革

2006年6月《国务院关于改革公务员工资制度的通知》及《事业单位工作人员收入分配制度改革方案》的相继颁布，标志着我国第四次工资制度改革的全面启动。本次改革的目的在于贯彻落实《公务员法》，规范公务员收入分配秩序，有效调控地区工资差距，建立新的公务员工资制度框架；同时，适应深化事业单位改革的要求，建立符合事业单位特点、体现岗位绩效和分级分类管理的收入分配制度。这次改革成果主要表现为以下几个方面：(1) 完善并规范了公务员的津贴和补贴，确保了不同部门以及不同地区公务员之间的薪酬公平。由北京、广东发起的"阳光工资"改革，实行统一的公务员工资标准，清理整顿机关津贴、补贴、奖金，从而调整公务员收入中的地区差、部门差等问题。(2) 扩大了公务员工资的最高水平和最低水平之间的差别。原来的公务员最高工资水平和最低工资水平之间的比例为6.6：1，调整为12：1。(3) 调整基本工资结构，基础工资和工龄工资不再保留，级别工资的权重有所加大。将公务员的职务晋升和工资级别晋升分别独立进行，在设置12个职务等级工资之外，还将适用于全体公务员的15个级别工资扩大到27个，其中重点增加了县以下基层公务员所对应的级别工资数量。(4) 完善了奖金发放办法。只要是年度考核称职或以上的工作人员，都有权享受年终一次性奖金，奖金的数额等于本人当年12月份的基本工资。这有点类似于有些发达国家的公务员13个月薪水制。同时，如果公务员考核称职或以上，每两年可在所任职务对应的级别内升一个工资档，每5年升一个工资级别。(5) 完善事业单位工资制度。建立岗位绩效工资制，包括岗位工资、薪级工资、绩效工资和津贴补贴四项内容；而且实行工资分类管理、正常调整机制，并完善高层次人才分配激励机制与收入分配宏观调控机制。

5. 第五次改革

根据 2013 年 12 月国务院转发的《关于深化收入分配制度改革的若干意见》，人力资源和社会保障部研究制定公务员薪酬体系改革方案，重点是提高基层公务员待遇，有两个主要任务：一是规范公务员地区附加津贴制度；二是完善职务和职级并行的薪酬制度。新一轮公务员薪酬改革将延续兼顾效率与公平的导向，更加注重公平正义，而且注重从制度设计上来找出路。2015 年 1 月 12 号，国务院办公厅转发《人力资源社会保障部财政部关于调整机关事业单位工作人员基本工资标准和增加机关事业单位离退休人员离退休费三个实施方案的通知》，决定从 2014 年 10 月 1 日起，调整机关事业单位工作人员基本工资标准，增加机关事业单位离退休人员离退休费。改革的重点主要有：（1）调整公务员基本工资标准，同时将部分规范津贴补贴纳入基本工资；（2）调整事业单位工作人员基本工资标准，同时将部分绩效工资纳入基本工资。

（二）公务员工资制度

1. 工资体系

我国《公务员法》规定，公务员工资包括基本工资、津贴补贴和奖金。

（1）基本工资。一是公务员基本工资。《公务员法》第 79 条规定，公务员实行国家统一规定的工资制度。职务工资是指按照职务高低、责任大小、工作繁重和业务技术水平等因素确定的工资额。职务工资主要体现公务员工作职责的大小，一个职务对应一个工资标准，其中，领导职务工资标准如表 8-4 所示。级别工资主要体现工作实绩和资历。每一职务层次对应若干个级别，每一级别设若干个工资档次。根据所任职务、德才表现、工作实绩和资历确定级别和级别工资档次，执行相应的级别工资标准。现

表 8-4　公务员职务工资标准表（政府领导职务）（2018 年）　　　单位：元/月

领导职务	对应级别	职务工资标准
国家级正职	1	7835
国家级副职	2—4	6090
省部级正职	4—8	4765
省部级副职	6—10	3685
厅局级正职	8—13	2855
厅局级副职	10—15	2290
县处级正职	12—18	1835
县处级副职	14—20	1455
乡科级正职	16—22	1145
乡科级副职	17—24	925

行公务员共设 27 个级别，一个级别设置一个工资标准。职务与级别有一定的对应关系：职务越高，对应的级别越少；职务越低，对应的级别越多。上下职务对应的级别有所交叉，使低职务级别的公务员能够通过级别的上升提升工资，具体见表 8-5。

表 8-5 公务员职务级别工资标准表（2018 年）　　　　　　单位：元/月

级别	级别工资													
	档次													
	1	2	3	4	5	6	7	8	9	10	11	12	13	14
一	6496	6967	7438	7909	8380	8851								
二	5984	6390	6796	7202	7608	8014	8420							
三	5517	5883	6249	6615	6981	7347	7713	8079						
四	5077	5412	5747	6082	6417	6752	7087	7422	7757					
五	4673	4988	5303	5618	5933	6248	6563	6878	7193	7508				
六	4304	4598	4892	5186	5480	5774	6068	6362	6656	6950	7244			
七	3977	4251	4525	4799	5073	5347	5621	5895	6169	6443	6717			
八	3690	3945	4200	4455	4710	4965	5220	5475	5730	5985	6240			
九	3431	3667	3903	4139	4375	4611	4847	5083	5319	5555	5791			
十	3190	3408	3626	3844	4062	4280	4498	4716	4934	5152	5370			
十一	2965	3167	3369	3571	3773	3975	4177	4379	4581	4783	4985	5187		
十二	2755	2943	3131	3319	3507	3695	3883	4071	4259	4447	4635	4823	5011	
十三	2559	2735	2911	3087	3263	3439	3615	3791	3967	4143	4319	4495	4671	4847
十四	2376	2541	2706	2871	3036	3201	3366	3531	3696	3861	4026	4191	4356	4521
十五	2206	2361	2516	2671	2826	2981	3136	3291	3446	3601	3756	3911	4066	4221
十六	2048	2193	2338	2483	2628	2773	2918	3063	3208	3353	3498	3643	3788	3933
十七	1902	2037	2172	2307	2442	2577	2712	2847	2982	3117	3252	3387	3522	
十八	1768	1893	2018	2143	2268	2393	2518	2643	2768	2893	3018	3143	3268	
十九	1645	1760	1875	1990	2105	2220	2335	2450	2565	2680	2795	2910		
二十	1533	1638	1743	1848	1953	2058	2163	2268	2373	2478	2583			
二十一	1431	1526	1621	1716	1811	1906	2001	2096	2191	2286				
二十二	1339	1424	1509	1594	1679	1764	1849	1934	2019					
二十三	1257	1332	1407	1482	1557	1632	1707	1782						
二十四	1185	1250	1315	1380	1445	1510	1575	1640						
二十五	1122	1178	1234	1290	1346	1402	1458							
二十六	1067	1116	1165	1214	1263	1312								
二十七	1020	1062	1104	1146	1188	1230								

二是机关工人基本工资。技术工人实行岗位技术等级工资制，基本工资由岗位工资和技术等级（职务）工资构成。岗位工资根据工作难易程度和工作质量确定，按照初级工、中级工、高级工三个技术等级和技师、高级技师两个技术职务设置，分别设若干工资档次。技术等级（职务）工资根据技术水平高低确定，一个技术等级（职务）对应一个工资标准，见表 8-6。普通工人仍实行岗位工资制，基本工资为岗位工

资,见表 8-7。

(2) 津贴补贴。我国《公务员法》规定,公务员按照国家规定享受地区附加津贴、艰苦边远地区津贴、岗位津贴等。《国务院关于改革公务员工资制度的通知》对地区附加津贴、艰苦边远地区津贴和岗位津贴作出了明确的解释。其中,地区附加津贴主要反映地区经济发展水平、物价消费水平等方面的差异;艰苦边远地区津贴主要根据自然地理环境、社会发展等方面的差异,对在艰苦边远地区工作生活的工作人员给予适当补偿;岗位津贴是针对特殊岗位的工作人员设置的。《公务员法》规定,公务员按照国家规定享受住房、医疗等补贴、补助。公务员的津贴补贴主要是根据当地或单位具体情况制定或申请的,因此不一定是统一的,不同的地方、单位在公务员津贴补贴方面具有一定的差异性,虽然这在一定程度上体现了不同地区和岗位的差异,但也由于没有具体的标准而出现了一定的无序性,目前正在不断规范和完善之中。

(3) 奖金。公务员实行年终一次性奖金。对年度考核称职(合格)及以上的工作人员,发放年终一次性奖金,奖金标准为本人当年 12 月份的基本工资。

2. 工资调整机制

国家建立工资调查制度,定期进行公务员和企业相当人员工资收入水平的调查比较。然后根据工资调查比较的结果,结合国民经济发展、财政状况、物价水平等情况,适时调整机关工作人员基本工资标准。工资调查制度建立前,国家根据国民经济发展、财政状况和物价水平等因素,确定调整基本工资标准的幅度。

(三) 事业单位工作人员工资制度

1. 工资体系

根据人事部、财政部印发的《关于印发事业单位工作人员收入分配制度改革方案的通知》,事业单位实行岗位绩效工资制度。岗位绩效工资由岗位工资、薪级工资、绩效工资和津贴补贴四部分组成,其中岗位工资和薪级工资为基本工资。

(1) 基本工资。岗位工资主要体现工作人员所聘岗位的职责和要求。事业单位岗位分为专业技术岗位、管理岗位和工勤技能岗位。专业技术岗位设置 13 个等级,管理岗位设置 10 个等级,工勤技能岗位分为技术工岗位和普通工岗位,技术工岗位设置 5 个等级,普通工岗位不分等级。不同等级的岗位对应不同的工资标准。工作人员按所聘岗位执行相应的岗位工资标准。

薪级工资主要体现工作人员的工作表现和资历。对专业技术人员和管理人员设置 65 个薪级,对工人设置 40 个薪级,每个薪级对应一个工资标准。对不同岗位规定不同的起点薪级。对工作人员根据其工作表现、资历和所聘岗位等因素确定薪级,执行相应的薪级工资标准。

事业单位工作人员岗位工资标准表和薪级工资标准表分别如表 8-6、表 8-7 所示。

(2) 绩效工资。绩效工资主要体现工作人员的实绩和贡献。国家对事业单位绩效工资分配进行总量调控和政策指导。事业单位在核定的绩效工资总量内,按照规范的程序和要求,自主分配。

表 8-6　事业单位专业技术人员基本工资标准表（2018 年）　　　　单位：元/月

岗位工资		薪级工资									
岗位	工资标准	8月6日	工资标准	薪级	工资标准	薪级	工资标准	薪级	工资标准	薪级	工资标准
一级	6010	1	260	14	746	27	1700	40	3049	53	4812
二级	4650	2	286	15	800	28	1790	41	3168	54	4969
三级	4110	3	312	16	860	29	1880	42	3287	55	5142
四级	3530	4	338	17	920	30	1979	43	3406	56	5315
五级	3070	5	369	18	986	31	2078	44	3535	57	5498
六级	2710	6	400	19	1052	32	2177	45	3664	58	5681
七级	2500	7	436	20	1126	33	2276	46	3793	59	5874
八级	2200	8	472	21	1200	34	2385	47	3934	60	6067
九级	1960	9	513	22	1274	35	2494	48	4075	61	6276
十级	1810	10	554	23	1356	36	2603	49	4216	62	6485
十一级	1640	11	600	24	1438	37	2712	50	4357	63	6714
十二级	1620	12	646	25	1520	38	2821	51	4498	64	6943
十三级	1510	13	692	26	1610	39	2930	52	4655	65	7204

表 8-7　事业单位管理人员基本工资标准表（2018 年）　　　　单位：元/月

岗位工资		薪级工资									
岗位	工资标准	8月6日	工资标准	薪级	工资标准	薪级	工资标准	薪级	工资标准	薪级	工资标准
一级	5910	1	260	14	746	27	1700	40	3049	53	4812
二级	4780	2	286	15	800	28	1790	41	3168	54	4969
三级	3960	3	312	16	860	29	1880	42	3287	55	5142
四级	3360	4	338	17	920	30	1979	43	3406	56	5315
五级	2780	5	369	18	986	31	2078	44	3535	57	5498
六级	2360	6	400	19	1052	32	2177	45	3664	58	5681
七级	2070	7	436	20	1126	33	2276	46	3793	59	5874
八级	1840	8	472	21	1200	34	2385	47	3934	60	6067
九级	1620	9	513	22	1274	35	2494	48	4075	61	6276
十级	1510	10	554	23	1356	36	2603	49	4216	62	6485
		11	600	24	1438	37	2712	50	4357	63	6714
		12	646	25	1520	38	2821	51	4498	64	6943
		13	692	26	1610	39	2930	52	4655	65	7204

（3）津贴补贴。事业单位津贴补贴，分为艰苦边远地区津贴和特殊岗位津贴补贴。艰苦边远地区津贴主要是根据自然地理环境、社会发展等方面的差异，对在艰苦边远地区工作生活的工作人员给予适当补偿。艰苦边远地区的事业单位工作人员，执行国家统一规定的艰苦边远地区津贴制度。执行艰苦边远地区津贴制度所需经费，属于财政支付，由中央财政负担。特殊岗位津贴补贴主要体现对事业单位苦、脏、累、险及其他特殊岗位工作人员的政策倾斜。国家对特殊岗位津贴补贴实行统一管理。

2. 工资调整机制

《关于印发事业单位工作人员收入分配制度改革方案的通知》规定，事业单位工资调整主要有以下几种形式：

（1）正常增加薪级工资。在年度考核的基础上，对考核合格及以上等次的工作人员每年正常增加一级薪级工资。

（2）岗位变动调整工资。工作人员岗位变动后，按新聘岗位执行相应的工资标准。

（3）调整基本工资标准。国家根据经济发展、财政状况、企业相当人员工资水平和物价变动等因素，适时调整工作人员基本工资标准。

（4）调整津贴补贴标准。国家根据经济发展、财政状况及调控收入分配关系的需要，适时调整艰苦边远地区津贴标准和特殊岗位津贴补贴标准。

（四）中国公共部门薪酬制度存在的问题及对策

1. 中国公共部门薪酬制度存在的问题

考察我国公共部门薪酬制度的改革和发展，可以发现政府机关公务员与事业单位工作人员工资制度日趋完善。但是，公共部门薪酬制度存在的问题也是显而易见的，突出表现在以下几个方面：

（1）薪酬体系难以体现绩效水平。我国公务员工资制度是建立在传统干部制度基础之上的，是一种典型的职位薪酬体系。在职位薪酬体系下，公务员的一切工资待遇都与其职务与级别挂钩，一旦晋升到某一职务或级别，就能获得相应的工资、津贴、住房、养老、医疗等工资福利待遇水平，具有"终身制"的色彩，而与本人在该职务或级别上工作所做出的贡献没多大关系，亦即公务员工资收入水平难以体现公务员绩效高低。

（2）薪酬结构不能反映职位差别。长期以来，我国公务员薪酬结构一直采用单一的窄带结构，不同级别之间的工资标准相差不大，尤其是低层公务员之间的工资级差更小，从而不能反映公务员所任职位的差别。处于同一职务或级别的不同种类的公务员虽然从事不同的具体工作，但由于他们处于同一工资等级范围内，因此工资收入雷同。这种忽略职位差异的看似"公平"、简单化的工资结构直接引发政府机关收入分配上的"大锅饭"和平均主义，不仅激励功能有限，而且还导致事实上的不公平。

（3）薪酬构成无法落实公平原则。长期以来，我国形成了"低工资、多补贴、泛福利"的公务员薪酬格局。虽然《公务员法》对基本工资有统一的相关规定，但事实上，在津贴补贴、福利及"隐形收入"上，国家还缺乏有效、统一的法律规范和监管手段。各地、各部门津贴补贴、福利自行发放，称谓不一、名目繁多、数量迥异；各种"隐形收入"或"灰色收入"形态各异、不一而足。一些经济状况好的部门，随意增发员工津贴补贴和福利等，那些发达地区、重要行业、实权部门的员工工资增速明显更快，这样导致不同地区、行业与部门之间员工收入差距无限制地扩大，无法真正落实公务员工资管理的公平性原则。

（4）薪酬调整不能紧跟实际需要。我国《公务员法》第81条规定："公务员的工资水平应当与国民经济发展相协调、与社会进步相适应。国家实行工资调查制度，定期进行公务员和企业相当人员工资水平的调查比较，并将工资调查比较结果作为调整公务员工资水平的依据。"但是，缺乏科学、有效的工资调查制度，导致公务员薪酬调节机制滞后于实际工作需要。现有公务员工资增长机制与市场机制相脱节，没有与经济增长建立合理的比例关系，没有真正建立起与企业相当人员的平衡比较调整机制，更没有考虑市场的人才价位，不能充分发挥工资分配的激励作用。

2. 中国公共部门薪酬制度完善对策

完善我国公共部门薪酬制度，可以从以下几个方面入手：

第一，完善薪酬管理相关法律法规。健全的薪酬法律法规是公共部门薪酬管理的重要保证。与西方发达国家相比，我国公共部门薪酬法制化建设明显滞后，仅出台了与公务员薪酬相关的条例、方案或规章制度，如《公务员工资制度改革方案》（2006年）、《关于完善艰苦边远地区津贴制度实施方案》（2006年）、《公务员奖励规定（试行）》（2008年）、《机关事业单位工作人员带薪年休假实施办法》（2008年）等。在实施《公务员法》的过程中，有必要结合我国国情，整合相关配套法规，制定"中华人民共和国公务员薪酬法"，详细规定公务员薪酬的形式、结构、设计依据、薪酬变动、管理程序、管理责任等；进一步完善职务工资与级别工资，清理、规范公务员津贴补贴、奖金；按照公务员福利市场化、社会化、货币化原则，健全福利管理制度，开发内容丰富、形式多样的公务员福利；健全公务员保险制度，保障公务员在退休、患病、工伤、生育、失业等情况下获得帮助和补偿；规范公务员退休程序，适时建立公务员养老金制度，不断提高退休待遇。

第二，切实推行干部财产公开与申报制度。财产公开与申报制度是现代公务员制度的重要组成部分，也是对领导干部实施有效监督的重要手段。美国、英国、加拿大等西方主要国家公务员工资福利待遇就非常透明和公开，几乎不存在"灰色收入"和高额职务消费。我国必须制定并实施"阳光工资法案"，切实推行干部财产公开与申报制度，确保干部岗位工资、职级工资、津贴标准、福利项目及家庭财产等公开、透明，便于立法机构和公众舆论进行监督，从而杜绝"隐形收入"和"灰色收入"；鼓励地方和部门进行改革探索和试点，切实加强引导，在认真总结地方和部门改革经验的基础上，逐步在全国范围推行。

第三，逐步实施绩效工资制度。政府部门要提高公务员工作积极性和工作效率，就应该发挥公务员基本工资之外的绩效工资的激励作用。现阶段，越来越多的西方发达国家重视将公务员（尤其是高级公务员）的工资与其工作绩效挂钩，大力推行绩效工资制度。我国《公务员法》提出公务员工资制度贯彻按劳分配的原则，将工作实绩作为公务员薪酬决定的重要依据。国务院又决定在事业单位分步推行绩效工资制。但是，绩效工资制在我国公共部门的实施效果却并不理想。究其原因，主要存在诸多障碍和难点。其中，绩效评价体系不完善与宽带薪酬结构匮乏是两个重要的现实难题。为此，我国公共部门应该全面推行绩效管理制度，完善科学的绩效评价体系，健全绩效评价结果与工资收入紧密结合的分配机制；同时，改革单一的窄带薪酬结构，逐步导入并推行宽带薪酬结构,为保证绩效工资的有效实施提供有力的支撑。

第四,建立科学的薪酬调节机制。我国应针对不同地区、部门公务员工资差距建立地区及部门工资调整系数,并针对不同层级公务员工资差异确立工资差距比例系数,促使公务员工资政策适当向基层与艰苦边远地区或部门倾斜,以消除公共部门收入分配差距过大的矛盾。同时,完善公务员工资调查制度,以健全公务员工资水平与企事业单位工作人员工资水平比较协调机制;增强工资调查制度的透明度,将调查的目的、时间、程序、样本选择以及如何使用等及时公之于众;加强调查结果使用的制度建设,保证调查结果的正确运用。

第五,完善保险制度。坚持社会保险和商业保险相结合、自愿保险和强制保险相结合,充分利用市场手段,完善公务员医疗、失业、生育、工伤保险制度,适时构建公务员养老保险制度。根据公共部门的岗位特点和工作性质,依法设计灵活的险种,以满足公职人员多元化的需要。

阅读资料

中国公务员薪酬制度发展的历史叙事与国际经验借鉴

公务员薪酬制度和治理体系是我国收入分配体制改革的重要内容。现行公务员薪酬分配存在水平低、结构不合理等问题,这是由其内在缺陷所致。建立责任与权限相统一的公务员薪酬制度和治理体系是未来改革的目标,包括开展职位分类、工作分析和职位评价;保持与干部人事管理边界划分相一致的薪酬管理权限;建立预算管理和绩效报告制度;推动工资立法和强化相关配套改革等。

一、公务员工资制度及治理体系的历史演变

中华人民共和国成立以来,国家分别在1956年、1985年、1993年和2006年对公务员的工资制度进行了改革。应当说,公务员工资制度的每一次改革都与不同时期国家发展战略目标和重大任务密切相关,并呈现出一些不同的特点。

(一)第一次工资改革

1956年,我国进行了第一次全国性的以建立"等级工资制"为特点的工资改革,其内容包括国家机关、企事业单位实行统一的等级工资制。1956年的等级工资制,适应当时的经济政治形势,曾起到了积极的作用。它从根本上改变了旧中国遗留下来的极为混乱的工资制度,在全国范围内统一了职工的工资标准,奠定了我国现行薪酬管理制度和薪酬治理模式的基础。在改革开放前近30年的时间里,我国一直实行等级工资制,只作了一些局部调整。随着社会经济形势的不断发展,等级工资制的弊端逐渐显露出来,比如职级不符,劳酬不符,正常增长机制缺失,工资标准过多过繁不便于操作,工资结构功能单一等。

(二)第二次工资改革

1984年10月,中共中央十二届三中全会通过了《中共中央关于经济体制改革的决定》,提出实行"有计划的商品经济"。这成为我国改革开放的纲领性文件之一。在此背景下,1985年进行了以"结构工资制"为特点的第二次工资改革。这次工资改革将机关事业单位工资制度与企业工资制度分离,建立了以职务工资为主的结构工资制。工资结构主要包括:基本工资,奖励工资,地区性津贴补贴,福利性津贴补贴,特殊岗位性津贴补贴等。其中,职务工资是主体。与1956年结构单一的高度集权的等级制工资相比,结构工资制强化了工资的多种功能。它通过与企业工资制度脱钩,突出了政企分开、事企分开的原则和特点。但就工资改革本身而言,仍然没有建立起正常的薪酬增长机制,缺乏相应的配套措施,特别是沿用高度集权的薪酬管理和薪酬治理模式,其本质仍然没有发生变化。

(三)第三次工资改革

1993年提出的以职级工资制为特点的工资改革,旨在结合机构改革和公务员制度的推行,建立职务级别工资制度,实现与事业单位工资制度脱钩。其工资结构主要包括:基本工资,年终一次性奖金,地区性津贴补贴,特殊岗位性津贴补贴,福利性津贴补贴等。这次工资改革取消了11类工资区划分,改革了地区工资类别制度和津贴制度。根据不同地区的自然环境、经济发展水平和物价等因素,实行不同的地区津贴。津贴补贴包括艰苦边远地区津贴制度和地区附加津贴。艰苦边远地区津贴标准,根据不同地区的地域、海拔高度、气候以及当地物价等因素确定。1993年工资改革明确提出建立地区附加津贴制度,允许各地根据本地经济发展、财力状况调整津贴补贴标准。但由于有关规定不够明确,某些环节缺乏有效监管,一些地方和单位津贴补贴发放逐渐失序。地方和单位在国家统一工资政策外普遍自行出台津贴补贴,其名目繁多,出台方式五花八门,由于资金来源不规范,补贴水平相互攀比,不仅扰乱了公务员收入分配秩序,而且导致地区间、单位间工资收入差距不合理拉大。此外,从薪酬治理来看,尽管提出了将公务员与事业单位工资制度脱钩,但对于如何建立与《国家公务员管理条例》和《关于实行分税制财政管理体制的决定》改革方向相一致的,分级分类管理、清晰而明确的公务员薪酬管理制度和治理体系,并未给出答案。

(四)第四次工资改革

2005年4月27日通过的《公务员法》提出公务员分类分级管理原则,并明确提出"公务员实行国家统一的职务与级别相结合的工资制度"。这次工资结构改革取消了基础工资和工龄工资。总体工资构成包括:基本工资,地区性津贴补贴,岗位性津贴补贴,改革性津贴补贴,奖励性津贴补贴,年终一次性奖金等。基本工资(含职务工资和级别工资)中的职务工资是一个职务对应一个工资标准,为体现岗位职责的差别,领导职务和非领导职务对应不同的职务工资标准。公务员按所任职务执行相应的工资标准。级别工资主要体现公务员的资历、职务和工作实绩。每一级别设若干个工资档次,每一职务层次对应若干个级别。将公务员对应的级别数由15个增加到27个。地区性津贴补贴制度包括艰苦边远地区津贴和地区附加津贴制度。艰苦边远地区津贴制度自2001年开始实施，2006年进一步完善。2006年工资改革提出，在规范津贴补贴的基础上，经过一段时间的实践并总结经验后，再实施地区附加津贴制度。这次工资制度改革进一步加大了级别比重，加强了级别工资的激励作用；通过清理规范津贴补贴，遏制了地方、部门和单位乱发津贴补贴的现象，使同一地区不同部门的津贴补贴水平大体相当；体现了向基层倾斜，适当加大了不同职务对应级别的交叉幅度；向艰苦边远地区倾斜，扩大了艰边津贴实施范围，提高了津贴标准。但这次工资改革后，一些地方政府仍在规范津贴补贴之外，借助改革性补贴特别是奖励性补贴，不断增加收入，甚至出现边规范、边突破的现象，如何规范和管理这两类津贴补贴成为当前主管部门最头疼的问题。《公务员法》提出的国家建立公务员工资的正常增长机制、实行工资调查制度、定期进行公务员和企业相当人员工资水平的调查比较、将工资调查比较结果作为调整公务员工资水平的依据等目标仍未确立。

（五）工资制度改革总结和反思

中华人民共和国成立以来，我国工资制度发展演变和薪酬治理大致遵循下述逻辑展开：一是宏观战略指引。尽管工资本身的改革始终围绕职务与级别的不同功能与权重展开，1956年主要突出级别工资，1985年主要突出职务工资，1993年兼顾职务与级别因素，2006年进一步提升了级别工资比重，但总体而言，国家不同时期的总体发展战略，为公务员的工资改革，特别是其管理体系和薪酬治理改革指明了方向。正是在从计划经济到有计划的商品经济，再到社会主义市场经济，乃至于市场在资源配置中起决定作用这一指导思想下，薪酬治理从高度集权、大一统模式，逐步走向多元化和市场化。二是相关改革配套。研究表明，工资改革与公务员法规、分税制改革的推出等密切相关。以1993年实施的分税制为例，其改革的原则和内容是：根据责任与财权相结合原则，将税种统一划分为中央税、地方税和中央地方共享税；科学核定地方收支数额，逐步实行比较规范的中央财政对地方的税收返还和转移支付制度；建立和健全分级预算制度，硬化各级预算约束等。在分税制下，建立与此相配套的公务员工资制度，特别是地区津贴补贴制度，实现薪酬管理体制从高度集权向适度分权转变，或者说，在国家公务员基本工资制度全国统一的前提下，清楚地界定责任与财权相统一，包括与公务员分级管理即人权相一致的薪酬制度和治理体系已成为进一步改革的必然选择。

二、国外公务员薪酬管理和薪酬治理经验借鉴

在市场经济条件下，实施科学的公务员薪酬管理和薪酬治理，是现代国家治理体系的有机组成部分。为此，有必要总结和借鉴发达市场经济国家和地区的经验和做法。研究表明，发达国家和地区公务员薪酬管理和薪酬治理的经验和做法，包括分权的工资确定机制，依赖于预算体系和集体协商制度，有力的法律保障和立法支持，完善的基础设施建设，明确的管理权限划分，推动实行与绩效相联系的工资制度，薪酬管理公开透明等。

（一）与之相适应的预算体系和集体协商制度

国外发达国家在工资确定方面主要实行分权管理，预算体系、集体协商制度与之紧密联系。在实行自下而上预算管理体系和单级集体协商制度的国家，主要采用移转模式，由中央政府或联邦政府规定工资确定的原则，地方政府实际掌握公务员工资确定的权利，但要受到中央政府的监管，如澳大利亚、新西兰。另一种模式为协商模式，如丹麦、芬兰等实行自上而下预算管理体系和两级集体协商制度。中央层面集体协商（财政部代表中央政府雇主参与）明确规定公务员工资确定中的主体内容，协商结果适用于地方层面开展集体协商，地方政府享有部分工资确定的权利，但受到中央层面集体协商结果的约束。

（二）有力的法律保障和立法支持

自1883年《彭德尔顿法案》开始，美国联邦公务员管理的各方面法律法规不断完善。1990年《联邦雇员可比性工资法案》强调公务员的工资应具有地区可比性，确定了依据雇佣成本指数年度性调整工资的制度。在绩效管理方面，1978年《公务员制度改革法》推行公务员"功绩工资制"，2010年《政府绩效与结果法案修正案》规定对各机构绩效进行系统管理。此外，公务员退休、保险、培训等方面也有专项法律规定。各州除有州宪法规定外，还有公务员法和州政府的行政条例对公务员工资进行管理。日本中央政府通过《国家公务员法》和《地方公务员法》规定公务员支付工薪的标准，地方政府会根据《地方公务员法》制定自己的工资管理规定。澳大利亚于1999年颁布了《公务员法》，专门针对政府核心职能机构的雇员和公务员，开展职位分类、薪酬管理、绩效考核等。

（三）完善的基础设施建设

公务员管理首先要有一套科学化、精细化的职位分类体系。美国联邦政府采用分类与分级相结合的职位分类制度，根据工作岗位的相似程度，归类为职位、职系、职组和职位总目录进行合理规划，因事设人，因事定级，按事给薪，多劳多得，同工同酬。目前，美国联邦公务员的职位分类主要涉及"白领"和"蓝领"，白领职位包含五类（专业类、行政类、技术类、文员类、其他类），蓝领职位主要有技艺类、工艺类、手工类等。澳大利亚实行公务员宽带分级制度，2000年《公务员分级制度》规定了各类公务员的级别，相应的职责、工作标准和级别升降规则，并划分了11个公务员级别组，由低到高依次为一般公务员、行政秘书、高级行政领导。其次，设有工资调查机制。美国采用联邦管理与预算署制定的大都会统计区作为工资调查和比较区域，美国劳工统计局在此基础上进行全国薪酬调查，提供美国劳动力市场上的雇佣成本指数、职业薪酬、福利等数据。日本人事院进行公共部门和私人部门薪酬调查，基于此作出反映私人部门薪酬情况的建议。地方政府则每年根据地区内私人部门薪酬变化的数据调整其公务员的工资。

（四）明确的管理权限划分

在美国，人事管理办公室作为独立的联邦人事管理机构，依据国会和白宫的法律法规制定关于联邦政府公务员基本工资等级、地区工资、特殊工资、工资限定等政策，各政府机构的人事部门据此具体管理机构内部公务员的工资。功绩制保护委员会和联邦劳工关系委员会确保联邦公务员的招聘、工资等符合绩效制原则，维护雇佣关系，处理劳动纠纷。此外，还有劳工部、管理与预算署等非联邦人事管理机构为联邦公务员工资管理提供支持或进行监督。各州则独立确定自己关于公务员的工资制度和工资政策，基本参考联邦的工资管理模式。在日本，人事院是管理中央政府公务员工资的机构，地方政府掌握其公务员工资管理的权力，中央政府以适当的方式进行干预或监督，保持地区间公务员工资水平平衡。机构间分工明确，权力下放，使具体机构有一定的灵活性，也将权力赋予地方政府。在澳大利亚，公务员委员会是联邦政府承担公务员综合管理职能的法定机构，主要负责制定工资管理等方面的方针、政策和程序。工资确定的实际权力下放给各部门的领导，他们根据部门特点和预算情况确定适合本部门公务员的工资。此外，功绩制保护委员会承担监督公务员管理、申诉、调查裁决等专项职责。

（五）与绩效相联系的工资制度

20世纪80年代初，发达市场经济国家开始在公共部门管理中大量引入基于绩效的工资制度，主要通过将绩效评估结果应用于工资增长，或基于绩效结果给予一次性奖金奖励等方式将绩效与工资相关联。起初仅针对高级管理人员，目前已扩展到更多类别的公务员。美国于1978年实行绩效工资制。在个人层面，根据SMART原则设定公务员个人绩效预期或目标，采用360度绩效评价法等方法和工具进行绩效考核，并将绩效考核的结果充分应用到晋升、工资调整等方面。在机构层面，美国联邦政府和州政府也强调绩效管理，各机构每年向白宫或州长提供本机构的战略规划、年度预算报告和年度绩效报告，以OPM为例，在$t-1$年根据战略规划制定第t年的年度预算报告，使战略目标细分、量化、可衡量，在$t+1$年提交年度绩效报告，并提交给国会和各州议会审议。在英国，中央和地方各部门制定自己的绩效工资制度，多数部门的绩效评估分为五个档次，加薪幅度根据评估的等级由高至低递减，评估的结果也作为晋升的重要依据。以内阁办公室为例，一档为工作杰出，二档为工作较杰出，三档为达到工作标准，四档为需要改进，五档为工作不能被接受。

（六）公开透明的薪酬管理

首先，工资管理的原则和政策公开。其次，工资水平公开。每年美国总统公开向国会提交一份白宫工作人员的薪酬表，OPM网站上公布不同工资地区白领公务员的职级职等基本工资表，各州人事管理机构也会公开本州公务员所在部门、职位、工作年限、年薪水平等信息。最后，工资调整过程公开。以联邦公务员地区工资调整为例，联邦薪酬委员会在OPM网站上发布听证会通知，允许公众参与，并将建议方案提交给总统薪酬小组，总统薪酬小组讨论通过后提交给总统，最终经国会审议后公示，接受民众反馈意见。

（资料来源：曾湘泉. 构建责任与权限相统一的公务员薪酬制度和治理体系. 中国人民大学学报，2018，(3)）

公共人力资源管理：理论与实践

案例分析　陕西省推进薪酬制度改革的实践探索

2020年5月22日，全国人大代表蒋立虹建议加强医务人员关于传染病防治能力的流程培训，同时建议提高防治体系建设的工作人员和医务人员的待遇，加大薪酬制度的改革力度。

加快推进薪酬制度改革是进一步深化医药卫生体制改革的主要任务之一。陕西省鼓励和允许各地、各公立医院结合实际改革创新，落实公立医院分配自主权；允许基层医疗卫生机构自主调整基础性和奖励性绩效工资比例，建立保障与激励相结合的基层医疗卫生服务机构运行新机制；统筹推进公共卫生事业单位薪酬制度改革，合理核定绩效工资总量，切实提高工作人员收入水平；鼓励紧密型县域医共体建设试点县（市、区）探索建立薪酬保障和激励新机制。在总结试点经验基础上，陕西省制定出台该省公立医院薪酬制度改革实施方案，完善公立医院薪酬总量核定办法，形成更加符合医疗卫生行业特点的薪酬制度，及时利用好降低药品耗材费用、调整医疗服务价格等方面增加的医院可支配收入，全面推进公立医院薪酬制度改革。

（资料来源：根据人民网2020年5月22日、9月30日相关报道整理）

问题
1. 陕西省推进薪酬制度改革的必要性与意义是什么？
2. 陕西省如何推进薪酬制度改革？

本章关键术语

薪酬	报酬	公共部门	薪酬管理
直接薪酬	间接薪酬	基本薪酬	绩效薪酬
薪酬体系	薪酬构成	薪酬等级结构	
薪酬水平	福利	社会保险	
职位薪酬	技能薪酬	知识薪酬	
能力薪酬	宽带薪酬	薪酬调查	
绩效奖金	绩效调薪	弹性福利计划	
职务级别工资制	岗位绩效工资		

复习思考题

1. 简述公共部门薪酬管理的内容及特点。
2. 简述公共部门薪酬管理的导向及原则。
3. 常见的基本薪酬体系有哪些?
4. 比较绩效奖金与绩效调薪的异同。
5. 宽带薪酬的含义是什么?它有哪些优缺点?
6. 如何开展薪酬调查?
7. 公共部门员工福利包含哪些具体内容?
8. 简述美国联邦政府公务员工资体系的主要内容。
9. 简述英国公务员工资体系的主要内容。
10. 简述我国公共部门薪酬制度的改革与发展。
11. 简述我国公共部门薪酬制度现存的问题及完善对策。

第九章

新时代公共人力资源的发展

> **▶本章学习引导** 十九大报告指出:"中国特色社会主义进入新时代,我国社会主要矛盾已经转化为人民日益增长的美好生活需要和不平衡不充分的发展之间的矛盾。"新时代既是信息革命、知识经济、全球竞争的时代,也是经济转型、深化改革、价值重创的时代。新时代具有新的特征和机遇,同样也有新的要求和挑战,对于公共人力资源管理而言,机遇与挑战并存,更应顺应时代潮流,全面深化改革,转变管理方式,拥抱新的时代特色,唯有如此,才能更好地激发公职队伍工作积极性,提升工作效能,更好地实现为人民服务的宗旨。
>
> **▶本章学习重点** 新时代国内外公共人力资源管理先进经验;新时代公共人力资源管理新趋势。

第一节 公共人力资源管理的时代背景和挑战

一、新时代的新特征

十九大报告中明确指出,中国特色社会主义进入新时代,这个"新时代"来之不易。它意味着中国人民迎来了从站起来、富起来到强起来的伟大飞跃;意味着中国特色社会主义道路、理论、文化、制度不断发展,不断焕发出新的生机;意味着中国逐渐靠近世界舞台的中心,将在世界上发挥更大的作用。这个新时代,是继承和发展的时代,是担当和兴盛的时代;是决胜全面建成小康社会,进而全面建设社会主义现代化强国的时代;是全国各族人民团结奋斗、不断创造美好生活,逐步实现全体人民共同富裕的时代。

随着中国特色社会主义进入新时代,人民的美好生活需要日益增长,不仅对物质生活提出了更高要求,而且在民主、法治、公平等精神文化方面的要求也日益增加。目前,我国更加突出的问题是发展不平衡、不充分,这已经成为满足人民日益增长的美好生活需要的主要制约因素。必须认识到,我国社会主要矛盾的变化是影响整体情况的历史性变化,使国家的治理工作面临许多新的挑战。而公共部门作为公共物品和服务的提供者、公共资源的代理人和社会秩序的维护者,处于治理体系的最前沿,必然要承担起满足人民美好生活需要的责任。相比经济发展水平,我国的行政体制还稍显落后，这就是一种突出的"不平衡、不充分的发展"，其中公共人力资源管理机制是需要改革的重点。对于公共部门而言，拥有一支敬业、负责、高效和专业的人力资源队伍，无疑是实现公共利益最大化的重要保障。中国特色社会主义进入新时代，公共人力资源管理必须要迎接新时代提出的新挑战，以变革推动创新，从而更好地满足人民的美好生活需要，推动社会进步。

二、新时代公共人力资源管理面临的新挑战

新时代既是信息革命、知识经济、全球竞争的时代，也是经济转型、深化改革、价值重创的时代。新时代公共人力资源管理将迎接各种各样的挑战。

（一）"互联网＋"带来的挑战

随着互联网的不断发展，信息技术的不断提高，诞生了一个新的名词"互联网＋"。"互联网＋"是指信息技术在现代网络技术条件下，一步一步向我们的生活以及社会生产的各个方面进行渗透，并逐步与相应的传统行业进行整合，以更加贴合实际需求。在信息技术向公共部门渗透过程中，由于互联网所具有的开放性、虚拟性和分权性等特征，虽然会促进公共人力资源管理模式的创新，推动公共人力资源多元化、移动化发展，但同时也对传统的公共人力资源管理提出许多新的挑战。

首先，互联网的出现加快了知识和信息的传播速度，使得组织内部之间以及对外的知识和信息的分享更容易、更透明，人们参与管理、监督管理的渠道及信息获取和分享越来越便利，公共人力资源管理对公开、公平、公正的追求更加突显。在这样的趋势下，公共部门传统的金字塔式组织结构正在转变为更符合信息社会需要的网络化组织结构。网络化治理模式是一种新型的公共治理模式，这一模式能够适应现代社会高度复杂性、不确定性和风险性所引发的一系列治理困境。网络化治理模式的推行，需要形成多元化的治理格局，并要求参与公共治理的组织和部门走向扁平化，构建起网络化的组织。同时，也要求网络化治理的主体适应治理环境不确定性、风险性的变化，以及公共需求的多样化、差异化和精准服务的要求。因此，相对于金字塔式的组织，网络化治理模式需要更多的复合型人才，这就要求公共人力资源更加重视招收、培养"多面手"式人才，以适应新时代的需要。

其次，现代信息技术的飞速发展倒逼公共人力资源进行信息化建设和改造。在新时代背景下，民众需要公共部门在互联网上公开信息，需要在互联网上更便捷地办理业务，甚至公共部门内部的公职人员也希望利用互联网更便捷地完成工作，因此，公共人力资源管理的信息化建设迫在眉睫。公共部门可以将"互联网＋智慧政务"应用于公共人力资源管理系统中，把碎片化的人力资源信息上传到统一的云端处理器，然后依托云计算、大数据等现代信息技术筛选和处理信息数据，根据分类处理的结果再执行相应的操作。这样便于从整体上管理公共人力资源，探索出动态化网络治理的路径，提高公共人力资源管理的协同化水平和决策的科学化水平。

（二）全球化带来的挑战

近年来，随着全球一体化的深入发展，我国的主流价值观遭到前所未有的冲击，

西方的资本主义、个人主义、自由主义等思想在我国逐渐盛行。在这样的背景下，越来越多公职人员的道德风貌随之发生了嬗变，在这种嬗变过程中，个人主体意识的强化与对自我价值的追求，导致公共利益与个人利益分离，不可避免地对公务员的行政伦理产生了一些负面影响。部分公职人员法律意识淡薄，官本位思想浓厚，以权谋私、钱权交易等堕落现象仍然存在，这种情况会使公民对政府产生"信任赤字"，严重影响了政府的合法性。因此，新时代对公共人力资源的公共行政伦理重塑提出了新的要求。必须通过加强公共人力资源管理部门的职业伦理建设，来重塑公共部门的良好形象，从而提升政府的形象与公信力。

公务员职业伦理的重塑必然要从法律法规和制度两方面入手。首先，在法律上，我国目前还缺乏关于公务员伦理的法律法规，针对公共部门行政伦理的法律体系和框架不够完善，维持公务员的职业伦理还主要停留在党规党纪和说服教育层面。但随着法治观念的逐步深入，公务员的职业伦理肯定会被列入法律议程。其次，在制度上，公共人力资源管理的民主化和透明化是职业伦理重塑的关键。在公共人力资源管理的过程中，必须保证决策公开、信息公开、执行公开、结果公开，让贪赃枉法、以权谋私行为无所遁形，从源头上杜绝腐败的出现，以此重塑公职队伍的职业伦理。

(三) 市场经济带来的挑战

中国特色社会主义进入新时代，社会主义市场经济的发展也进入新时代。公共人力资源管理要想跟上市场经济的脚步，就必须进行市场化改革，例如将非核心的人力资源管理模块进行外包，其目的是增强目标导向，提高人力资源的效率效能。人力资源管理的智力活动无法简单地叠加计量，其创造性的工作效果也难以量化。人力资源管理人员的工作成效主要取决于他们内在的自律性与责任感，仅靠严格的规章制度未必能够促进他们的工作成效。因此，必须对人力资源采用一种先进的管理方式，例如绩效制和聘任制，来激发其工作积极性，提高其办事效率。市场经济时代人力资源管理工作的复杂性要求管理方式必须适时作出变革，以适应新时代对公共部门的要求。

(四) 知识经济带来的挑战

近年来，公共人力资源管理者的角色及职责发生了巨大的变化。在过去的工业时代，公共部门的人事工作往往限于档案管理、工资发放等基础性工作，专注于运用各种规章制度及其层叠的指挥系统来进行人力资源管理。然而，随着知识经济社会的到来，公共人力资源管理所处的环境越来越复杂多变，这对公共人力资源管理的专业化与技术化提出了新的要求。公共人力资源管理工作对知识和信息的需求增加，意味着未来的公共人力资源管理需要掌握现代信息技术的专业人才，能够运用自己掌握的专业知识和技术对纷繁复杂的信息进行筛选和处理。知识和技术将成为公共人力资源管理的重要资源和手段。

公共部门的职能随着社会日新月异的发展而转变，新时代要求公共人力资源管理向精简高效的模式转变，公共部门既要保证公共目标的实现，又要提高其效率效能以适应社会发展，公共人力资源管理因此需要不断改善和优化，以更好地回应时代挑战，履行使命，服务公众。

第二节　新时代公共人力资源管理典型案例和先进经验

一、新时代（"互联网＋"时代）公共人力资源管理典型案例

（一）案例一：郑州海关青年公务员智慧互联管理模式

现代社会已经进入智慧时代，智慧互联是"互联网＋"的进一步延伸，也是推动政府和社会更好衔接的动力。智慧互联在公共人力资源管理的应用上也应运而生，例如，运用智慧互联管理模式对青年公务员进行课程培训和信息收集，是公共部门对青年公务员进行积极教育和管理的有效手段。在郑州海关，新媒体的应用、在线学习平台及"e课堂"的建设等都是对智慧互联管理模式的创新应用。

海关总署教陪中心在办公网平台设立在线学习平台，海关公务员可根据工号、密码进行身份识别，在内网自主学习。于是，郑州海关便依托总署在线学习平台开展网络自学、规定性教学等工作。郑州海关及时上传课件视频，内容涵盖"两学一做"学习教育、时事政治、法律、廉政、道德、心理等方方面面；充分运用新媒体开展在线学习，形成了郑州综合保税区海关的"综关大讲堂"以及郑州机场海关的"天空之城微课堂"等在线学习教育品牌。2017年度全关区共筛选确定培训课程9节，培训采取视频会议系统转播的形式面向全关区开展集中学习，选课学员556人次；配合总署开展"海关e课堂——推进海关改革专题"培训，关区各单位共600多人次通过电视电话会议系统参训，有效推动通关一体化改革内容在关区落地生根。

同时，郑州海关还利用智慧互联建立健全的培训考核管理制度。即充分利用海关教育培训信息系统，统筹管理全员参训档案信息，避免重复培训和漏训，并探索建立学员教师双向考评机制。培训结束开展随堂测试，课后通过扫描二维码填写调查问卷的形式收集学员的反馈意见，对培训内容、教师授课效果等进行后续评估及评比。培训考核结果作为年度考核的重要依据，对培训不合格的公务员计入个人培训档案并进行补训，情节严重者予以处分。

此外，郑州海关利用智慧互联的网络共享平台及其辐射带动作用，实现资源共享与队伍动态化管理。青年公务员可通过共享平台在不脱离现实岗位的前提下，利用网络空间获得更多有效信息，将完成本职工作与参与学习、决策、反馈兼顾融合；拓展智慧互联管理模式内容，进而利用平台将宣传、教育、互动、考核等多方面内容连贯起来，利用互联网实现线上线下结合，对青年公务员进行全方位交叉动态管理，进而提高对青年公务员的管理效能，使队伍更稳定、工作更高效、群体更进步。

（二）案例二：山东省淄博市以信息化建设为抓手，推进公务员管理工作再上新台阶

近年来，山东省淄博市立足新形势、新任务，将信息化建设与公务员管理深度融合，与信息公司联合开发了公务员信息管理系统，推动工作机制创新、流程再造、方式转变，取得了较好的成效。

1. 提高工作统筹性，推动多部门协同互动

公务员管理工作烦琐复杂，涉及组织、人社、财政等多个部门。为强化工作统筹、协调推进，淄博市在设计管理信息系统时，致力于在统一平台上实现多部门协同互动，紧紧围绕公务员管理工作各项任务，将各相关单位、科室与公务员管理相关的职能都统筹整合到模块流程中，清晰界定职责权限，按照工作进程和具体情况实时进行网上任务流转，实现了审批单位与报批单位之间、不同审批单位之间的多部门、多任务网上协同合作，使所有操作结果与数据都能实时交流互动和更新共享。比如，在利用系统进行公务员调配时，单位通过系统将调配材料报至编办、组织和人社部门后，编办通过系统进行用编许可审批，组织、人社部门审核干部档案进行调任审批，审批后系统自动将结果反馈至所在单位，同时提示编办、人社、财政等部门办理落编、保险、工资等后续手续。再如，干部到龄退休审批后，系统会提示组织、人社部门第一时间办理退休工资审批，财政局第一时间退出工资统发，人社局第一时间执行退休工资，编办第一时间核减编制。从这两年的运行情况看，所有公务员管理工作，无论是跨部门，还是跨处室，都能在公务员信息管理系统这一张"办公桌"上完成，无须进行人为沟通协调和任务分配，有效防止了推诿、拖延现象的发生。

2. 提高工作公正性，推动管理行为公开透明

公务员管理工作在社会上存在一定的神秘感，这反而引起了民众的关注。为了最大限度地做到公开透明，使公务员管理工作自觉接受社会监督，淄博市在开发信息管理系统时，全面贯彻"只要不涉密就公开"的原则，以公开透明求公正、促公平。比如，对往年经常成为社会焦点的考录工作，做到全过程网上办理，从资格审查名单确定、面试人员递补、面试考场编排、面试成绩管理到体检考察、录用等，形成了一个完整的网上流程，所有结果第一时间在网上公示，解决了传统方式容易存在的执行不力、监督不严以及信息公开滞后等问题，有效杜绝了人为因素干扰考录等违法违纪现象。全市公务员考录工作，已连续多年未发生信访事件，真正成为群众眼中的阳光工程、品牌项目。

3. 完善办公自动化，推动审批工作简捷高效

公务员管理审批事项多，审批材料、存档资料数不胜数。基层有同志曾经反映：每天不接几个电话报材料、领材料，就不算是一天。对此，淄博市充分结合实际工作需要，最大限度地完善办公自动化功能，提升工作效率。比如，在利用系统进行年度考核时，相关材料提报和审批工作均在网上进行，审核通过后系统自动生成考核登记表、奖励审批表，最后提报单位打印盖章存档即完成全部流程。这一过程中，充分发挥信息系统的实时更新共享、传输便捷等优势，各种工作表格均可由系统自动生成、网上传输审批，既确保了各类材料信息的准确性、一致性，又有效改变了以往业务办理周期长、办事人员来回奔波的情况。不少组织人事科科长深有感触，感叹道：原来两个人的活，现在一个人能干完；原来三天的活，现在一天能干完，大大提高了工作效率和工作质量。

(三) 案例三：四川省成都市双流区政府人力资源招聘职能外包

人力资源外包作为新出现的人事管理形式，在全世界范围内受到广泛关注，并在不同领域得到广泛使用。早在 20 世纪 90 年代，欧美大型企业就开始初步实践人力资源的外包管理，主要是将有关人力资源管理的单项或几项甚至全部活动都外包给专业的供应商，企业本身则只保留核心业务，从而为企业节省不必要的开支。人力资源外包在企业中的成功案例给公共部门的人事改革提供了经验。

目前，我国政府部门公共事务繁杂，公共部门核心竞争力缺乏的问题日益突显。具体来说，公共部门的核心竞争力应当是对公民需求的满足能力以及面对紧急事务的应急能力，人力资源管理并非公共部门核心竞争力所在。因此，在公共部门的职能改革过程中，可以将其外包给具有专业能力的供应商，这有利于降低公共部门的成本支出，提高办公效率，从而进一步集中人力、财力、物力建设公共部门核心竞争力。为此，我国各地政府都进行了不同程度的尝试，下面以四川省成都市双流区政府的公共人力资源招聘职能外包管理实践为例。

2018 年 7 月 19 日，在国内公共部门招聘职能外包模式试点成功后，四川省成都市双流区彭镇人民政府根据自身实际情况，将本区部分人才招聘工作外包给成都市天府新区双流人才服务有限公司来进行。首先，成都市天府新区双流人才服务有限公司充分发挥自身优势，利用成熟的处理系统，通过各种方式对外发布招聘讯息，采取网上报名的方式，报名人员涵盖沿海发达地区甚至欧美留学生等。其次，根据岗位任职条件筛选出一定数量的应聘者，将人员信息报送至双流区彭镇人事部门，并按照双流区彭镇人事部门的要求组织应聘人员参加笔试考核，试卷出题与批阅均由人事部门独立完成。最后，笔试成绩公布后，成都天府新区双流人才服务有限公司根据人事部门制定的招聘比例选择面试候选人，由彭镇人事部门组织完成候选人的面试及审核工作，并确定最终录取人员。据了解，这种方式招聘的人员有两年到三年的"考察期"，经人事部门考察合格后方能转为正式在编人员。

二、新时代（"互联网＋"时代）公共人力资源管理先进经验

(一) 国内公共人力资源管理先进经验

1. 内蒙古巴彦淖尔："互联网＋"助推人力考核监督升级

2016 年以来，内蒙古巴彦淖尔市临河区引入"互联网＋"的概念和平台模式，以加强公务员日常监督管理与互联网的有机结合为抓手，运用信息技术和科技手段，打造网络监督新平台。首先，在公务员的日常管理过程中，畅通多样化的群众举报渠道，积极关注、处理、反馈引起媒体曝光和网络舆情关注的公务员作风问题，维护公务员队伍的声誉。其次，在政府网站上开辟学习专栏，便于公务员对于法律法规、纪律规范的学习，同时展示容易违反的纪律以及应受到的惩罚等，以起警示作用。此外，还与时俱进地运用微信公众号推送最新的条例、法则等，及时向公务员传达需要

学习的廉政教育信息,提高公务员的道德水平。①

2. 江苏淮安:新任公务员培养"云记录"

从2017年起,江苏省淮安市洪泽区对新录用的公务员采取为期五年(包括试用期)的跟踪培养管理,将现代信息技术融入公务员培养与管理,搭建"成长云平台",全面收集新任公务员的考评、实绩、培训、奖惩等数据信息,与人事档案同步管理,建立新任公务员培养的"云记录"。同时,这些信息将作为评先评优、推荐任职的重要依据。

云记录的主体主要分为三类,即个人填报、单位采集、平时收集三种信息收集方式对应的三类主体。首先,公务员个人通过"洪泽干部在线"微信公众号每周上报自己的工作信息;其次,纪检、公安、民政等11个部门为信息采集单位,每个月将相关信息上传云平台;最后,组织部门负责平时的信息收集,以每个季度为单位上报培养信息,这三种方式收集的信息足以使领导小组综合掌握新任公务员的培养情况。②

3. 内蒙古科左中旗:"E平台"助公务员脱贫攻坚

2017年以来,内蒙古科左中旗建立驻村帮扶公务员"E平台",提升脱贫攻坚队伍管理的智能化、科学化水平。首先,依托"钉钉"智能移动办公平台,将驻村帮扶公务员统一编号并纳入系统,进行统一管理;驻村帮扶公务员要在系统中"打卡",通过上传照片、走访记录等方式汇报自己的工作情况,便于上级管理人员实时掌握,同时这也将作为他们考核、晋升的重要依据。其次,组织"钉盘学习"在线交流,推送最新的公告通知和扶贫政策,发布优秀的帮扶工作心得、典型经验,促进公务员之间的交流和学习,提升脱贫攻坚的质量和效率。

4. 江苏丰县:公务员走访智慧化管理

2017年以来,江苏丰县利用智慧城市平台,加强公务员日常走访智慧化管理,推动公务员转变工作作风、改进服务方式、提升服务效能。首先,该县将驻村走访帮扶作为公务员接地气、转作风、提效能的窗口和平台,组织公务员到派驻村"走村串户",并通过手机智慧城市APP平台,及时上传走访时间、走访地点和走访群众等信息,实时记录群众反映的急难愁问题和意见建议,实现走访信息同步共享。其次,各部门单位结合自身职能对相关数据进行梳理分析,明晰责任,细化任务,实现问题即知即办、结果及时公开;领导小组定期召开工作联席会议,会商交办需要多部门协调解决或暂时无法解决的问题。最后,政府在平台开设"群众满意度"专栏,群众可第一时间对公务员走访工作情况进行评议;组织人事部门和公务员所在单位通过智慧城市平台,实时查看公务员走访台账,跟踪工作进展,详细了解问题解决情况、作风表现和群众满意度,将其作为公务员评先评优和选拔任用的重要依据;对作风不实、效

---

① 乔晓庆. 内蒙古巴彦淖尔临河区:"互联网+"打造网络监督新平台[EB/OL]. (2016-08-31). http://www.scs.gov.cn/gzdt/201608/t20160831_5379.html,访问日期:2021年3月15日。

② 姚瑶,郭小东. 江苏淮安洪泽区:实现新任公务员成长"云记录"[EB/OL]. (2018-06-19). http://www.scs.gov.cn/gzdt/201806/t20180619_12070.html,访问日期:2021年3月15日。

果不佳、群众不满意的及时通报问责，推动公务员主动履职尽责、积极担当作为。①

5. 重庆：依托网络平台树培训品牌

近年来，重庆市公务员局立足基本市情，依托电视网络平台打造培训品牌，着力破解培训对象覆盖难、优质资源共享难、工学矛盾解决难、培训效果提高难"四大难题"，公需科目培训已成为全市公务员落实新理念、学习新知识、开阔新思路、提升新能力的重要途径。该市紧跟新形势，把握新常态，聚焦工作中心点，突出基层需求点，精准发力，开展"靶向"培训。为推进"互联网＋"战略和深化"放管服"改革，开展"'互联网＋'公共服务创新"专题培训，提升公共服务水平，努力帮助公务员更新知识、开阔视野、紧跟时代，不断提高公务员的专业思维、专业能力、专业素养。该市还在公需科目培训中探索推广"五微效能"培训课程开发，设置微主题、制作微课程、布置微任务、发现微变化、生成微成果，将大课题分解为若干小问题，大政策分解为若干小要点，大目标分解为若干小指标，利用手机微信公众号平台推送微课程，通过"我们来推送、学员来互动、大家来体验"等活动，倡导"便捷学习、快乐学习、享受学习"。为了配合"五微效能"课程制作，还将课堂讲授与专题访谈、现场报道、成果展示高度融合，既有荧幕上"讲得好"，还有荧幕后"再创作"，保证了思想性、艺术性、观赏性的有机统一。"五微效能"培训课程延伸了培训触角，进一步拓展了培训空间，创造性地搭建起开放、兼容、便捷、共享的平台。②

6. 青海海东："万人在线"教育培训纳入年度考核

2016年以来，青海海东市积极探索"'互联网＋'干部教育培训"模式，搭建"万人在线"网络学习平台，开展干部全员在线学习培训。该市紧贴民族地区实际，在"'互联网＋'干部教育培训"思维指导下，打造以网上学习、全员覆盖、线上线下结合为主要特点的"万人在线"网络教育培训平台，构建适合欠发达地区干部特点的课程体系。为加强在线学习管理，该市专门下发通知，要求把"万人在线"平台作为干部教育培训的重要渠道，并制定《"万人在线"网络学习管理办法》，采取学分制管理，每个学员每年需修完12个课时，合计60个学分，根据学员网上学习时间和进度，系统自动记录学习情况。同时，市县委组织部会不定期对"万人在线"学习笔记进行调阅，向组织学习不得力的单位"一把手"下发"亲启件"，指出问题、要求改进、传导压力。此外，该市还把"万人在线"网络教育培训纳入各地各单位领导班子年度目标责任考核，明确赋分权重，细化考核办法，将考核情况与地区、部门年度评优和干部职级晋升挂钩；把干部在线学习情况与提拔任用结合，在干部提任考察时，调阅学习笔记，了解学习情况；把网络培训纳入全市干部年度教育培训体系，确保全员参训。

---

① 高存根. 江苏丰县：公务员走访智慧化管理［EB/OL］（2017-07-03）. http://www.scs.gov.cn/gzdt/201707/t20170703_9476.html，访问日期：2021年3月15日。

② 杨霖霏. 重庆：依托网络平台树培训品牌［EB/OL］（2017-05-22）. http://www.scs.gov.cn/gzdt/201705/t201705228929.html，访问日期：2021年3月15日。

(二) 国外公共人力资源管理先进经验

1. 比利时构建电子政务系统，助力人力资源管理

随着企业信息化步伐的加快，信息技术在公共部门管理中的作用越来越大，高效、方便且低廉的电子政务成为比利时政府的选择。比利时在人员、基础设施、信息管理系统和工作程序上的投入正在加大。通过计算机和网络技术手段，人力资源管理已经逐渐融入公共部门整体战略规划中。政府可以根据内外环境，借助电子政务系统这一先进工具，管好和用好人力资源，并与其他职能管理实现一定程度的融合，在人力资源管理与战略之间构建起动态、多方面的持续联系。例如，比利时联邦政府成立了信息技术服务部，综合管理政府各部门信息技术运用和开发工作，目前正努力推进电子政务建设，为公民、企业和公共管理服务。在人力资源信息化管理方面，比利时信息技术服务部主要从事以下工作：一是帮助人事部门建立人力资源管理信息库；二是实施公务员信息技术培训；三是建立公务员网上交流平台；四是大力推行公务员网上招聘。人力资源管理信息化水平的发展与运用，不仅提高了工作效率，节约了成本，还提供了方便、快捷、全天候的服务，受到公众和社会的欢迎。

2. 美国公务员网络培训

大力开展网络培训，将现代信息技术融入公共部门人力资源管理中，是美国政府管理比较成功的举措之一。早在2002年美国政府就提出了24项旨在推动政府变革的电子政务计划，其中开展公务员电子培训是首个联邦政府层面的网络培训建设计划，目的是创造一个以技术为导向、支持公务员培训的电子学习环境。根据这一计划，2002年7月23日，美国联邦人事管理总署在互联网上创建了政府在线学习中心网站"Go Learn"（现更名为"USA Learning"，网址为 www.usalearning.gov），作为联邦政府系统开展公务员网络培训的平台。学习中心网站向联邦政府公务员和其他行业人员提供有偿网络培训服务，学习者根据个人需求和所在部门要求，通过政府购买或个人付费的方式参加培训。学习中心不仅提供培训课程，还提供培训管理工具、培训数据分析和其他培训管理服务。通过学习平台，开展网络培训的机构可以管理、分析、评估、全程跟踪所属人员参加网络培训的情况。网络培训减轻了组织培训的事务性工作，极大提高了培训组织效率。通过对员工能力进行全面的分析，学习中心可以将培训目标更加聚焦于提升公务员专业能力和发展需求，更好地吸引、保留和管理政府所需的高质量的工作人员，有效促进政府人力资源的开发；同时通过减少网络培训课程的重复开发和购买，有效降低了网络培训成本。美国公务员网络培训现已覆盖联邦政府所有层级。美国公务员网络培训建设注重与政府整体信息化建设紧密结合，培训实施注重与其他公务员培训项目配合，培训过程和效果注重与政府人力资源开发融合。

3. 美国联邦政府"一站式"电子招聘系统

美国联邦政府雇员信息系统借助电子政务创新实践"一站式"电子招聘系统，为广大联邦政府求职者提供卓越的"一站式"服务。

(1) 实施目标。"一站式"电子招聘系统的目标是建立如同商业招聘网站般专业的政府招聘门户，只需通过一个搜索引擎便可管理所有的公务员招聘岗位，从而使联邦

政府成为求职者应聘的第一站，也是唯一站点。"一站式"电子招聘将使得美国公民更为高效地搜寻、申请公务员岗位，同时也帮助联邦政府机构在竞争的人才市场上聘用到一流的人才。"一站式"电子招聘系统希望"新聘雇员的质量越来越高，而花费在招聘上的开销和时间越来越少"。

（2）"一站式"电子招聘系统对联邦政府机构的影响。"一站式"电子招聘系统对联邦政府人事管理系统的贡献主要表现在以下招聘工作的标准化操作方面：

① 岗位空缺告示：由电子信息系统自动生成的岗位空缺告示能保持统一、标准、精确的格式，能提供更多、更为有效的信息。

② 简历与申请的处理：职位申请人可以获得新的电子简历模板，它涵盖了决定是否胜任岗位的所有基本信息。待流程结束，该简历模板将成为应聘所有岗位必需的申请工具。

③ 提高申请人与职位之间的匹配程度：新的站点将通过改进后的站点搜索工具帮助岗位申请人更精准地将其技能对应到相应岗位上。站点还将配备基本合格筛选功能，从而减少面试大量不符合基本要求的申请人。

④ 申请人数据库的数据挖掘：通过选用不同的筛选指标，政府部门有机会重新寻找、回顾已入库的申请人信息。这个功能对填补难以确定合适候选人的空缺岗位特别有效。

⑤ 申请人状态追踪：通过联邦政府"一站式"电子招聘网站，求职者能简便迅速地了解自己求职信息的处理状况。申请状态追踪向导将为申请人提示申请过程各个不同阶段的里程碑（如终结日期、面试日期等）。

（3）对工作量的潜在影响：美国联邦政府致力于将其整合到后台人力资源信息辅助系统，职位公告、简历模板以及申请状态查询将紧密与整个公务员信息管理系统链接在一起，并与各个政府部门内部的信息系统有效互动，避免政府人事部门重复作业，从而达到系统整合。

第三节 新时代公共人力资源管理的新趋势

知识经济时代，人力资源管理着眼于未来和人的全面发展，现代信息技术的不断进步也为人力资源的新发展提供了技术保障。新时代，公共人力资源管理向着信息化、市场化、专业化、弹性化和法制化方向发展，逐渐形成依靠信息技术更加智能、依靠市场力量更加高效、依靠专业化力量更加精进、依靠弹性机制更加人性化和依靠法治思想更为公正严明的新型公共人力资源管理体系。新时代的公共人力资源管理更为规范和高效，这必将促使行政效率不断提高，最终实现政务服务能效的提升。

一、公共人力资源管理的信息化、数字化

在以信息技术为主要特征的新时代，公共人力资源管理只有具备与信息技术趋同进步的能力，才能实现其价值的最大化。"互联网＋"的开放、互动、共享、平等、

自由等特征正是当前公共人力资源所需要的补充价值。

信息化使人力资源管理模式发生转变，在挖掘和分析相关信息与数据的基础上，对公共部门的真实需求进行甄别与判断，通过云平台实现科学人力资源管理系统的体系设计，贯穿人力资源规划、招聘、培训、绩效、薪酬等整个管理流程，并提供强大的数据支撑功能，实现人员管理流程信息化、自动化。大数据人力资源云平台能够将人力资源管理人员从烦琐的事务性工作中解脱出来，降低管理成本，提高组织管理效率，具有积极影响和现实意义。

我国政府从20世纪90年代初才开始引入办公自动化，主要针对一些简单报表进行制作和统计。目前，政府部门缺乏统一的平台，各个部门通常都有各自独立的系统，但很难实现彼此之间的信息资源共享。因此，我国公共人力资源的信息化建设将是一个长期趋势。

数据化人力资源管理是大势所趋，基于算法的精确匹配已全面介入招聘、培训、绩效、薪酬、福利等各个领域，以后会日趋深化。运用人力资源管理软件记录和积累员工个性数据，依据数据对员工进行个性化管理，将是未来的发展趋势。

二、公共人力资源管理的市场化

进入新时代，社会主义市场经济也进入新时期。由于人口增速放缓、人口老龄化加剧、人口供给关系发生变化等原因，人工成本逐年上涨，因此，公共部门必须与时俱进，根据这些变化灵活调整人力资源战略，进行市场化改革。

人力资源管理外包是社会分工精细化的产物，是组织为了降低人力成本、实现效率最大化，将人力资源事务中临时性、辅助性、可替代性的岗位工作全部或部分委托给人才服务专业机构管理的过程。我国人力资源管理外包的运作模式主体主要集中于企业，其目的在于帮助企业从支撑性、辅助性的人力资源工作中解脱出来，把更多的精力集中在核心业务上，也可以在有效降低管理成本的基础上获得相对专业的人力资源管理服务。公共部门因其在服务对象、性质与工作内容等方面与企业有较大的差别，而且受到体制与法律的约束，因此对人力资源外包服务的要求更高。不过，近年来我国地方政府已经在公共人力资源外包上进行了一系列的探索，并取得了积极的成果。在具体操作中，公共部门会聘请行业专家、高校教授等处理公务员考试、绩效考核等事务，广为人知的MPA教育同样也是政府机关与高校合作进行公务员培训的产物。随着政府适当简政放权，人力资源管理技术不断发展，加之公务员聘用、考核和培训体系不断完善，我国公共人力资源外包的范围及形式都会不断扩大与发展。

公务员聘任制也是社会主义市场经济背景下引入新思想、新技术，完善和提升公共人力资源管理效率和效能的有效探索和必然趋势。公务员聘任制，是指行政机关在机构编制部门核定的行政编制限额内以合同形式聘任工作人员、依法履行公职，由国家财政负担工资福利的一种人事制度。目前，聘任制在我国多地已展开试点，但是各地的实行情况差异巨大。因为我国公务员分类存在一定不足，导致体制内专业人才缺口较大，有些地方的公共部门不得不长期设置聘任制职位，也出台了聘任制公务员可以转化为常任制公务员的规定,这样就出现了对两者之间是否有实质差别的质疑。聘任制具备良好的初衷,也存有一定的优势,可以将僵化的体制"搞活",但是如何将一个好的机制延续下去,这是公共人力资源管理需要思考的课题。

三、公共人力资源管理的专业化、高效化

随着社会经济不断发展,社会事务日益复杂,公共管理所涉及的管理对象、事务繁杂,这就涉及公务员队伍的专业化问题。在现代化建设过程中,公务员的专业化水平是决定政府工作运行效率的重要因素。公共人力资源管理也需要从"人力资源管理"发展为"人才管理",从"效率式量变"发展为"效果式质变",关键人才的重要性进一步突显,往往是"千军易得,一将难求"。

传统的公务员管理中,专业概念模糊,管理人才过度频繁地跨行业、跨地区调动,增加了跨行业工作学习成本,降低了公务员上岗后立即展开工作的时间效率,影响行业内的持续性学习氛围,不利于人才的专业化发展,违反现代社会靠有效分工获取效率的基本准则。因此,公共部门要在人员的招聘、考核、晋升培训中提高专业化水平,鼓励专业化人员在本专业、强势项目上发展,以做出自己最大的贡献。比如,若部门涉及农、工、医、交通、教育、工程、组织等专业,则该部门人员必须对其工作领域的知识有一定程度的掌握,以便在管理过程中能够及时有效地调用。这样既有利于提高社会发展效率,也可以帮助克服官本位现象,鼓励人才各尽所能,加快社会现代化进程,提高国家竞争力和现代文明水平。同时,这也符合现代社会人人平等、各尽所能、高效发展、共同富足的人文精神。

新时代,公共人力资源管理部门的运营模式需要转型提速,从"选育用留"模式发展到"三支柱"模式,即业务伙伴(HR-BP)、共享中心(HR-SSC)、专家中心(HR-COE)。

四、公共人力资源管理的法制化

在全球化大背景下,我国部分公职人员行政道德被侵蚀,公共行政伦理产生嬗变。基于此,公共人力资源管理的法制化,特别是行政伦理的法制化乃大势所趋。

公共人力资源管理的法制化包含三层含义:第一层含义是应着力加强公共人力资源管理相关法律法规的制定,从而确保公共人力资源的管理制度和管理技术可以严格按照法律法规的要求执行,从公共人力资源的选拔、录用、甄选、培训到考核和薪酬体系设置都有相应的法律法规和配套的司法解释作为基本依据;第二层含义是公共人力资源在职过程中必须做到依法执政,坚决抵制有法不依、以权代法、以言代法、以权压法、徇私枉法等破坏法治化方针的违法行为;第三层含义是强化法律体系的配套措施和落地机制的制定和建设。即加强公共人力资源的法制化,用更完善的法律来约束公共权力,限制过大的自由裁量权,堵住权力缺口,保证公共利益的最大化。

五、公共人力资源管理的科学化

在新技术、新经济、新人类以及新需求的影响下，公共人力资源管理需要适应时代发展深化改革，从传统的"战略版图决定组织版图，组织版图决定人才版图"发展为"愿景驱动人才，人才驱动战略"，推进公共人力资源管理效能和服务效能的双向提升。

（一）公共人力资源管理体系的弹性化

随着知识经济时代的到来，社会公共事务日趋复杂多变，公共部门为了应对社会新的多样化的需求，必须由僵硬的官僚组织转型为弹性化的服务型组织。伴随着组织的弹性化，公共人力资源管理必然也要转型。公共部门传统的刚性人事管理模式，由于缺乏相应的灵活性和弹性而难以适应新时代的要求。根据中央部署，2019 年 3 月底前全国省市县要求全面完成新一轮机构改革，其中必然涉及各级各类公共部门人事制度方面的变革。打造一个与新时代机构改革相适应的精简高效的人力资源体系成为我国公共部门的必然趋势，人力资源弹性化管理的思想应运而生。

弹性化管理强调在现有的制度框架中，以人为中心进行人性化管理，并主张用弹性思维去管理和开发组织内的人力资源，以提高组织效能。弹性化公共人力资源管理既主张发展弹性雇佣关系，也着眼于强化常规性管理职能。弹性化管理所具有的内在驱动性、激励的有效性等特征，可充分挖掘人的潜能，实现刚性管理无法企及的管理效果。因此，只有建立科学、合理的弹性化人力资源管理体系，才能更好地提供优质的公共服务和公共产品，实现人民日益增长的美好生活需要。

（二）公共人力资源激励机制的科学化

激励机制是组织实现管理目标的重要工具，也是人力资源管理的重要组成部分。随着现代社会的发展，公职人员的需求呈现出多元化的趋势。我国公共人力资源管理实践中，公职人员较低层次的需求已基本得到满足，但是在诸如参与需要、自我发展需要、个人成就感需要等方面，还有待提升。

近年来，我国政府强调领导干部的选拔要综合考虑能力、专业上的合理性，优化领导班子的结构，公共部门过去"按资论辈"的人才成长模式一定程度上被打破。公务员这一职业不再是人们眼中的"金饭碗"，正是因为公共部门内部推出流动机制和淘汰机制，通过能力竞争岗位、争取机会、提高待遇，让公务员"能进能出，能上能下"，促进传统的"官本位"思想向"以能为本"转变。激励机制的科学化，必定会对公务员队伍的思想转变、效率提升大有裨益。

同时，基于全社会范围的人才观，从"人才为我所有"到"人才为我所用"，既可以借鉴企业倡导的"粉丝即员工"，又可以建立亲情原乡，加强"亲""情"的感觉。结合新生代员工的特点，倡导全面认可激励，即全面、及时承认员工对组织的价值贡献及工作努力，并及时给予特别关注、认可或奖赏，从而激励员工开发潜能、创造高绩效。适当去威权化，真正重视人才、尊重人才，既强调工作本身的意义，又注重树立职业荣誉感。进一步推进公共部门人力资源微学习、微培训、微分享、微管理，着力实现如何回到人本身、人的价值来进行人力资源管理的目标。

阅读资料

新《公务员法》：新时代公务员管理新思路

新修订的《中华人民共和国公务员法》（以下简称新《公务员法》）中的诸多新规，既展现了组织的力度，也体现了组织的温度。我们要按照新《公务员法》"优选、严管、厚爱"的管理思路，逐步建立起一支高素质、专业化、敢担当、有作为的公务员队伍，完成新时代赋予我们的崇高使命。

改革开放四十多年来，特别是从1993年颁布《国家公务员暂行条例》，到2005年制定《公务员法》，再到2018年对其进行修订，我国公务员制度建设不断取得新成就。新《公务员法》于2019年6月1日起施行，在旗帜鲜明地坚持"党管干部"的总原则下充分展现了新时代中国公务员管理"优选、严管、厚爱"的新思路。

一、新《公务员法》强化了"优选"思路，突出了德优、才优、绩优的选任标准

公务员应当是信念坚定、为民服务、勤政务实、敢于担当、清正廉洁的高素质人才。在用人方面，需要通过竞争机制优中选优。德才标准历来是选人用人的基本度量坐标。原《公务员法》强调"德才兼备""任人唯贤""注重工作实绩""择优录取"等；新《公务员法》在此基础上进一步突出了德优、才优、绩优的选任标准。

第一，突出"德优"的标准。习近平总书记指出："立政德，就要明大德、守公德、严私德"。根据新《公务员法》第13条、14条有关公务员条件、义务的规定，公务员的"德"涵盖了政治素质、职业道德、社会公德、家庭美德等方面。其中，"政治素质"和"家庭美德"是此次修法新增内容。新《公务员法》还在培训制度中加入对全体公务员"进行提高政治素质和工作能力、更新知识的在职培训"等内容。政治品德是公务员"德"之内涵的关键层面，新《公务员法》特别规定，公务员的任用要"突出政治标准"。第26条新增"被开除中国共产党党籍的"人员不得录用为公务员的情形。此外，对"家庭美德"的增设也把对公务员"德优"的要求从"公德"范畴扩展到"私德"范畴；将"被依法列为失信联合惩戒对象的"人员排除录用的新规，亦强化了对公务员品行的要求。

第二，突出"才优"的标准。公务员应当"具有符合职位要求的文化程度和工作能力"，才能胜任其职。自2006年施行《公务员法》以来，我国公务员队伍在学历教育、专业能力、从业经历等方面均获得了大幅提升。但当前，干部队伍能力不足、"本领恐慌"等问题仍然比较突出。为此，新《公务员法》更加突出坚持择优的高标准，公正用人。新《公务员法》还在第67条第2款新增规定："国家有计划地加强对优秀年轻公务员的培训。"可见，各机关单位应立足优秀人才基础，依法进一步开展职业培训，使其在进入公务员队伍后可以继续增长理论知识和才干见识，为党和国家事业积蓄优质的后备力量。通过对新《公务员法》的落实，我国公务员队伍能够进一步集合具有较高文化知识水平和突出专业能力的优秀人才。

第三，突出"绩优"的标准。高素质的干部队伍要有能力实现知识、理论的转化和应用，取得实实在在的工作成绩。《资治通鉴》云："选用之法，三科而已：曰德也，才也，劳也。""劳"即功劳、政绩，我们选任公务员，也应依据为政实绩。新《公务员法》充分注意从制度上避免徒具虚名的高文凭"人才"、夸夸其谈的雄辩之士进入公务员队伍甚至得到重用。例如，公务员的级别、职级晋升，都要以"工作实绩"为重要依据。又如，考虑到以往挂职锻炼易沦为一些公务员"镀金"、丰富履历的捷径，新《公务员法》特别规定，"根据工作需要"，机关可以选派公务员挂职，"承担重大工程、重大项目、重点任务或者其他专项工作"。新法既切实防止公务员成为"言论上的巨人，行动上的矮子"，也防止其追求"表面政绩"。

二、新《公务员法》强化了"严管"思路，使纪法约束更加严明

"好干部是选出来的，更是管出来的。"法治的根本在于治官、治吏。在吸纳近些年管理实践经验和相关立法成果的基础上，新《公务员法》对多项制度进行创新，综合施策、多措并举、强化管理。

第一，在纪律方面，新《公务员法》将"散布有损宪法权威、中国共产党和国家声誉的言论"，"不担当，不作为"，违反"家庭美德"，"违反有关规定参与禁止的网络传播行为或者网络活动"等新增为公务员违纪违法行为，丰富完善了公务员的纪律外延，使纪法约束更加严明。

第二，在考核方面，新《公务员法》重点加入"政治素质"考核，从严要求干部的政治品德。"政治品德不过关，就要一票否决。"新《公务员法》通过分别设置考核标准来实现分类考核的科学管理目标，并增加专项考核，丰富了考核类型。

第三，在任职方面，新《公务员法》规定："公务员的职务、职级实行能上能下"，以解决冗职、庸职等积弊，确保各项职责高效履行。新《公务员法》进一步完善了任职中的身份回避制度，增加了"公务员不得在其配偶、子女及其配偶经营的企业、营利性组织的行业监管或者主管部门担任领导成员"的相关规定。

第四，在惩戒方面，新《公务员法》从纪法协调角度出发，将处分事由从"违纪行为"扩展为"违纪违法行为"，并且明确将其纳入监察机关的政务处分，丰富了公务员的追责体系。

第五，新增"监督"方面的规定。新《公务员法》对机关日常管理监督提出了总体要求，明确了四项监督范围、六种监督处置措施，还规定了公务员依规请示报告的义务，显著充实了从严管理公务员的制度体系。

三、新《公务员法》强化了"厚爱"思路，持续激发公务员的积极性和创造力

公务员管理既要有纪律约束，还要有人文关怀。在以往激励措施的基础上，新《公务员法》在三个方面进一步强化了对公务员厚爱培育的思路。

第一，畅通任用渠道，优化公共人力资源配置模式。一方面，新《公务员法》进

一步明确了从基层选人用人的导向,吸纳了公务员遴选制度。第 71 条第 4 款新增规定:"上级机关应当注重从基层机关公开遴选公务员。"从基层选人,既有利于畅通基层干部的上升渠道,也有利于激发广大干部干事创业的热情,使其能够在基层工作中沉得下去,干出实绩。另一方面,在公务员交流制度中,应当坚持五湖四海的原则,使用人机制更加灵活。新《公务员法》第 69 条明确了参公管理人员与公务员可以进行内部交流,这意味着在干部交流管理中,参公管理人员获得了与公务员同等的对待,也打消了有关人员对身份问题的顾虑。

第二,在晋升方面,新《公务员法》肯定了前期试点成效,确立了公务员职务与职级并行、职级与待遇挂钩的制度。例如,对综合管理类公务员设置了四等十二级的职级序列,增加了四个层级,有力拓展了公务员尤其是基层公务员的职业发展空间,是一项创新性的持续激励机制。

第三,在奖励制度中,一方面,新《公务员法》在奖励原则中增加规定:"坚持定期奖励与及时奖励相结合"。这就能够使受奖励公务员的工作成效及时得到组织认可,同时也能起到示范带动作用。另一方面,新《公务员法》还将"勇于担当"列为给予公务员或者公务员集体奖励的重要情形之一,以形成正向激励。此外,新《公务员法》第 55 条新增规定:"可以向参与特定时期、特定领域重大工作的公务员颁发纪念证书或者纪念章"。这不仅是对集体工作成果中个人价值的肯定,也丰富了公务员精神奖励的方式。

新时代的公务员管理既是一门科学,也是一门艺术。新《公务员法》中的诸多新规,既展现了组织的力度,也体现了组织的温度。我们要按照新法"优选、严管、厚爱"的公务员管理思路,逐步建立起一支高素质、专业化、敢担当、有作为的公务员队伍,完成新时代赋予我们的崇高使命。

(资料来源:唐璨. 新《公务员法》:新时代公务员管理新思路. 人民论坛,2019,(16))

> 案例分析 **智慧管理严防公务员"为官不为"**

近年来,杭州市富阳区针对基层公务员管理中"管理透明难、评价客观难、实绩考准难、结果运用难"等问题,研发了机关公务员日常考核智慧管理系统,配套出台了机关公务员岗位目标责任制考核办法,通过日晒月评、网络测评、绩效考核、刚性运用,从严从实加强对公务员的日常管理,有效地防止了"为官不为"。

首先,日晒月评让管理全透明。该区实行"月初立、每日晒、月末评"为主要内容的"晒业绩"工作机制,要求每名公务员月初制订月度工作计划,并录入考核系统;每日中午 12 时后可在网络考核系统上实时记载工作情况;月底由相应的考评主体对公务员本月工作表现进行评价，如中层正职由领导班子成员进行评价，中层副职和一般干部由分管领导和科室主任进行评价，年终根据每月评价情况以50%比例计入年度考核总分。通过日晒月评，做到干事有目标、人人有任务，动态、客观反映公务员工作情况，有效解决机关公务员"干多干少一个样、干好干坏一个样"问题，增强公务员工作责任心，激发公务员干事激情。

其次，网络测评让评价更客观。每半年，全体机关公务员根据半年度累计"日晒"工作情况进行一次网络满意度测评，评价按好、较好、一般三个等次量化后以20%比例计入年度考核总分。在测评时，每个评价等次都设置相应比例，评为"好"的不超过30%、评为"一般"的不少于10%，评价等次不符比例要求不能提交，确保测评结果拉开档次，让干得好的公务员脱颖而出。通过网络测评，改变了召开大会进行书面测评的传统做法，既让评价主体可以参考公务员日晒月评情况进行评价，又减少了民主评价时的人情等因素干扰，提升了民主评价的客观性和真实性。

再次，绩效考核用事实来说话。年度实绩考核分科室考核和公务员个人考核两部分进行，重点考核科室职责完成情况和公务员岗位目标完成情况。在机关公务员网络管理考核系统上设置实绩考核模块，以区考评办对全区各业务线和各专项工作的年度考核目标为基数，各单位结合实际设置相应权重系数，以实际工作完成情况、参与急难险重工作等表现情况作为考核依据，同时将科室考核与公务员考核相挂钩，科室考核分按10%比例计入公务员考核总分，最后自动生成年度科室和公务员个人实绩考核成绩。通过实绩考核，科室和公务员的工作实绩以量化的形式予以体现，更加直观地反映公务员的工作实绩，增强公务员考核结果的科学性。

最后，刚性运用让考核动真格。综合公务员平时考核、民主评价和实绩考核结果，作为公务员年度岗位目标责任制考核成绩。在考核结果运用上，坚持考用结合，把考核情况作为公务员奖惩的重要依据，充分运用到公务员年度考核、职务晋升、岗位调整等方面。明确规定提拔或转任重要岗位的公务员，要求在考核中排名靠前。年度考核被评定为优秀等次的公务员，要求在考核排名前30%的人选中确定。考核得分在达标线以下的公务员，视情况采取诫勉谈话、交流岗位等组织措施；连续两年在达标线以下的公务员，经所在单位党组织认定、组织人事部门审核，年度考核确定为基本称职等次。

（资料来源：根据浙江组织工作网2015年4月27日相关资料整理）

1. 新时代基层公务员管理面临哪些问题？
2. 日常考核智慧管理系统对防止"为官不为"有何意义？

本章关键术语

互联网＋　　　　　　　公务员职业伦理　　智慧化管理
电子政务系统　　　　　公务员聘任制　　　　"三支柱"模式
公共部门人力资源法制化　激励机制

 复习思考题

1. 新时代公共人力资源管理有哪些新特征？
2. 新时代公共人力资源管理面临哪些挑战？
3. 现阶段公共人力资源管理存在哪些问题？其原因是什么？
4. 公共人力资源管理在新时代有哪些新趋势？
5. 新时代公共人力资源管理需要如何进一步完善自身发展？

参 考 文 献

一、著作类

[1] Berman E. M., Bowman J. S., West J. P., et al. Human Resource Management in Public Service: Paradoxes, Processes, and Problems [M]. CQ Press, 2019.

[2] Bossaert D. The Flexibilisation of the Employment Status of Civil Servants: From Life Tenure to More Flexible Employment Relations? [M]. Présidence Luxembourgeoise du Conseil de l'Union européenne, 2005.

[3] Cooper T. L. The Responsible Administrator: An Approach to Ethics for the Administrative Role [M]. John Wiley & Sons, 2012.

[4] Das S K. Civil Service Reform and Structural Adjustment [M]. Delhi: Oxford University Press, 1998.

[5] Henry N. Public Administration and Public Affairs [M]. Routledge, 2015.

[6] Kettl D. F., Ingraham P. W., Sanders R. P., et al. Civil Service Reform: Building a Government That Works [M]. Brookings Institution Press, 2010.

[7] Llorens J. J., Klingner D. E., Nalbandian J. Public Personnel Management: Contexts and Strategies [M]. Routledge, 2017.

[8] Nigro L. G., Nigro F. A., Kellough J. E. The New Public Personnel Administration [M]. Cengage Learning, 2012.

[9] Pynes J. E. Human Resources Management for Public and Nonprofit organizations: A Strategic Approach [M]. John Wiley & Sons, 2008.

[10]〔美〕埃得加·H. 施恩. 职业的有效管理 [M]. 仇海清, 译. 北京: 三联书店, 1992.

[11]〔美〕埃文·M. 伯曼等. 公共部门人力资源管理（第二版）[M]. 萧鸣政, 等译. 北京: 中国人民大学出版社, 2008.

[12] 本书编委会. 2006 年国家公务员录用考试指定教材 [M]. 北京: 中央文献出版社, 2005.

[13]〔美〕彼得·德鲁克. 管理的实践 [M]. 齐若兰, 译. 北京: 机械工业出版社, 2018.

[14] 边慧敏. 公共部门人力资源开发及管理 [M]. 北京: 高等教育出版社, 2009.

[15] 陈维政, 余凯成, 程文文. 人力资源管理 [M]. 北京: 高等教育出版社, 2002.

[16] 陈振明. 公共部门人力资源管理（第 2 版）[M]. 北京: 九州出版社, 2002.

[17] 方桂萍, 赵海霞. 人力资源管理 [M]. 北京: 经济科学出版社, 2011.

[18] 方振邦. 党政领导干部选拔任用 [M]. 北京: 中国人民大学出版社, 2019.

[19] 方振邦. 公共部门人力资源管理概论 [M]. 北京: 中国人民大学出版社, 2019.

[20]〔美〕弗雷德·R. 戴维. 战略管理: 概念与案例（第 13 版·全球版）[M]. 徐飞, 译. 北京: 中国人民大学出版社, 2012.

[21] 葛玉辉. 公共部门人力资源管理 [M]. 北京: 清华大学出版社, 2016.

[22] 公务员考试专家编写组. 面试要点. 难点. 热点解析（2009）（新大纲党校版）[M]. 北

京：中共中央党校出版社，2008.

［23］龚大来. 公共部门人力资源管理与开发［M］. 北京：经济科学出版社，2005.

［24］顾永红. 方圆之间：民营企业用人管事之道［M］. 天津：天津大学出版社，2010.

［25］〔美〕加里·德斯勒. 人力资源管理（第14版）［M］. 刘昕，译. 北京：中国人民大学出版社，2017.

［26］蓝志勇. 现代公共管理的理性思考［M］. 北京：北京大学出版社，2014.

［27］倪星，付景涛. 公共管理学（第3版）［M］. 沈阳：东北财经大学出版社，2018.

［28］〔美〕史蒂文·科恩、罗纳德·布兰德. 政府全面质量管理：实践指南［M］. 孔宪遂，译. 北京：中国人民大学出版社，2002.

［29］〔美〕斯蒂芬·P. 罗宾斯. 管人的真理（第四版）［M］. 慕云五，等译. 北京：机械工业出版社，2015.

［30］孙柏瑛，祁凡骅. 公共部门人力资源管理［M］. 北京：中国人民大学出版社，2016.

［31］孙柏瑛，祁凡骅. 公共部门人力资源开发与管理［M］. 北京：中国人民大学出版社，2020.

［32］孙柏瑛，祁光华. 公共部门人力资源管理（修订版）［M］. 北京：中国人民大学出版社，2004.

［33］谭融. 公共部门人力资源管理［M］. 天津：天津大学出版社，2003.

［34］谭融. 公共部门人力资源管理［M］. 天津：天津大学出版社，2017.

［35］〔美〕唐纳德·E. 克林纳等. 公共部门人力资源管理：系统与战略（第六版）［M］. 孙柏瑛，等译. 北京：中国人民大学出版社，2013.

［36］〔美〕T. 赞恩·里夫斯. 公共部门人力资源管理案例［M］. 孙柏瑛，等译. 北京：中国人民大学出版社，2004.

［37］滕玉成. 公共部门人力资源管理［M］. 上海：复旦大学出版社，2018.

［38］滕玉成，于萍. 公共部门人力资源管理（第2版）［M］. 北京：中国人民大学出版社，2008.

［39］万玺，冉军. 招聘管理［M］. 北京：科学出版社，2011.

［40］王军. 人事行政概论［M］. 北京：中共中央党校出版社，2001.

［41］王琦. 公务员制度［M］. 重庆：西南师范大学出版社，2016.

［42］邬劲青，叶培良. 大学生职业生涯规划与就业指导［M］. 北京：中国农业大学出版社，2009.

［43］吴慈生，张术松，王庆军. 公共部门人力资源管理［M］. 合肥：合肥工业大学出版社，2008.

［44］吴志华. 人力资源开发与管理［M］. 北京：高等教育出版社，2004.

［45］〔美〕西奥多·舒尔茨. 人力资本投资：教育和研究的作用［M］. 蒋斌，等译. 北京：商务印书馆，1990.

［46］夏兆敢. 人力资源管理［M］. 上海：上海财经大学出版社，2011.

［47］萧鸣政. 人才评价与开发：行政管理的基点［M］. 北京：北京大学出版社，2014.

［48］萧鸣政. 人力资源开发与管理［M］. 北京：科学出版社，2016.

［49］鄢龙珠. 公共部门人力资源管理［M］. 厦门：厦门大学出版社，2010.

［50］姚先国，柴效武. 公共部门人力资源管理［M］. 北京：科学出版社，2004.

［51］张柏林. 《中华人民共和国公务员法》释义［M］. 北京：中国人事出版社，2005.

［52］张春生，蔡定剑. 公务员法与公务员管理实务全书（1卷）［M］. 北京：中央文献出版

社，2005.

[53] 赵曼. 公共部门人力资源管理［M］. 北京：清华大学出版社，2005.

[54] 赵曼. 公共部门人力资源管理［M］. 武汉：华中科技大学出版社，2008.

[55] 赵曙明. 人力资源战略与规划（第四版）［M］. 北京：中国人民大学出版社，2017.

[56] 赵永乐，朱燕，邓冬梅，仲明明. 工作分析与设计［M］. 上海：上海交通大学出版社，2006.

[57] 周路路. 人才测评［M］. 北京：人民邮电出版社，2018.

[58] 朱立民. 公共人力资源管理［M］. 福州：福建人民出版社，2004.

二、论文类

[1] Brown K. Human Resource Management in the Public Sector ［J］. *Public Management Review*，2004，6（3）：303-309.

[2] Horton S. Competency Management in the British Civil Service ［J］. *International Journal of Public Sector Management*，2000.

[3] Van Wart M. The Sources of Ethical Decision Making for Individuals in the Public Sector ［J］. *Public Administration Review*，1996：525-533.

[4] 曹永胜. 美国公务员录用制度的改革与发展［J］. 国家行政学院学报，2012，(1)：38—42.

[5] 曹永胜. 推进我国公务员录用考试分类分级探析［J］. 中国行政管理，2014，(8)：37—40.

[6] 陈晨. 谈公共人力资源管理的发展趋势［J］. 经贸实践，2017，(10)：197.

[7] 丛龙峰. 人力资源管理十大新趋势［J］. 阅读，2016，(38)：42—43.

[8] 戴薇. 盐城市盐都区"互联网＋政务服务"现状及问题研究［D］. 吉林大学，2019.

[9] 丁晶晶. 事业单位职员职级设置：实践探索与改革路径［J］. 中国行政管理，2019，(9)：95—100.

[10] 方振邦，陈曦. 竞争性选拔工作中的考试、考核、考察问题研究［J］. 公共管理与政策评论，2015，4（2）：55—62.

[11] 方振邦，葛蕾蕾. 我国正处级领导职务公务员能力构建［J］. 山东社会科学，2012，(10)：168—173.

[12] 方振邦，唐健. 高级公务员胜任素质模型：国际经验及借鉴［J］. 行政管理改革，2018，(12)：81—86.

[13] 郭济. 论我国公共部门人力资源开发［J］. 中国行政管理，2006，(9)：6—8.

[14] 胡威，蓝志勇.《中华人民共和国公务员法》十年回顾、思考与展望［J］. 南京社会科学，2018，(1)：77—83.

[15] 胡欣，崔定宇，罗朝明. 新公共服务视角下公办学校教师聘用制度改革——以贵阳观山湖区"双轨制"教师招聘为例［J］. 中国行政管理，2020，(4)：157—159.

[16] 黄恒学. "虚挂"为什么一直存在——兼论中国公务员管理制度创新［J］. 人民论坛，2019，(S1)：70—72.

[17] 句华. 中国公务员录用制度的发展历程与变革趋势［J］. 行政管理改革，2019，(9)：56—64.

[18] 蓝志勇，胡威. 谈人力资源管理工作中公务员的专业化问题［J］. 中国行政管理，2008，(6)：39—42.

[19] 李超民. 治理现代化视阈中的智慧政务建设 [J]. 社会主义研究，2014，(4)：81—88.

[20] 李雯雯. 改革开放四十年我国干部考核政策变迁研究 [J]. 中国人力资源开发，2019，36(12)：122—133.

[21] 李学明. 激励视角下的公务员职级晋升制度研究 [J]. 中国行政管理，2019，(10)：101—104.

[22] 刘世杰. 新时代国企人力资源管理的创新途径 [J]. 人才资源开发，2020，(9)：65—68.

[23] 刘昕，李开龙. 论胜任能力管理与中国政府人力资源管理转型 [J]. 教学与研究，2017，(8)：104—112.

[24] 刘颖. 构建多元化创新科技人才评价体系 [J]. 中国行政管理，2019，(5)：90—95.

[25] 彭剑锋. 互联网时代的人力资源管理新思维 [J]. 中国人力资源开发，2014，(16)：6—9.

[26] 钱再见，汪家焰. "人才下乡"：新乡贤助力乡村振兴的人才流入机制研究——基于江苏省L市G区的调研分析 [J]. 中国行政管理，2019，(2)：92—97.

[27] 青格力. 浅析大数据平台对公共部门人力资源管理外包模式创新的影响 [J]. 商讯，2019，(13)：187—188.

[28] 史新元. 美国公务员网络培训的特点及启示 [J]. 中国井冈山干部学院学报，2015，8(5)：130—135.

[29] 孙发锋. 问题界定的政策效应研究：以党政领导干部兼任社会组织职务问题治理为例 [J]. 中国行政管理，2021，(1)：79—84.

[30] 孙锐，吴江. 创新驱动背景下新时代人才发展治理体系构建问题研究 [J]. 中国行政管理，2020，(7)：35—40.

[31] 孙小非. 对我国与西方公共部门人力资源管理的比较思考 [J]. 科技信息，2012，(6)：70.

[32] 孙晓艳. 比利时、德国公共部门人力资源管理经验与启迪 [J]. 中国人力资源开发，2010，(5)：104—106.

[33] 谭新雨，刘帮成. 基层公务员创新何以提升"放管服"改革成效？——基于组织学视角的逻辑解释 [J]. 中国行政管理，2020，(3)：83—91.

[34] 唐璨. 新《公务员法》：新时代公务员管理新思路 [J]. 人民论坛，2019，(16)：56—57.

[35] 万鹏，景玥. 关于十九大报告，你必须知道的"关键词" [EB/OL] (2017-10-18). http://cpc.people.com.cn/19th/n1/2017/1018/c414305-29595155.html，访问日期：2021年3月15日.

[36] 王楚楚. 青年公务员智慧互联管理模式研究 [D]. 郑州大学，2018.

[37] 王丽娜，郭忠良，车宏生，陈猛，卞冉. 行政职业能力倾向测验：历史、现状与未来研究 [J]. 心理学探新，2012，32 (3)：240—245.

[38] 王谦，刘大玉，陈放. 智能技术视阈下"互联网+政务服务"研究 [J]. 中国行政管理，2020，(6)：73—79.

[39] 王婉莹. 我国公共部门人力资源外包管理研究 [J]. 广西质量监督导报，2019，(6)：48—49.

[40] 王志强. 新时代领导干部选拔任用机制优化的若干思考 [J]. 中国行政管理，2019，(12)：146—147.

[41] 卫鑫，陈星宇. 智慧政府的功能定位及建设路径探究 [J]. 中国行政管理，2020，(7)：91—94.

[42] 吴少微，魏姝. 发达国家公务员专业化的演变及其启示［J］. 南京大学学报（哲学·人文科学·社会科学），2018，55（6）：126—134.

[43] 吴少微，魏姝. 制度逻辑视角下的中国公务员分类管理改革研究［J］. 中国行政管理，2019，（2）：29—34.

[44] 萧鸣政，林禾，肖志康. 干部管理中如何把政治标准放在首位？——领导干部政治素质考评方法探索与实证效果分析［J］. 中国行政管理，2019，（7）：77—81.

[45] 谢来位. 领导干部容错纠错的制度基础及优化路径［J］. 中国行政管理，2020，（8）：15—20.

[46] 熊节春，张芳山. 美国公务员在职伦理培训模式及其启示［J］. 中国行政管理，2015，（4）：140—144.

[47] 徐旭初，嵇楚洁. 智慧社会视域中的社会治理挑战与对策［J］. 学术探索，2019，（7）：40—47.

[48] 徐洋洋，彭湃. 日本教育公务员制度：历史背景、问题和启示［J］. 外国教育研究，2019，46（9）：29—43.

[49] 颜海娜，鄞益奋. 平衡计分卡在美国公共部门的应用及启示［J］. 中国行政管理，2014，（8）：120—124.

[50] 杨梅. 我国公务员工资制度的探索与实践：制度特征、问题及改革思路［J］. 中国行政管理，2019，（8）：105—110.

[51] 杨清华，杨芸伊. 柔性管理：公共部门人力资源管理的变革趋势［J］. 怀化学院学报，2019，38（10）：24—27.

[52] 姚建东. 试论公共部门人力资源管理的特性、战略目标和发展趋势［J］. 中国人力资源开发，2010，（4）：101—103.

[53] 叶强. 德国公职法中有期限公务员的实践与启示［J］. 中国行政管理，2018，（6）：136—140.

[54] 张罕仑. 公共部门人力资源信息化管理的应用研究［J］. 管理观察，2019，（8）：119—121.

[55] 张紧跟. 基层公务员异地调动难的破解之道［J］. 人民论坛，2020，（8）：49—51.

[56] 张喜凤. 企业人力资源管理外包的可行性分析［J］. 现代企业文化，2010，（12）：74—75.

[57] 张再生，白彬. 治理能力现代化与公共部门人力资源管理变革［J］. 天津大学学报（社会科学版），2016，18（1）：34—37.

[58] 张再生，李祥飞. 公共部门人力资源管理的理论与实践前沿问题探讨［J］. 中国行政管理，2012，（9）：79—82.

[59] 赵永乐，张宏伟. 聘任制公务员的"进"与"出"［J］. 人民论坛，2018，（6）：52—53.

[60] 朱丹虹. 公务员信息化管理的系统设计与思考［J］. 上海管理科学，2008，（3）：71—74.

三、政策报告类

[1]《中华人民共和国国民经济和社会发展第十四个五年规划和二〇三五年远景目标的建议》。

[2]《国务院办公厅关于全面推进基层政务公开标准化规范化工作的指导意见》

[3]《中国共产党组织处理规定（试行）》。